河北省高等学校人文社科基地研究成果

河北上市公司财务
发展报告
（2018）

Financial Development Report

on Listed Company in Hebei (2018)

徐一民　郑秀杰　等/著

河北经贸大学金融与企业创新研究中心
河北经贸大学上市公司财务评价研究所　合作成果

社会科学文献出版社
SOCIAL SCIENCES ACADEMIC PRESS (CHINA)

《河北上市公司财务发展报告（2018）》
课题组

负责人： 申富平　袁振兴　和丽芬

成　员： 宋广蕊　付　威　徐一民　郑秀杰

前　言

　　1990 年深圳证券交易所和上海证券交易所相继成立，2004 年中小企业板正式推出，2009 年创业板正式启动，截至 2017 年 12 月底，我国 A、B 股上市公司数量 3485 家，股票交易总额 17.17 万亿元，证券化率达到 71.18，证券市场在国民经济中占有十分重要的地位。河北省自 1994 年 1 月河北威远成功上市以来，截至 2017 年底，共有 56 家上市公司，其中主板市场 36 家，中小板和创业板分别为 10 家。本报告以 2013～2017 年为研究窗口，对比全国上市公司，从河北省上市公司的数量与规模的总体状况入手，分析河北省上市公司在全国配置资源的能力以及对社会经济发展的贡献，河北省上市公司的经营状况、投资效率、经营业绩和社会责任的履行情况。本报告以研究河北省上市公司的发展状况为主题，以期为政府机构、行业学（协）会和上市公司等提供决策支持，为研究河北省上市公司的发展状况提供数据依据。

　　本报告以 2013～2017 年为时间序列，以河北上市公司作为具体研究对象，从公司融资、投资、资金运营、业绩及履行社会责任情况几个方面，分析河北上市公司最近 5 年的发展状况，并对其最近年度的具体筹资、投资、运营、业绩及社会责任履行情况进行详细研究，探求河北省上市公司的各项财务活动状况及发展水平。本报告仍然延续前两年河北省上市公司财务发展报告的写作结构，分为总报告和分报告两大部分，总报告为河北省上市公司财务发展总报告，分报告由五个部分组成：分报告一，河北省上市公司融资发展报告；分报告二，河北省上市公司投资发展报告；分报告三，河北省上市公司营运能力分析报告；分报告四，河北省上市公司业绩发展报告；分报告五，河北省上市公司社会责任发展报告。

　　上市公司作为国民经济持续发展的价值支撑，构成整个市场经济的微观基石，其财务状况直接影响证券市场的发展水平。本报告致力于研究上市公司财务状况，并力求在以下方面有所突破：其一，全面分析河北上市公司的财务现状及其发展，涵盖融资、投资、营运、业绩等现状及近 5 年以来的发展趋势；其二，更新了河北上市公司社会责任履行情况的全面分析评价，为政府公共治理提供依据；其三，延续了"总—分"形式构建全书框架，每个总、分报告各成体系，同时整合成为一个全面的财务发展报告，便于阅读者分类抽取信息；其四，立足河北上市公司与全国 A 股上市公司的数据比较，为河北上市公司的进一步发展提供先进水平依据，有助于阅读者了解河北上市公司的总体经营水平、判别这些公司未来的努力方向，并为上市公司的研究者提供数据资料。

本报告为河北省高等学校人文社科基地河北经贸大学"金融与企业创新研究中心"系列研究报告之一，为河北经贸大学上市公司财务评价研究所的年度研究成果。《河北上市公司财务发展报告（2018）》是在 2017 年、2018 年连续两年出版《河北上市公司财务发展报告（2016）》《河北上市公司财务发展报告（2017）》基础上的第三次出版，是在总结前两次写作经验，并结合全国和河北省上市公司最新发展的基础上的研究成果。本报告各部分撰写分工如下：申富平、袁振兴负责整体框架构建及各分报告内容把握；总报告由宋广蕊撰写；分报告一由袁振兴撰写；分报告二由徐一民撰写；分报告三由付威撰写；分报告四由和丽芬撰写；分报告五由郑秀杰撰写。由于我们的水平有限，书中难免存在缺陷，盼广大读者予以批评和指正。我们也希望，在今后能够持续专注该方面研究，并能再接再厉。

目　录

总报告　河北省上市公司财务发展总报告

一　河北上市公司发展概况

（一）河北上市公司发展历程

1994 年 1 月 3 日，河北威远（证券代码：600803，现名"新奥股份"）在上海证券交易所上市，成为河北省第一家上市公司。1994 年 1 月 14 日，华北制药（证券代码：600812）在上海证券交易所上市，成为河北省第二家上市公司。1996 年，国际大厦（证券代码：000600，现名"建投能源"）、冀东水泥（证券代码：000401）等 7 家公司先后在深圳证券交易所和上海证券交易所上市。1997 年，保定天鹅（证券代码：000687，现名"华讯方舟"）等 6 家公司上市。1998 年 1 月，乐凯胶片（证券代码：600135）、邯郸钢铁（股票代码：600001，于 2009 年 12 月退市）上市，同年共 4 家企业上市。1999 年 7 月，河北宣工（证券代码：000923）等 4 家公司上市。截至 1999 年末，河北省上市公司数量累计达到 23 家。

2000～2004 年，随着股市的低迷，河北省公司上市速度进入一个低谷期，每年新上市的公司仅 1～3 家：2000 年，沧州大化（证券代码：600230，现名"*ST 沧大"）等 3 家公司上市；2001 年 2 月，天威保变（证券代码：600550，现名"保变电气"）上市，当年河北省新上市公司仅此 1 家；2002 年老白干酒（证券代码：600559）等 3 家公司上市（其中承德钒钛、太行水泥已分别于 2009 年 12 月 29 日、2011 年 2 月 18 日退市）；2003 年，三友化工（证券代码：600409）等 3 家公司上市；2004 年，开滦股份（证券代码：600997）等 3 家公司上市。

2004 年 2 月 1 日，国务院出台《大力发展资本市场九条意见》（简称

"九条意见"），其中明确提出了逐步建立满足不同类型企业融资需求的多层次资本市场体系，分步推进创业板市场建设，完善风险投资机制，拓展中小企业融资渠道的要求。据此，深圳证券交易所为了鼓励自主创新，专门设置了中小型公司聚集板块——中小企业板。2004 年 2 月 10～12 日，全国证券期货监管工作会议召开。时任中国证监会主席尚福林明确提到"2004 年在深圳证券交易所设立中小盘股板块"。2004 年 5 月，经国务院批准，中国证监会批复同意深圳证券交易所在主板市场内设立中小企业板块。此后，一批符合条件的成长型、处于创业阶段的企业纷纷登陆中小企业板。河北省的公司也不例外：2005 年，晶源电子（证券代码：002049，现名"紫光国芯"）在深交所中小企业板上市，成为河北省第一家在中小板上市的公司。作为一家专业的集成电路设计公司，紫光国芯是目前国内领先的集成电路芯片设计和系统集成解决方案供应商。2007 年，沧州明珠（证券代码：002108）和荣盛发展（证券代码：002146）两家公司在中小企业板上市，其中荣盛发展成为河北省首家通过 IPO 上市的房地产企业。2009 年 8 月，博深工具（证券代码：002282）上市，成为石家庄市第一家登陆 A 股市场的民营企业。2010 年 1 月，巨力索具（证券代码：002342）、龙星化工（证券代码：002442）、天业通联（证券代码：002459）和华斯股份（证券代码：002494）4 家公司在中小企业板上市。

2009 年 10 月 30 日，中国创业板正式上市，首批上市的企业有 28 家。2010 年，河北省有 4 家公司先后在创业板上市：恒信移动（证券代码：300081）、建新股份（证券代码：300107）、晨光生物（证券代码：300138）和先河环保（证券代码：300137）。其中，2010 年 5 月 20 日上市的恒信移动系河北省第一家在创业板上市的公司，建新股份是全国精细化工行业首家在创业板上市的公司，先河环保为中国环境监测仪器行业首家上市公司。与此同时，河北省上市公司再次登陆主板市场。2010 年 7 月 5 日，唐山港（证券代码：601000）在上海证券交易所上市交易。中小企业板、主板、创业板三板出击，2010 年河北省共有 9 家公司上市，成为自 1994 年以来河北省上市公司数量增长最快的一年。

2008 年 6 月，河北省政府将唐钢集团、邯钢集团、承德钒钛集团组建成河北钢铁集团，然后集团启动以唐钢股份为平台、吸收合并邯钢股份和承德钒钛股份公司整合钢铁主业的工作。2010 年 1 月 20 日，唐钢股份（证券代码：000709，现名"河钢股份"）发布公告，公司换股吸收合并邯郸钢铁和承德钒钛工作完成，公司全称由"唐山钢铁股份有限公司"变更为"河北钢铁股份有限公司"，股票简称变更为"河北钢铁"。重组后的河北钢铁规模排名在国内仅次于宝钢股份，成为国内第二大钢铁企业。

2011 年，庞大集团（证券代码：601258）、以岭药业（证券代码：002603）、常山药业（证券代码：300255）、长城汽车（证券代码：601633）4 家公司先后在主板、中小企业板、创业板上市。2012 年 7 月，石中装备（证券代码：002691，现名"冀凯股份"）在中小企业板上市。2014 年 1 月 23 日，汇金股份（证券代码：300368）和汇中股份（证券代码：300371）两家公司同时在创业板上市，使得河北省上市公司数量达到了 50 家。2015 年，河北省又有 3 家公司在创业板上市，首发上市的 3 只股票融资 6.43 亿元，其中，四通新材（证券代码：300428）首发融资 2.97 亿元，乐凯新材（证券代码：300446）首发融资 1.36 亿元，通合科技（证券代码：300491）首发融资 2.1 亿元。

2016 年 8 月 19 日，*ST 金谷源（证券代码：000408）完成了注册地址及法定代表人变更的工商登记手续，并取得了青海省工商行政管理部门换发的营业执照。

经过 2016 年短暂沉寂，2017 年河北省上市公司数量实现了较大幅度增长，先后有惠达卫浴（证券代码：603385）、科林电气（证券代码：603050）、三孚股份（证券代码：603938）和秦港股份（证券代码：601326）4 家公司在 A 股主板上市。这是继 2011 年长城汽车（证券代码：601633）在主板上市之后，河北省上市公司再次登陆主板市场。

截至 2017 年 12 月 31 日，河北辖区 A 股上市公司家数为 56 家，占全国 A 股上市公司家数的 1.59%，居全国第 14；A 股上市公司总市值 8287.42 亿元，占全国的 1.46%，居全国第 14；总股本 912.10 亿股，占全国的 1.49%，居全国第 14。

1990～2017 年河北省境内每年首次公开募股（IPO）公司数量（A 股）及其占当年全国（沪深股市）IPO 公司的比例见表 0-1。

表 0 - 1　1990~2017 年河北省 IPO 公司数量及其占全国的比例

单位：家，%

年份	IPO 公司数量		占比	年份	IPO 公司数量		占比
	全国	河北省			全国	河北省	
1990	8	0	0.00	2005	15	1	6.67
1991	5	0	0.00	2006	66	0	0.00
1992	40	0	0.00	2007	126	2	1.59
1993	129	0	0.00	2008	77	0	0.00
1994	107	2	1.87	2009	99	1	1.01
1995	28	0	0.00	2010	349	9	2.58
1996	206	7	3.40	2011	282	4	1.42
1997	209	6	2.87	2012	155	1	0.65
1998	104	4	3.85	2013	2	0	0.00
1999	97	4	4.12	2014	125	2	1.60
2000	133	2	1.50	2015	223	3	1.35
2001	75	1	1.33	2016	227	0	0.00
2002	71	3	4.23	2017	438	4	0.91
2003	67	3	4.48	合计	3563	62	1.74
2004	100	3	3.00				

资料来源：国泰安 CSMAR 数据库。

另外，自 1994 年石药集团在香港联合交易所上市起，截至 2017 年 12 月 31 日，河北省先后有 23 家公司赴香港上市；2007 年，我国太阳能电池龙头企业——晶澳太阳能有限公司在美国纳斯达克证券交易市场上市，成为河北省首家在美上市公司。截至 2017 年 12 月 31 日，河北省在境外上市的公司共有 28 家。

（二）2017年末河北上市公司基本情况

1. 境内上市公司基本情况

截至 2017 年 12 月 31 日，河北省上市公司数量为 56 家，其中一家公司同时发行 A 股和 B 股（东旭光电，证券代码 000413；东旭 B，证券代码 200413），一家公司仅发行 B 股（东沣 B，证券代码 200160）。按照上市时间先后统计，具体情况见附表 3。

截至 2017 年 12 月 31 日，河北省与全国各省份上市公司（A 股）数量比较见表 0 - 2。

表 0 - 2 2017 年末全国各省份上市公司（A 股）数量对比

单位：家，%

排名	省份	上市公司数量	占全国的比例
1	广东	569	16.43
2	浙江	414	11.95
3	江苏	379	10.94
4	北京	308	8.89
5	上海	275	7.94
6	山东	193	5.57
7	福建	129	3.73
8	四川	115	3.32
9	安徽	101	2.92
9	湖南	101	2.92
11	湖北	96	2.77
12	河南	78	2.25
13	辽宁	73	2.11
14	河北	55	1.59
15	新疆	52	1.50
16	重庆	49	1.41
17	天津	49	1.41
18	陕西	48	1.39
19	吉林	41	1.18
20	江西	39	1.13
21	山西	38	1.10
22	广西	36	1.04
22	黑龙江	36	1.04
24	甘肃	33	0.95
24	云南	33	0.95
26	海南	31	0.90
27	贵州	27	0.78
28	内蒙古	25	0.72

续表

排名	省份	上市公司数量	占全国的比例（%）
29	西藏	15	0.43
30	宁夏	13	0.38
31	青海	12	0.35
	合计	3463	—

资料来源：Wind 数据库。

由表 0－2 可以看到，截至 2017 年 12 月 31 日，河北省仅有 55 家 A 股上市公司，占全国 3463 家的 1.59%，上市公司数量排名全国第 14 位。而 2017 年，河北省实现地区生产总值 34016.32 亿元，排名全国第 8 位。可见，河北省上市公司数量在全国的排名与其地区生产总值的全国排名不匹配。这也从一个侧面反映出河北省上市公司不仅数量少，而且上市公司质量不高，对地方经济发展的贡献不足。

值得说明的是，截至 2017 年 12 月 31 日，*ST 金谷源、石劝业、石炼化和耀华玻璃 4 家上市公司因股权转让、重组等原因被其他省份的控股股东控制，并变更注册地，不再属于河北省的上市公司。具体情况见表 0－3。

表 0－3　原河北省上市公司注册地变更情况

证券代码	原公司名称	原公司注册地	上市时间	现公司名称	现公司注册地	变更注册地时间
000408	*ST 金谷源	河北省邯郸市	1996 年 6 月 28 日	藏格控股	青海省格尔木市	2016 年 8 月 19 日
600892	石劝业	河北省石家庄市	1996 年 3 月 15 日	大晟文化	广东省深圳市	2010 年 11 月 23 日
600716	耀华玻璃	河北省秦皇岛市	1996 年 7 月 2 日	凤凰股份	江苏省南京市	2010 年 1 月 26 日
000783	石炼化	河北省石家庄市	1997 年 7 月 31 日	长江证券	湖北省武汉市	2007 年 12 月 19 日

上述 4 家公司变更的具体情况如下。

（1）金谷源

1996 年，经河北省人民政府冀股办〔1996〕2 号文批准，原邯郸陶瓷（集团）总公司将其所属第一瓷厂、第二瓷厂、工业瓷厂经资产重组后和其他四家发起人共同发起以募集方式设立河北华玉股份有限公司，第一大股东为邯郸陶瓷集团有限责任公司。

2001年2月，公司控股股东由邯郸陶瓷集团有限责任公司变更为军神实业有限公司。2003年6月，公司控股股东由军神实业有限公司变更为北京路源世纪投资管理有限公司。

2005年9月14日，河北华玉股份有限公司在河北省工商行政管理局登记变更名称为"玉源控股股份有限公司"。公司证券简称自2005年10月26日起发生变更，变更后的证券简称为"玉源控股"，公司证券代码不变，仍为"000408"。

2010年8月28日，公司第五届董事会临时会议审议通过了公司变更主营业务的议案，根据公司产业结构调整，主营业务将从陶瓷行业变更为以黄金为主导产业的矿产资源的勘探、采矿、选矿、冶炼及矿产品的销售。公司主营业务发生较大变化，经公司股东大会批准变更公司名称，公司名称由"玉源控股股份有限公司"变更为"金谷源控股股份有限公司"，证券简称变更为"*ST金谷源"。

2016年7月，控股股东由北京路源世纪投资管理有限公司变更为青海藏格投资有限公司。2016年8月19日，公司完成了注册地址及法定代表人变更的工商登记手续并取得了青海省工商行政管理部门换发的营业执照。

（2）石劝业

石家庄劝业场股份有限公司是河北省第一家向社会公开募集股份设立的商业股份制公司。1996年3月在上海证券交易所上市交易，证券简称"石劝业"，证券代码600892。

1997年2月，河南思达科技集团股份有限公司受让公司发起人石家庄市桥东区城市开发建设公司持有的1492.7万股公司股份（占公司总股本的29.56%），成为公司第一大股东及控股股东。

2000年3月，湖南大学百泉科技发展有限责任公司受让河南思达科技集团股份有限公司持有的1492.7万股公司股份（占公司总股本的29.56%），成为公司第一大股东及控股股东。2001年6月更名为湖北湖大科技教育发展股份有限公司（证券简称"湖大科教"）。

2003年6月，中国华星汽车贸易集团有限公司（2008年3月更名为中国华星氟化学投资集团有限公司，简称"华星氟化学"）受让原湖南大学百泉科技发展有限责任公司（2002 年 8 月更名为深圳市百泉科技发展有限责任公司）持有的 1492.7 万股公司股份（占公司总股本的 29.56%），成为该公司第一大股东及控股股东。

2010 年 4 月 29 日，华星氟化学与深圳市钜盛华实业发展有限公司（简称"钜盛华公司"）签订了《股份转让协议》，向钜盛华公司转让持有的公司有限售条件流通股份 1190.4142 万股，占公司总股本的 18.86%；同时作为本次股权转让的组成部分，华星氟化学将一并转让收回股改代垫股份 44.2108 万股的权利和对公司的债权 11172.99 万元。2010 年 6 月 17 日，上述股份完成过户登记。钜盛华公司第一大股东及控股股东为深圳市宝能投资集团有限公司，2010 年 7 月 9 日起，公司名称变更为宝诚投资股份有限公司（证券简称"宝诚股份"），证券代码不变。

（3）耀华玻璃

1996 年 6 月 17 日，经中国证券监督管理委员会证监发审字〔1996〕74号、〔1996〕75 号文批准，耀华玻璃首次向社会公众公开发行人民币普通股（A 股）。耀华玻璃股票于 1996 年 7 月 2 日在上海证券交易所上市，股票代码 600716，主营业务玻璃、工业技术玻璃及其制品、不饱和聚酯树脂及玻璃钢制品生产销售，开展国内、国外合资、合作经营及补偿贸易等，自产产品和技术出口业务，所需原辅材料、机械设备、零配件及相关技术出口。公司控股股东一直为中国耀华玻璃集团公司。

2009 年 9 月 29 日，中国证券监督管理委员会《关于核准秦皇岛耀华玻璃股份有限公司重大资产重组及向江苏凤凰出版传媒集团有限公司发行股份购买资产的批复》（证监许可〔2009〕1030 号）核准耀华玻璃重大资产重组及向江苏凤凰出版传媒集团有限公司发行股份购买相关资产。重组完成后，公司控股股东变更为凤凰集团。2010 年 2 月 8 日，经上海证券交易所核准，公司股票简称由"ST 耀华"变更为"ST 凤凰"，股票代码不变。2010 年 4 月 2 日，经上海证券交易所核准，公司股票简称由"ST 凤凰"变更为"凤凰股份"。

（4）石炼化

1997 年 7 月经中国石油化工总公司批准，采用局部改制的形式进行资产重组，募集发起设立石家庄炼油化工股份有限公司（简称"石炼化"），在河北省工商行政管理局登记注册，独家发起人为中国石化集团石家庄炼油厂，注册资本为 72000 万元，于深圳交易所上网定价向社会公开募集资金 68880 万元。公司主要从事炼油、化工、化纤的技术研发和生产工作。中国石化石家庄炼油厂持有该公司 60000 万股，占股份总额的 83.3%，为石炼化的绝对控股股东，而中国石油化工股份有限公司又是中国石化石家庄炼油厂的母公司，因此中国石化是公司的实际控制人。

长江证券股份有限公司的前身为湖北证券公司，注册地位于湖北武汉，2000 年经中国证监会核准，通过公司增资扩股而发展成为综合性证券公司。2007 年 12 月，长江证券通过借壳 S 石炼化实现上市。2007 年 12 月 5 日，根据中国证监会《关于核准石家庄炼油化工股份有限公司定向回购、重大资产出售暨以新增股份吸收合并长江证券有限责任公司的通知》（证监公司字〔2007〕196 号），长江证券股份有限公司设立；2007 年 12 月 19 日，公司完成迁址、变更法人代表等工商登记手续。2007 年 12 月 27 日，S 石炼化正式更名为长江证券，证券代码不变。

2. 境外上市公司基本情况

在境内上市的同时，河北省还有一批公司"走出去"，到境外资本市场上市。截至 2017 年 12 月 31 日，河北省共有 28 家公司于境外上市。具体见附表 4。

二　河北上市公司分布情况

（一）2017 年末河北境内上市公司分布情况

1. 河北境内上市公司行业分布

截至 2017 年 12 月 31 日，河北省 56 家上市公司中，制造业有 41 家，占 73.21%，由此可见河北省产业结构的特点。另外 15 家公司的行业分布为：房地产业 3 家，电力、热力、燃气及水生产和供应业 2 家，采矿业 2 家，交通运输、仓储和邮政业 2 家，农林牧渔业 1 家，批发和零售业 1 家，科学研究和技术服务业 1 家，信息传输、软件和信息技术服务业 1 家，金融业 1 家，综合类行业 1 家。相比上一年度新增科学研究和技术服务业以及信息传输、软件和信息技术服务业，行业种类更为多样化。具体行业分布见表 0 - 4。

表 0 - 4　2017 年末河北省上市公司行业分布

证券代码	证券简称	行业大类	行业细分
000937	冀中能源	采矿业	煤炭开采和洗选业
000923	河北宣工		黑色金属矿采选业
600149	ST 坊展	综合类行业	综合类行业
601000	唐山港	交通运输、仓储和邮政业	水上运输业
601326	秦港股份		
600965	福成股份	农林牧渔业	畜牧业
000958	东方能源	电力、热力、燃气及水生产和供应业	电力、热力生产和供应业
000600	建投能源		
600340	华夏幸福	房地产业	房地产业
200160	东洣 B		
002146	荣盛发展		
601258	庞大集团	批发和零售业	零售业
300081	恒信东方	科学研究和技术服务业	专业技术服务业
000889	茂业通信	信息传输、软件和信息技术服务业	软件和信息技术服务业
600155	宝硕股份	金融业	资本市场服务
002459	天业通联	制造业	专用设备制造业
300368	汇金股份		
002691	冀凯股份		
000856	冀东装备		
300371	汇中股份		仪器仪表制造业
300137	先河环保		
300138	晨光生物		农副食品加工业
600803	新奥股份		化学原料及化学制品制造业
600722	金牛化工		
600409	三友化工		
600230	沧州大化		
600135	乐凯胶片		
300446	乐凯新材		
300107	建新股份		
002442	龙星化工		
603938	三孚股份		

证券代码	证券简称	行业大类	行业细分
000687	华讯方舟	制造业	计算机、通信和其他电子设备制造业
002049	紫光国芯		
000413	东旭光电		
600812	华北制药		医药制造业
300255	常山药业		
002603	以岭药业		
300428	四通新材		有色金属冶炼及压延加工业
002108	沧州明珠		橡胶和塑料制品业
601633	长城汽车		汽车制造业
600480	凌云股份		
600550	保变电气		电气机械及器材制造业
300491	通合科技		
603050	科林电气		
600482	中国动力		铁路、船舶、航空航天和其他运输设备制造业
002494	华斯股份		皮革、毛皮、羽毛及其制品和制鞋业
600997	开滦股份		石油加工、炼焦及核燃料加工业
000158	常山北明		纺织业
002282	博深工具		通用设备制造业
600559	老白干酒		酒、饮料和精制茶制造业
000848	承德露露		
002342	巨力索具		金属制品业
000778	新兴铸管		
000401	冀东水泥		非金属矿物制品业
603385	惠达卫浴		
000709	河钢股份		黑色金属冶炼和压延加工业

2. 河北境内上市公司板块分布

截至 2017 年 12 月 31 日，河北省共有 22 家公司在沪市 A 股主板上市；13 家公司在深市 A 股主板上市；2 家公司在深市 B 股主板上市（其中，东旭光电同时在深市 A 股主板、B 股主板上市）；10 家公司在中小企业板上市；10 家公司在创业板上市。具体板块分布见表 0-5 和图 0-1。

表 0 – 5　2017 年末河北省上市公司板块分布

代码	简称	所属板块
600803	新奥股份	沪市 A 股主板
600812	华北制药	
600722	金牛化工	
600135	乐凯胶片	
600155	宝硕股份	
600149	ST 坊展	
600230	沧州大化	
600550	保变电气	
600559	老白干酒	
600409	三友化工	
600480	凌云股份	
600340	华夏幸福	
600997	开滦股份	
600965	福成股份	
600482	中国动力	
601000	唐山港	
601258	庞大集团	
601633	长城汽车	
601326	秦港股份	
603050	科林电气	
603385	惠达卫浴	
603938	三孚股份	
000600	建投能源	深市 A 股主板
000401	冀东水泥	
000413	东旭光电	
000687	华讯方舟	
000709	河钢股份	
000778	新兴铸管	
000848	承德露露	

代码	简称	所属板块
000889	茂业通信	深市 A 股主板
000856	冀东装备	
000923	河北宣工	
000937	冀中能源	
000958	东方能源	
000158	常山北明	
200413	东旭 B	深市 B 股主板
200160	东沣 B	
002049	紫光国芯	中小企业板
002108	沧州明珠	
002146	荣盛发展	
002282	博深工具	
002342	巨力索具	
002442	龙星化工	
002459	天业通联	
002494	华斯股份	
002603	以岭药业	
002691	冀凯股份	
300081	恒信东方	创业板
300107	建新股份	
300138	晨光生物	
300137	先河环保	
300255	常山药业	
300368	汇金股份	
300371	汇中股份	
300428	四通新材	
300491	通合科技	
300446	乐凯新材	

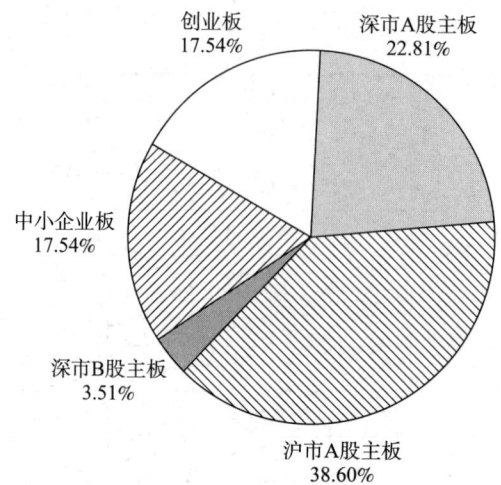

图0-1 2017年末河北省上市公司板块分布

3. 河北上市公司地区分布

截至2017年12月31日，河北省56家上市公司分布在全省11个地级市，其中石家庄市16家，保定市和唐山市各10家，沧州市5家，廊坊市4家，秦皇岛市3家，邯郸市、邢台市和承德市各2家，衡水市和张家口市各1家。具体分布见表0-6。石家庄、唐山、保定集中了河北省上市公司总数的64.29%，而张家口和衡水市分别仅有1家上市公司，可见河北省上市公司区域性分布差异较大。

表0-6 2017年末河北省上市公司地区分布

数量排名	地区	上市公司数量	证券简称	
1	石家庄市	16	建投能源 东方能源 新奥股份 先河环保 汇金股份 恒信东方 东旭光电 通合科技	河钢股份 华北制药 以岭药业 博深工具 常山药业 冀凯股份 常山北明 科林电气
2	保定市	10	乐凯胶片 中国动力 保变电气 宝硕股份 乐凯新材	长城汽车 凌云股份 华讯方舟 巨力索具 四通新材

数量排名	地区	上市公司数量	证券简称	
2	唐山市	10	三友化工 汇中股份 紫光国芯 冀东装备 惠达卫浴	冀东水泥 开滦股份 庞大集团 唐山港 三孚股份
4	沧州市	5	沧州明珠 金牛化工 华斯股份	沧州大化 建新股份
5	廊坊市	4	华夏幸福 荣盛发展	ST坊展 福成股份
6	秦皇岛市	3	茂业通信 秦港股份	天业通联
7	邯郸市	2	新兴铸管	晨光生物
7	邢台市	2	冀中能源	龙星化工
7	承德市	2	承德露露	东沣B
10	衡水市	1	老白干酒	
10	张家口市	1	河北宣工	
	合计	56		

4. 河北上市公司股权结构及股权性质

从股权结构来看，截至 2017 年 12 月 31 日，河北省 55 家 A 股上市公司（不含仅发行 B 股的东沣 B）中，控股股东性质为国有的有 24 家，占 44%；控股股东为民营企业或自然人的有 31 家，占 56%，具体见图 0 - 2。

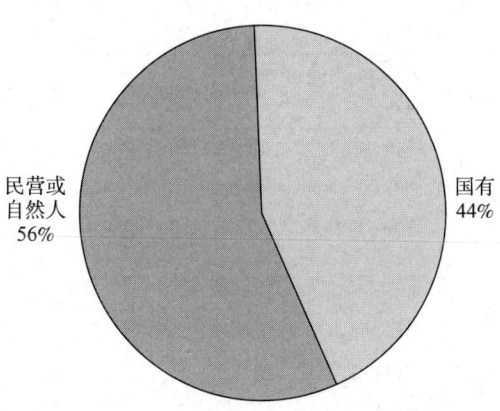

图 0 - 2　2017 年末河北省上市公司所有权结构分布

截至 2017 年 12 月 31 日，河北省 55 家 A 股上市公司控股股东名称、持股比例、股份性质等具体情况见表 0－7。

表 0－7　2017 年末河北省 A 股上市公司控股股东及股权性质

单位：%

序号	证券代码	证券简称	控股股东名称	控股股东持股比例	股份性质	所有权性质
1	000158	常山北明	石家庄常山纺织集团有限责任公司	27.32	A 股流通股	国有
2	000401	冀东水泥	冀东发展集团有限责任公司	30.00	A 股流通股	国有
3	000600	建投能源	河北建设投资集团有限责任公司	65.63	限售流通 A 股，A 股流通股	国有
4	000709	河钢股份	邯郸钢铁集团有限责任公司	39.73	A 股流通股	国有
5	000778	新兴铸管	新兴际华集团有限公司	39.00	限售流通 A 股，A 股流通股	国有
6	000856	冀东装备	冀东发展集团有限责任公司	30.00	A 股流通股	国有
7	000923	河北宣工	河钢集团有限公司	23.20	限售流通 A 股	国有
8	000937	冀中能源	冀中能源集团有限责任公司	44.12	限售流通 A 股，A 股流通股	国有
9	000958	东方能源	国家电力投资集团有限公司	33.37	限售流通 A 股	国有
10	002049	紫光国芯	西藏紫光春华投资有限公司	36.39	A 股流通股	国有
11	600135	乐凯胶片	中国乐凯集团有限公司	34.11	限售流通 A 股，A 股流通股	国有
12	600149	ST 坊展	恒大地产集团有限公司	20.00	A 股流通股	国有
13	600230	沧州大化	沧州大化集团有限责任公司	46.25	A 股流通股	国有
14	600409	三友化工	唐山三友碱业（集团）有限公司	37.15	限售流通 A 股，A 股流通股	国有
15	600480	凌云股份	北方凌云工业集团有限公司	34.40	限售流通 A 股，A 股流通股	国有
16	600482	中国动力	中国船舶重工集团有限公司	26.23	限售流通 A 股，A 股流通股	国有

续表

序号	证券代码	证券简称	控股股东名称	控股股东持股比例	股份性质	所有权性质
17	600550	保变电气	中国兵器装备集团公司	33.47	限售流通A股，A股流通股	国有
18	600559	老白干酒	河北衡水老白干酿酒（集团）有限公司	28.85	A股流通股	国有
19	600722	金牛化工	冀中能源集团有限责任公司	29.99	A股流通股	国有
20	600812	华北制药	冀中能源集团有限责任公司	21.60	A股流通股	国有
21	600997	开滦股份	开滦（集团）有限责任公司	44.12	A股流通股	国有
22	601000	唐山港	唐山港口实业集团有限公司	44.55	限售流通A股，A股流通股	国有
23	601326	秦港股份	河北港口集团有限公司	54.27	限售流通A股	国有
24	300446	乐凯新材	中国乐凯集团有限公司	30.61	限售流通A股	国有
25	000413	东旭光电	东旭集团有限公司	11.32	限售流通A股，A股流通股	民营
26	000687	华讯方舟	华讯方舟科技有限公司	29.46	限售流通A股	民营
27	000848	承德露露	万向三农集团有限公司	40.68	A股流通股	民营
28	000889	茂业通信	—	—	—	民营
29	002108	沧州明珠	河北沧州东塑集团股份有限公司	29.16	A股流通股	民营
30	002146	荣盛发展	荣盛控股股份有限公司	35.65	A股流通股	民营
31	002282	博深工具	陈怀荣、吕桂芹、程辉、任京建、张淑玉	52.79	限售流通A股，A股流通股	民营
32	002342	巨力索具	巨力集团有限公司	20.03	A股流通股	民营
33	002442	龙星化工	刘江山	20.40	限售流通A股	民营
34	002459	天业通联	深圳市华建盈富投资企业（有限合伙）	36.39	A股流通股	民营
35	002494	华斯股份	贺国英	31.31	限售流通A股，A股流通股	民营

序号	证券代码	证券简称	控股股东名称	控股股东持股比例	股份性质	所有权性质
36	002603	以岭药业	以岭医药科技有限公司	23.76	A股流通股	民营
37	002691	冀凯股份	深圳卓众达富投资合伙企业（有限合伙）	29.00	A股流通股	民营
38	600155	宝硕股份	新希望化工投资有限公司	10.76	限售流通A股，A股流通股	民营
39	600340	华夏幸福	华夏幸福基业控股股份公司	57.61	A股流通股	民营
40	600803	新奥股份	新奥控股投资有限公司	30.97	A股流通股	民营
41	600965	福成股份	福成投资集团有限公司	35.51	限售流通A股	民营
42	601258	庞大集团	庞庆华	20.42	A股流通股	民营
43	601633	长城汽车	保定创新长城资产管理有限公司	56.04	A股流通股	民营
44	603050	科林电气	张成锁	12.15	限售流通A股	民营
45	603385	惠达卫浴	王惠文	16.82	限售流通A股	民营
46	603938	三孚股份	孙任靖	40.28	限售流通A股	民营
47	300081	恒信东方	孟宪民	27.37	限售流通A股，A股流通股	民营
48	300107	建新股份	朱守琛	39.47	限售流通A股，A股流通股	民营
49	300137	先河环保	李玉国	13.86	限售流通A股，A股流通股	民营
50	300138	晨光生物	—	—	—	民营
51	300255	常山药业	高树华	36.41	限售流通A股，A股流通股	民营
52	300368	汇金股份	石家庄鑫汇金投资有限公司	35.07	限售流通A股，A股流通股	民营
53	300371	汇中股份	张力新	37.88	限售流通A股，A股流通股	民营
54	300428	四通新材	臧氏家族	74.26	限售流通A股	民营

序号	证券代码	证券简称	控股股东名称	控股股东持股比例	股份性质	所有权性质
55	300491	通合科技	贾彤颖、马晓峰、李明谦	52.64	限售流通A股	民营

注：1. 证券名称为截至2017年12月31日的名称。2. 本表数据截至2017年12月31日。3. 本表上市公司排序为：先国有，再民营；在国有和民营两类中，再按照深市主板—深市中小板—上海主板—深圳创业板排序；同一板块内部按照证券代码号排序。4. 因2017年原控股股东中兆投资向通泰达协议转让股份完毕，茂业通信2017年底没有控股股东。5. 晨光生物股权结构较分散，不存在任何单一股东或关联方股东合计持股比例超过30%的情形，公司的经营方针及重大事项的决策系由股东充分讨论后确定，无任何一方能够决定和做出实质影响，因此公司无实际控制人、无控股股东。

（二）2017年末河北境外上市公司分布情况

1. 河北境外上市公司市场分布

从市场分布来看（表0-8），28家境外上市公司中，23家在中国香港交易所上市，占82.14%；4家在美国上市，占14.29%；另外还有1家在新加坡上市。可见，中国香港一直是河北省上市公司境外上市的首选之地，在河北省企业境外上市中占据主导地位。2007年，随着晶澳太阳能有限公司和英利绿色能源控股有限公司先后在纳斯达克和纽约证券交易所上市，河北省企业赴美上市的大门打开，此后又有两家企业成功在美国上市，美国成为河北省企业境外上市的第二大市场。而自从2005年立中车轮集团有限公司在新加坡证券交易所上市以后，最近12年没有其他河北省的企业再次到新加坡上市。另外，与全国情况相比，目前河北省尚无企业到英国伦敦AIM市场和德国法兰克福市场上市。28家境外上市公司中，仅长城汽车股份有限公司同时在上海证券交易所和香港交易所上市，即同时发行A+H股。

表0-8　2017年末河北省境外上市公司市场分布

单位：家，%

上市地	中国香港	美国	新加坡
上市公司数量	23	4	1
占比	82.14	14.29	3.60

注：长城汽车股份有限公司同时发行A+H股。

2. 河北境外上市公司行业分布

从行业分布来看（表0-9），河北省境外上市的企业主要集中在医药制造、新能源开发与利用、钢铁等河北省具有传统优势的行业，以及近年来活跃的房地产行业，近年来又新增了金融服务等第三产业。

表0-9 2017年末河北省境外上市公司行业分布

单位：家

行业	数量	行业	数量
制药	3	电子制造	1
房地产业	3	公用事业	1
新能源	3	工业机械	2
钢铁	3	通信业	1
汽车制造	2	林业	1
建筑机械	2	其他制造业	1
金融	1	交通运输业	1
化学制品	1	建筑与工程	1
特殊消费者服务	1		

3. 河北境外上市公司上市时间分布

从时间分布来看（表0-10），河北省第一家赴境外上市的企业是石药集团，1994年在香港联交所上市，2000年以前河北省在境外上市的企业仅此1家。2007~2009年，河北省赴境外上市的3家企业均在美国上市，香港市场未新增河北的上市公司。2010年以后，香港再次成为河北省企业赴境外上市的首选地，2011~2015年，每年均新增两家在香港联交所上市的河北省公司，2016年新增1家，2017年新增3家。而河北省在美国上市的公司主要集中在2007~2010年，2011年以来未曾有河北省的企业在美国上市。

表0-10 2017年末河北省境外上市公司上市时间分布

单位：家

上市年份	数量	上市年份	数量
1994	1	1996	0
1995	0	1997	0

续表

上市年份	数量	上市年份	数量
1998	0	2008	0
1999	0	2009	1
2000	0	2010	3
2001	0	2011	2
2002	1	2012	2
2003	1	2013	2
2004	2	2014	2
2005	2	2015	2
2006	1	2016	1
2007	2	2017	3

4. 河北境外上市公司总部所在地分布

从地区分布来看（表0-11），河北省境外上市公司总部所在地分布在9个地市，其中石家庄最多，有9家，占河北省境外上市公司的32%；其次是保定和廊坊，分别有7家和5家；而衡水和承德两地无一家在境外上市的企业。总体上看，河北省境外上市公司地区分布比较集中，位列前三的石家庄、保定、廊坊三个城市囊括了境外上市公司总数的75%。

表0-11　2017年末河北省境外上市公司总部所在地分布

单位：家，%

地区	石家庄	保定	廊坊	邢台	唐山	邯郸	张家口	秦皇岛	沧州	衡水	承德
数量	9	7	5	2	1	1	1	1	1	0	0
占比	32	25	18	7	4	4	4	4	4	0	0

5. 河北境外上市公司注册地分布

从注册地分布来看（表0-12），河北省28家境外上市公司中仅有6家在境内注册，而在境外注册的有22家。其中在"避税天堂"英属开曼群岛注册的最多，有17家，占河北省境外上市公司总数的61%，另外还有1家公司在百慕大注册，显然，注册地的选择主要考虑的是税收因素。公司注册地和总部所在地一致的仅有2家，即保定的长城汽车股份有限公司和河北建设集团股份有限公司。

表 0-12　2017 年末河北省境外上市公司注册地分布

单位：家，%

注册地	开曼群岛（英属）	中国	中国香港	美国	百慕大	新加坡
数量	17	6	2	1	1	1
占比	61	21	7	4	4	4

三　河北上市公司融资情况总结

（一）河北省上市公司的融资规模

1. 股票融资规模

截至 2017 年底，河北省上市的公司共有 55 家，发行股票融资累计额和 IPO 融资累计额占全国的比例非常低，仅为 2.84% 和 1.31%。五年间，河北省上市公司新增股票融资额和新增 IPO 融资额占全国的比例也非常低，分别为 3.59% 和 0.52%。这表明，河北省通过股票市场发行股票筹集的资金较少，在全国配置资源的能力有限，甚至说非常弱。

河北上市公司的股票融资主要集中在除创业板外的其他三个板块市场，股票融资累计额合计占河北省全部上市公司的 96.98%，而 IPO 融资累计额主要集中在沪市 A 股，占比为 50.78%。除中小板外，其他三个板块中河北省的股票融资累计额/总资产都高于全国水平。

河北省上市公司股票融资主要集中在第一、第二产业，包含了农林牧渔业，批发和零售业，制造业，综合类行业，交通运输、仓储和邮政业，采矿业，电力、热力、燃气及水生产和供应业等 8 个行业。

2. 债券融资规模

河北省运用发行债券融资的能力低于全国水平。河北省上市公司债券融资累计额占全国债券融资累计额的比例非常低，截至 2017 年底仅为 0.48%。从债券融资累计额环比增长率来看，河北省债券融资累计额环比增长率呈横向波动，从整个时间序列来看，自 2013 年开始，这一增长率始终低于全国水平。

河北省和全国的债券融资净额/总资产，除 2017 年外，在近年内一直呈现不断上升的趋势，并且与全国的变动趋势具有一致性。

河北省上市公司发行债券融资主要依赖于沪市 A 股和深市 A 股两个市场板块，在中小板市场上仅 2015～2017 年进行了债券融资，而在创业板市场上没有发行过债券。

2013～2017 年，河北省债券融资主要分布在采矿业，电力、热力、燃气及水生产和供应业，交通运输、仓储和邮政业，批发和零售业，制造业，其中，房地产业占全国比重最高。

3. 银行借款融资规模

河北省上市公司银行借款融资余额总体呈上升趋势，上市公司对银行的负债水平不断提高。总体而言，河北省上市公司银行借款融资余额占全国上市公司银行借款融资余额的比例为 2%～3%，占比较小。

从板块来看，2017 年，河北省上市公司银行借款融资余额最高的是深市 A 股市场，占全国该板块上市公司银行借款融资余额的 5.08%，创业板的占比最少，仅为 0.67%。

从行业来看，截至 2017 年底，河北上市公司存在银行借款融资余额的行业有采矿业，电力、热力、燃气及水生产和供应业等 10 个行业。其中银行借款融资余额最多的是制造业，达到了 1470.10 亿元；金融业，信息传输、软件和信息技术服务业的银行借款融资余额仍然很少。

4. 商业信用融资规模

截至 2017 年底，河北省上市公司商业信用融资余额占全国的比例为 3.07%。近 5 年，河北省上市公司商业信用融资余额增长率均高于全国。2013～2017 年，河北省和全国上市公司商业信用融资余额占总资产的比例总体呈现上升趋势。

截至 2017 年底，河北省上市公司在沪市 A 股市场商业信用融资余额最高，创业板最低。在河北省上市公司商业信用融资余额占全国的比例中，中小板所占比例最高，创业板最低。

在河北省上市公司中，商业信用融资余额最多的是房地产业，其次是制造业；商业信用融资额最低的是综合类行业。河北省商业信用融资额占全国商业信用融资额比例最高的是房地产业，其次是制造业，占比最低的是金融业。

5. 自我积累融资规模

河北省上市公司自我积累增长高于全国水平。2013～2017年环比增长率指标也反映了河北省的环比增长率总体高于全国的环比增长率。2013～2017年，河北省上市公司自我积累融资余额占总资产的比例呈现波动变化趋势；全国上市公司自我积累融资余额占总资产的比例总体呈现上升趋势。

截至2017年底，通过自我积累融资余额最多的市场板块是沪市A股市场，其次是深市A股市场，创业板市场自我积累融资余额最少。河北省上市公司自我积累融资余额占全国比例最高的是深市A股市场，其次是中小板市场，最低的是沪市A股市场。2013～2017年，在中小板市场，河北省自我积累融资余额占总资产的比例总体均呈现下降趋势，在创业板市场，呈现上升趋势，在沪市A股市场，呈现下降趋势，深市A股市场，无明显趋势。

分行业来看，截至2017年底，河北省上市公司自我积累融资余额占全国的比例比较高的行业是房地产业和制造业，最低的是综合类行业。

（二）河北省上市公司资本结构

1. 河北省与全国上市公司资本结构对比

截至2017年底，河北省和全国上市公司的资产负债率、长期资本资产率均变动不大，河北省上市公司资产负债率平均水平低于全国平均水平，平均长期资本资产率高于全国平均水平，从资本的来源与构成来看，河北省上市公司更倾向于所有者投入资本和长期资本。从河北省上市公司和全国上市公司的留存收益率变动情况可以看出，河北省上市公司与全国上市公司一样，都把绝大多数的收益留在了公司内部。河北省与全国资本结构指标相差最多的是产权比率；河北省上市公司流动比率均值比全国低6.22%，说明河北省上市公司的财务风险高于全国上市公司财务风险的平均水平。

2. 河北省与全国上市公司不同板块资本结构对比

截至2017年底，河北省上市公司的资产负债率在沪深两市及中小板市场上水平相当，在沪市A股市场、深市A股市场和创业板市场的均值均低于全国上市公司，在中小板市场的均值高于全国上市公司。

截至2017年底，河北省上市公司长期资本资产率在创业板最高，沪市A股市场最低，在创业板、沪市A股市场和深市A股市场的均值均高于全国上市公司，在中小板市场的均值低于全国上市公司。

截至 2017 年底，河北省上市公司留存收益率在中小板市场最高，创业板市场最低，在创业板市场和深市 A 股市场的留存收益均值低于全国上市公司，在沪市 A 股市场和中小板市场的留存收益均值均高于全国上市公司。

截至 2017 年底，河北省上市公司产权比率在中小板最高，创业板市场最低，在深市 A 股市场、创业板市场的产权比率的均值略低于全国上市公司，在沪市 A 股市场的均值远低于全国上市公司，而在中小板市场则高于全国上市公司。

截至 2017 年底，河北省上市公司流动比率在创业板市场最高，深市 A 股市场最低，在沪市 A 股市场、中小板市场的均值略均高于全国上市公司，在创业板市场的均值远高于全国上市公司，而在深市 A 股市场则低于全国上市公司。

3. 河北省与全国上市公司不同行业资本结构对比

截至 2017 年底，河北省上市公司资产负债率在房地产业最高，信息传输、软件和信息技术服务业最低，在采矿业、房地产业、批发和零售业以及制造业的均值均高于全国上市公司，在电力、热力、燃气及水生产和供应业，交通运输、仓储和邮政业，金融业，农林牧渔业，信息传输、软件和信息技术服务业以及综合类行业的均值均低于全国上市公司。

截至 2017 年底，河北省上市公司长期资本资产率在综合类行业最高，批发和零售业最低，在电力、热力、燃气及水生产和供应业，交通运输、仓储和邮政业，金融业，农林牧渔业，信息传输、软件和信息技术服务业以及综合类行业的均值均高于全国上市公司，在采矿业、房地产业、批发和零售业以及制造业的均值低于全国上市公司。

截至 2017 年底，河北省上市公司留存收益率在中小板市场最高，创业板市场最低。在创业板市场和深市 A 股市场的留存收益均值低于全国上市公司，在沪市 A 股市场和中小板市场的留存收益均值均高于全国上市公司。

截至 2017 年底，河北省上市公司产权比率在房地产业最高，信息传输、软件和信息技术服务业最低，在采矿业、房地产业、批发和零售业以及制造业均值均高于全国上市公司，而在电力、热力、燃气及水生产和供应业，交通运输、仓储和邮政业，农林牧渔业和综合类行业，以及金融业和信息传输、软件和信息技术服务业的均值低于全国上市公司，其中在金融业差距最大。

截至 2017 年底，河北省上市公司流动比率在综合类行业最高，电力、热力、燃气及水生产和供应业最低，在采矿业，电力、热力、燃气及水生产和供应业，交通运输、仓储和邮政业，金融业，农林牧渔业，信息传输、软件和信息技术服务业以及综合类行业均值均高于全国上市公司，其中在综合类行业差距最大，而在房地产业、批发和零售业以及制造业的均值低于全国上市公司。

四　河北上市公司投资情况总结

（一）投资支出情况

2013~2017 年，河北省上市公司用于长期资产投资的支出平均为 7.69 亿元，而全国上市公司平均水平仅为 6.94 亿元，河北省上市公司长期资产投资支出占总资产的比重为 4.52%，低于全国 4.67% 的平均比重。发展趋势上，河北省上市公司投资支出规模和投资支出占总资产的比重大体呈现下降趋势，投资规模从 2013 年的平均为 9.10 亿元下降到 2015 年的 6.89 亿元，2016 年上升至 7.00 亿元，2017 年上升至 8.17 亿元，投资比重从 2013 年的 6.55% 下降到 2016 年的 3.08%，2017 年回升到 3.33%。五年来，不管是投资规模还是投资支出占总资产的比重的下降速度均快于全国上市公司的平均水平。

从分行业和分年度来看，河北省上市公司长期投资占总资产比重较高的主要分布在电力、热力、燃气及水生产和供应业，农林牧渔业，交通运输、仓储和邮政业，河北省上市公司在电力、热力、燃气及水生产和供应业，农林牧渔业领域的投资支出比重高于全国同行业平均比重，在其他行业长期资产投资比重低于全国同行业平均水平。农林牧渔业、科学研究和技术服务业的投资比重相对于全国平均水平波动较大，2013~2017 年的长期投资支出水平和比重波动都比较大。从投资支出规模上看，制造业、房地产业以及批发和零售业的长期投资现金支出绝对规模平均数明显高于全国同行业平均水平，信息传输、软件和信息技术服务业，综合类行业的投资支出数额不足全国平均水平的 10%，大部分行业的长期投资支出规模也明显低于同行业全国平均水平。

从市场板块上来看，河北省主板上市公司的长期投资支出规模呈现

"U"形趋势，从2013年的13.50亿元下降到2014年、2015年的10.70亿元，而后上升到2017年的12.40亿元。从长期投资支出占总资产的比重来看，2013～2017年河北省主板上市公司呈现整体下降的趋势，从2013年最高5.94%，下降到2016年的2.61%，2017年上升至3.71%，主板市场上河北省上市公司长期资产投资支出占总资产的比重五年平均水平为4.21%，高于全国4.13%的平均水平。中小板市场上河北省上市公司长期投资规模明显低于全国平均水平，河北省中小板市场上市公司的投资支出规模呈现波动震荡趋势，平均为1.61亿元，低于全国中小板市场上市公司平均2.68亿元的规模。2013～2017年，中小板市场上河北省上市公司投资现金支出占总资产比重呈现震荡下降走势，2013年投资支出水平为6.52%，2017年为2.63%，五年总体平均投资支出水平河北省为4.93%，略低于全国5.35%的平均水平。创业板市场上河北省上市公司长期投资规模呈明显总体下降趋势，2017年呈现小幅上升，平均投资规模为0.57亿元，而同期全国创业板市场上市公司的平均投资规模呈现整体上升趋势，平均为1.34亿元。在创业板市场，2013～2017年河北省上市公司和全国上市公司的投资支出占总资产的比重都呈现总体下降的趋势，河北省上市公司的下降速度更快，由2013年的9.19%，远高于7.23%的全国平均水平，下降到2017年的2.72%，低于2017年4.69%的全国平均水平，河北省创业板市场上市公司五年整体投资支出占总资产的比重为5.15%，低于全国创业板市场5.24%的平均比重。

（二）内部投资情况

2013～2017年河北省上市公司固定资产、无形资产、在建工程、在研无形资产等内部长期资产的投资规模呈现持续增长趋势，平均为73.80亿元，高于全国49.70亿元的平均水平。从内部长期资产占总资产的比重来看，河北省上市公司平均比重为36.64%，高于全国上市公司30.67%的平均水平。

从行业上来看，河北省上市公司在制造业、房地产业和批发零售业的内部长期资产规模远高于全国平均水平，其他行业的规模远低于全国平均水平。从内部长期资产占总资产比重来看，河北省在交通运输、仓储和邮政业，电力、热力、燃气及水生产和供应业，农林牧渔业以及制造业的上市公司的内部长期资产比重平均水平高于全国同行业平均水平。

在不同市场板块方面，中小板和创业板市场上河北省上市公司内部长期资产投资规模低于全国平均水平，主板市场河北省上市公司的内部长期资产的规模高于全国同类平均水平。在三个板块及河北省上市公司总体的长期资产的比重均高于全国同板块和总体平均水平。

固定资产方面，2013～2017 年河北省上市公司固定资产的平均规模为54.00 亿元，高于全国 35.20 亿元的平均水平。河北省上市公司固定资产占总资产的比重为 26.6886%，高于全国 21.64% 的平均水平。河北省上市公司中，制造业、房地产业、批发和零售业的固定资产规模远超全国同行业平均水平，并且由于行业特点不同，不同行业的固定资产规模相差巨大。在中小板和创业板市场河北省上市公司固定资产的规模小于全国同板块平均水平。在企业性质上，河北省国有控股上市公司和民营上市公司，固定资产不论是在规模还是在支出占企业总资产的比重上均高于全国同性质的上市公司平均水平，河北省外资控股上市公司的固定资产规模和占总资产的比重均低于全国外资上市公司固定资产的平均水平。

无形资产方面，2013～2017 年河北省上市公司无形资产规模总体平均为 6.89 亿元，略高于全国 6.76 亿元的平均水平。行业方面，批发零售业无形资产的规模最大，达 55.60 亿元，其次是采矿业、房地产业，交通运输、仓储和邮政业，以及综合类行业的上市公司没有无形资产。

（三）对外投资情况

2013～2017 年，河北省每年有 35～42 家上市公司持有对外投资，平均占河北省上市公司总数目的 74.60%，河北省持有对外投资的上市公司持有的对外投资平均规模为 8.50 亿元，对外投资规模呈现逐年递增趋势，但是低于全国 9.84 亿元的平均规模。2013～2017 年，河北省上市公司持有对外投资占总资产的比重平均为 4.23%，低于全国 6.10% 的平均水平。

2013～2017 年，河北省上市公司对外短期投资平均占总资产的比重为1.66%，低于全国 3.16% 的平均水平。规模上，河北省持有短期投资上市公司持有的短期投资规模平均为 2.53 亿元，低于全国上市公司平均 4.08 亿元的规模。从行业上来看，农林牧渔业持有短期投资的规模小于全国同行业平均规模，但是占总资产的比重高于全国同行业平均水平，采矿业短期投资规模低于全国平均水平，但是占总资产的比重高于全国同行业平均水平，科学研究和技术服务业的短期投资规模和短期投资占总资产的比重均高于全国同行业平均水平，其他行业不论是短期投资的规模，还是占总资产的比重均低于全国同行业平均水平。

2013～2017年河北省上市公司对外长期投资占总资产的平均比重为3.61%，低于全国4.49%的平均比重，全国持有长期投资的上市公司的长期投资比重大致呈现稳定略有下降趋势，河北省持有长期投资上市公司的长期投资比重2013～2017年呈现"N"形变化趋势。从行业上来看，采矿业，电力、热力、燃气及水生产和供应业持有短期投资的规模小于全国同行业平均规模，但是占总资产的比重高于全国同行业平均水平，制造业长期投资持有规模高于全国同行业平均水平，但是长期投资占总资产的比重低于全国同行业平均水平，科学研究和技术服务业的对外长期投资规模和占总资产的比重均高于全国同行业平均水平，其他行业不论是长期投资的规模，还是占总资产的比重均低于全国同行业平均水平。

河北省列报有商誉上市公司数量从2013年的23家增长到2016年的29家，2017年仍为29家，占当年河北省上市公司的比重由2013年的48.94%上升到2017年的53.70%，河北省列报商誉上市公司商誉占总资产的比重平均为5.00%，低于全国上市公司6.21%的平均水平。2013～2017年，河北省上市公司商誉的行业分布差异较大，河北省在电力、热力、燃气及水生产和供应业，交通运输、仓储和邮政业，综合类行业的上市公司没有商誉，河北省列报商誉上市公司商誉的平均规模为2.68亿元，低于全国列报商誉上市公司商誉4.36亿元的平均规模。

五　河北上市公司营运情况总结

（一）河北省上市公司总体情况

从营运资金角度分析，河北省上市公司营运资金不足，明显低于全国上市公司平均水平，可能存在一定的财务风险。从流动资产和流动负债的资本结构来看，与全国上市公司平均水平几乎一致，总体结构较为合理。

从营运效率角度分析，2013～2017年河北省上市公司平均应收账款周转天数、存货周转天数和营业周期均短于全国上市公司平均水平。另外，

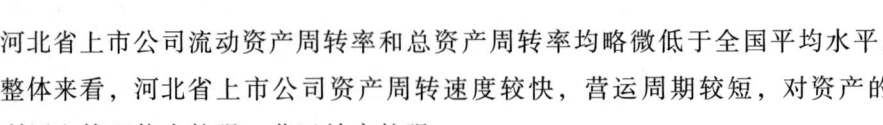

河北省上市公司流动资产周转率和总资产周转率均略微低于全国平均水平。整体来看，河北省上市公司资产周转速度较快，营运周期较短，对资产的利用和管理能力较强，营运效率较强。

（二）河北省各行业与全国同行业对比情况

1. 河北省农林牧渔业

从营运资金角度分析，河北省农林牧渔业具有较好的营运能力。从流动资产占总资产的比重来看，河北省农林牧渔业上市公司略高于全国同行业总体水平，而且与河北省上市公司平均值几乎持平，说明河北省农林牧渔业流动资产比重总体合理；但是河北省农林牧渔业上市公司流动负债占总负债的比重高于河北省上市公司平均值，建议降低河北省农林牧渔业上市公司流动负债的比率以降低短期财务风险。

从营运效率角度分析，河北省农林牧渔业的行业平均营业周期与全国同行业相比，其应收账款、存货、流动资产与总资产的周转速度较快，资产的利用效率较高。与河北省总体情况比较，河北省农林牧渔业行业上市公司营运效率较高，高于河北省上市公司总体水平。

2. 河北省采矿业

从营运资金角度分析，河北省采矿业上市公司营运资金不足。另外全国采矿业上市公司从 2013 年到 2017 年营运资金均为负，说明营运资金不足是全国采矿业面临的共同问题。从流动资产占总资产的比重和流动负债占总负债的比重来看，河北省采矿业流动资产结构达到了全国同行业整体水平，但是跟河北省其他行业相比仍有一定差距，流动负债结构优于全国同行业和河北省整体水平。

从营运效率角度分析，与全国同行业相比，河北省采矿业存货周转速度快，应收账款周转速度略有不足，营业周期短，但是流动资产和总资产周转速度显著低于全国同行业平均水平，有待提高。从河北省总体的比较情况看，河北省采矿行业上市公司存货周转速度远高于河北省平均水平，其余指标与平均水平相差不多，说明河北省采矿业上市公司资产利用效率较高，营运管理水平较高。

3. 河北省制造业

从营运资金角度分析，河北省制造业上市公司营运资金不足，但是全国同行业同期营运资金都为正数，说明营运资金不足是困扰河北省制造业的突出问题。河北省制造业与河北省总体水平基本一致，主要是上市公司中制造业占比较高的原因；与全国水平对比，河北省制造业应该进一步增加流动资产，调整流动负债结构，从而提高河北省制造业企业的营运能力。

从营运效率角度分析，与全国同行业相比，河北省制造业与全国同行业平均水平基本持平，营运能力较好，但是仍有一定的上升空间。与河北省平均水平相比，河北省制造业的营运效率与平均值相差不大，营运效率处于平均水平，通过营运资金管理，有一定的提高空间。

4. 河北省电力、热力、燃气及水生产和供应业

从营运资金角度分析，河北省电力、热力、燃气及水生产和供应业营运资金不足，而且全国同行业同期营运资金都为负数，说明营运资金不足是困扰全国电气、热力、燃气及水生产和供应业的普遍问题。从流动资产占总资产的比重以及流动负债占总负债的比重来看，河北省电力、热力、燃气及水生产和供应业与全国同行业总体水平基本持平，但都低于河北省总体平均水平，应从增加流动资产的比重和调节负债结构入手提高河北省电力、热力、燃气及水生产和供应业的营运能力。

从营运效率角度分析，相对于全国同行业，河北省电力、热力、燃气及水生产和供应业上市公司营运效率较高。与河北省上市公司整体相比，除了总资产周转速度略慢，河北省电力、热力、燃气及水生产和供应业营运效率较高，显著高于河北省其他类别上市公司。

5. 河北省批发和零售业

从营运资金角度分析，河北省批发和零售业营运资金虽然略有不足，但呈现较好的发展趋势。但是，在全国同行业同期营运资金均为正数的情况下，营运资金不足是困扰河北省批发和零售行业的重要问题。从流动资产占总资产的比重以及流动负债占总负债的比重来看，河北省批发和零售业两项比率都略高于全国同行业总体水平，并高于河北省总体平均水平，应从调节负债结构和筹资方式入手提高河北省批发和零售业企业的营运能力。

从营运效率角度分析，与全国同行业相比，河北省批发和零售业整体营运效率有一定的提升空间。与河北省上市公司相比，除了流动资产周转速度略慢，河北省批发和零售业的营运效率较高，高于河北省其他类别上市公司。

6. 河北省交通运输、仓储和邮政业

从营运资金额角度分析，河北省交通运输、仓储和邮政业营运资金不足。在全国同行业同期营运资金为负数的情况下，河北省交通运输、仓储和邮政业营运资金也为负，显示营运资金不足是困扰全国交通运输、仓储和邮政业的普遍问题。从流动资产占总资产的比重以及流动负债占总负债的比重来看，与全国同行业相比，河北省交通运输、仓储和邮政业具有一定的财务风险。同河北省所有上市公司数据比较来看，无论流动资产占总资产比还是流动负债占总负债的比，都低于河北省总体平均水平，应从调节负债结构和增加流动资产入手提高河北省交通运输、仓储和邮政业的营运能力。

从营运效率角度分析，同全国同行业相比，河北省交通运输、仓储和邮政业存货和应收账款周转速度较快，存货和应收账款的营运效率显著高于全国平均水平，流动资产周转速度和总资产周转速度略低于全国平均水平，这两方面的营运效率有待提高。另外，与河北省上市公司相比，虽然除了总资产周转速度偏低外，河北省交通运输、仓储和邮政业其他方面的营运效率较高，并且高于河北省其他类别上市公司，但是总资产周转速度会进一步影响企业的盈利能力，因此提高总资产周转率对于交通运输、仓储和邮政业来说是很有必要的。

7. 河北省房地产业

从营运资金角度分析，河北省房地产行业营运资金较为充足，营业能力较强。从流动资产占总资产的比重以及流动负债占总负债的比重来看，河北省房地产行业的营运形势与全国形势基本一致。同河北省所有上市公司数据比较来看，河北省房地产行业流动资产占总资产比重较高是房地产行业一个突出特点，应当促进存量库存的销售，使流动资产在总资产中保持合理的比例。

从营运效率角度分析，与全国同行业对比，河北省房地产行业营运效率相对较高，尤其是存货的周转速度快，销售能力较强。另外，与河北省上市公司相比，河北省房地产业营运效率非常低，而营运效率低的直接原因是存货库存量过大，应当增加存量房产的销售，提高营运效率。

8. 河北省综合类行业

从营运资金额角度分析，河北省综合类行业上市公司营运资金虽然充足，但是数额极小。从流动资产占总资产的比重以及流动负债占总负债的

比重来看，河北省综合类行业上市公司短期偿债能力低于全国同行业平均水平，可能具有一定的财务风险。与河北省上市公司相比，河北省综合类行业上市公司短期内可能具有一定的财务风险，应从提高流动资产的比例和降低流动负债入手提高河北省综合类行业企业的营运能力。

从营运效率角度分析，与全国同行业相比，河北省综合类行业上市公司存货的营运效率高，但是应收账款、流动资产以及总资产的营运效率相对较低。另外，与河北省上市公司相比，河北省综合类行业存货周转速度较快，应该加强应收账款周转速度，提高流动资产与总资产的利用效率，从而整体提高营运效率。

9. 河北省信息传输、软件和信息技术服务业

从营运资金角度分析，河北省信息传输、软件和信息技术服务业营运资金较为充足。从流动资产占总资产的比重以及流动负债占总负债的比重来看，河北省信息传输、软件和信息技术服务业上市公司均低于全国同行业平均水平。与河北省上市公司相比，河北省信息传输、软件和信息技术服务业上市公司短期内可能具有一定的财务风险，应从调整流动资产的比例和降低流动负债入手提高河北省信息传输、软件和信息技术服务业的营运能力。

从营运效率角度分析，与全国同行业相比，河北省信息传输、软件和信息技术服务业上市公司营运效率较高。另外，与河北省上市公司相比，河北省信息传输、软件和信息技术服务业类营运效率相对较高。

（三）河北省上市公司分板块营运能力分析

1. 河北省深市 A 股

从营运资金角度分析，河北省深市 A 股营运资金不足，营运能力较低，有待提高。从流动资产占总资产的比重以及流动负债占总负债的比重来看，河北省深市 A 股略低于全国深市 A 股平均水平，并低于河北省总体平均水平，应从调节负债结构和增加流动资产入手提高河北省深市 A 股的营运能力。

从营运效率角度分析，同全国深市 A 股相比，河北省深市 A 股营运效率较高，河北省深市 A 股存货周转速度较快，存货的营运效率显著高于全国平均水平，应收账款回收期、流动资产周转速度和总资产周转速度与全国平均水平基本持平，有一定的提升空间。另外，与河北省上市公司相比，河北省深市 A 股存货周转天数较短，营运效率较高，资产的利用率较好，但是应收账款的周转效率有待提高。

2. 河北省沪市A股

从营运资金角度分析，河北省沪市A股营运资金较为充足。从流动资产占总资产的比重以及流动负债占总负债的比重来看，河北省沪市A股流动资产与流动负债结构较为合理，营运能力达到全国沪市A股和河北省上市公司总体平均水平。

从营运效率角度分析，与全国同板块相比，河北省沪市A股营运效率较高，资产的利用率较好。另外，与河北省上市公司相比，虽然除了存货周转天数略长外，河北省沪市A股其他方面的营运效率较高，且应收账款回收期明显低于河北省平均水平，说明应收账款的周转较快，应收账款的变现能力较强和管理水平较高，存货的周转速度有一定的提高空间。

3. 河北省中小板

从营运资金角度分析，河北省中小板营运资金较为充足。河北省中小板流动资产占总资产的比重高于全国同行业平均水平和河北省平均水平，而流动负债占总负债的比重低于全国同行业总体水平和河北省平均水平，说明河北省中小板营运能力较强，短期营运资金较为充裕。

从营运效率角度分析，与全国同板块相比，河北省中小板营运效率相对较低。另外，与河北省总体情况比较来看，河北省中小板平均应收账款周转天数、存货周转天数和营业周期三个指标都明显高于河北省所有上市公司的平均数。而且，河北省中小板流动资产周转率和总资产周转率比河北省上市公司平均水平明显偏低。说明与河北省上市公司相比，河北省中小板营运效率依然相对较低。

4. 河北省创业板

从营运资金角度分析，河北省创业板营运资金较为充足。从流动资产占总资产的比重和流动负债占总负债的比重来看，河北省创业板具有一定的财务风险，应从调节负债结构和增加流动资产入手提高河北省创业板企业的营运能力。

从营运效率角度分析，与全国同板块相比，河北省创业板应收账款周转速度较快，应收账款的利用效率显著高于全国平均水平，流动资产周转速度和总资产周转速度略高于全国平均水平，存货的周转周期略长，存货的管理水平有待提高。另外，与河北省上市公司相比，河北省创业板存货周转速度较快，销售能力较强，应收账款的回收期和总资产周转率达到平均水平，而流动资产周转率偏低，流动资产的利用效率有待增强。

六　河北上市公司业绩情况总结

业绩是企业经营的最终成果，也是企业持续发展的基础和价值支撑。我们采取财务指标分析方法和综合及分项业绩计分方法对河北省上市公司业绩状况进行了研究。

（一）财务指标分析总结

我们从国务院国资委对央企进行财务绩效评价的指标体系中选取净资产收益率、总资产报酬率、总资产周转率、应收账款周转率、资产负债率、已获利息倍数、销售（营业）增长率、资本保值增值率共四大类八个基本财务指标进行分析。

盈利指标方面，A股上市公司近5年净资产收益率比较平稳，河北上市公司前两年发生了较大变动，2014～2017年呈现稳中有升趋势。无论A股总资产报酬率还是河北省上市公司的总资产报酬率，近五年均呈先升后降趋势。2017年，河北盈利指标高于A股水平；资产质量指标方面，河北省上市公司总资产周转率与A股上市公司近五年均呈先降后升趋势。其中河北上市公司总资产周转水平低于A股平均水平，但差别不大。近五年河北省应收账款周转率总体低于A股公司水平。其中2013年河北略高于A股，2014～2016年河北低于A股，但差距较小。2017年差距较大，但在去掉A股市场两个极高值后，河北略高于A股；债务风险指标方面，河北与A股近五年资产负债率总体均呈现下降趋势。河北省上市公司2013年与2015年资产负债率比A股略高，2014年、2016年与2017年，河北资产负债率比A股略低，但差别很小。已获利息倍数方面，河北上市公司与A股公司近五年来呈现较为波动的变化趋势，2013年至2016年度，两者上下交替，2017年河北上市公司已获利息倍数（0.16）显著低于A股水平（45.09），利息保障程度不理想；经营增长指标方面，河北省上市公司的销售（营业）增长率与A股存在差异，2013～2016年均低于A股上市公司水平。2017年则高于A股市场水平。资本保值增值方面，河北省上市公司2013年资本保值增值率稍高于 A 股水平，2014 年、2015 年则均低于 A 股上市公司水平，2016 年河北大幅高于 A 股上市公司水平，2017 年两者差距不大。

（二）综合业绩分析总结

我们根据央企财务绩效评价所采取的指标体系，采用功效系数法，依据全部 A 股上市公司的指标数据，确定不同指标不同档次的标准值，计算每个公司的各部分得分，算出公司综合业绩得分，并对上市公司业绩得分进行排序和分类。

河北省上市公司 2017 年整体综合业绩表现尚可，业绩最高分为 89.17 分，最低分为 13.07 分，均值 53.88 分，业绩水平达到优秀类别的上市公司仅有一家。54 家 A 股上市公司中：1 家公司业绩水平优秀，占比 2%；6 家公司业绩水平良好，占比 11%；27 家公司业绩水平中等，占比 50%；9 家公司业绩水平较低，占比 17%；11 家公司业绩水平较差，占比 20%，见表 0 - 13。整体业绩得分平均水平达到中等。从各板块情况看，创业板得分最高，主板与中小板得分次之，见表 0 - 14。

表 0 - 13　2017 年河北省上市公司综合业绩分布

单位：家，%

业绩类型	优秀	良好	中等	较低	较差	合计
公司家数	1	6	27	9	11	54
占比	2	11	50	17	20	100

表 0 - 14　2017 年河北省不同板块上市公司业绩得分情况

单位：分

得分与排名	创业板	主板	中小板
综合业绩得	56.70	54.03	54.03
排名	第 1 位	第 2 位	第 2 位

在河北省上市公司所涉及的 9 个行业中，农林牧渔业排名第 1，电力、热力、燃气及水生产和供应业排名最后，制造业上市公司排第 7 位。在制造业的 20 个细分行业中，橡胶和塑料制品业排名第 1，皮革、毛皮、羽毛及其制品和制鞋业排名最后，制造业细分行业业绩得分最高与最低之间相差

2. 90 倍左右。

（三）分项业绩分析总结

针对构成综合业绩的盈利水平、资产质量、债务风险、经营增长分项业绩看，河北上市公司四方面分项业绩均表现较好的公司少见。基本上公司都存在某一两个方面的短板。综合业绩排名第 1 的沧州大化，其盈利能力排名第 1，但其债务风险排名靠后；综合排名第 2 的三孚股份其盈利能力、资产质量排名靠前，但经营增长排名落后；综合业绩排名第 3 的建新股份其债务风险、经营增长排名靠前，但盈利能力、资产质量相对靠后。在四个分项业绩中，盈利能力是综合业绩最有力的支撑，盈利能力好的上市公司基本上其综合业绩水平较高。各个板块情况为：创业板公司盈利水平最高，债务风险、经营增长及资产质量居中，综合业绩得分最高；中小板的盈利水平最低、资产质量最差，但债务风险最低、经营增长最快，综合业绩得分最低；主板的盈利水平、综合业绩均处于中间水平，经营增长最慢、债务风险最高，但其资产质量表现最好，见表 0 - 15。

表 0 - 15　2017 年河北省上市公司各板块分项业绩情况

单位：分，位

板块	盈利能力		资产质量		债务风险		经营增长	
	得分	排名	得分	排名	得分	排名	得分	排名
主板	17. 48	2	13. 84	1	12. 33	3	10. 38	3
中小板	12. 91	3	8. 42	3	17. 10	1	12. 09	1
创业板	19. 21	1	9. 70	2	16. 33	2	11. 45	2

从各行业分项业绩看，房地产业上市公司的行业盈利能力得分排名第 1，经营增长排名第 3，但其债务风险及资产质量得分分别排名第 8 和第 9，说明房地产行业上市公司在 2017 年实现了较高的利润水平以及较快的经营增长，但该行业上市公司债务风险较高，尤其是资产质量问题突出。农林牧渔业上市公司的资产质量、债务风险得分均排名第 1，行业盈利能力排名第 2，经营增长得分排名第 9，说明该行业上市公司的资产质量较好，债务风险较低，盈利状况相对不错，经营增长则需要关注。交通运输、仓储和邮政业上市公司的行业资产质量得分排名第 2，盈利能力排名第 3，其债务

风险得分排名第4，经营增长得分排名第7，说明该行业上市公司的资产质量及盈利水平较高，存在一定的债务风险，经营增长状况较差。信息传输、软件和信息技术服务业的债务风险排名第2，盈利能力得分排名第4，经营增长得分排名第6，资产质量排名第7，说明该行业上市公司的债务风险小，盈利能力和盈利水平尚可，但其资产质量较低，同时经营增长水平较差。采矿业在2017年只有冀中能源一家上市公司，其行业盈利能力得分及债务风险排名均为第5，资产质量得分排名第4，经营增长得分排名第2，表明采矿业上市公司2017年经营增长状况较好，但其存在盈利能力较差、资产管理水平较弱、债务风险较高的相应问题。综合类行业上市公司的行业资产质量、盈利能力得分分别排名第5位和第6位，债务风险得分排名最后，经营增长得分排名却在首位，该行业2017年只有ST坊展一家上市公司，经营增长虽然很快，但其盈利能力弱、资产质量差，尤其是债务风险问题突出。制造业上市公司的行业债务风险排名第3，经营增长排名第5，资产质量排名第6，盈利能力排名第7，除盈利能力得分相对较高外，其余各分项得分相对均衡，也说明了制造业上市公司的各方面业绩状况不理想的现状，这也与河北省上市公司中制造业数量最多有关。批发和零售业上市公司的行业盈利能力得分排名及资产质量排名均为第8，债务风险得分排名第6，经营增长得分排名第4，说明该行业上市公司的经营增长水平尚可，但其资产管理水平低，且债务风险较高，盈利能力较差。电力、热力、燃气及水生产和供应业上市公司的资产质量得分排名第3，但其债务风险得分、经营增长得分、盈利能力得分分别为第7名、第8名和第9名，说明该行业除资产质量相对较好外，债务风险较高、经营增长缓慢、盈利能力较差。详见表0-16。

表0-16 2017年河北省上市公司各行业分项业绩得分

单位：分，位

行业	盈利能力		资产质量		债务风险		经营增长	
	得分	排名	得分	排名	得分	排名	得分	排名
房地产业	26.23	1	8.64	9	9.75	8	13.66	3
农林牧渔业	24.79	2	17.75	1	18.09	1	7.68	9
交通运输、仓储和邮政业	21.63	3	16.79	2	13.82	4	9.07	7

续表

行业	盈利能力		资产质量		债务风险		经营增长	
	得分	排名	得分	排名	得分	排名	得分	排名
信息传输、软件和信息技术服务业	19.59	4	11.91	7	15.73	2	10.52	6
采矿业	18.54	5	12.65	4	13.06	5	14.30	2
综合类行业	18.03	6	12.33	5	9.53	9	17.56	1
制造业	16.70	7	11.92	6	14.42	3	10.75	5
批发和零售业	11.21	8	9.61	8	11.77	6	12.75	4
电力、热力、燃气及水生产和供应业	7.51	9	13.25	3	10.46	7	7.87	8

七　河北上市公司社会责任情况总结

企业社会责任是当今社会企业发展中不可忽视的重要问题。我们首先从管理层面和具体业务层面两个方面构建了由 3 个层级 40 个具体指标构成的社会责任评价指标体系，然后运用该指标体系对河北省上市公司 2013 ~ 2017 年连续 5 年的社会责任履行情况进行了分析和评价，分析结果如下。

（一）社会责任总体情况

自 2013 年以来，河北省上市公司的社会责任水平逐年提升，从 2013 年的平均 47.71 分上升到 2017 年的 52.15 分，尽管总体得分不高，但近两年的增长速度较前几年有了明显提高，2013 年至 2015 年总体得分保持稳定，而 2016 年较 2015 年增幅为 4.81%，2017 年较 2016 年的增幅达到了 4.57%。

（二）社会责任具体情况

我们进一步分别从不同层级、不同行业、不同板块、不同区域、不同股权性质等角度进行了具体分析。

就两个第一层级的指标而言，管理层面的指标得分明显小于业务层面的指标得分，管理层面各年平均得分在 20.41 ~ 29.07 分，业务层面得分在 57.40 ~ 62.05 分，说明河北省上市公司在具体履行社会责任的业务方面要比对社会责任制度建设和信息披露方面做得好，典型的"说得不如做得好"。管理层面得分较低，具体体现为公司官网设置社会责任专栏的和披露社会责任报告的比例都很低，2013~2017年基本上处于20%~40%，说明河北省上市公司普遍对社会责任的宣传和重视不够。

从业务层面分析河北省上市公司的社会责任履行情况可以发现，河北省上市公司对中小投资者权益维护情况较好，5年均值为83.64分，这也是40个指标中仅有的得分超过80分的指标；其他几项指标得分都不高，除员工责任刚满60分外，安全生产责任、产品质量和消费者责任、环保与资源节约责任、公益慈善责任等的得分均在60分以下，其中环保责任得分最低，5年平均得分仅为35.19分。河北上市公司对环保和慈善方面的工作应该更加重视。

从行业分布情况来看，房地产业和水上运输业是河北省上市公司中社会责任表现最好的行业，其5年得分均值分别为78.96分和71.08分；批发和零售业、专用设备制造业则是得分最低的行业，其5年得分分别为34.75分和38.1分。

板块方面，主板上市公司的社会责任优于非主板，深市主板公司的社会责任优于沪市，深市主板得分为54.34分，沪市主板得分为49.73分，深市主板比沪市主板高出4.61个百分点；中小板公司的社会责任优于创业板，中小板得分为47.97分，创业板得分为38.89分，中小板高出创业板11.08个百分点。

按照区域划分，邢台的上市公司社会责任5年来一直稳居河北省第1；邯郸于2017年超过唐山，位居第2；而衡水的上市公司则社会责任得分最低。

股权性质方面，国有上市公司的社会责任水平明显高于民营公司，尤其是管理层面的指标值，高出民营企业16.26个百分点。

综合以上评价结果，我们认为，政府应在舆论方面应加大力度宣传企业履行社会责任的正能量事件，在制度上向履行社会责任的企业倾斜，鼓励更多企业更好地履行社会责任。从公司自身的角度讲，河北省各上市公司应提高对社会责任的重视程度，充分重视社会责任建设的紧迫性和重要性，积极履行社会责任。尤其要从制度建设和信息披露入手，提高社会责任制度建设水平和信息披露水平，鼓励企业积极进行社会责任建设，让更多的企业公民参与到社会责任建设中，为和谐社会构建做出进一步努力。

分报告一
河北省上市公司融资发展报告

一 河北省上市公司融资渠道与规模

（一）河北省上市公司发行股票融资规模

1. 河北省上市公司发行股票整体融资规模

（1）河北省上市公司股票融资累计额及新增额

本报告从上市公司发行股票融资累计额和上市公司新增股票融资额两个角度描述上市公司股票融资的规模。

上市公司发行股票融资累计额是指截至统计年度12月31日发行股票筹集资金的累计额。它反映了该公司自上市发行股票至统计年度12月31日通过发行股票筹集资金的累计额，包括首发、增发和配股所筹集的资金。

从统计数据（见表1-1、图1-1至图1-4）来看，截至2017年12月31日，全国上市公司发行股票融资累计额为98620.51亿元，河北上市公司发行股票融资累计额为2796.64亿元，占全国上市公司发行股票融资累计额的比重为2.84%。河北省发行股票融资累计额占全国的比重，2014年略微下降，达到最小值2.07%，在2015年快速上升达到最大值3.01%，随后2016年和2017年又小幅下降，并且总体来看所占比重还是很小。从环比数据来看，河北省通过公开发行股票筹集资金的环比增长有较大的波动，在2015年呈现爆发式增长远高于全国环比增长率，但2016年及2017年河北环比增长率大幅下降，小于全国的环比增长率。

全国IPO融资累计额和河北省IPO融资累计额在2013~2017年整体呈上涨趋势。河北省IPO融资累计额占全国的比重也较小，除2017年外，呈现逐年下降的趋势，最高年度在2013年，占比为1.43%。

表1-1 河北省与全国发行股票融资累计额及其环比增长率

单位：亿元，%

年份	河北省				全国				河北省发行股票融资占全国的比重	
	发行股票融资累计额		环比增长率		发行股票融资累计额		环比增长率			
	累计额	IPO	累计额	IPO	累计额	IPO	累计额	IPO	累计额	IPO
2013	1037.06	338.62	18.74	0.21	49816.80	23598.05	8.47	1.52	2.08	1.43
2014	1214.74	346.31	17.13	2.27	58623.66	24381.39	17.68	3.32	2.07	1.42
2015	2281.93	352.75	87.85	1.86	75786.80	27601.78	29.28	13.21	3.01	1.28
2016	2727.71	352.75	19.54	0.00	94071.39	29089.18	24.13	5.39	2.90	1.21
2017	2796.64	382.28	2.53	8.37	98620.51	31365.52	4.84	7.83	2.84	1.22
合计	10058.08	1772.71			376919.16	136035.92				

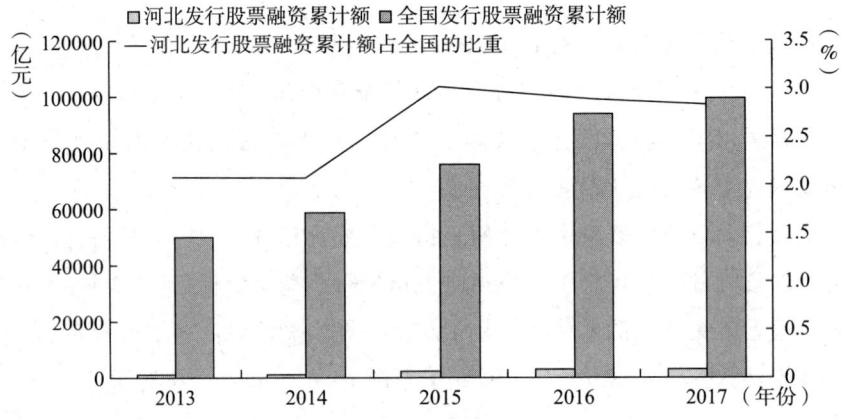

图1-1 2013~2017年河北与全国发行股票融资累计额及比重

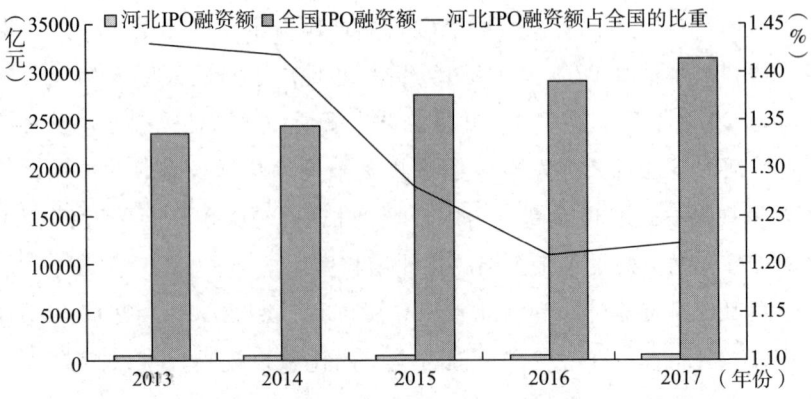

图1-2 2013~2017年河北省与全国IPO融资累计额及比重

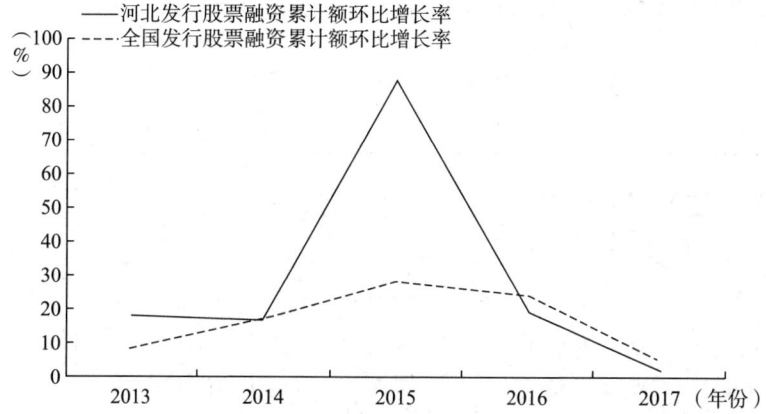

图 1 - 3　2013 ~ 2017 年河北与全国发行股票融资累计额环比增长趋势

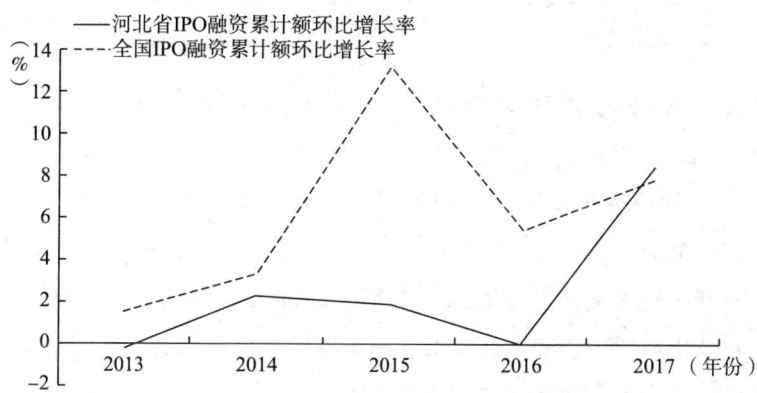

图 1 - 4　2013 ~ 2017 年河北与全国 IPO 融资累计额环比增长趋势

上市公司新增股票融资额是指上市公司在某个年度新发行股票的融资额，反映上市公司当年股票融资的规模，包括 IPO 融资额、配股和增发股票再融资额。

从新增股票融资额的统计数据（见表 1 - 2、图 1 - 5 至图 1 - 8）来看，2013 ~ 2017 年全国上市公司新增股票融资额 53618.48 亿元，河北省上市公司新增股票融资额为 1923.96 亿元，占全国的 3.59%。从时间维度来看，河北省上市公司新增股票融资额在 2015 年最多达到 1067.19 亿元，2017 年最少仅有 68.93 亿元。河北省新增股票融资额占全国的比例总体增长幅度波动较大，其中，2017 年占的比例最小，为 1.51%，2015 年占的比例最大，为 6.08%。这种波动可能与中国股票发行制度有关，中国政府会根据股票市场的行情调节股票发行的速度，从而会影响新增股票融资的规模与占比。

表 1 - 2　河北与全国新增股票融资额及其占比

单位：亿元，%

| 年份 | 河北 | | | | 全国 | | | | 河北占全国的比重 | |
| | 新增股票融资额 | | 环比增长率 | | 新增股票融资额 | | 环比增长率 | | | |
	融资额	IPO	融资额	IPO	融资额	IPO	融资额	IPO	新增额	IPO
2013	164. 37	0. 00	51. 02	- 100. 00	4057. 96	365. 11	- 14. 05	- 66. 30	4. 05	0. 00
2014	177. 69	7. 69	8. 10	—	8942. 26	786. 56	120. 36	115. 43	1. 99	0. 98
2015	1067. 19	6. 43	500. 59	- 16. 38	17561. 86	3402. 20	96. 39	332. 54	6. 08	0. 19
2016	445. 78	0. 00	- 58. 23	- 100. 00	18489. 47	1504. 10	5. 28	- 55. 79	2. 41	0. 00
2017	68. 93	29. 54	- 84. 54	—	4566. 93	2301. 09	- 75. 30	52. 99	1. 51	1. 28
合计	1923. 96	43. 66			53618. 48	8359. 06			3. 59	0. 52

河北上市公司新增股票融资额在 2015 年增长最快，环比增长 500.59%，2016 年和 2017 年都出现了负增长，增长率分别为 - 58.23%、 - 84.54%。2013 ~ 2017 年，全国新增股票融资额在 2014 年增长最快，增长率达 120.36%。

全国 IPO 新增融资主要集中在 2015 ~ 2017 年，河北同样也集中在这三年。河北 IPO 新增融资额占全国 IPO 新增融资额的比例最高出现在 2017 年，2013 ~ 2017 年这 5 年平均占比仅为 0.52%。

无论是从发行股票融资累计额还是从新增股票融资额来看，河北通过股票市场筹集的资金较少，在全国配置资源的能力有限，甚至可以说非常弱。

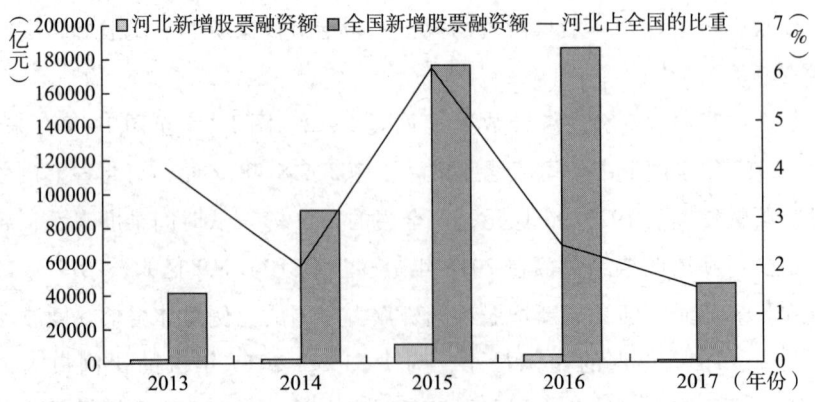

图 1 - 5　2013 ~ 2017 年河北与全国新增股票融资额及其占比趋势

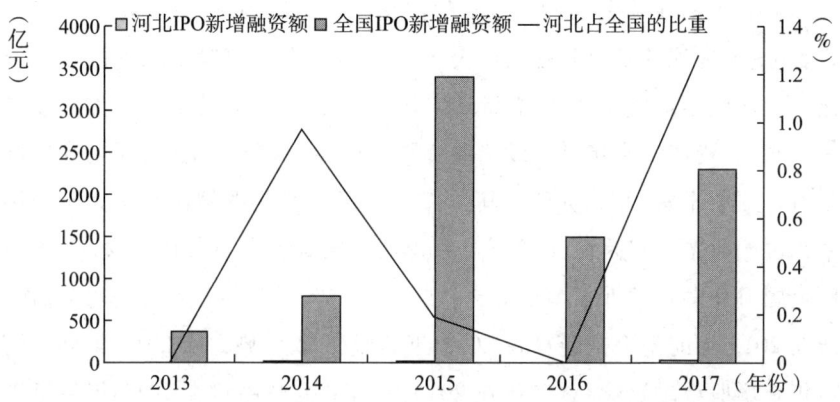

图 1-6 2013~2017 年河北与全国 IPO 新增融资额及其占比趋势

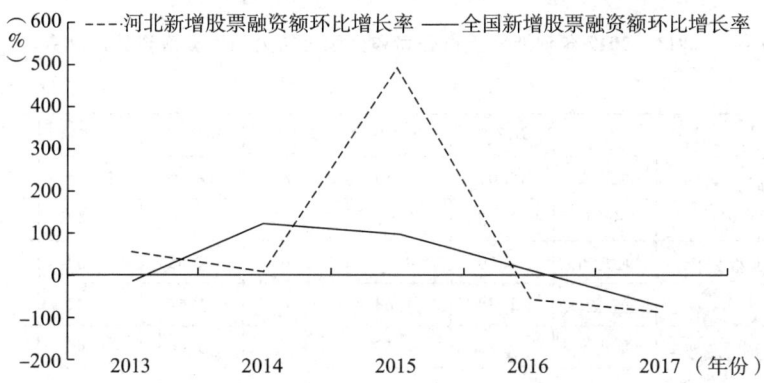

图 1-7 2013~2017 年河北与全国新增股票融资额环比增长率趋势

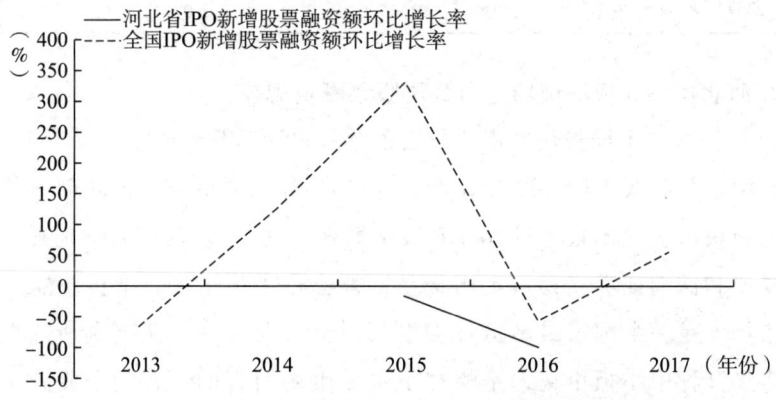

图 1-8 2013~2017 年河北与全国 IPO 新增股票融资额环比增长率

（2）河北省上市公司股票融资额占总资产的比例

表1-3呈现的是河北省上市公司和全国上市公司股票融资额占总资产的比例，从股票融资累计额/总资产、IPO融资累计额/总资产、本年新增股票融资额/总资产、本年IPO股票融资额/总资产四个方面进行了对比。除了本年IPO股票融资额/总资产，其余三个指标，河北省的比率均大于全国的比率，说明股票筹资是河北省企业筹资的重要途径。在2013～2017年河北省和全国IPO融资累计额/总资产呈现下降趋势，河北省股票融资累计额/总资产在2015年前呈上升趋势在2015年后呈下降趋势，除2014年外，河北省本年新增股票融资额/总资产在2015年前呈上升趋势在2015年后呈下降趋势。

表1-3　2013～2017年河北省上市公司和全国上市公司股票融资额占总资产比例

单位：%

指标		2013年	2014年	2015年	2016年	2017年	均值
股票融资累计额/总资产	河北省	14.08	14.56	23.85	22.26	18.43	19.08
	全国	3.75	3.91	4.40	4.66	4.47	4.30
IPO融资累计额/总资产	河北省	4.60	4.15	3.69	2.88	2.52	3.36
	全国	1.78	1.63	1.60	1.44	1.42	1.55
本年新增股票融资额/总资产	河北省	2.23	2.13	11.15	3.64	0.45	3.65
	全国	0.31	0.60	1.02	0.92	0.21	0.61
本年IPO股票融资额/总资产	河北省	0	0.09	0.07	0	0.19	0.08
	全国	0.03	0.05	0.20	0.07	0.10	0.10

2. 河北省不同板块市场上市公司股票融资规模

（1）河北省不同板块上市公司股票融资累计额及新增额

在中国，股票市场有沪市A股、深市A股、中小企业板和创业板四个不同的板块市场（本报告没有将B股市场列入其中）。前两者分别在上海证券交易所和深圳证券交易所上市交易，被称作主板市场，指传统意义上的证券市场，是一个国家或地区证券发行、上市及交易的主要场所。中小企业板市场又称中小板市场，是相对于主板市场而言的。有些企业若达不到主板市场上市的要求，可在中小板市场或创业板上市。中小板市场是创业板的一种过渡，主要服务于发展成熟的中小企业。创业板又称二板市场，主要服务于成长型的、处于创业阶段的企业，特别是那些具有自主创新能力的企业，是主板市场之外的专为暂时无法上市的中小企业和新兴公司提供融资途径和成长空间的证券交易市场，是对主板市场的有效补充，在资本市场中占据着重要的位置。其最大特点就是进入门槛低，运作要求严格，有助于有潜力的中小企业获得融资机会。

中国有主板（沪市 A 股和深市 B 股）、中小板和创业板股票市场，不同"板块"市场对拟上市公司在经营时间、财务、股本规模、业务经营和公司管理等方面有不同的要求。也就是说，在不同"板块"市场上市的公司表现出不同的特点。

表 1 – 4 呈现的是 2013 ~ 2017 年河北省不同板块上市公司股票融资累计额、IPO 融资累计额及其占全国融资累计额的比例，比例趋势见图 1 – 9、图 1 – 10。

从 5 年的变化趋势来看，2013 ~ 2016 年深市 A 股股票融资累计额所占比例呈下降趋势，2017 年略有回升，2016 年降到最小值 3.85%。中小板 2013 ~ 2017 年 5 年来所占比例呈波动的状态，2015 年增长较为迅速，所占比例高达 7.57%。创业板和沪市 A 股 2013 ~ 2017 年来发展比较平稳，波动不大，创业板在 2014 年后呈小幅下降趋势，沪市 A 股总体则呈小幅上升趋势。

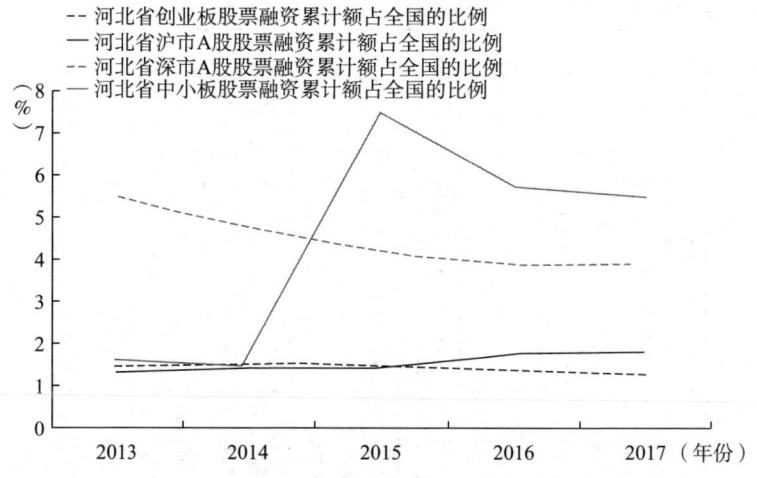

图 1 – 9 2013 ~ 2017 年河北省不同板块上市公司股票融资
累计额占全国的比例趋势

表 1－4　2013～2017 年河北省不同板块上市公司股票融资累计额、IPO 融资累计额及其占全国的比例

单位：亿元，%

		2013 年		2014 年		2015 年		2016 年		2017 年	
		累计额	IPO	累计额	IPO	累计额	IPO	累计额	IPO	累计额	IPO
创业板	河北省	34.07	34.07	45.24	41.76	61.95	48.20	84.33	48.20	84.35	48.20
	全国	2367.67	2310.39	2927.94	2532.76	4319.51	2903.18	6191.25	3161.31	6846.80	3679.65
	河北省占全国比例	1.44	1.47	1.55	1.65	1.43	1.66	1.36	1.52	1.23	1.31
沪市A股	河北省	407.81	174.13	496.98	174.13	590.31	174.13	893.73	174.13	943.68	203.66
	全国	31634.30	14657.88	35574.74	14997.94	42733.06	15972.11	50820.25	16977.76	53519.11	18347.38
	河北省占全国比例	1.29	1.19	1.40	1.16	1.38	1.09	1.76	1.03	1.76	1.11
深市A股	河北省	487.11	53.01	548.06	53.01	656.55	53.01	765.05	53.01	782.95	53.01
	全国	9023.46	1836.83	11464.77	1835.73	15872.59	3527.16	19874.74	3524.23	20233.75	3509.92
	河北省占全国比例	5.40	2.89	4.78	2.89	4.14	1.50	3.85	1.50	3.87	1.51
中小板	河北省	108.07	77.41	124.46	77.41	973.12	77.41	984.60	77.41	985.66	77.41
	全国	6791.37	4792.95	8656.21	5014.96	12861.64	5199.33	17185.15	5425.88	18020.85	5828.57
	河北省占全国比例	1.59	1.62	1.44	1.54	7.57	1.49	5.73	1.43	5.47	1.33

续表

		2013 年		2014 年		2015 年		2016 年		2017 年	
		累计额	IPO	累计额	IPO	累计额	IPO	累计额	IPO	累计额	IPO
合计	河北省	1037.06	338.62	1214.74	346.31	2281.93	352.74	2727.71	352.74	2796.64	382.28
	全国	49816.80	23598.05	58623.66	24381.39	75786.80	27601.78	94071.38	29089.18	98620.51	31365.52
	河北省占全国比例	2.08	1.43	2.07	1.42	3.01	1.28	2.90	1.21	2.84	1.22

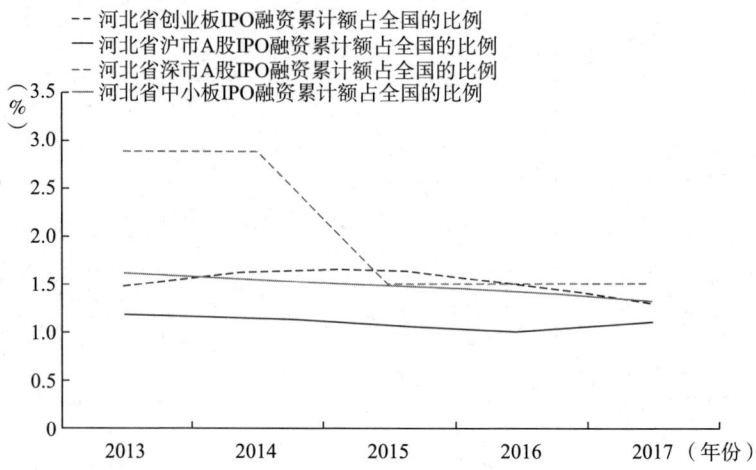

图1－10　2013～2017年河北省不同板块上市公司IPO融资
累计额占全国的比例趋势

2017年，不同板块上市公司股票融资累计额占河北省的比例分别是：
创业板3.02%，沪市A股33.74%，深市A股28.00%，中小板35.24%
（见图1－11）。不同板块上市公司股票融资累计额占全国的比例分别是：创
业板6.94%，沪市A股54.27%，深市A股20.52%，中小板18.27%（见
图1－12）。可见，全国和河北省的上市公司在主板市场上的融资累计额最
多。从2017年不同板块上市公司股票融资累计额的数据来看，河北省中小板
为985.66亿元，其后依次是沪市A股943.68亿元、深市A股782.95亿元、
创业板84.35亿元。河北省各板块上市公司股票融资累计额占比最高的是中小
板，全国各板块上市公司股票融资累计额占比最高的是沪市A股，这与河北
省和中国的经济发展状况、经济体制改革和各板块市场发展的历史有关。

2017年，不同板块上市公司IPO融资累计额占河北IPO融资累计额的
比例分别是：创业板12.61%、沪市A股53.28%、深市A股13.86%、中
小板20.25%（见图1－13）。不同板块上市公司IPO融资累计额占全国IPO
融资累计额的比例分别是：创业板11.73%、沪市A股58.50%、深市A股
11.19%、中小板18.58%（见图1－14）。河北省在沪市A股市场上IPO融
资累计额最多，为203.66亿元；在创业板上IPO融资累计额最少，仅为
48.20亿元。河北省在深市A股市场上IPO融资累计额占全国的比例最高，
为1.51%；占比最低的为沪市A股，仅为1.11%。

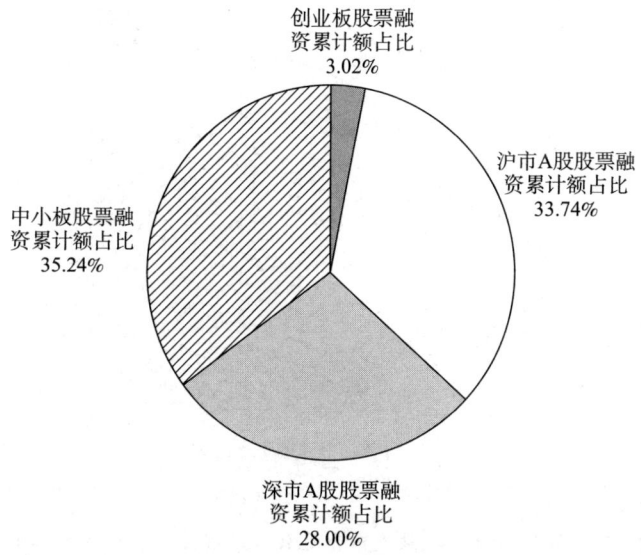

图 1 – 11　2017 年不同板块上市公司股票融资累计额占河北省的比例

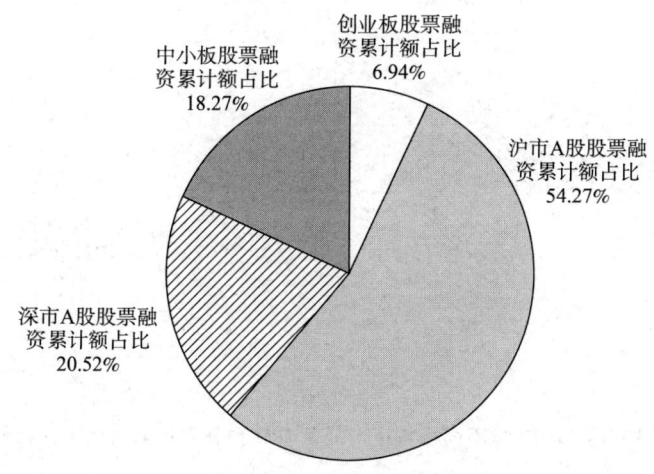

图 1 – 12　2017 年不同板块上市公司股票融资累计额占全国的比例

　　表 1 – 5 呈现的是 2013～2017 年河北省不同板块上市公司新增股票融资额、新增 IPO 融资额的比例，比例趋势见图 1 – 15、图 1 – 16。

　　从 2013～2017 年不同板块上市公司新增股票融资总额来看，河北省中小板上市公司新增股票融资额最多，创业板最少。在 2013～2017 年，全国沪市 A 股上市公司新增股票融资总额最多，最少的是创业板。这与板块市场的股票上市条件、历史发展以及主要市场目标有关。2013～2017 年，河

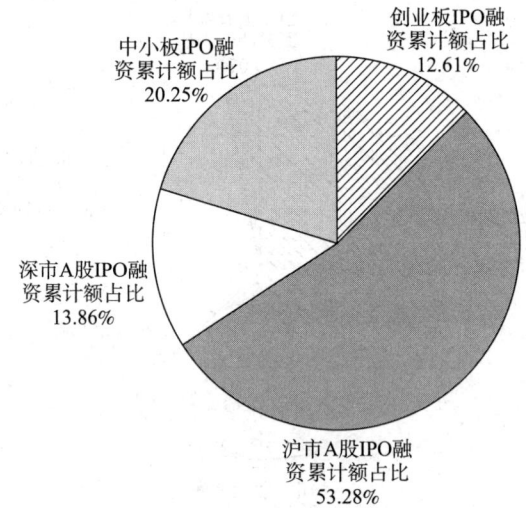

图 1 – 13　2017 年不同板块上市公司 IPO 融资累计额占河北省的比例

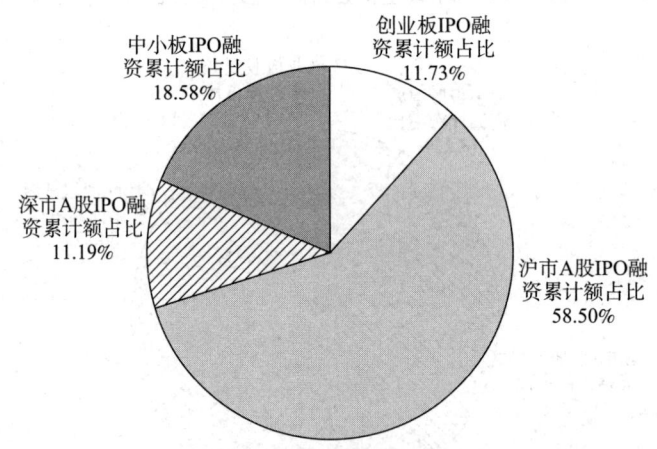

图 1 – 14　2017 年不同板块上市公司 IPO 融资累计额占全国的比例

北省新增 IPO 融资额合计为 43.66 亿元，其中，融资额最多的板块是沪市 A 股（29.54 亿元），深市 A 股和中小板最少（0 元），创业板为 14.12 亿元。

　　从各板块 5 年的变化趋势来看，深市 A 股的河北省新增股票融资额占比在 2013～2015 年呈下降趋势，2016 年有所回升，沪市 A 股的河北省新增股票融资额占比在 2015 年前呈下降趋势，2015～2017 年先上升后下降。中小板河北新增股票融资额占比普遍较低，只有 2015 年大幅度增长。创业板河北新增股票融资额占比在 2013 年和 2017 年均为 0，在 2014～2016 年比较稳定。

表1-5 2013~2017年河北省不同板块上市公司新增股票融资额、新增IPO融资额占全国的比例

单位:亿元,%

板块	项目	地区	2013年	2014年	2015年	2016年	2017年	合计
创业板	新增股票融资额	河北省	0	11.17	16.71	22.38	0.02	50.28
		全国	47.01	560.27	1406.31	1871.74	659.05	4544.38
		河北省占全国的比例	0	1.99	1.19	1.20	0	1.11
	新增IPO融资额	河北省	0	7.69	6.43	0	0	14.12
		全国	0	222.37	385.16	258.12	521.84	1387.49
		河北省占全国的比例	—	3.46	1.67	0	0	1.02
沪市A股	新增股票融资额	河北省	80.68	89.17	93.33	303.41	49.96	616.55
		全国	2259.58	3973.03	7429.69	8274.39	2698.86	24635.55
		河北省占全国的比例	3.57	2.24	1.26	3.67	1.85	2.50
	新增IPO融资额	河北省	0	0	0	0	29.54	29.54
		全国	59.29	342.18	1140.13	1019.43	1376.56	3937.59
		河北省占全国的比例	0	0	0	0	2.15	0.75
深市A股	新增股票融资额	河北省	82.39	60.95	108.49	108.50	17.90	378.23
		全国	1278.07	2544.12	4520.44	4019.83	373.32	12735.78
		河北省占全国的比例	6.45	2.40	2.40	2.70	4.79	2.97
	新增IPO融资额	河北省	0	0	0	0	0	0
		全国	305.82	0	1692.54	0	0	1998.36
		河北省占全国的比例	0	—	0	—	—	0

续表

		2013 年	2014 年	2015 年	2016 年	2017 年	合计
中小板	新增股票融资额 河北省	1.30	16.40	848.66	11.49	1.05	878.90
	全国	473.30	1864.84	4205.42	4323.51	835.70	11702.77
	河北省占全国的比例	0.27	0.88	20.18	0.27	0.13	7.51
	新增IPO融资额 河北省	0	0	0	0	0	0
	全国	0	222.01	184.37	226.55	402.69	1035.62
	河北省占全国的比例	—	0	0	0	0	0
合计	新增股票融资额 河北省	164.37	177.69	1067.19	445.78	68.93	1923.96
	全国	4057.96	8942.26	17561.86	18489.47	4566.93	53618.48
	河北省占全国的比例	4.05	1.99	6.08	2.41	1.51	3.59
	新增IPO融资额 河北省	0	7.69	6.43	0	29.54	43.66
	全国	365.11	786.56	3402.20	1504.10	2301.09	8359.06
	河北省占全国的比例	0	0.98	0.19	0	1.28	0.52

2013～2017 年，深市 A 股和中小板河北省每年度新增 IPO 融资额占全国的比例均为 0，沪市 A 股河北省每年度新增 IPO 融资额占全国的比例除 2017 年占比 2.15% 外，其余均为零，创业板的河北新增 IPO 融资额占比非常小，并且呈下降趋势。

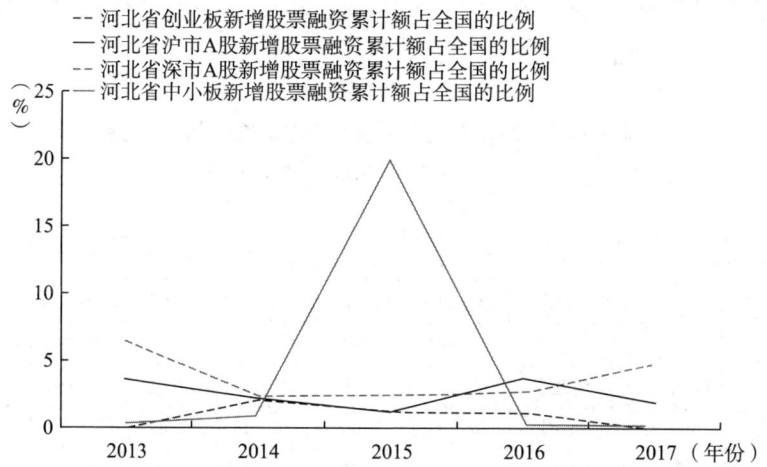

图 1 - 15　2013～2017 年河北省不同板块上市公司新增股票融资额占全国的比例

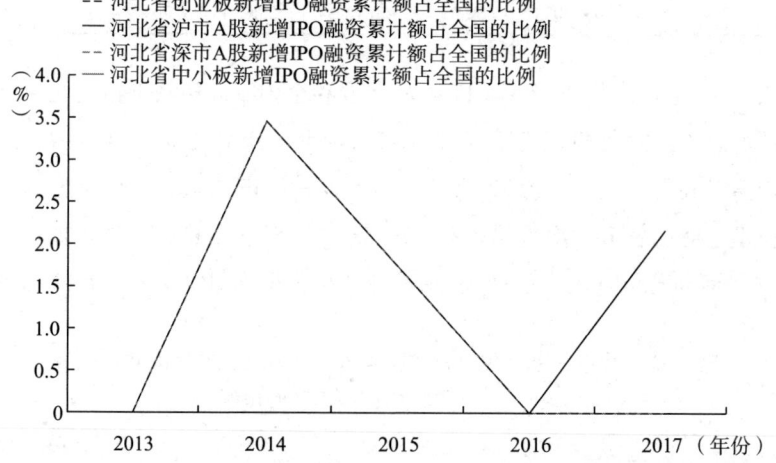

图 1 - 16　2013～2017 年河北不同板块上市公司新增 IPO 融资额占全国的比例

（2）河北省不同板块上市公司股票融资额占总资产的比例

表 1 - 6 呈现的是 2013～2017 年河北省和全国不同板块上市公司股票

融资累计额占总资产比例。截至 2017 年，河北省股票融资累计额占总资产的比例均值最高的是创业板，为 55.51%，最低的是沪市 A 股，仅为 13.31%。在创业板、沪市 A 股和深市 A 股中，河北省的股票融资累计额/总资产都高于全国的股票融资累计额/总资产。在中小板，河北省的股票融资累计额/总资产在 2015 年达到了最大值 76.30%，而在 2016～2017 年呈现下降趋势。

表 1-6　　2013～2017 年河北省和全国不同板块上市公司股票
融资累计额占总资产比例

单位：%

指标	板块		2013 年	2014 年	2015 年	2016 年	2017 年	均值
股票融资累计额/总资产	创业板	河北省	55.14	57.45	53.48	60.99	51.53	55.51
		全国	45.80	40.83	37.46	37.42	30.86	36.18
	沪市 A 股	河北省	13.52	13.79	13.96	14.61	11.69	13.31
		全国	2.60	2.60	2.74	2.82	2.75	2.71
	深市 A 股	河北省	14.03	14.97	16.63	17.90	16.63	16.15
		全国	11.86	13.16	14.71	14.64	12.75	13.52
	中小板	河北省	13.21	12.46	76.30	57.05	44.17	45.05
		全国	23.09	23.46	27.05	28.00	23.91	25.35

表 1-7 呈现的是 2013～2017 年河北省和全国不同板块上市公司 IPO 融资累计额占总资产的比例。截至 2017 年底，河北省 IPO 融资累计额占总资产的比例均值最高的是创业板为 39.48%，最低的是深市 A 股，仅为 1.32%。在四个板块里，河北省 IPO 融资累计额/总资产均呈现下降趋势，且在创业板和沪市 A 股，河北省 IPO 融资累计额/总资产均高于全国 IPO 融资累计额/总资产。

表 1-7　　2013～2017 年河北省和全国不同板块上市公司 IPO 融资
累计额占总资产的比例

单位：%

指标	板块		2013 年	2014 年	2015 年	2016 年	2017 年	均值
IPO 融资累计额/总资产	创业板	河北省	55.14	53.03	41.60	34.86	29.44	39.48
		全国	44.69	35.32	25.18	19.11	16.58	23.30

续表

指标	板块		2013 年	2014 年	2015 年	2016 年	2017 年	均值
IPO 融资 累计额/ 总资产	沪市 A 股	河北省	5.77	4.83	4.12	2.85	2.52	3.60
		全国	1.20	1.10	1.03	0.94	0.94	1.03
	深市 A 股	河北省	1.53	1.45	1.34	1.24	1.13	1.32
		全国	2.41	2.11	3.27	2.60	2.21	2.52
	中小板	河北省	9.46	7.75	6.07	4.48	3.47	5.49
		全国	16.30	13.59	10.94	8.84	7.73	10.48

3. 河北省不同行业上市公司股票融资规模

（1）河北省不同行业上市公司股票融资累计额及新增额

表 1－8 呈现的是 2013～2017 年河北省不同行业上市公司股票融资累计额、IPO 融资累计额及其占全国的比例。分行业来看，2013～2017 年河北上市公司股票融资主要集中在第一、第二产业，包含农林牧渔业，批发和零售业，制造业，综合类行业，交通运输、仓储和邮政业，采矿业，电力、热力、燃气及水生产和供应业 8 个行业。2017 年，河北省股票融资累计额最高的是制造业，为 2141.81 亿元；房地产业次之，为 158.32 亿元。河北省股票融资累计额占全国比例最高的是农林牧渔业，占比为 4.92%；其次是制造业，占比为 4.91%。从纵向来看，2013～2017 年，河北省采矿业、房地产业，股票融资累计额占全国的比例趋势呈 "U" 字形，表明这些行业的融资受到产业发展的影响；农林牧渔业，批发和零售业以及电力、热力、燃气及水生产和供应业呈现先升后降的趋势；交通运输、仓储和邮政业呈现逐年上升的趋势；制造业先上升后下降；金融业、信息传输软件和信息技术服务业实现了从无到有，这与河北经济未来发展趋势相符合（见图 1－7）。

2017 年底，河北有 IPO 累计融资的行业共 10 个，最多的行业是制造业，达 249.40 亿元，占全国制造业 IPO 融资累计额的 1.89%；其次是批发和零售业，为 69.59 亿元，占全国批发和零售业 IPO 融资累计额的 9.55%，这一行业也是占全国比例最高的行业（见图 1－18）。

表 1 – 8　2013～2017 年河北省不同行业上市公司股票融资累计额、

IPO 融资累计额及其占全国的比例

单位：亿元，%

			2013 年	2014 年	2015 年	2016 年	2017 年
采矿业	股票融资累计额	河北省	53.08	84.08	84.08	84.08	112.13
		全国	3453.24	3721.08	4275.05	4642.66	4590.07
		河北省占全国的比例	1.54	2.26	1.97	1.81	2.44
	IPO 融资累计额	河北省	7.83	7.83	7.83	7.83	9.88
		全国	2388.15	2447.45	2478.66	2502.54	2502.22
		河北省占全国的比例	0.33	0.32	0.32	0.31	0.39
电力、热力、燃气及水生产和供应业	股票融资累计额	河北省	31.62	48.62	48.62	61.62	61.62
		全国	2543.28	2842.74	3718.77	4644.75	4846.08
		河北省占全国的比例	1.24	1.71	1.31	1.33	1.27
	IPO 融资累计额	河北省	3.36	3.36	3.36	3.36	3.36
		全国	575.63	584.55	740.37	766.68	839.99
		河北省占全国的比例	0.58	0.57	0.45	0.44	0.40
房地产业	股票融资累计额	河北省	38.01	38.01	88.32	158.32	158.32
		全国	2659.50	3205.07	5239.97	6749.81	7506.47
		河北省占全国的比例	1.43	1.19	1.69	2.35	2.11
	IPO 融资累计额	河北省	11.97	11.97	11.97	11.97	11.97
		全国	494.50	494.50	1032.28	1023.94	1033.27
		河北省占全国的比例	2.42	2.42	1.16	1.17	1.16
建筑业	股票融资累计额	河北省	0	0	0	0	0
		全国	2202.95	2453.99	3159.35	3488.73	3624.89
		河北省占全国的比例	0	0	0	0	0
	IPO 融资累计额	河北省	0	0	0	0	0
		全国	1750.09	1761.43	1801.15	1844.02	1885.82
		河北省占全国的比例	0	0	0	0	0
交通运输、仓储和邮政业	股票融资累计额	河北省	25.10	25.10	50.18	62.15	75.21
		全国	2785.72	3031.29	3265.51	3826.80	4328.60
		河北省占全国的比例	0.90	0.83	1.54	1.62	1.74
	IPO 融资累计额	河北省	16.40	16.40	16.40	16.40	29.46
		全国	1350.91	1355.65	1386.32	1402.10	1436.52
		河北省占全国的比例	1.21	1.21	1.18	1.17	2.05

续表

			2013 年	2014 年	2015 年	2016 年	2017 年
教育	股票融资累计额	河北省	0	0	0	0	0
		全国	0.33	2.27	12.27	75.71	76.30
		河北省占全国的比例	0	0	0	0	0
	IPO 融资累计额	河北省	0	0	0	0	0
		全国	0.33	0.34	0.34	9.46	9.46
		河北省占全国的比例	0	0	0	0	0
金融业	股票融资累计额	河北省	0	0	0	78.10	78.10
		全国	10488.75	11254.57	13640.18	15041.71	15695.78
		河北省占全国的比例	0	0	0	0.52	0.50
	IPO 融资累计额	河北省	0	0	0	2.50	2.50
		全国	4810.63	4879.49	6539.51	6926.37	7088.18
		河北省占全国的比例	0	0	0	0.04	0.04
科学研究和技术服务业	股票融资累计额	河北省	0	0	0	0	0
		全国	65.29	105.15	133.09	213.82	342.38
		河北省占全国的比例	0	0	0	0	0
	IPO 融资累计额	河北省	0	0	0	0	0
		全国	58.24	95.25	108.88	126.97	204.72
		河北省占全国的比例	0	0	0	0	0
农林牧渔业	股票融资累计额	河北省	10.07	25.07	40.08	40.08	40.07
		全国	349.14	498.09	719.48	847.66	814.02
		河北省占全国的比例	2.88	5.03	5.57	4.73	4.92
	IPO 融资累计额	河北省	2.52	2.52	2.52	2.52	2.52
		全国	230.73	245.29	326.59	333.80	321.86
		河北省占全国的比例	1.09	1.03	0.77	0.75	0.78
批发和零售业	股票融资累计额	河北省	76.53	113.99	113.99	112.49	112.51
		全国	1467.07	2025.65	2672.25	4317.53	4341.63
		河北省占全国的比例	5.22	5.63	4.27	2.61	2.59
	IPO 融资累计额	河北省	70.72	70.73	70.72	69.59	69.59
		全国	563.44	578.76	612.61	663.67	728.36
		河北省占全国的比例	12.55	12.22	11.54	10.49	9.55

续表

			2013 年	2014 年	2015 年	2016 年	2017 年
水利环境和公共设施管理业	股票融资累计额	河北省	0	0	0	0	0
		全国	320.98	408.46	467.19	602.20	549.03
		河北省占全国的比例	0	0	0	0	0
	IPO 融资累计额	河北省	0	0	0	0	0
		全国	116.12	129.19	143.97	147.33	179.63
		河北省占全国的比例	0	0	0	0	0
卫生和社会工作	股票融资累计额	河北省	0	0	0	0	0
		全国	18.83	18.83	24.43	92.34	114.70
		河北省占全国的比例	0	0	0	0	0
	IPO 融资累计额	河北省	0	0	0	0	0
		全国	18.84	18.84	20.43	27.43	34.12
		河北省占全国的比例	0	0	0	0	0
文化体育和娱乐业	股票融资累计额	河北省	0	0	0	0	0
		全国	491.78	654.40	1036.03	1816.01	1983.08
		河北省占全国的比例	0	0	0	0	0
	IPO 融资累计额	河北省	0	0	0	0	0
		全国	211.91	211.91	249.76	335.35	435.78
		河北省占全国的比例	0	0	0	0	0
信息传输、软件和信息技术服务业	股票融资累计额	河北省	0	0	0	14.40	14.40
		全国	1115.82	1476.44	2246.38	3428.14	3915.61
		河北省占全国的比例	0	0	0	0.42	0.37
	IPO 融资累计额	河北省	0	0	0	1.13	1.13
		全国	743.31	804.05	929.78	1086.49	1216.26
		河北省占全国的比例	0	0	0	0.10	0.09
制造业	股票融资累计额	河北省	800.18	877.40	1854.19	2114.00	2141.81
		全国	21301.29	26183.23	33678.80	42066.99	43577.48
		河北省占全国的比例	3.76	3.35	5.51	5.03	4.91
	IPO 融资累计额	河北省	223.35	231.03	237.48	234.98	249.40
		全国	10103.53	10584.26	11000.56	11643.18	13180.96
		河北省占全国的比例	2.21	2.18	2.16	2.02	1.89

续表

			2013 年	2014 年	2015 年	2016 年	2017 年
住宿和餐饮业	股票融资累计额	河北省	0	0	0	0	0
		全国	49.54	99.92	201.78	285.69	275.78
		河北省占全国的比例	0	0	0	0	0
	IPO 融资累计额	河北省	0	0	0	0	0
		全国	27.40	27.40	29.19	29.19	27.78
		河北省占全国的比例	0	0	0	0	0
综合类行业	股票融资累计额	河北省	2.47	2.47	2.47		2.47
		全国	100.77	109.09	253.17	403.40	492.28
		河北省占全国的比例	2.45	2.26	0.98	0.61	0.50
	IPO 融资累计额	河北省	2.47	2.47	2.47	2.47	2.47
		全国	48.67	48.67	52.17	45.34	46.54
		河北省占全国的比例	5.07	5.07	4.73	5.45	5.31
租赁和商务服务业	股票融资累计额	河北省	0	0	0	0	0
		全国	402.52	533.39	1043.10	1527.44	1546.33
		河北省占全国的比例	0	0	0	0	0
	IPO 融资累计额	河北省	0	0	0	0	0
		全国	105.62	114.36	149.21	175.32	194.05
		河北省占全国的比例	0	0	0	0	0
总计	股票融资累计额	河北省	1037.06	1214.74	2281.93	2727.71	2796.64
		全国	49816.80	58623.66	75786.80	94071.39	98620.51
		河北省占全国的比例	2.08	2.07	3.01	2.90	2.84
	IPO 融资累计额	河北省	338.62	346.31	352.74	352.74	382.28
		全国	23598.05	24381.39	27601.78	29089.18	31365.52
		河北省占全国的比例	1.43	1.42	1.28	1.21	1.22

　　表 1-9 呈现的是河北省分行业上市公司新增股票融资额、IPO 新增融资额及其占全国的比例。2013～2017 年，河北省通过新增股票融资的上市公司主要集中在房地产业，批发和零售业，交通运输、仓储和邮政业，金融业与制造业。其中，制造业新增股票融资额最多，达 1531.00 亿元，占全国制造业的 5.80%；其次是房地产业，新增股票融资额为 120.31 亿元，占

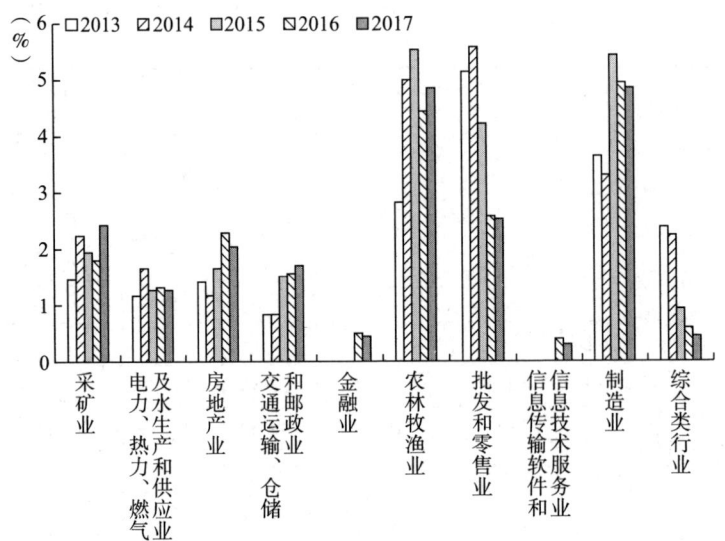

图 1 - 17   2013 ~ 2017 年河北省不同行业上市公司股票融资累计额占全国的比例

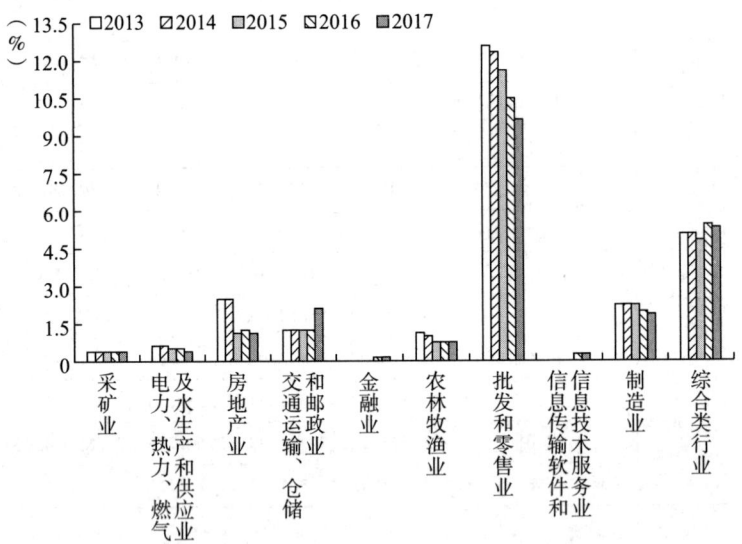

图 1 - 18   2013 ~ 2017 年河北省不同行业上市公司 IPO 融资累计额占全国的比例

全国房地产业新增股票融资额的 2. 60% 。其后分别是金融业批发和零售业、
交通运输、仓储和邮政业，农林牧渔业，采矿业，电力、热气、燃气及水
生产和供应业，这说明河北省主要在传统行业中通过发行股票进行融资。

　　河北省采矿业，电力、热气、燃气及水生产和供应业，批发和零售业主要在 2014 年进行了股票融资；交通运输、仓储和邮政业主要在 2015 年进行了股票融资；金融业则在 2016 年首次进行了股票融资；房地产业主要在 2015～2016 年进行了股票融资；农林牧渔业主要在 2013～2015 年进行了股票融资；而制造业几乎每年都有融资，但各年度股票融资额波动较大。整体来看，河北省各行业新增股票融资额占全国的比例没有规律性，也没有表现出时间上的连续性，说明行业内企业梯队没有形成（见图 1－19）。

截至 2017 年底，河北省 IPO 新增融资的行业仅涉及交通运输、仓储和邮政业以及制造业，5 年 IPO 新增融资额合计分别为 13.06 亿元和 30.60 亿元，占全国同行业的 15.34% 和 0.79%（见图 1－20）。

表 1－9　2013～2017 年河北省不同行业上市公司新增股票融资额、
IPO 新增融资额及其占全国的比例

单位：亿元，%

			2013 年	2014 年	2015 年	2016 年	2017 年	合计
采矿业	本年新增股票融资额	河北省	0	31.00	0	0	0	31.00
		全国	200.61	267.84	572.72	315.64	22.95	1379.76
		河北省占全国比例	0	11.57	0	0	0	2.25
	本年 IPO 新增融资额	河北省	0	0	0	0	0	0
		全国	0	59.30	20.83	19.47	2.24	101.84
		河北省占全国比例	—	0	0	0	0	0
电力、热力、燃气及水生产和供应业	本年新增股票融资额	河北省	0	17.00	0	13.00	0	30.00
		全国	392.74	299.46	813.03	979.46	174.28	2658.97
		河北省占全国比例	0	5.68	0	1.33	0	1.13
	本年 IPO 新增融资额	河北省	0	0	0	0	0	0
		全国	59.29	8.93	141.36	10.66	65.73	285.97
		河北省占全国比例	0	0	0	0	0	0
房地产业	本年新增股票融资额	河北省	0	0	50.31	70.00	0	120.31
		全国	0	545.57	2127.83	1646.21	311.34	4630.95
		河北省占全国比例	—	0	2.36	4.25	0	2.60
	本年 IPO 新增融资额	河北省	0	0	0	0	0	0
		全国	0	0	534.39	0	0	534.39
		河北省占全国比例	—	—	0	—	—	0

续表

			2013 年	2014 年	2015 年	2016 年	2017 年	合计
建筑业	本年新增股票融资额	河北省	0	0	0	0	0	0
		全国	107.39	251.03	698.32	421.76	67.84	1546.34
		河北省占全国比例	0	0	0	0	0	0
	本年IPO新增融资额	河北省	0	0	0	0	0	0
		全国	0	11.34	32.67	67.03	46.40	157.44
		河北省占全国比例	—	0	0	0	0	0
交通运输、仓储和邮政业	本年新增股票融资额	河北省	0	0	25.08	11.97	13.05	50.10
		全国	123.09	278.16	242.16	542.97	176.33	1362.71
		河北省占全国比例	0	0	10.36	2.20	7.40	3.68
	本年IPO新增融资额	河北省	0	0	0	0	13.06	13.06
		全国	0	6.87	31.36	4.46	42.42	85.11
		河北省占全国比例	–	0	0	0	30.79	15.34
教育	本年新增股票融资额	河北省	0	0	0	0	0	0
		全国	0	1.94	10.00	8.20	0.59	20.73
		河北省占全国比例	—	0	0	0	0	0
	本年IPO新增融资额	河北省	0	0	0	0	0	0
		全国	0	0	0	8.20	0	8.20
		河北省占全国比例	—	—	—	0	—	0
金融业	本年新增股票融资额	河北省	0	0	0	73.60	0	73.60
		全国	593.73	868.63	2383.75	1368.96	379.30	5594.37
		河北省占全国比例	0	0	0	5.38	0	1.32
	本年IPO新增融资额	河北省	0	0	0	0	0	0
		全国	0	69.96	1658.16	368.89	145.78	2242.79
		河北省占全国比例	—	0	0	0	0	0
科学研究和技术服务业	本年新增股票融资额	河北省	0	0	0	0	0	0
		全国	7.05	39.86	28.44	70.53	64.37	210.25
		河北省占全国比例	0	0	0	0	0	0
	本年IPO新增融资额	河北省	0	0	0	0	0	0
		全国	0	37.01	19.99	16.82	62.52	136.34
		河北省占全国比例	—	0	0	0	0	0

			2013 年	2014 年	2015 年	2016 年	2017 年	合计
农林牧渔业	本年新增股票融资额	河北省	7.56	15.00	15.00	0	0	37.56
		全国	13.68	148.94	208.84	127.28	15.58	514.32
		河北省占全国比例	55.26	10.07	7.18	0		7.30
	本年IPO新增融资额	河北省	0	0	0	0	0	0
		全国	0	14.56	77.24	6.31	0	98.11
		河北省占全国比例	—	0	0	0	—	0
批发和零售业	本年新增股票融资额	河北省	0	37.47	0	12.90	0.02	50.39
		全国	81.97	558.58	711.70	1734.92	423.77	3510.94
		河北省占全国比例	0	6.71	0	0.74		1.44
	本年IPO新增融资额	河北省	0	0	0	0	0	0
		全国	0	15.32	33.26	48.60	63.90	161.08
		河北省占全国比例	—	0	0	0	0	0
水利环境和公共设施管理业	本年新增股票融资额	河北省	0	0	0	0	0	0
		全国	11.37	87.48	105.95	124.54	41.18	370.52
		河北省占全国比例	0	0	0	0	0	0
	本年IPO新增融资额	河北省	0	0	0	0	0	0
		全国	0	13.07	12.77	0	19.70	45.54
		河北省占全国比例	—	0	0	—	0	0
卫生和社会工作	本年新增股票融资额	河北省	0	0	0	0	0	0
		全国	0	0	4.00	58.51	5.44	67.95
		河北省占全国比例	—	—	0	0	0	0
	本年IPO新增融资额	河北省	0	0	0	0	0	0
		全国	0	0	0	0	4.76	4.76
		河北省占全国比例	—	—	—	—	0	0
文化体育和娱乐业	本年新增股票融资额	河北省	0	0	0	0	0	0
		全国	96.84	162.63	311.54	689.57	111.90	1372.48
		河北省占全国比例	0	0	0	0	0	0
	本年IPO新增融资额	河北省	0	0	0	0	0	0
		全国	0	0	25.28	73.71	87.09	186.08
		河北省占全国比例	—	—	0	0	0	0

续表

			2013 年	2014 年	2015 年	2016 年	2017 年	合计
信息传输、软件和信息技术服务业	本年新增股票融资额	河北省	0	0	0	0	0	0
		全国	122.88	360.62	689.38	999.89	157.39	2330.16
		河北省占全国比例	0	0	0	0	0	0
	本年IPO新增融资额	河北省	0	0	0	0	0	0
		全国	0	60.74	110.78	130.20	85.22	386.94
		河北省占全国比例	—	0	0	0	0	0
制造业	本年新增股票融资额	河北省	156.81	77.22	976.80	264.31	55.86	1531.00
		全国	2249.11	4881.94	7988.83	8808.59	2477.81	26406.28
		河北省占全国比例	6.97	1.58	12.23	3.00	2.25	5.80
	本年IPO新增融资额	河北省	0	7.69	6.43	0	16.48	30.60
		全国	305.82	480.72	684.28	733.24	1653.66	3857.72
		河北省占全国比例	0	1.60	0.94	0	1.00	0.79
住宿和餐饮业	本年新增股票融资额	河北省	0	0	0	0	0	0
		全国	2.61	50.38	100.07	83.91	2.01	238.98
		河北省占全国比例	0	0	0	0	0	0
	本年IPO新增融资额	河北省	0	0	0	0	0	0
		全国	0	0	0	0	0	0
		河北省占全国比例	—	—	—	—	—	—
综合类行业	本年新增股票融资额	河北省	0	0	0	0	0	0
		全国	0	8.32	74.91	151.43	84.85	319.51
		河北省占全国比例	—	0	0	0	0	0
	本年IPO新增融资额	河北省	0	0	0	0	0	0
		全国	0	0	0	0	0	0
		河北省占全国比例	—	—	—	—	—	—
租赁和商务服务业	本年新增股票融资额	河北省	0	0	0	0	0	0
		全国	54.89	130.88	490.39	357.10	50.00	1083.26
		河北省占全国比例	0	0	0	0	0	0
	本年IPO新增融资额	河北省	0	0	0	0	0	0
		全国	0	8.74	19.83	16.51	21.67	66.75
		河北省占全国比例	—	0	0	0	0	0

续表

			2013 年	2014 年	2015 年	2016 年	2017 年	合计
总计	本年新增股票融资额	河北省	164.37	177.69	1067.19	445.78	68.93	1923.96
		全国	4057.96	8942.26	17561.86	18489.47	4566.93	53618.48
		河北省占全国比例	4.05	1.99	6.08	2.41	1.51	3.59
	本年 IPO 新增融资额	河北省	0	7.69	6.43	0	29.54	43.66
		全国	365.11	786.56	3402.20	1504.10	2301.09	8359.06
		河北省占全国比例	0	0.98	0.19	0	1.28	0.52

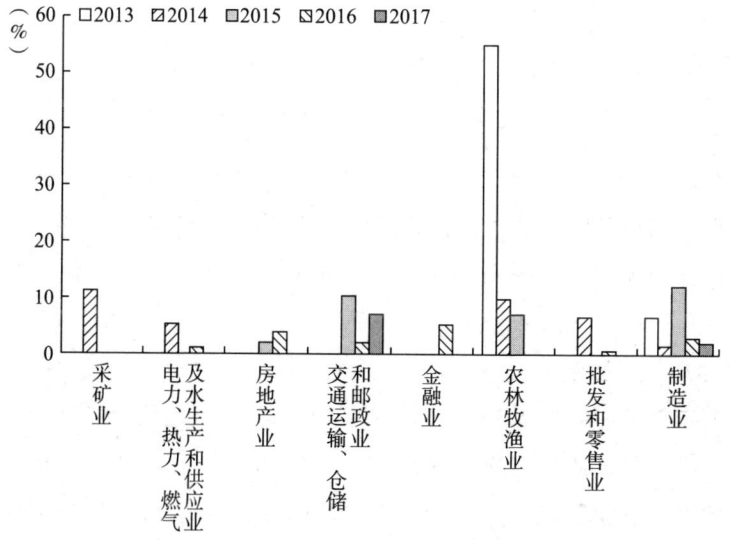

图 1 - 19　2013～2017 河北省不同行业上市公司新增股票融资额占全国的比例

（2）河北省不同行业上市公司股票融资额占总资产的比例

表 1 - 10 呈现的是 2013～2017 年河北省和全国不同行业上市公司股票融资累计额占总资产的比例，综合类行业，农林牧渔业，采矿业和电力、热力、燃气及水生产和供应业 4 个行业中，2013～2017 年河北省的股票融资累计额/总资产都高于全国的股票融资累计额/总资产，农林牧渔业在2014 年出现了翻番式增长，虽然 2015 年和 2016 年有所下降，2017 年略微上升，但仍然保持在较高水平；交通运输、仓储和邮政业在 2013～2016 年均高于全国水平，2017 年略低于全国水平。在 2013～2017 年，房地产业河北省的股票融资累计额/总资产低于全国的股票融资累计额/总资产，除

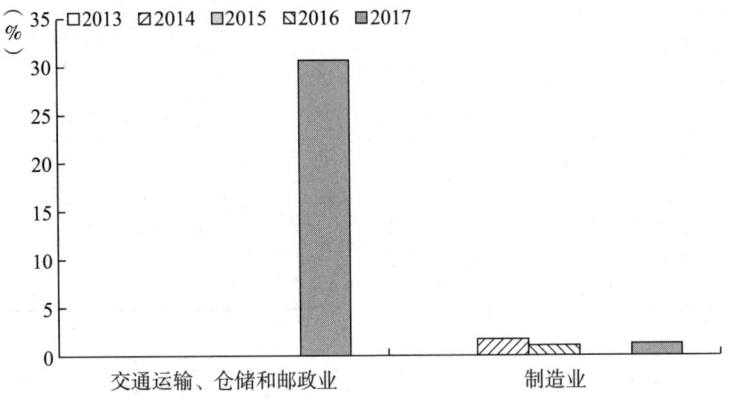

图 1 - 20　2013 ~ 2017 河北省不同行业上市公司 IPO 新增融资额占全国的比例

2014 年外，呈先上升后下降的趋势。2013 ~ 2016 年批发和零售业河北省的股票融资累计额/总资产呈先上升后下降的趋势，而在 2017 年略微上涨。制造业河北省的股票融资累计额/总资产整体呈上升趋势。金融业和信息传输、软件和信息技术服务业河北省的股票融资累计额/总资产在 2016 年和 2017 年远高于全国水平。

表 1 - 11 呈现的是 2013 ~ 2017 年河北省和全国不同行业上市公司 IPO 融资累计额占总资产的比例。在采矿业，电力、热力、燃气及水生产和供应业，房地产业和制造业 4 个行业中，2013 ~ 2017 年河北省的 IPO 融资累计额/总资产都低于全国的 IPO 融资累计额/总资产，并且在总体上都呈下降趋势；在 2013 ~ 2017 年，交通运输、仓储和邮政业的河北省 IPO 融资累计额/总资产都高于全国的 IPO 融资累计额/总资产，并且呈下降趋势；批发和零售业、综合类行业的河北省 IPO 融资累计额/总资产也都高于全国的 IPO 融资累计额/总资产，整体上处于波动状态；而农林牧渔业，河北省 IPO 融资累计额/总资产呈现大幅度下降，并且实现了从高于全国的股票融资累计额/总资产到低于全国的股票融资累计额/总资产。金融业河北省的 IPO 融资累计额/总资产在 2016 年和 2017 年略高于全国水平；而信息传输、软件和信息技术服务业河北省的 IPO 融资累计额/总资产在 2016 年和 2017 年低于全国水平。

表 1 - 10　2013～2017 年河北省和全国不同行业上市公司股票融资
累计额占总资产的比例

单位：%

指标	行业		2013 年	2014 年	2015 年	2016 年	2017 年	均值
股票融资累计额/总资产	采矿业	河北省	12.91	20.15	20.65	19.32	18.89	18.44
		全国	6.31	6.26	7.01	7.37	7.03	6.81
	电力、热力、燃气及水生产和供应业	河北省	15.60	17.71	15.61	17.84	15.95	16.58
		全国	11.35	11.64	12.63	13.97	12.75	12.60
	房地产业	河北省	2.85	2.00	3.25	4.00	2.79	3.09
		全国	9.19	9.47	10.68	10.64	9.15	9.86
	交通运输、仓储和邮政业	河北省	19.55	16.46	30.15	30.63	15.72	21.06
		全国	15.34	15.67	15.62	16.13	15.89	15.76
	金融业	河北省	0	0	0	26.11	20.34	21.50
		全国	1.02	0.97	1.03	0.97	0.94	0.98
	农林牧渔业	河北省	86.66	202.34	198.81	153.98	166.13	164.73
		全国	29.91	38.01	39.10	37.45	31.11	35.10
	批发和零售业	河北省	11.59	16.61	17.71	15.60	17.07	15.71
		全国	12.33	15.24	16.92	20.32	17.64	17.07
	信息传输、软件和信息技术服务业	河北省	0	0	0	48.16	44.68	20.37
		全国	13.06	15.44	17.93	22.21	22.27	19.14
	制造业	河北省	17.47	18.08	35.25	33.89	30.88	27.94
		全国	19.65	21.06	23.79	25.33	22.21	22.65
	综合类行业	河北省	79.94	81.79	63.66	118.18	74.40	80.19
		全国	9.31	9.51	20.12	26.74	28.50	20.21

表 1 - 11　2013～2017 年河北省和全国不同行业上市公司 IPO 融资累计额
占总资产的比例

单位：%

指标	行业		2013 年	2014 年	2015 年	2016 年	2017 年	均值
IPO 融资累计额/总资产	采矿业	河北省	1.91	1.88	1.92	1.80	1.66	1.82
		全国	4.36	4.12	4.06	3.97	3.83	4.06

续表

指标	行业		2013 年	2014 年	2015 年	2016 年	2017 年	均值
IPO 融资累计额/总资产	电力、热力、燃气及水生产和供应业	河北省	1.66	1.22	1.08	0.97	0.87	1.10
		全国	2.57	2.39	2.51	2.31	2.21	2.38
	房地产业	河北省	0.90	0.63	0.44	0.30	0.21	0.38
		全国	1.71	1.46	2.10	1.61	1.26	1.59
	交通运输、仓储和邮政业	河北省	12.77	10.76	9.85	8.08	6.16	8.42
		全国	7.44	7.01	6.63	5.91	5.27	6.34
	金融业	河北省	0	0	0	0.84	0.65	0.69
		全国	0.47	0.42	0.49	0.45	0.43	0.45
	农林牧渔业	河北省	21.69	20.34	12.50	9.68	10.45	13.36
		全国	19.77	18.72	17.75	14.75	12.30	15.85
	批发和零售业	河北省	10.71	10.30	10.99	9.65	10.56	10.42
		全国	4.73	4.36	3.88	3.12	2.96	3.62
	信息传输、软件和信息技术服务业	河北省	0	0	0	3.78	3.51	1.60
		全国	8.70	8.41	7.42	7.04	6.92	7.51
	制造业	河北省	4.88	4.76	4.51	3.77	3.60	4.22
		全国	9.32	8.51	7.77	7.01	6.72	7.67
	综合类行业	河北省	79.94	81.79	63.66	118.18	74.40	80.19
		全国	4.50	4.24	4.15	3.01	2.69	3.59

（二）河北省上市公司债券融资规模

1. 河北省上市公司债券融资整体规模

（1）河北省上市公司债券融资累计额及新增额

本报告上市公司债券融资的数据是从 Wind 数据库中得到的，其内容包括公司债、企业债、中期票据、金融债、短期融资券、可转债、可分离转债存债、资产支持证券。债券融资规模从债券融资累计额和本期债券融资净额两个维度描述。

表 1-12 呈现的是 2013~2017 年河北省和全国债券融资累计额及河北省占全国的比例。

截至 2017 年底，河北省上市公司债券融资累计额为 1655.10 亿元，同期全国债券融资累计额为 346711.42 亿元，河北省占全国的比例为 0.48%，该比例在最近的 5 年里，均低于 1.00%。从该比例的发展趋势上看，河北省债券融资累计额占全国的比重，一直处于逐年下降的趋势（见图 1-2）。

从债券融资累计额环比增长率来看，全国上市公司债券融资累计额环比增长率从 2013 年到 2016 年呈上升趋势，2017 年有所下降。河北省债券融资累计额环比增长率从 2013 到 2014 年略微下降，在 2015 年到 2016 出现增长趋势，在 2017 年出现了急剧下降。从整个时间序列来看，自 2013 年开始，河北省债券融资累计额环比增长率始终低于全国。总之，河北省运用发行债券融资的能力低于全国平均水平（见图 1-22）。

表 1-12　河北省和全国债券融资累计额及河北省占全国的比例

单位：亿元，%

年份	河北省		全国		河北省占全国的比例
	债券融资累计额	环比增长率	债券融资累计额	环比增长率	
2013	466.60	27.10	48301.59	27.45	0.97
2014	578.60	24.00	69669.35	44.24	0.83
2015	862.60	49.08	123089.67	76.68	0.70
2016	1441.10	67.06	220723.21	79.32	0.65
2017	1655.10	14.85	346711.42	57.08	0.48

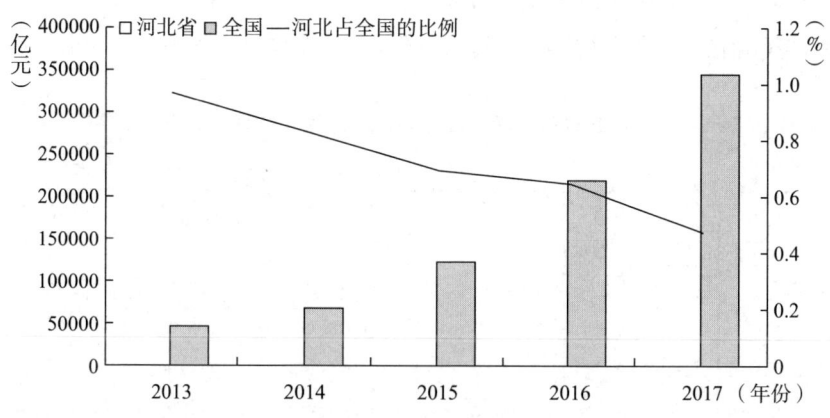

图 1-21　2013～2017 年河北省及全国债券融资累计额及河北省占全国的比例

表 1-13 呈现的是 2013～2017 年河北省和全国上市公司新增债券融资额及环比增长率。2013～2017 年河北省新增债券融资总额为 1288.00 亿元，

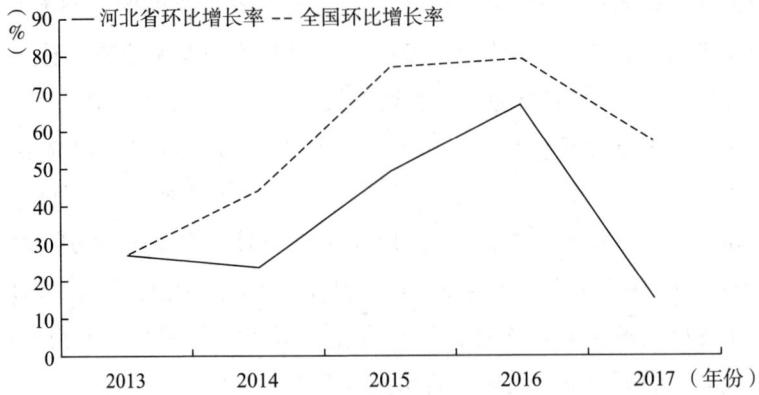

图 1 - 22　2013 ～ 2017 年河北省及全国债券融资累计额环比增长率趋势

全国为 309456.11 亿元，河北省占全国的比例为 0.42 ％。2016 年，河北省新增债券融资额最高，为 578.50 亿元；其次是 2015 年，为 284.00 亿元。2017 年，全国新增债券融资额最高，为 125989.21 亿元。河北省新增债券融资额占全国的比例，这五年来都不足 1.00%，其中 2017 年所占比例最低，见图 1 - 23。

河北省新增债券融资额环比增长率与全国的趋势缺乏一致性。河北省在 2013 年至 2015 年呈上升趋势，2016 至 2017 年呈下降趋势。而全国在 2013 年呈下降趋势，在 2014 年至 2015 年呈上升趋势，在 2016 年至 2017 年又呈下降趋势。整体来看，河北新增债券融资环比增长率与全国平均水平相近，2013 年、2015 年和 2016 年高于全国平均水平，其余年份均低于全国平均水平，见图 1 - 24。

表 1 - 13　河北省和全国上市公司新增债券融资额及环比增长率

单位：亿元，%

年份	河北省新增债券融资额	环比增长率	全国新增债券融资额	环比增长率	河北省占全国的比例
2013	99.50	2.47	10404.20	- 8.51	0.96
2014	112.00	12.56	21367.77	105.38	0.52
2015	284.00	153.57	53844.39	151.99	0.53
2016	578.50	103.70	97850.54	81.73	0.59
2017	214.00	- 63.01	125989.21	28.76	0.17
合计	1288.00	—	309456.11	—	0.42

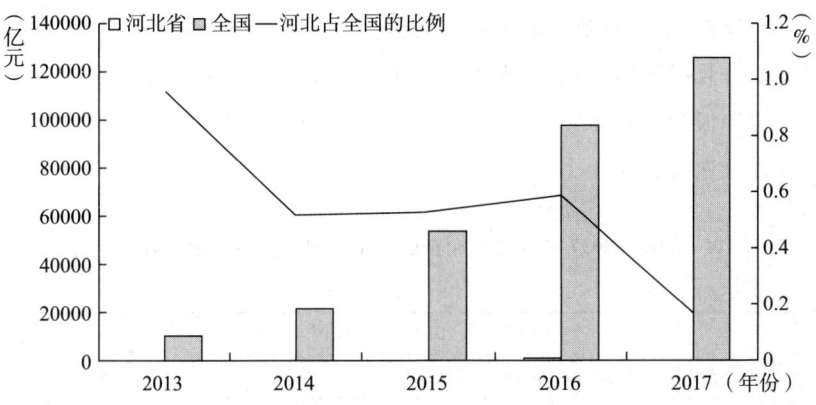

**图 1 - 23　2013～2017 年河北省和全国上市公司新增债券
融资额及河北省占全国比例趋势**

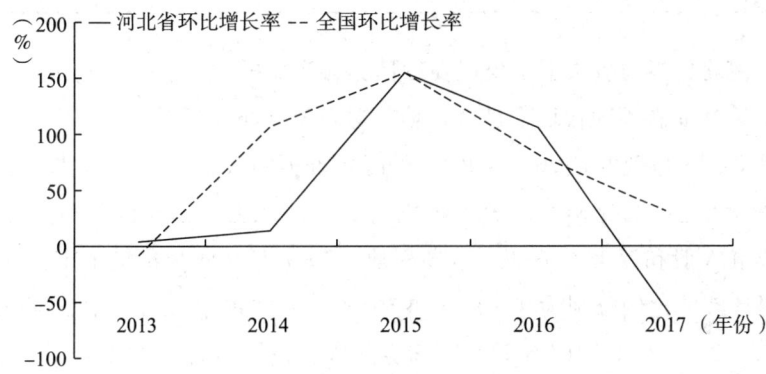

**图 1 - 24　2013～2017 年河北省和全国上市公司新增
债券融资额环比增长率趋势**

（2）河北省上市公司债券融资额占总资产的比例

表 1 - 14 呈现的是 2013～2017 年河北省上市公司和全国上市公司债券
融资结构总体对比情况。

截至 2017 年底，河北省和全国上市公司的债券融资累计额/总资产的均
值分别是 9.49% 和 9.21%。除 2017 年外，自 2013～2016 年，河北省的债
券融资累计额/总资产逐年增加；除 2017 年外，全国的债券融资累计额/总
资产的走势与河北省的基本保持一致，统计年度的 5 年间一直保持着不断上
升的趋势。

到 2017 年底，河北省和全国上市公司的债券融资净额/总资产的均值分
别是 2.44% 和 3.52%。河北省上市公司的债券融资净额/总资产这一指标，

在 2013 ~ 2014 年，不断呈现下降的趋势，在 2015 ~ 2016 年，出现了大幅度的回升，并且在 2016 年达到最大值 4.72%，但 2017 年出现急剧下降。全国上市公司的债券融资净额/总资产这一指标与河北省的相比，一直处于上升趋势，并且速度较快。

表 1 - 14　2013 ~ 2017 年河北省和全国上市公司债券融资额占总资产的比例

单位：%

指标		2013 年	2014 年	2015 年	2016 年	2017 年	均值
债券融资累计额/总资产	河北省	6.33	7.85	9.01	11.76	10.90	9.49
	全国	3.63	4.65	7.14	10.94	15.73	9.21
本年债券融资净额/总资产	河北省	1.35	1.34	2.97	4.72	1.41	2.44
	全国	0.78	1.42	3.12	4.85	5.71	3.52

2. 河北省不同板块上市公司发行债券融资规模

（1）河北省不同板块上市公司债券融资累计额及新增额

表 1 - 15 呈现的是 2013 ~ 2017 年河北省不同板块上市公司债券融资累计额及其占全国的比例。从表中可以看到，河北上市公司债券融资主要依赖于沪市 A 股和深市 A 股两个市场板块。2017 年这两个市场上市公司债券融资累计额的比例分别为 48.01% 和 39.21%。在中小板市场上，河北省仅 2015 年、2016 年和 2017 年进行了债券融资，该市场上市公司债券融资累计额占全省的比例仅为 12.78%。而在创业板市场上，这 5 年河北省没有发行过债券（见图 1 - 26）。全国债券融资累计额主要集中在沪市 A 股市场，2017 年，沪市 A 股市场融资累计额占全国的比例为 84.41%（见图 1 - 27）。截至 2017 年底，河北债券融资累计额为 1655.10 亿元，占全国 0.48%。其中，在深市 A 股发行债券融资累计额为 649.00 亿元，占全国 2.00%；在沪市 A 股发行债券融资累计额为 794.60 亿元，占全国 0.27%；在中小板发行债券融资累计额为 211.50 亿元，占全国 1.34%。

从统计年度 5 年间的变化趋势来看，2013 年，河北省在深市 A 股市场发行债券融资累计额占全国的比例逐年下降，从 2013 年的 6.19% 下降到 2017 年的 2%。2013 ~ 2016 年，河北省在沪市 A 股市场发行债券融资累计额占全国的比例总体变化不大，维持在 0.35% 左右，2017 年有所下降，降为 0.27%。2013 ~ 2017 年，河北省在创业板未发行债券。2013 ~ 2014 年，河北省上市公司未在中小板发行债券，所占全国比例均为0，2015年则达到1.66%，2016年上升至2.00%，2017年下降为1.34%，见图1-25。

表1-15 2013～2017年河北省和全国不同板块上市公司债券融资
累计额及河北省占全国的比例

单位：亿元，%

市场板块		2013年	2014年	2015年	2016年	2017年
创业板	河北债券融资累计额	0	0	0	0	0
	全国债券融资累计额	95.67	151.16	291.47	569.74	973.09
	河北占全国的比例	0	0	0	0	0
沪市A股	河北债券融资累计额	149.60	211.60	346.60	667.60	794.60
	全国债券融资累计额	41610.22	59413.55	101756.37	184796.55	292654.68
	河北占全国的比例	0.36	0.36	0.34	0.36	0.27
深市A股	河北债券融资累计额	317.00	367.00	417.00	614.00	649.00
	全国债券融资累计额	5122.24	7470.85	15077.38	25880.30	37309.09
	河北占全国的比例	6.19	4.91	2.78	2.37	2.00
中小板	河北债券融资累计额	0	0	99.00	159.50	211.50
	全国债券融资累计额	1473.46	2633.79	5964.45	9476.62	15774.56
	河北占全国的比例	0	0	1.66	2.00	1.34
总计	河北债券融资累计额	466.60	578.60	862.60	1441.10	1655.10
	全国债券融资累计额	48301.59	69669.35	123089.68	220723.21	346711.42
	河北占全国的比例	0.97	0.83	0.70	0.65	0.48

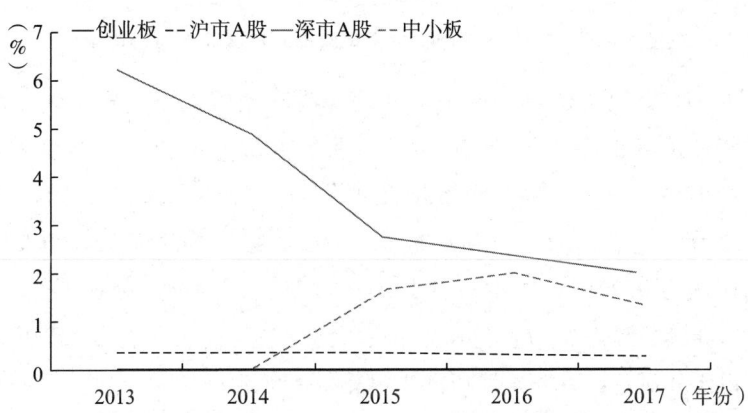

图1-25 2013～2017年河北省不同板块上市公司债券融资累计额占全国比例趋势

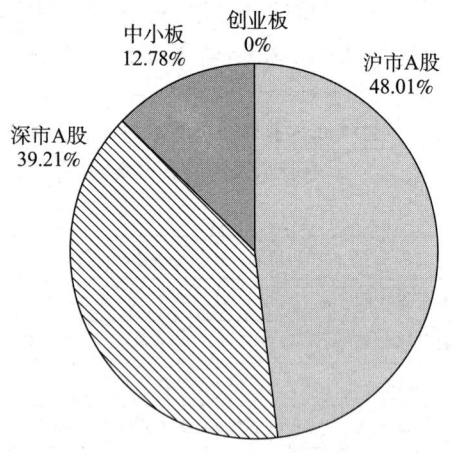

图 1 – 26　2017 年河北省上市公司债券融资累计额板块结构

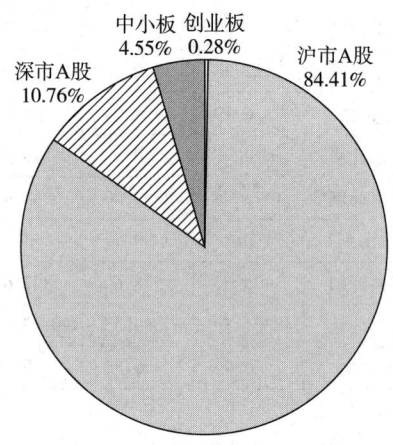

图 1 – 27　2017 年全国上市公司债券融资累计额板块结构

　　表 1 – 16 呈现的是 2013～2017 年河北省和全国上市公司不同板块新增债券融资额及河北省占全国的比例。河北省上市公司新增债券融资额主要集中在深市 A 股和沪市 A 股市场及中小板。其中，深市 A 股市场融资417.00 亿元，占全国的比例为 1.24%；沪市 A 股市场融资 704.50 亿元，占全国的比例为 0.27%，中小板融资 211.50 亿元，占全国的比例为 1.43%。创业板债券融资额为 0。截至 2017 年底，河北省不同板块上市公司新增债券融资额占比分别是：沪市 A 股所占比例最高，为 59.35%；其次为中小板，为24.29%；再次是深市 A 股占比为 16.36%；而创业板占比为 0（见图 1 – 29）。

全国上市公司新增债券融资额最多的市场板块是沪市 A 股市场，占比为 85.61%；其次是深市 A 股市场，所占比例为 9.07%；再次是中小板市场，所占比例为 5.00%；而创业板市场占比最低，仅为 0.32%（见图 1-30）。

从各板块统计年度 5 年间的变化趋势来看，2013 年河北省上市公司深市 A 股市场新增债券融资额占全国的比例为 5.82%，2014 年下降到 2.13%，2015 年又明显下降到 0.66%，2016 年有所回升，回升至 1.82%，2017 年又下降至 0.31%。2013~2017 年，河北省上市公司在沪市 A 股市场新增债券融资额占全国的比例最高为 0.39%，最低为 0.12%。2013~2014 年，河北省上市公司在中小板市场新增债券融资额为 0，2015 年河北省中小板上市公司新增债券融资额占全国的比例为 2.97%，到 2016 年，河北省中小板上市公司新增债券融资额占全国的比例略微下降，为 1.72%，到 2017 年继续下降，为 0.83%。这 5 年，河北省上市公司在创业板没有新增债券融资见图 1-28。从近 5 年的变化趋势看，2013 年，河北省上市公司新增债券融资额占全国的比例最高，达到 0.96%，2014 年明显下降，2015~2016 年略微上升后，2017 年又明显下降，仅占 0.17%。

表 1-16　2013~2017 年河北省和全国不同板块上市公司新增债券
融资额及河北省占全国的比例

单位：亿元，%

不同板块市场		2013 年	2014 年	2015 年	2016 年	2017 年	合计
创业板	河北省新增债券融资额	0	0	0	0	0	0
	全国新增债券融资额	52.77	55.50	140.30	278.28	403.35	930.20
	河北省占全国的比例	0	0	0	0	0	0
沪市 A 股	河北省新增债券融资额	14.50	62.00	135.00	321.00	172.00	704.50
	全国新增债券融资额	8392.62	17803.33	42751.80	83257.17	107858.13	260063.05
	河北省占全国的比例	0.17	0.35	0.32	0.39	0.12	0.27
深市 A 股	河北省新增债券融资额	85.00	50.00	50.00	197.00	35.00	417.00
	全国新增债券融资额	1459.66	2348.61	7621.63	10802.92	11429.79	33662.61
	河北省占全国的比例	5.82	2.13	0.66	1.82	0.31	1.24
中小板	河北省新增债券融资额	0	0	99.00	60.50	52.00	211.50
	全国新增债券融资额	499.15	1160.33	3330.66	3512.17	6297.94	14800.26
	河北省占全国的比例	0	0	2.97	1.72	0.83	1.43

续表

	不同板块市场	2013 年	2014 年	2015 年	2016 年	2017 年	合计
总计	河北省新增债券融资额	99.50	112.00	284.00	578.50	214.00	1288.00
	全国新增债券融资额	10404.20	21367.77	53844.39	97850.54	125989.21	309456.11
	河北省占全国的比例	0.96	0.52	0.53	0.59	0.17	0.42

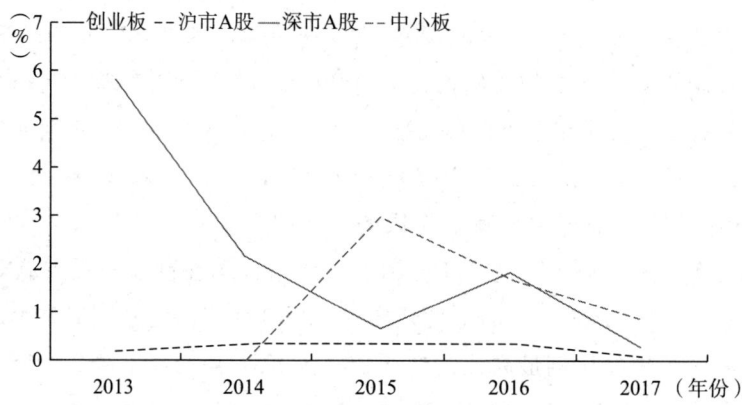

图 1 - 28　2013 ~ 2017 年河北省不同板块上市公司新增债券融资额占全国比例趋势

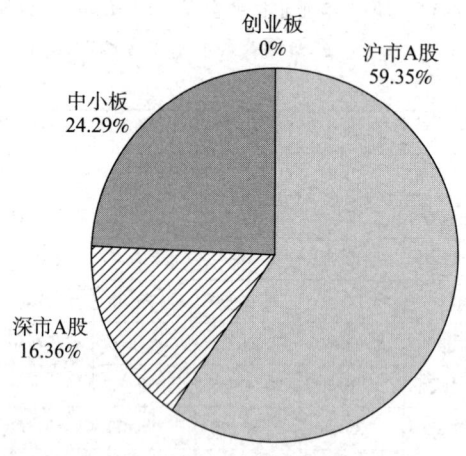

图 1 - 29　2017 年河北省上市公司新增债券融资额板块结构

（2）河北省不同板块上市公司债券融资额占总资产的比例

表 1 - 17 呈现的是 2013 ~ 2017 年河北省和全国不同板块的上市公司的债券融资余额占总资产的比例。其中，河北省的创业板债券融资余额占总资产指标一直为 0，而深市 A 股的这一指标，在近五年内，一直处于最高状

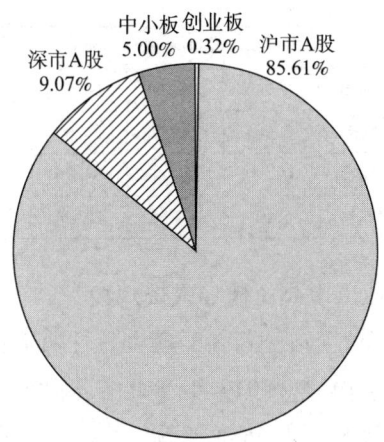

图 1 - 30　2017 年全国上市公司新增债券融资额板块结构

态，并且除 2017 年外，呈现不断上升的趋势；沪市 A 股和中小板这一指标的值，一直处在创业板和深市 A 股之间，沪市 A 股除 2017 年外，呈现不断上升的趋势，中小板则近 5 年一直呈上升趋势。河北省的债券融资余额占总资产的这一指标均值中，深市 A 股处于最高点，为 11.78%，其他的均值都低于 10.00%。

2013 ~ 2017 年全国创业板的债券融资余额占总资产指标的值，一直是各个板块中最低的，深市 A 股的值，一直是各个板块中最高的。深市 A 股 2013 ~ 2017 年，一直处于上升状态，并且在 2017 年达到最大值 23.50%。其他各个板块，也一直处于上升状态。而全国债券融资余额占总资产指标的均值，最高是深市 A 股，为 16.06%，最低是创业板，为 3.32%（见表 1 - 17）。

表 1 - 17　2013 ~ 2017 年河北省和全国不同板块上市公司的
债券融资余额占总资产比例

单位：%

			2013 年	2014 年	2015 年	2016 年	2017 年	均值
债券融资余额/总资产	创业板	河北省	0	0	0	0	0	0
		全国	1.85	2.11	2.53	3.44	4.39	3.32
	沪市 A 股	河北省	4.96	5.87	8.19	10.91	9.85	8.67
		全国	3.42	4.35	6.54	10.25	15.03	8.61

			2013 年	2014 年	2015 年	2016 年	2017 年	均值
债券融资余额/总资产	深市A股	河北省	9.12	10.03	10.56	14.36	13.78	11.78
		全国	6.73	8.57	13.97	19.07	23.50	16.06
	中小板	河北省	0	0	7.76	9.24	9.45	6.67
		全国	5.01	7.14	12.54	15.44	20.93	14.10

3. 河北省不同行业上市公司债券融资规模

（1）河北省不同行业上市公司债券融资累计额及新增额

表 1-18 呈现的是 2013~2017 年河北省不同行业上市公司债券融资累计额及其占全国的比例。从行业来看，2013~2017 年，河北省上市公司债券融资主要分布在采矿业，电力、热力、燃气及水生产和供应业，交通运输、仓储和邮政业，批发和零售业，制造业，房地产业。截至 2017 年底，河北省债券融资累计额占全国比例最高的是房地产业，达 8.79%；其次是制造业，为 3.86%；交通运输、仓储和邮政业占比为 0.35%，批发和零售业占比为 3.10%；电力、热力、燃气及水生产和供应业占比为 0.29%，采矿业占比为 0.81%。电力、热力、燃气及水生产和供应业以及交通运输、仓储和邮政业所占比重较小，其他行业均为 0。

从占比趋势方面来看，河北省采矿业上市公司债券融资累计额占全国的比例，在 2015 年及以前逐年下降，2016 年开始上升；河北省批发和零售业上市公司债券融资累计额占全国的比例近 5 年来整体基本在 3.50% 左右；制造业债券融资累计额占全国的比例在 2013~2015 年较稳定，维持在 3.70% 左右，2016 年有一定程度上升，上升至 4.28%，2017 年又有所下降，下降至 3.86%（见图 1-31）。

表 1-18 2013~2017 年河北省不同行业上市公司债券融资累计额及其占全国的比例

单位：亿元，%

行业		2013 年	2014 年	2015 年	2016 年	2017 年
采矿业	河北省债券融资累计额	54.00	54.00	54.00	84.00	104.00
	全国债券融资累计额	6471.70	7624.38	10529.08	12290.14	12779.24
	河北省占全国的比例	0.83	0.71	0.51	0.68	0.81

续表

行业		2013 年	2014 年	2015 年	2016 年	2017 年
电力、热力、燃气及水生产和供应业	河北省债券融资累计额	24.50	34.50	34.50	34.50	34.50
	全国债券融资累计额	5020.55	6711.45	8262.41	9925.85	11757.55
	河北省占全国的比例	0.49	0.51	0.42	0.34	0.29
房地产业	河北省债券融资累计额	0	0	179.00	464.50	595.50
	全国债券融资累计额	749.76	1022.66	3204.02	5478.95	6771.07
	河北省占全国的比例	0	0	5.59	8.48	8.79
建筑业	河北省债券融资累计额	0	0	0	0	0
	全国债券融资累计额	3242.50	4058.20	5152.25	5859.75	6226.51
	河北省占全国的比例	0	0	0	0	0
交通运输、仓储和邮政业	河北省债券融资累计额	0	3.00	9.00	29.00	29.00
	全国债券融资累计额	2933.55	3336.90	4170.65	7784.50	8382.72
	河北省占全国的比例	0	0.09	0.22	0.22	0.35
教育业	河北省债券融资累计额	0	0	0	0	0
	全国债券融资累计额	0	0	0	0	0
	河北省占全国的比例	—	—	—	—	—
金融业	河北省债券融资累计额	0	0	0	0	0
	全国债券融资累计额	18700.07	33100.46	74504.05	156312.97	274283.57
	河北省占全国的比例	0	0	0	0	0
科学研究和技术服务业	河北省债券融资累计额	0	0	0	0	0
	全国债券融资累计额	2.30	4.80	8.30	8.30	27.80
	河北省占全国的比例	0	0	0	0	0
农林牧渔业	河北省债券融资累计额	0	0	0	0	0
	全国债券融资累计额	189.10	220.60	245.10	280.10	366.20
	河北省占全国的比例	0	0	0	0	0
卫生和社会工作	河北省债券融资累计额	0	0	0	0	0
	全国债券融资累计额	0	0	0	8.00	20.00
	河北省占全国的比例	—	—	—	0	0
批发和零售业	河北省债券融资累计额	22.00	37.00	48.00	87.00	105.00
	全国债券融资累计额	657.21	956.57	1508.92	2574.04	3382.37
	河北省占全国的比例	3.35	3.87	3.18	3.38	3.10

续表

行业		2013 年	2014 年	2015 年	2016 年	2017 年
水利环境和公共设施管理业	河北省债券融资累计额	0	0	0	0	0
	全国债券融资累计额	77.80	128.00	176.00	359.68	495.45
	河北省占全国的比例	0	0	0	0	0
文化体育和娱乐业	河北省债券融资累计额	0	0	0	0	0
	全国债券融资累计额	51.00	68.00	84.00	179.55	256.09
	河北省占全国的比例	0	0	0	0	0
信息传输软件和信息技术服务业	河北省债券融资累计额	0	0	0	0	0
	全国债券融资累计额	164.15	195.15	238.85	350.15	506.65
	河北省占全国的比例	0	0	0	0	0
制造业	河北省债券融资累计额	366.10	450.10	538.10	742.10	787.10
	全国债券融资累计额	9806.49	11852.28	14416.64	18040.16	20369.29
	河北省占全国的比例	3.73	3.80	3.73	4.28	3.86
住宿和餐饮业	河北省债券融资累计额	0	0	0	0	0
	全国债券融资累计额	19.80	22.80	24.80	24.80	25.80
	河北省占全国的比例	0	0	0	0	0
综合类行业	河北省债券融资累计额	0	0	0	0	0
	全国债券融资累计额	66.00	115.50	196.50	235.50	265.50
	河北省占全国的比例	0	0	0	0	0
租赁和商务服务业	河北省债券融资累计额	0	0	0	0	0
	全国债券融资累计额	149.60	251.60	366.10	513.21	795.61
	河北省占全国的比例	0	0	0	0	0

表 1-19 呈现的是河北省不同行业上市公司新增债券融资额及其占全国的比例。

在 18 个行业中，2013~2017 年，河北省上市公司债券融资有新增额的行业为采矿业，电力、热力、燃气及水生产和供应业，交通运输、仓储和邮政业，批发和零售业，制造业以及房地产业 6 个行业。在这 5 年中，河北省房地产业新增债券融资额合计最多，为 595.50 亿元，占全国新增债券融资额合计数的 9.74%；制造业新增债券融资额合计数居第二位，为 515.50 亿元，占全国新增债券融资额合计数的 3.93%；电力、热力、燃气及水生产和供应业新增债券融资额合计数最小，为 15.00 亿元，占全国新增债

表 1-19　2013～2017 年河北省不同行业上市公司新增债券融资额及其占全国的比例

单位：亿元，%

行业	地区	2013 年	2014 年	2015 年	2016 年	2017 年	合计
采矿业	河北新增债券融资额	0	0	0	30.00	20.00	50.00
	全国新增债券融资额	847.00	1152.68	2896.00	1767.06	577.10	7239.84
	河北占全国的比例	0	0	0	1.70	3.47	0.69
电力、热力、燃气及水生产和供应业	河北新增债券融资额	5.00	10.00	0	0	0	15.00
	全国新增债券融资额	1336.80	1690.90	1524.00	2020.10	1464.25	8036.05
	河北占全国的比例	0.37	0.59	0	0	0	0.19
房地产业	河北新增债券融资额	0	0	179.00	285.50	131.00	595.50
	全国新增债券融资额	125.36	272.90	2123.06	2351.93	1240.42	6113.67
	河北占全国的比例	0	0	8.43	12.14	10.56	9.74
建筑业	河北新增债券融资额	0	0	0	0	0	0
	全国新增债券融资额	830.90	815.70	1094.05	781.50	369.26	3891.41
	河北占全国的比例	0	0	0	0	0	0
交通运输、仓储和邮政业	河北新增债券融资额	0	3.00	6.00	20.00	0	29.00
	全国新增债券融资额	452.95	403.35	832.95	3613.85	609.22	5912.32
	河北占全国的比例	0	0.74	0.72	0.55	0	0.49
教育业	河北新增债券融资额	0	0	0	0	0	0
	全国新增债券融资额	0	0	0	0	0	0
	河北占全国的比例	—	—	—	—	—	—

续表

行业	地区	2013 年	2014 年	2015 年	2016 年	2017 年	合计
金融业	河北新增债券融资额	0	0	0	0	0	0
	全国新增债券融资额	4503.62	14400.39	41403.58	81808.93	117970.60	260087.12
	河北占全国的比例	0	0	0	0	0	0
科学研究和技术服务业	河北新增债券融资额	0	0	0	0	0	0
	全国新增债券融资额	2.30	2.50	5.00	0	0	9.80
	河北占全国的比例	0	0	0	0	—	0
农林牧渔业	河北新增债券融资额	0	0	0	0	0	0
	全国新增债券融资额	17.50	31.50	24.50	35.00	86.10	194.60
	河北占全国的比例	0	0	0	0	0	0
批发和零售业	河北新增债券融资额	0	15.00	11.00	39.00	18.00	83.00
	全国新增债券融资额	215.00	299.36	569.85	1065.12	798.33	2947.66
	河北占全国的比例	0	5.01	1.93	3.66	2.25	2.82
水利环境和公共设施管理业	河北新增债券融资额	0	0	0	0	0	0
	全国新增债券融资额	31.90	50.20	65.00	186.18	172.27	505.55
	河北占全国的比例	0	0	0	0	0	0
卫生和社会工作	河北新增债券融资额	0	0	0	0	0	0
	全国新增债券融资额	0	0	0	8.00	12.00	20.00
	河北占全国的比例	—	—	—	0	0	0

续表

行业	地区	2013年	2014年	2015年	2016年	2017年	合计
文化体育和娱乐业	河北新增债券融资额	0	0	0	0	0	0
	全国新增债券融资额	21.00	17.00	16.00	95.55	60.54	210.09
	河北占全国的比例	0	0	0	0	0	0
信息传输软件和信息技术服务业	河北新增债券融资额	0	0	0	0	0	0
	全国新增债券融资额	50.40	31.00	48.20	97.30	155.00	381.90
	河北占全国的比例	0	0	0	0	0	0
制造业	河北新增债券融资额	94.50	84.00	88.00	204.00	45.00	515.50
	全国新增债券融资额	1921.48	2045.79	3069.20	3782.82	2296.83	13116.12
	河北占全国的比例	4.92	4.11	2.87	5.39	1.96	3.93
住宿和餐饮业	河北新增债券融资额	0	0	0	0	0	0
	全国新增债券融资额	3.00	3.00	2.00	—	1.00	9.00
	河北占全国的比例	0	0	0	0	0	0
综合类行业	河北新增债券融资额	0	0	0	0	0	0
	全国新增债券融资额	4.00	49.50	56.50	44.00	27.00	181.00
	河北占全国的比例	0	0	0	0	0	0
租赁和商务服务业	河北新增债券融资额	0	0	0	0	0	0
	全国新增债券融资额	41.00	102.00	114.50	193.21	149.30	600.01
	河北占全国的比例	0	0	0	0	0	0

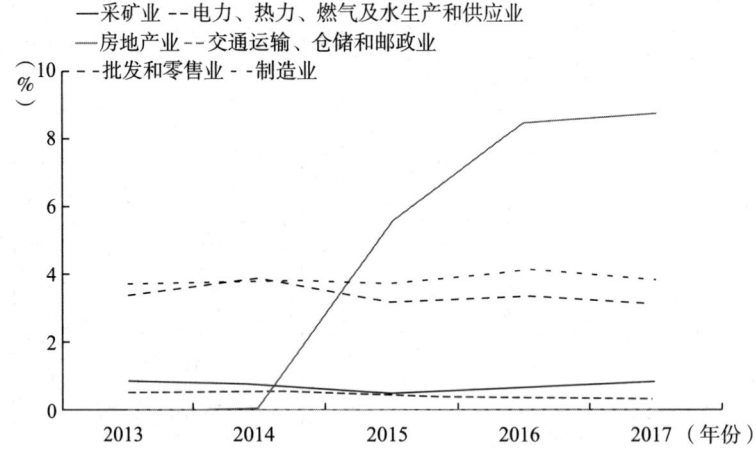

图 1 – 31　2013 ~ 2017 年河北省不同行业上市公司债券融资累计额占全国比例

券融资额合计数的 0.19% （见图 1 – 32）。

从行业新增债券融资的时间分布上来看，各行业新增债券融资没有连续性，在有新增债券融资的行业中，只有制造业连续 5 年进行了新增债券融资，其他行业都没有出现连续的新增债券融资行为。

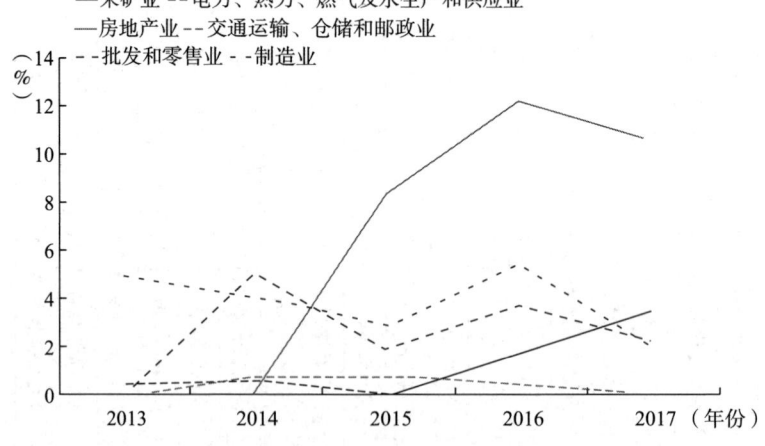

图 1 – 32　2013 ~ 2017 年河北省不同行业上市公司新增债券融资额占全国的比例

（2）河北省不同行业上市公司债券融资额占总资产的比例

表 1 – 20 呈现的是 2013 ~ 2017 年河北省和全国不同行业上市公司的债券融资余额占总资产的比例。

河北省采矿业的债券融资余额占总资产的这一指标，为这 10 个行业中最高，电力、热力、燃气及水生产和供应业，房地产业，交通运输、仓储和邮政业，批发和零售业，制造业数值比较低，其他行业的债券融资余额占总资产的这一指标都为0。全国的电力、热力、燃气及水生产和供应业的债券融资余额占总资产的这一指标，除2016年外，一直为这10个行业中最高，并且在2013~2016年呈现不断上升趋势，并在2016年达到最大值31.00%，而2017年略微下降。

全国的债券融资余额占总资产的比例这一指标的均值，除房地产行业和制造业外，一直高于河北省指标的均值。河北省采矿业的债券融资余额占总资产的比例这一指标的均值，最高为15.46%，而全国的电力、热力、燃气及水生产和供应业的债券融资余额占总资产的比例这一指标的均值，最高为28.51%。

表1-20 2013~2017年河北省和全国不同行业上市公司
债券融资余额占总资产的比例

		2013年	2014年	2015年	2016年	2017年	均值
债券融资余额/总资产	采矿业 河北省	13.46	12.94	13.27	19.30	17.52	15.46
	全国	11.82	12.83	17.26	19.46	19.58	16.42
	电力、热力、燃气及水生产和供应业 河北省	12.09	12.57	11.08	9.99	8.93	10.69
	全国	22.40	27.47	28.07	31.00	30.92	28.51
	房地产业 河北省	0	0	6.59	11.74	10.49	7.95
	全国	2.59	3.02	6.33	8.96	8.25	6.75
	交通运输、仓储和邮政业 河北省	0	1.97	5.41	14.29	6.06	6.20
	全国	16.11	17.25	19.95	31.46	30.77	25.18
	金融业 河北省	0	0	0	0	0	0
	全国	1.82	2.85	5.60	10.11	7.09	5.95
	农林牧渔业 河北省	0	0	0	0	0	0
	全国	16.20	16.84	13.32	11.86	14.00	13.97
	批发和零售业 河北省	3.33	5.39	7.46	12.06	15.94	8.87
	全国	5.52	7.20	9.56	11.94	13.74	10.42
	信息传输、软件和信息技术服务业 河北省	0	0	0	0	0	0
	全国	1.92	2.04	1.91	2.32	0.88	1.74
	制造业 河北省	8.00	9.28	10.23	11.90	11.35	10.35
	全国	9.05	9.53	10.18	10.28	10.38	9.99

债券融资余额/总资产	综合类行业		2013 年	2014 年	2015 年	2016 年	2017 年	均值
		河北省	0	0	0	0	0	0
		全国	6.10	10.07	15.62	16.14	15.37	13.17

（三）河北省上市公司银行借款融资规模

1. 河北省上市公司银行借款整体融资规模

（1）河北省上市公司银行借款融资余额

本报告的银行借款余额是指上市公司资产负债表中"短期借款"和"长期借款"期末余额之和。

表 1-21、图 1-33、图 1-34 反映的是河北和全国上市公司银行借款融资余额及两者之间的比例。河北和全国上市公司银行借款融资余额总体呈上升趋势，表明上市公司对银行的负债水平不断提高。在 2013~2017 年，以 2016 年为分界点，河北上市公司银行借款融资余额占全国的比例在 2013~2016 年呈现逐步下降的趋势，最低值出现在 2016 年，为 2.35%，2017 年，河北上市公司银行借款融资余额占全国的比例由 2.35% 上升至 2.57%。总体上，河北上市公司银行借款融资余额占全国上市公司银行借款融资余额的比例在 2.00%~3.00%，占比很小。

2013~2017 年，从环比增长率来看，除 2017 年外，河北省上市公司银行借款融资余额环比增长率均低于全国。河北省和全国环比增长率在 2017 年出现激增，分别为 32.34% 和 20.98%。河北省和全国环比增长率最低年份均为 2014 年。

表 1-21　河北省和全国上市公司银行借款融资余额及河北省占全国的比例

单位：亿元，%

年份	河北省		全国		河北省占全国的比例
	银行借款融资余额	环比增长率	银行借款融资余额	环比增长率	
2013	1738.36	14.29	61893.30	15.05	2.81
2014	1776.26	2.18	68750.21	11.08	2.58
2015	1877.27	5.69	77549.53	12.80	2.42

年份	河北省		全国		河北省占全国的比例
	银行借款融资余额	环比增长率	银行借款融资余额	环比增长率	
2016	2028.31	8.05	86432.80	11.45	2.35
2017	2684.24	32.34	104570.68	20.98	2.57

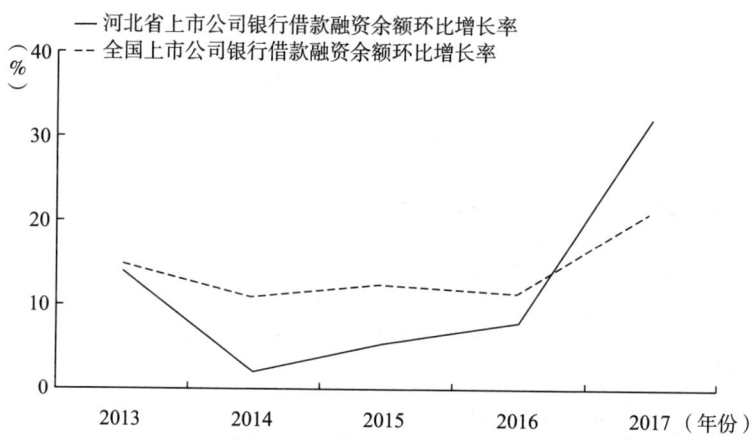

图1-33　2013~2017年河北省和全国上市公司银行借款融资余额环比增长趋势

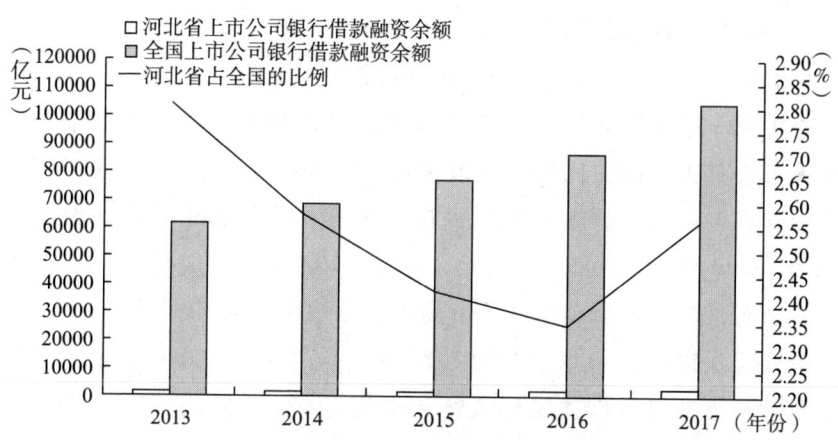

图1-34　2013~2017年河北省及全国上市公司银行借款融资余额及河北省占全国的比例

（2）河北省上市公司银行借款融资额占总资产的比例

表1-22呈现的是河北省和全国上市公司银行借款融资额占总资产的比

例。截至 2017 年底，河北省和全国上市公司的银行借款融资余额占总资产比例的均值分别是 19.16% 和 4.55%。自 2013～2016 年，河北省银行借款融资余额/总资产的比例逐年减少，2017 年略有上升；全国的银行借款融资余额/总资产的走势与河北省的一致，统计年度的 5 年间均呈现前 4 年下降，第 5 年上升的趋势。

2013～2017 年，河北省和全国上市公司的本年银行借款融资净额/总资产的均值分别为 2.21% 和 0.58%。河北省上市公司本年银行借款融资净额/总资产的比例，由 2013 年的 2.95% 下降至 2014 年的 0.45%。此后一路上升，在 2017 年达到近 5 年最高值 4.32%。全国上市公司本年银行借款融资净额占总资产的比例则略有波动，整体平稳。

表 1－22　2013～2017 年河北省和全国上市公司银行借款融资额占总资产的比例

单位：%

指标		2013 年	2014 年	2015 年	2016 年	2017 年	均值
银行借款融余额/总资产	河北省	23.58	21.28	19.61	16.55	17.69	19.16
	全国	4.66	4.59	4.50	4.28	4.74	4.55
本年银行借款融资净额/总资产	河北省	2.95	0.45	1.06	1.23	4.32	2.21
	全国	0.61	0.46	0.51	0.44	0.82	0.58

2. 河北省不同板块上市公司银行借款融资规模

（1）河北省不同板块上市公司银行借款融资余额

表 1－23 呈现的是 2013～2017 年河北省不同板块上市公司银行借款融资余额及其占全国的比例。分市场板块来看，截至 2017 年底，河北省上市公司在创业板、沪市 A 股、深市 A 股和中小板的银行借款融资余额分别为 18.40 亿元、1082.82 亿元、1182.59 亿元和 400.43 亿元；全国上市公司银行借款融资余额最多的市场板块是沪市 A 股市场为 69066.93 亿元，其次是深市 A 股市场为 23298.53 亿元，再次是中小板为 9458.23 亿元，创业板市场银行借款融资余额最少为 2746.99 亿元。2017 年河北省不同板块上市公司银行借款融资余额占全国的比例最高的板块为深市 A 股，为 5.08%；其次是中小板，为 4.23%；占比最小的板块为创业板，为 0.67%。

图 1－35 反映的是 2013～2017 年不同板块河北省上市公司银行借款融

资余额占全国的比例趋势。从近 5 年的变化趋势来看，深市 A 股市场河北省所占比例持续下降，在 2017 年达到最低值 5.08%，但仍高于其三个板块的比例。中小板块河北省银行存款融资余额占全国的比例在 2013～2017 波动幅度较小，呈现先上升再下降再上升的趋势，最低值出现在 2015 年，为 4.01%。创业板占比在 2013～2017 年呈现下降趋势，由 2013 年的 1.76% 下降到 2017 年的 0.67%。在沪市 A 股市场中，河北省上市公司商业信用融资余额占全国的比例以 2016 年为节点，前 4 年呈下降趋势，后 1 年呈上升趋势，并且达到近 5 年最高点 1.57%。

图 1-36 反映的是 2017 年河北省上市公司银行借款融资余额板块结构。深市 A 股市场所占比例最高，为 44.06%；其次是沪市 A 股市场，为 40.34%；再次是中小板，为 14.92%；最后是创业板，为 0.68%。

图 1-37 反映的是 2017 年全国上市公司银行借款融资余额板块结构。全国与河北省的状况略有不同，占比最高的板块为沪市 A 股，达到了 66.05%；其次分别是深市 A 股、中小板和创业板，占比分别是 22.28%、9.04% 和 2.63%。

表 1-23　2013～2017 年河北省和全国不同板块上市公司银行存款融资余额占总资产的比例

单位：亿元，%

板块	地区	2013 年	2014 年	2015 年	2016 年	2017 年
创业板	河北省银行借款融资余额	8.44	9.55	10.24	13.95	18.40
	全国银行借款融资余额	480.33	782.92	1266.81	1721.02	2746.99
	河北省占全国的比例	1.76	1.22	0.81	0.81	0.67
沪市 A 股	河北省银行借款融资余额	562.73	570.00	617.53	587.70	1082.82
	全国银行借款融资余额	44826.03	49591.30	54594.45	58409.53	69066.93
	河北省占全国的比例	1.26	1.15	1.13	1.01	1.57
深市 A 股	河北省银行借款融资余额	991.80	977.01	1013.63	1130.65	1182.59
	全国银行借款融资余额	12591.51	13696.62	15799.11	19145.12	23298.53
	河北省占全国的比例	7.88	7.13	6.42	5.91	5.08
中小板	河北省银行借款融资余额	175.39	219.70	235.87	296.01	400.43
	全国银行借款融资余额	3995.43	4679.37	5889.16	7157.13	9458.23
	河北省占全国的比例	4.39	4.70	4.01	4.14	4.23

续表

板块	地区	2013 年	2014 年	2015 年	2016 年	2017 年
总计	河北省银行借款融资余额	1738.36	1776.26	1877.27	2028.31	2684.24
	全国银行借款融资余额	61893.30	68750.21	77549.53	86432.80	104570.68
	河北省占全国的比例	2.81	2.58	2.42	2.35	2.57

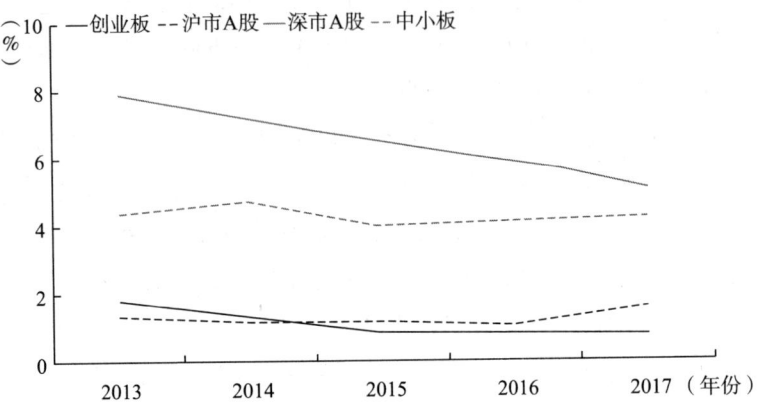

图 1-35　2013～2017 年不同板块河北省上市公司银行借款融资
余额占全国的比例趋势

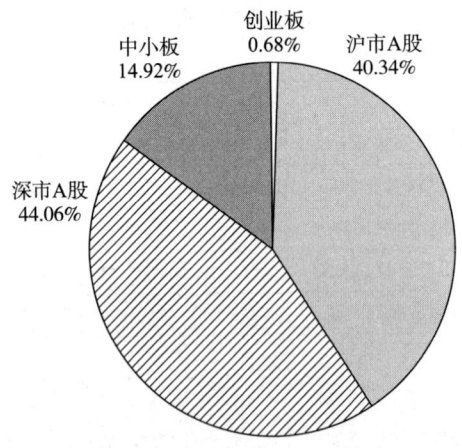

图 1-36　2017 年河北省上市公司银行借款融资余额板块结构

（2）河北省不同板块上市公司银行借款融资余额占总资产的比例

表 1-24 呈现的是 2013～2017 年河北省和全国不同板块上市公司的银行借款融资余额占总资产的比例。

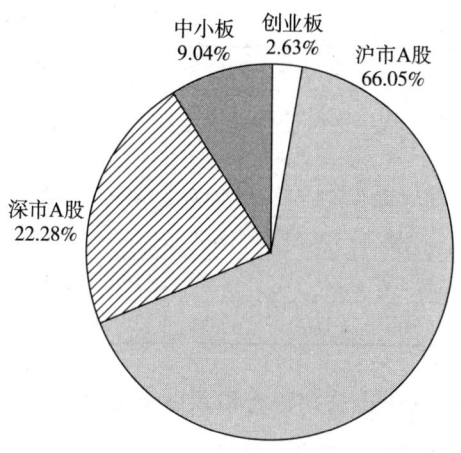

图 1 - 37　2017 年全国上市公司银行借款融资余额板块结构

2017 年，深市 A 股市场河北省上市公司银行借款融资余额占总资产的比例最高，为 25.12%；创业板市场最低，为 11.24%。深市 A 股市场全国上市公司融资余额占总资产比例最高，为 14.68%；沪市 A 股市场最低，为 3.55%。深市 A 股市场河北省上市公司融资余额占总资产均值最高，为 26.37%；创业板市场最低，为 10.85%。深市 A 股市场全国上市公司融资余额占总资产均值最高，为 14.90%；沪市 A 股市场最低，为 3.50%。

2013～2017 年，在创业板市场，河北省上市公司融资余额占总资产的比例呈现先下降后上升的趋势，而全国则是除 2016 年外，均呈现上升趋势。在沪市 A 股市场，河北省和全国上市公司均以 2016 年为分界点，之前年份为下降趋势，之后年份为上升趋势。在深市 A 股市场，河北省上市公司除 2016 年略有上升外，其余年份均为下降，全国上市公司以 2016 年为节点，呈现先下降后上升趋势。在中小板市场，河北省上市公司出现波动，而全国上市公司在前 4 年为下降趋势，并在 2016 年出现了近 5 年的最低值 11.66%。

表 1 - 24　2013～2017 年河北省和全国不同板块上市公司银行存款融资余额占总资产的比例

单位：%

银行借款融资余额/总资产	创业板		2013 年	2014 年	2015 年	2016 年	2017 年	均值
		河北省	13.65	12.12	8.84	10.09	11.24	10.85
		全国	9.29	10.92	10.99	10.40	12.38	11.18

续表

			2013 年	2014 年	2015 年	2016 年	2017 年	均值
银行借款融资余额/总资产	沪市 A 股	河北省	18.66	15.81	14.60	9.61	13.42	13.66
		全国	3.68	3.63	3.51	3.24	3.55	3.50
	深市 A 股	河北省	28.52	26.66	25.65	26.45	25.12	26.37
		全国	16.55	15.44	14.63	14.11	14.68	14.90
	中小板	河北省	21.44	21.99	18.49	17.15	17.94	18.83
		全国	13.58	12.68	12.41	11.66	12.55	12.45

3. 河北省不同行业上市公司银行借款融资规模

（1）河北上市公司不同行业银行借款融资余额

如表 1 - 25 和图 1 - 38 所示，分行业来看，截至 2017 年底，河北上市公司有银行借款融资余额的行业有：采矿业，电力、热力、燃气及水生产和供应业，房地产业，交通运输、仓储和邮政业，金融业，农林牧渔业，批发和零售业，信息传输、软件和信息技术服务业，制造业以及综合类行业 10 个行业，其他行业不存在银行借款。

2017 年河北省上市公司银行借款融资余额最多的行业是制造业，达到了 1470.10 亿元，占全国制造业上市公司银行借款融资余额的 4.57%；其次是房地产业，共有银行借款融资余额 812.75 亿元，占全国该行业上市公司银行借款融资余额的 4.98%；近两年金融业和信息传输软件、信息技术服务业虽然出现银行借款融资余额，但数量仍然较少；综合类行业在近 5 年首次出现银行借款融资方式。金融业河北省上市公司银行借款融资余额占全国比例显示虽为 0，但河北省银行存款融资余额还是存在的，这主要是由于所占比例过小，保留两位小数后的结果。

表 1 - 25　2013 ~ 2017 年河北省不同行业上市公司银行借款
融资余额及河北省占全国的比例

单位：亿元，%

		2013 年	2014 年	2015 年	2016 年	2017 年
采矿业	河北省银行借款融资余额	75.56	81.90	65.02	87.92	77.00
	全国银行借融资款余额	7837.23	10264.01	9710.94	8353.39	8617.42
	河北省占全国的比例	0.96	0.80	0.67	1.05	0.89

续表

		2013 年	2014 年	2015 年	2016 年	2017 年
电力、热力、燃气及水生产和供应业	河北省银行借款融资余额	88.15	89.98	95.44	102.60	128.97
	全国银行借款融资余额	9026.32	8807.62	11018.85	11539.63	14990.99
	河北省占全国的比例	0.98	1.02	0.87	0.89	0.86
房地产业	河北省银行借款融资余额	243.18	356.52	480.32	472.72	812.75
	全国银行借款融资余额	6555.96	7676.90	10502.32	12063.35	16318.32
	河北省占全国的比例	3.71	4.64	4.57	3.92	4.98
建筑业	河北省银行借款融资余额	0	0	0	0	0
	全国银行借款融资余额	7463.88	7953.86	9140.84	10613.09	12051.66
	河北省占全国的比例	0	0	0	0	0
交通运输、仓储和邮政业	河北省银行借款融资余额	31.70	30.56	13.20	8.67	88.94
	全国银行借款融资余额	4263.60	4478.57	4233.32	4620.18	5505.45
	河北省占全国的比例	0.74	0.68	0.31	0.19	1.62
教育	河北省银行借款融资余额	0	0	0	0	0
	全国银行借款融资余额	3.38	2.15	1.27	20.34	21.11
	河北省占全国的比例	0	0	0	0	0
金融业	河北省银行借款融资余额	0	0	0	0.40	0.25
	全国银行借款融资余额	676.45	1292.34	2114.56	2991.59	5005.49
	河北省占全国的比例	0	0	0	0.01	0.00
科学研究和技术服务业	河北省银行借款融资余额	0	0	0	0	0
	全国银行借款融资余额	14.87	32.95	41.54	61.20	131.63
	河北省占全国的比例	0	0	0	0	0
农林牧渔业	河北省银行借款融资余额	1.00	1.10	1.17	2.35	1.32
	全国银行借款融资余额	297.52	296.61	335.31	410.76	534.52
	河北省占全国的比例	0.34	0.37	0.35	0.57	0.25
批发和零售业	河北省银行借款融资余额	125.88	110.19	113.17	86.72	103.71
	全国银行借款融资余额	2386.92	2631.10	2989.20	3558.27	4251.06
	河北省占全国的比例	5.27	4.19	3.79	2.44	2.44
水利环境和公共设施管理业	河北省银行借款融资余额	0	0	0	0	0
	全国银行借款融资余额	278.03	359.71	466.92	547.77	475.37
	河北省占全国的比例	0	0	0	0	0

续表

		2013 年	2014 年	2015 年	2016 年	2017 年
卫生和社会工作	河北省银行借款融资余额	0	0	0	0	0
	全国银行借款融资余额	0.30	4.03	19.51	55.32	103.95
	河北省占全国的比例	0	0	0	0	0
文化、体育和娱乐业	河北省银行借款融资余额	0	0	0	0	0
	全国银行借款融资余额	49.91	79.85	135.79	143.87	230.22
	河北省占全国的比例	0	0	0	0	0
信息传输、软件和信息技术服务业	河北省银行借款融资余额	0	0	0	0.20	0.20
	全国银行借款融资余额	1207.12	1206.77	1266.46	1474.63	1276.31
	河北省占全国的比例	0	0	0	0.01	0.02
制造业	河北省银行借款融资余额	1172.89	1106.01	1108.95	1266.72	1470.10
	全国银行借款融资余额	20846.44	22560.80	23704.80	27411.93	32183.52
	河北省占全国的比例	5.63	4.90	4.68	4.62	4.57
住宿和餐饮业	河北省银行借款融资余额	0	0	0	0	0
	全国银行借款融资余额	53.17	54.56	192.06	276.62	275.53
	河北省占全国的比例	0	0	0	0	0
综合类行业	河北省银行借款融资余额	0	0	0	0	1.00
	全国银行借款融资余额	278.97	234.78	268.62	252.19	305.33
	河北省占全国的比例	0	0	0	0	0.33
租赁和商务服务业	河北省银行借款融资余额	0	0	0	0	0
	全国银行借款融资余额	653.23	813.60	1407.22	2038.67	2292.80
	河北省占全国的比例	0	0	0	0	0

（2）河北上市公司不同行业银行借款融资余额占总资产的比例

表1-26 呈现的是2013～2017年河北省和全国上市公司不同行业银行借款融资余额占总资产的比例。

从整体来看，2013～2017年河北省和全国上市公司不同行业银行借款融资余额占总资产比例的均值最高的行业均为电力、热力、燃气及水生产和供应业，均值分别为33.22%和37.75%。2013～2017年河北省和全国上市公司不同行业银行借款融资余额占总资产比例的均值最低的行业均为金融业，均值分别为0.10%和0.18%。

在采矿业中，截至2017年底，河北省和全国的上市公司银行借款融资

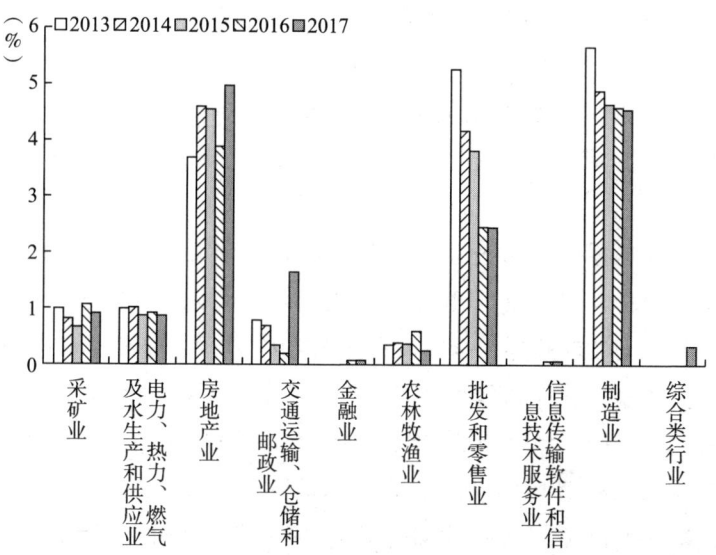

图 1-38 2013~2017 年河北省不同行业上市公司银行借款融资余额占全国的比例

余额占总资产的比例的均值分别是 17.11% 和 14.75%；2017 年中，河北省银行借款融资余额占总资产的比例指标较 2015 年相比，呈现下降趋势并出现了近 5 年来的最低值 12.97%，全国上市公司该指标以 2014 年为分界点，呈现先上升后下降的趋势。

在电力、热力、燃气及水生产和供应业中，截至 2017 年底，河北省和全国的上市公司银行借款融资余额占总资产的比例的均值分别是 33.22% 和 37.75%；2013~2016 年，河北省的银行借款融资余额占总资产的比例指标呈下降趋势，2017 年出现回升。全国上市公司该指标则呈现波动趋势。

在房地产业上市公司银行借款融资余额占总资产的比例指标中，截至 2017 年底，河北省和全国上市公司的均值分别是 15.18% 和 20.84%；在 2013~2016 年河北省上市公司该指标均呈现倒"V"形趋势，在 2017 年有所上升；全国上市公司该指标除 2017 年外，呈现持续下降趋势。

在交通运输、仓储和邮政业上市公司银行借款融资余额占总资产的比例指标中，截至 2017 年底，河北省和全国的均值分别是 15.33% 和 20.90%；河北省和全国的该指标呈"V"形趋势。

在金融业上市公司银行借款融资余额占总资产的比例指标中，截至 2017 年底，河北省和全国上市公司的均值分别是 0.10% 和 0.18%；河北省呈现下降趋势，全国的该指标则呈倒 "V" 形趋势。

在农林牧渔业上市公司银行借款融资余额占总资产的比例指标中，截至 2017 年底，河北省和全国上市公司的均值分别是 7.35% 和 20.25%；河北省该指标呈波动趋势，全国该指标则以 2016 年为节点呈先下降后上升趋势。

在批发和零售业上市公司银行借款融资余额占总资产的比例指标中，截至 2017 年底，河北省和全国上市公司的均值分别是 15.58% 和 18.04%，河北省该指标呈波动趋势，全国该指标除 2017 年外，呈现下降趋势。

在信息传输、软件和信息技术服务业上市公司银行借款融资余额占总资产的比例指标中，截至 2017 年底，河北省和全国上市公司的均值分别是 0.64% 和 10.38%；河北省和全国该指标均呈现下降趋势。

在制造业上市公司银行借款融资余额占总资产的比例指标中，截至 2017 年底，河北省和全国上市公司的均值分别是 21.94% 和 16.89%；河北省和全国该指标均以 2016 年为分界点，之前年度呈下降趋势，2017 年略有回升。

在综合类行业上市公司银行借款融资余额占总资产的比例指标中，截至 2017 年底，河北省和全国的均值分别是 6.50% 和 20.78%；河北省 2017 年首次出现该指标，为 30.15%，全国则呈现 "V" 形趋势。

表 1－26　2013～2017 年河北省和全国上市公司不同行业银行借款融资余额占总资产的比例

单位：%

	行业	地区	2013 年	2014 年	2015 年	2016 年	2017 年	均值
银行借款融资余额/总资产	采矿业	河北省	18.38	19.63	15.79	20.20	12.97	17.11
		全国	14.32	17.28	15.93	13.23	13.20	14.75
	电力、热力、燃气及水生产和供应业	河北省	43.50	32.77	30.64	29.70	33.38	33.22
		全国	40.92	36.68	37.42	34.77	39.43	37.75
	房地产业	河北省	18.22	18.79	17.69	11.95	14.32	15.18
		全国	22.83	22.82	21.31	19.72	19.89	20.84
	交通运输、仓储和邮政业	河北省	24.69	20.00	7.93	4.27	18.59	15.33
		全国	23.42	23.06	20.23	18.67	20.21	20.90

续表

行业	地区	2013 年	2014 年	2015 年	2016 年	2017 年	均值
金融业	河北省	0	0	0	0.13	0.07	0.10
	全国	0.07	0.11	0.16	0.19	0.30	0.18
农林牧渔业	河北省	8.60	8.88	5.78	9.04	5.46	7.35
	全国	25.83	23.02	18.25	17.39	20.43	20.25
批发和零售业	河北省	18.43	15.33	16.59	12.03	15.74	15.58
	全国	19.77	19.41	18.84	16.50	17.27	18.04
信息传输、软件和信息技术服务业	河北省	0	0	0	0.67	0.62	0.64
	全国	14.73	13.24	10.55	9.80	7.26	10.38
制造业	河北省	25.51	22.70	21.05	20.31	21.19	21.94
	全国	19.06	17.96	16.54	15.62	16.40	16.89
综合类行业	河北省	0	0	0	0	30.15	6.50
	全国	28.38	23.94	20.69	17.29	17.67	20.78

(左侧第一列跨行标题: 银行借款融资余额/总资产)

（四）河北省上市公司商业信用融资规模

1. 河北省上市公司商业信用融资规模

（1）河北省上市公司商业信用融资余额

本报告的商业信用融资包括：应付票据、应付账款、预收账款、应付职工薪酬、应交税费、应付利息、其他应付款、长期应付款。其值取自上市公司资产负债表中相应项目的期末数。

表1-27、图1-39、图1-40呈现的是河北省和全国上市公司商业信用融资余额、环比增长率及河北省占全国的比例。截至2017年底，河北省上市公司商业信用融资余额为5535.64亿元，全国为180587.55亿元，河北省占全国的比例为3.07%。河北上市公司商业信用融资余额占全国上市公司商业信用融资余额的比例在2013～2017年基本保持在2.50%～3.10%，呈现稳定小幅增长的趋势。

2013～2017年，从环比增长率来看，河北省上市公司商业信用融资余额环比增长率总体上高于全国。河北省环比增长率最快的是2016年，全国环比增长率最快的也出现在2016年。河北省环比增长率最低年份是2014年，而全国环比增长率最低年份是2015年。

表 1 - 27　河北省和全国上市公司商业信用融资余额及河北省占全国的比例

单位：亿元，%

年份	河北省		全国		河北省占全国比例
	商业信用融资余额	环比增长率	商业信用融资余额	环比增长率	
2013	2535.65	21.24	99249.07	15.31	2.55
2014	2942.43	16.04	113264.49	14.12	2.60
2015	3436.82	16.80	128979.60	13.87	2.66
2016	4517.29	31.44	153262.09	18.83	2.95
2017	5535.64	22.54	180587.55	17.83	3.07

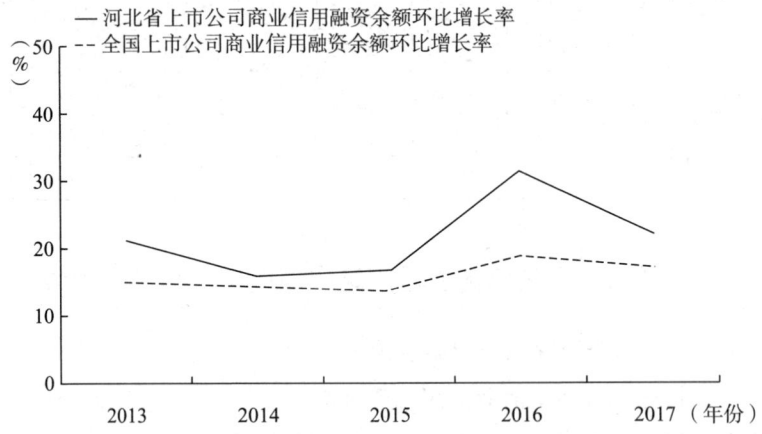

图 1 - 39　2013～2017 年河北省和全国上市公司商业信用融资余额环比增长率趋势

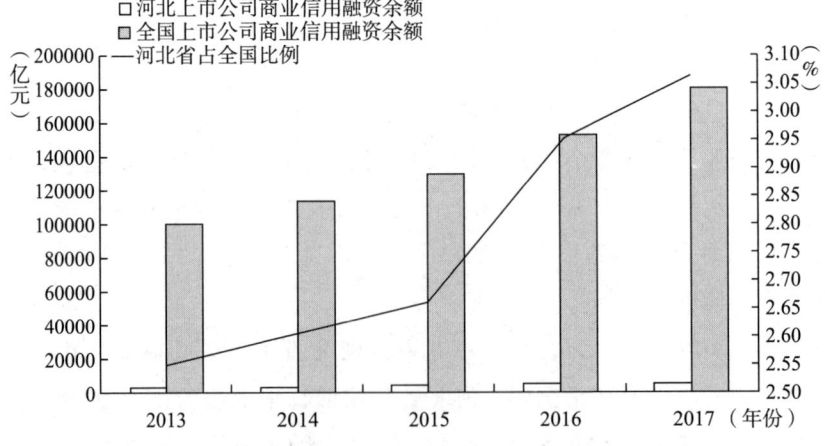

图 1 - 40　2013～2017 年河北省及全国上市公司商业信用融资余额及河北省占全国的比例

（2）河北省上市公司商业信用融资余额占总资产的比例

表 1-28 呈现的是 2013~2017 年河北省和全国上市公司商业信用融资余额占总资产的比例。

2013~2017 年，河北省和全国上市公司商业信用融资余额占总资产的比例总体呈现上升趋势，2017 年稍微下降。2016 年河北省商业信用融资余额占总资产的比例最高，为 36.86%，近五年均值为 35.98%。2017 年全国商业信用融资余额占总资产的比例呈横向波动趋势，最高年份出现在 2017年，为 8.19%，近五年均值为 7.70%。

本年商业信用融资净额占总资产的比例中，2016 年河北省上市公司本年商业信用融资净额占总资产的比例最高，为 8.82%。2017 年全国上市公司本年商业信用融资净额占总资产的比例最高，为 1.24%。2013~2017 年河北省本年商业信用融资净额占总资产的比例，呈现波动变化趋势；2013~2017年全国本年商业信用融资净额占总资产的比例，呈现先下降后上升的趋势，其中 2015 年最低，为 0.91%。

表 1-28　2013~2017 年河北省和全国上市公司商业信用融资余额占总资产的比例

单位：%

		2013 年	2014 年	2015 年	2016 年	2017 年	均值
商业信用融资余额/总资产	河北省	34.39	35.25	35.90	36.86	36.48	35.98
	全国	7.47	7.56	7.48	7.60	8.19	7.70
本年商业信用融资净额/总资产	河北省	6.02	4.87	5.16	8.82	6.71	6.53
	全国	0.99	0.94	0.91	1.20	1.24	1.08

2. 河北省不同板块上市公司商业信用融资规模

（1）河北省不同板块上市公司商业信用融资余额

表 1-29 呈现的是 2013~2017 年河北省和全国不同板块上市公司商业信用融资余额及占全国的比例。分市场板块来看，截至 2017 年底，河北省上市公司在创业板、沪市 A 股、深市 A 股和中小板市场的商业信用融资余额分别为 18.52 亿元、3162.34 亿元、1302.59 亿元和 1052.19 亿元；全国上市公司在创业板、沪市 A 股、深市 A 股和中小板市场的商业信用融资余额分别为 4755.11 亿元、126583.89 亿元、33935.08 亿元和 15313.47 亿元。

河北省不同板块上市公司商业信用融资余额占全国上市公司商业信用融资余额的比例分别是：中小板所占比例最高，为 6.87%；其次为深市 A 股 3.84%；再次为沪市 A 股 2.50%；最低是创业板 0.39%。

表 1 - 29　2013～2017 年河北省和全国不同板块上市公司商业信用
融资余额占全国的比例

单位：亿元，%

板块	地区	2013 年	2014 年	2015 年	2016 年	2017 年
创业板	河北省商业信用融资余额	3.66	5.71	10.38	14.16	18.52
	全国商业信用融资余额	816.58	1289.08	2215.79	3346.91	4755.11
	河北省占全国的比例	0.45	0.44	0.47	0.42	0.39
沪市 A 股	河北省商业信用融资余额	1250.37	1520.40	1831.83	2597.08	3162.34
	全国商业信用融资余额	74702.87	84847.31	95375.29	110856.64	126583.89
	河北省占全国的比例	1.67	1.79	1.92	2.34	2.50
深市 A 股	河北省商业信用融资余额	979.27	1048.23	1142.21	1188.36	1302.59
	全国商业信用融资余额	17540.61	19615.43	21948.15	26904.43	33935.08
	河北省占全国的比例	5.58	5.34	5.20	4.42	3.84
中小板	河北省商业信用融资余额	302.35	368.09	452.40	717.69	1052.19
	全国商业信用融资余额	6189.01	7512.67	9440.37	12154.11	15313.47
	河北省占全国的比例	4.89	4.90	4.79	5.90	6.87
总计	河北省商业信用融资余额	2535.65	2942.43	3436.82	4517.29	5535.64
	全国商业信用融资余额	99249.07	113264.49	128979.60	153262.09	180587.55
	河北省占全国的比例	2.55	2.60	2.66	2.95	3.07

　　图 1 - 41 呈现的是 2013～2017 年河北省不同板块上市公司商业信用融资余额及占全国的比例趋势。从近 5 年的变化趋势来看，河北省上市公司在创业板市场的商业信用融资余额占全国的比例比较稳定，基本保持在 0.44% 上下；在沪市 A 股市场中，河北省上市公司商业信用融资余额占全国的比例呈缓慢上升趋势；在深市 A 股市场中，河北省上市公司商业信用融资余额占全国的比例呈持续下降态势；河北省上市公司在中小板市场的商业信用融资余额占全国的比例除 2015 年略有下降外，在 2013～2017 年总体呈现上升趋势。

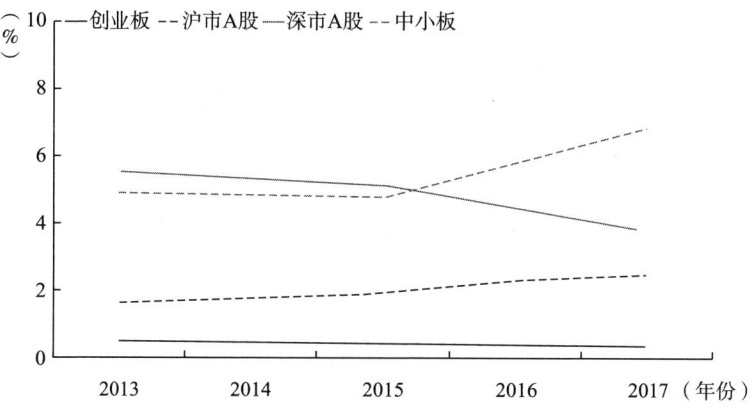

图1－41 2013～2017年不同板块河北省上市公司商业信用融资
余额占全国的比率趋势

图1－42呈现的是河北省上市公司商业信用融资余额板块结构，不同板块的占比由高到低分别是：沪市 A 股占比 57.13%；其次为深市 A 股 23.53%；再次是中小板占比为 19.01%；最后是创业板，仅占 0.33%。

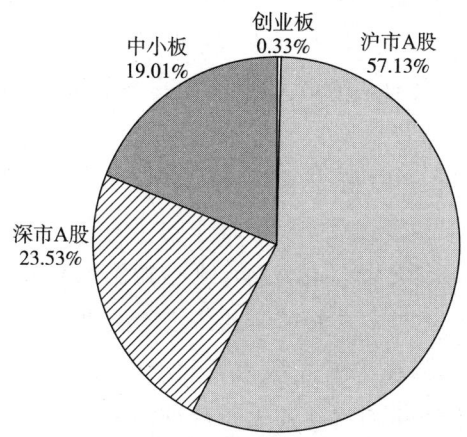

图1－42 2017年河北省上市公司商业信用融资余额板块结构

图1－43呈现的是全国上市公司商业信用融资余额板块结构，全国上市公司商业信用融资余额最多的市场板块是沪市 A 股市场，占比为 70.10%；其次是深市 A 股市场，所占比例为 18.79%；再次是中小板，所占比例为 8.48%；创业板最少，占比 2.63%。

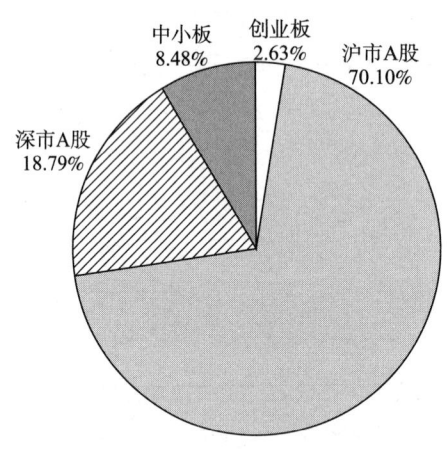

图 1 – 43　2017 年全国上市公司商业信用融资余额板块结构

（2）河北省不同板块上市公司商业信用融资余额占总资产的比例

表 1 – 30 呈现的是 2013 ~ 2017 年河北省和全国不同板块上市公司的商业信用融资余额占总资产的比例。

2017 年，河北省上市公司在中小板市场的融资余额占总资产最高，为 47.15%；创业板市场最低，为 11.31%。全国上市公司在创业板市场的融资余额占总资产比例最高，为 21.43%；沪市 A 股市场最低，为 6.50%。河北省上市公司在沪市 A 股市场的融资余额占总资产均值最高，为 41.39%；创业板市场最低，为 9.39%。全国上市公司在深市 A 股市场的融资余额占总资产均值最高，为 21.15%；沪市 A 股市场最低，为 6.24%。

2013 ~ 2017 年，河北省上市公司商业信用融资余额占总资产的比例在创业板市场中呈现上升趋势；2013 ~ 2015 年，河北省上市公司商业信用融资余额占总资产的比例在沪市 A 股市场和深市 A 股市场均呈现上升趋势，随后的 2016 年和 2017 年均出现连续下降的趋势；中小板市场则相反，在 2013 ~ 2015 年河北省上市公司商业信用融资余额占总资产的比例呈现下降趋势，随后的 2016 年和 2017 年呈现显著上升的趋势。全国上市公司商业信用融资余额占总资产的比例在创业板市场呈现上升趋势；在沪市 A 股市场呈现波动上升趋势；在深市 A 股市场和中小板市场均连续下降四年后，2017 年出现上涨。

表1-30　2013～2017年河北省和全国不同板块上市公司商业
信用融资余额占总资产的比例

单位：%

			2013年	2014年	2015年	2016年	2017年	均值
商业信用融资余额/总资产	创业板	河北省	5.92	7.25	8.96	10.24	11.31	9.39
		全国	15.79	17.98	19.22	20.23	21.43	19.84
	沪市A股	河北省	41.46	42.17	43.31	42.46	39.19	41.39
		全国	6.13	6.21	6.13	6.15	6.50	6.24
	深市A股	河北省	28.16	28.60	28.90	27.80	27.66	28.19
		全国	23.06	22.11	20.33	19.83	21.38	21.15
	中小板	河北省	36.96	36.84	35.47	41.58	47.15	41.03
		全国	21.04	20.37	19.90	19.80	20.32	20.20

3. 河北省不同行业上市公司商业信用融资规模

（1）河北省不同行业上市公司商业信用融资余额

表1-31、图1-44反映的是2013～2017年河北省不同行业上市公司商业信用融资余额及其占全国的比例。

2017年，河北省有商业信用融资余额的10个行业中，商业信用融资余额最多的是房地产业，为2932.92亿元，其次是制造业，为2029.60亿元；商业信用融资余额最低的是综合类行业，仅为0.27亿元。2017年，河北省商业信用融资余额占全国的比例最高的是房地产业，占比为8.32%，其次是制造业，占比为3.92%；占比最低的是金融业，仅为0.04%。金融业以及信息传输、软件和信息技术服务业为河北省上市公司的新兴行业，金融业2017年相较2016年来说，商业信用融资余额略有下降，但占全国的比例基本持平；信息技术服务业商业信用融资余额2017年比2016年有所上升，但占全国的比例略有下降。

表1-31　2013～2017年河北省不同行业上市公司商业信用融资余额及占比

单位：亿元，%

		2013年	2014年	2015年	2016年	2017年
采矿业	河北省商业信用融资余额	90.20	83.39	82.12	86.46	103.38
	全国商业信用融资余额	11584.21	12273.31	11173.25	12500.15	14069.31
	河北省占全国的比例	0.78	0.68	0.73	0.69	0.73

续表

		2013 年	2014 年	2015 年	2016 年	2017 年
电力、热力、燃气及水生产和供应业	河北省商业信用融资余额	38.01	40.84	45.24	53.92	55.90
	全国商业信用融资余额	2428.20	2775.46	3488.39	4699.70	4992.57
	河北省占全国的比例	1.57	1.47	1.30	1.15	1.12
房地产业	河北省商业信用融资余额	725.19	980.96	1370.51	2097.34	2932.92
	全国商业信用融资余额	11869.87	13075.44	19650.13	25310.98	35262.04
	河北省占全国的比例	6.11	7.50	6.97	8.29	8.32
建筑业	河北省商业信用融资余额	0	0	0	0	0
	全国商业信用融资余额	19378.74	22033.04	24809.17	29010.88	33529.32
	河北省占全国的比例	0	0	0	0	0
交通运输、仓储和邮政业	河北省商业信用融资余额	22.68	33.66	27.86	31.40	68.77
	全国商业信用融资余额	2837.25	3327.94	2841.82	3887.05	3792.68
	河北省占全国的比例	0.80	1.01	0.98	0.81	1.81
教育类行业	河北省商业信用融资余额	0	0	0	0	0
	全国商业信用融资余额	2.11	5.59	8.16	31.21	36.56
	河北省占全国的比例	0	0	0	0	0
金融业	河北省商业信用融资余额	0	0	0	8.00	7.14
	全国商业信用融资余额	13136.95	16037.08	17269.02	17914.89	19802.69
	河北省占全国的比例	0	0	0	0.04	0.04
科学研究和技术服务业	河北省商业信用融资余额	0	0	0	0	0
	全国商业信用融资余额	64.34	160.75	215.61	250.78	467.60
	河北省占全国的比例	0	0	0	0	0
农林牧渔业	河北省商业信用融资余额	1.74	1.98	2.68	6.08	4.20
	全国商业信用融资余额	173.62	198.93	304.61	413.61	412.00
	河北省占全国的比例	1.00	0.99	0.88	1.47	1.02
批发和零售业	河北省商业信用融资余额	373.58	402.75	356.66	396.53	328.25
	全国商业信用融资余额	4800.50	5170.91	5831.04	7221.05	8534.86
	河北省占全国的比例	7.78	7.79	6.12	5.49	3.85
水利环境和公共设施管理业	河北省商业信用融资余额	0	0	0	0	0
	全国商业信用融资余额	522.50	520.79	591.63	911.90	616.63
	河北省占全国的比例	0	0	0	0	0

		2013 年	2014 年	2015 年	2016 年	2017 年
卫生和社会工作	河北省商业信用融资余额	0	0	0	0	0
	全国商业信用融资余额	6.98	9.47	21.19	62.20	108.82
	河北省占全国的比例	0	0	0	0	0
文化体育和娱乐业	河北省商业信用融资余额	0	0	0	0	0
	全国商业信用融资余额	297.35	369.26	493.05	697.60	920.38
	河北省占全国的比例	0	0	0	0	0
信息传输、软件和信息技术服务业	河北省商业信用融资余额	0	0	0	4.66	5.21
	全国商业信用融资余额	2306.74	2609.56	3657.57	4020.64	4610.56
	河北省占全国的比例	0	0	0	0.12	0.11
制造业	河北省商业信用融资余额	1283.83	1398.57	1551.46	1832.65	2029.60
	全国商业信用融资余额	29010.66	33852.10	37392.01	44933.37	51839.68
	河北省占全国的比例	4.43	4.13	4.15	4.08	3.92
住宿和餐饮业	河北省商业信用融资余额	0	0	0	0	0
	全国商业信用融资余额	54.01	63.10	66.43	112.74	134.28
	河北省占全国的比例	0	0	0	0	0
综合类行业	河北省商业信用融资余额	0.42	0.28	0.29	0.25	0.27
	全国商业信用融资余额	233.50	204.27	255.67	240.32	271.72
	河北省占全国的比例	0.18	0.14	0.11	0.10	0.10
租赁和商务服务业	河北省商业信用融资余额	0	0	0	0	0
	全国商业信用融资余额	541.54	577.49	910.85	1043.02	1185.85
	河北省占全国的比例	0	0	0	0	0

（2）河北省不同行业上市公司商业信用融资余额占总资产的比例

表 1-32 呈现的是 2013~2017 年河北省和全国不同行业上市公司的商业信用融资余额占总资产的比例。

截至 2017 年底，批发和零售业河北省商业信用融资余额占总资产均值最高，为 53.62%；金融业最低，为 2.22%。房地产业全国商业信用融资余额占总资产均值最高，为 41.26%；金融业最低，为 1.25%。

除 2015 年出现微小升幅，2013~2017 年采矿业河北省商业信用融资余额占总资产的比例总体呈现下降趋势；2013~2017 年采矿业全国商业信用融资余额占总资产的比例呈现先降后升的趋势，其中 2015 年所占比例最低，

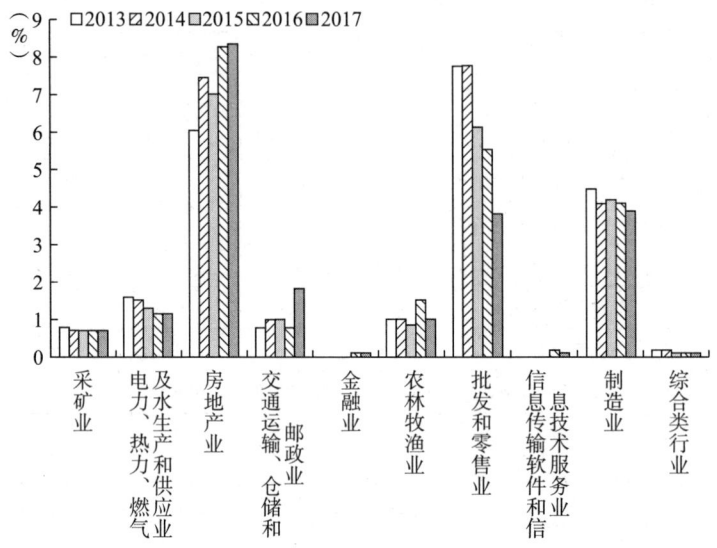

图 1-44　2013~2017 年河北省不同行业上市公司商业信用融资余额占全国的比例

为 18.32%。除 2016 年出现上升外，2013~2017 年电力、热力、燃气及水生产和供应业河北省商业信用融资余额占总资产的比例呈现下降趋势；2013~2016 年电力、热力、燃气及水生产和供应业全国商业信用融资余额占总资产的比例显著上升，但 2017 年出现了下降。2013~2017 年房地产业河北省商业信用融资余额占总资产的比例呈现波动变化趋势；2014 年房地产业全国商业信用融资余额占总资产的比例出现下降后，截至 2017 年近三年又有了稳定的增长。2014 年交通运输、仓储和邮政业河北省商业信用融资余额占总资产的比例出现了近五年的最高值，为 22.08%，随后呈现下降的趋势；而全国的比例呈波动变化趋势。2013~2017 年农林牧渔业河北省商业信用融资余额占总资产的比例呈现波动变化趋势；而全国呈现逐年上升趋势，但在 2017 年又出现了显著的下降。2013~2017 年批发和零售业河北省商业信用融资余额占总资产的比例呈现波动下降趋势；从全国趋势来看，除 2017 年出现了上升外，整体呈现下降趋势。2013~2015 年制造业河北省商业信用融资余额占总资产的比例小幅增长，随后两年出现了连续的微小下降；全国趋势则呈现波动变化趋势。2013~2017 年综合类行业河北省商业信用融资余额占总资产的比例呈现波动变化趋势；全国呈现下降趋势。2013~2017 年金融业全国商业信用融资余额占总资产的比例基本稳定，维持在 1.25% 左右。2013~2017 年信息传输、软件和信息技术服务业全国商业信用融资余额占总资产的比例先升后降，2015 年出现最高点 30.47%。

表 1-32　2013~2017 年河北省和全国不同行业上市公司的商业
信用融资余额占总资产的比例

单位：%

			2013 年	2014 年	2015 年	2016 年	2017 年	均值
商业信用融资余额/总资产	采矿业	河北省	21.95	19.99	20.17	19.87	17.42	19.68
		全国	21.17	20.66	18.32	19.79	21.55	20.29
	电力、热力、燃气及水生产和供应业	河北省	18.76	14.88	14.52	15.61	14.47	15.39
		全国	11.01	11.56	11.85	14.16	13.13	12.53
	房地产业	河北省	54.32	51.7	50.48	53.01	51.67	52.03
		全国	41.33	38.86	39.86	41.37	42.98	41.26
	交通运输、仓储和邮政业	河北省	17.66	22.08	16.74	15.47	14.37	16.33
		全国	15.59	17.14	13.58	15.71	13.92	15.09
	金融业	河北省	0	0	0	2.68	1.86	2.22
		全国	1.28	1.38	1.30	1.16	1.19	1.25
	农林牧渔业	河北省	14.97	15.98	13.29	23.36	17.43	17.69
		全国	15.07	15.44	16.58	17.51	15.75	16.24
	批发和零售业	河北省	54.69	56.02	52.27	54.99	49.82	53.62
		全国	39.76	38.15	36.75	33.49	34.67	36.00
	信息传输、软件和信息技术服务业	河北省	0	0	0	15.57	16.16	15.88
		全国	28.14	28.62	30.47	26.72	26.22	27.78
	制造业	河北省	27.92	28.71	29.46	29.38	29.26	29.01
		全国	26.52	26.95	26.08	25.61	26.42	26.27
	综合类行业	河北省	13.6	9.28	7.47	11.77	8.23	9.80
		全国	23.76	20.83	19.7	16.47	15.73	18.70

（五）河北省上市公司自我积累融资规模

1. 河北省上市公司自我积累融资规模

（1）河北省上市公司自我积累融资余额

上市公司自我积累融资包括：盈余公积和未分配利润，数据来源于上市公司的资产负债表相关项目的期末数。

表1-33、图1-46反映的是2013～2017年河北省和全国上市公司自我积累融资余额，以及河北占全国的比例。近5年河北省的环比增长率呈波动趋势（见图1-45），最高年份是2016年，环比增长率为28.66%，最低年份是2015年，环比增长率为10.48%。除2016年至2017年呈略微上升之外，全国整体呈下降趋势，最高年份是2013年，环比增长率为19.51%，最低年份是2016年，环比增长率为16.75%。

2017年河北省上市公司自我积累融资余额是2013年的2.13倍，累计增长率是112.70%，2017年全国上市公司自我积累融资余额是2013年的1.92倍，累计增长率是91.54%，河北省上市公司自我积累增长率高于全国水平。2013～2017年的环比增长率指标也反映了河北省的环比增长率总体高于全国的环比增长率。

河北省上市公司自我积累融资余额占全国的比例保持在1.00%左右。2013～2017年，最高比例是2017年的1.11%，最低是2015年的0.97%。

表1-33 2013～2017年河北省和全国上市公司自我积累融资余额及其占比

单位：亿元，%

年份	河北省		全国		河北省占全国比例
	自我积累融资余额	环比增长率	自我积累融资余额	环比增长率	
2013	795.02	21.31	79433.18	19.51	1.00
2014	970.96	22.13	94720.34	19.25	1.03
2015	1072.67	10.48	110888.67	17.07	0.97
2016	1380.11	28.66	129462.72	16.75	1.07
2017	1691.01	22.53	152145.10	17.52	1.11

（2）河北省上市公司自我积累融资余额占总资产的比例

表1-34呈现的是2013～2017年河北省和全国上市公司自我积累融余额占总资产的比例。

2013～2017年，河北省上市公司自我积累融资余额占总资产的比例一直处在11%左右，呈不断波动的状态，除2016年全国的自我积累融资余额占总资产出现下滑外，全国上市公司自我积累融资余额占总资产的比例总

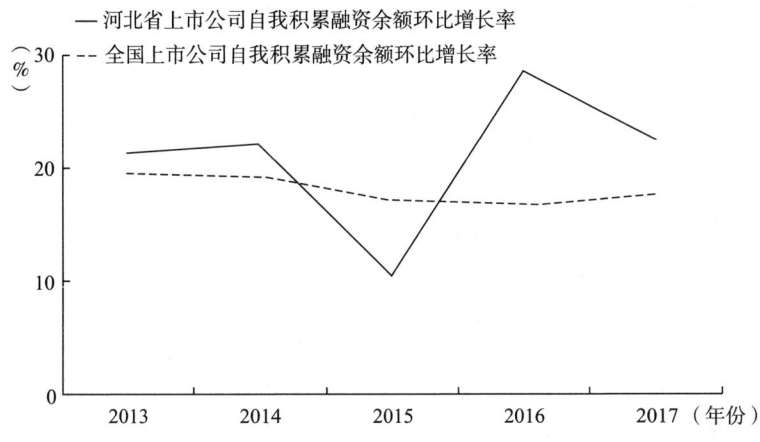

图 1-45　2013～2017 年河北省及全国上市公司自我积累
融资余额环比增长率

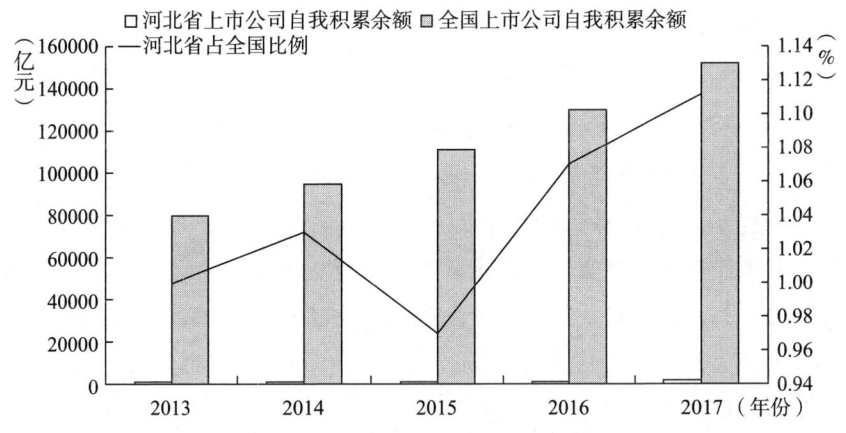

图 1-46　2013～2017 年河北省和全国上市公司自我积累
融资余额及河北省占全国比例

体呈现上升趋势。2014 年，河北省自我积累融资余额占总资产最高，为
11.63%。2017 年，全国自我积累融资余额占总资产最高，为 6.90%，全国
和河北省自我积累融资余额占总资产均值分别为 6.46% 和 11.21%。

　　本年自我积累融资净额占总资产指标中，2016 年河北省上市公司自我
积累融资净额占总资产最高，为 2.51%。2017 年全国上市公司自我积累融
资净额占总资产最高，为 1.03%。无论是河北省还是全国本年自我积累融
资净额占总资产的比例，各年都呈波动变化趋势。

表 1 –34　河北省和全国上市公司自我积累融资余额占总资产的比例

单位：%

		2013 年	2014 年	2015 年	2016 年	2017 年	均值
自我积累融资余额/总资产	河北省	10.78	11.63	11.20	11.26	11.14	11.21
	全国	5.98	6.32	6.43	6.42	6.90	6.46
本年自我积累融资净额/总资产	河北省	1.89	2.11	1.06	2.51	2.05	1.96
	全国	0.98	1.02	0.94	0.92	1.03	0.98

2. 河北省不同市场板块上市公司自我积累融资规模

（1）河北省不同市场板块上市公司自我积累融资余额

表 1 – 35 反映的是 2013 ~ 2017 年河北省不同市场板块上市公司自我积累融资余额。截至 2017 年底，河北省上市公司自我积累融资余额最多的市场板块是沪市 A 股市场，为 920.63 亿元；其次是深市 A 股市场，自我积累融资余额为 469.64 亿元；创业板市场自我积累融资余额最少，为 37.39 亿元。

截至 2017 年底，全国上市公司自我积累融资余额最多的市场板块是沪市 A 股市场，为 122876.73 亿元；其次是深市 A 股市场，自我积累融资余额为 14781.92 亿元；再次是中小板，自我积累融资余额为 10751.45 亿元；创业板市场自我积累融资余额最少，为 3735.00 亿元。

河北省上市公司自我积累融资余额占全国比例最高的是深市 A 股市场，占比为 3.18%；其次是中小板市场，占比为 2.45%；最低的是沪市 A 股市场，占比为 0.75%。

表 1 – 35　2013 ~ 2017 年河北省不同市场板块上市公司自我积累融资余额

单位：亿元，%

板块	指标	2013 年	2014 年	2015 年	2016 年	2017 年
创业板	河北省自我积累融资余额	9.85	16.14	26.42	30.96	37.39
	全国自我积累融资余额	909.36	1326.93	2102.33	2941.70	3735.00
	河北省占全国的比例	1.08	1.22	1.26	1.05	1.00
沪市 A 股	河北省自我积累融资余额	347.70	454.51	511.37	723.32	920.63
	全国自我积累融资余额	66056.35	78454.39	91362.44	105736.92	122876.73
	河北省占全国的比例	0.53	0.58	0.56	0.68	0.75

续表

板块	指标	2013 年	2014 年	2015 年	2016 年	2017 年
深市 A 股	河北省自我积累融资余额	320.79	346.96	365.51	413.84	469.64
	全国自我积累融资余额	7968.57	9409.87	10696.74	12235.74	14781.92
	河北省占全国的比例	4.03	3.69	3.42	3.38	3.18
中小板	河北省自我积累融资余额	116.68	153.35	169.37	211.99	263.35
	全国自我积累融资余额	4498.90	5529.15	6727.16	8548.36	10751.45
	河北省占全国的比例	2.59	2.77	2.52	2.48	2.45
合计	河北省自我积累融资余额	795.02	970.96	1072.68	1380.11	1691.01
	全国自我积累融资余额	79433.18	94720.34	110888.67	129462.72	152145.1
	河北省占全国的比例	1.00	1.03	0.97	1.07	1.11

图 1 - 47 反映的是 2013 ~ 2017 年河北省不同板块上市公司自我积累融资余额占全国的比例变化趋势。从时间序列上来看，最近 5 年，深市 A 股市场的河北省上市公司自我积累融资余额占全国的比例呈下降趋势，沪市 A 股市场河北省上市公司自我积累融资余额占全国的比例呈先上升后下降再上升的趋势，2017 年为最高点，而创业板市场则是呈先上升后下降的趋势，2017 年为最低点，中小板市场是先上升后下降，2014 年为最高点。

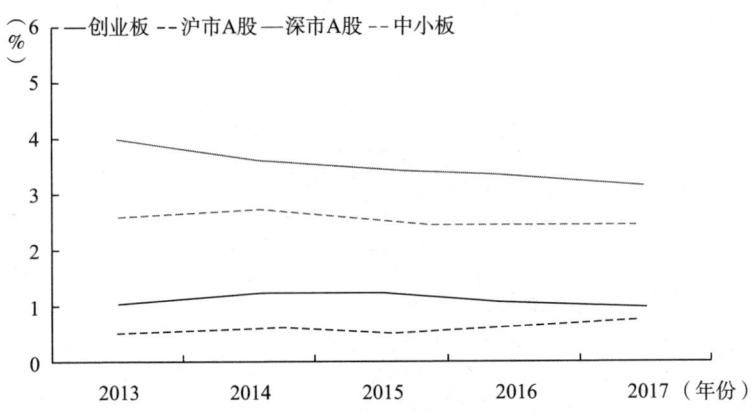

图 1 - 47　2013 ~ 2017 年河北省不同板块上市公司自我积累融资余额占全国的比例

图 1 - 48 反映的是 2017 年河北省上市公司自我积累融资余额板块结构。河北省不同板块上市公司自我积累融资余额占比分别是：沪市 A 股所占比例最高，为 54.44%；其次为深市 A 股，为 27.77%；再次是中小板，所占

比例为 15.57%；最低占比是创业板，为 2.21% 。

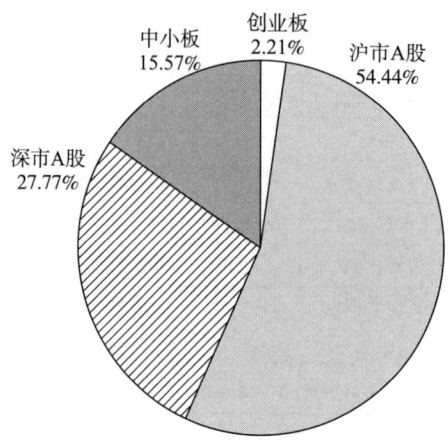

图 1 - 48　2017 年河北省上市公司自我积累融资余额板块结构

图 1 - 49 呈现的是 2017 年全国上市公司自我积累融资余额板块结构。全国不同板块上市公司自我积累融资余额占比分别是：沪市 A 股所占比例最高，占比为 80.76%；其次是深市 A 股市场，所占比例为 9.72%；再次是中小板，所占比例为 7.07%；创业板市场自我积累融资余额所占比例最小，占比 2.45% 。

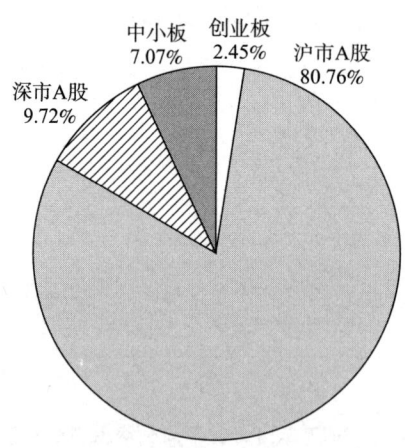

图 1 - 49　2017 年全国上市公司自我积累融资余额板块结构

（2）河北省不同板块上市公司自我积累融资余额占总资产的比例

表 1 - 36 呈现的是 2013 ～ 2017 年河北省和全国不同板块上市公司的自我积累融资余额占总资产的比例。

2017 年，创业板市场河北省上市公司自我积累融资余额占总资产的比例最高，为 22.84%；深市 A 股市场最低，为 9.97%。创业板市场全国上市公司自我积累融资余额占总资产的比例最高，为 16.83%；沪市 A 股市场最低，为 6.31%。创业板市场河北省上市公司自我积累融资余额占总资产比例的均值最高，为 21.63%；深市 A 股市场最低，为 9.55%。创业板市场全国上市公司自我积累融资余额占总资产比例的均值最高，为 17.59%；沪市 A 股市场最低，为 5.89%。

2013～2017 年中小板市场，河北省上市公司自我积累融资余额占总资产的比例，除 2014 年有所增长外，总体上呈下降趋势，除 2017 年外，全国上市公司自我积累融资余额占总资产的比例总体呈现下降趋势；在创业板市场，除 2016 年外，河北省上市公司自我积累融资余额占总资产的比例，总体上呈现上升趋势，全国上市公司自我积累融资余额占总资产的比例呈现先上升后下降趋势；在沪市 A 股市场，河北省上市公司融资余额占总资产的比例除 2013 年外，呈现下降趋势；全国上市公司融资余额占总资产的比例，除 2016 年略微下降外，呈现上升趋势；深市 A 股市场，无明显趋势。

表 1 - 36　2013～2017 年河北省和全国不同板块上市公司自我积累
融资余额占总资产的比例

单位：%

板块	地区	2013 年	2014 年	2015 年	2016 年	2017 年	均值
自我积累融资余额／总资产	创业板 河北省	15.94	20.49	22.81	22.39	22.84	21.63
	创业板 全国	17.59	18.51	18.23	17.78	16.83	17.59
	沪市 A 股 河北省	11.53	12.61	12.09	11.82	11.41	11.81
	沪市 A 股 全国	5.42	5.75	5.87	5.86	6.31	5.89
	深市 A 股 河北省	9.22	9.47	9.25	9.68	9.97	9.55
	深市 A 股 全国	10.48	10.61	9.91	9.02	9.31	9.71
	中小板 河北省	14.26	15.35	13.28	12.28	11.80	12.97
	中小板 全国	15.30	14.99	14.18	13.93	14.27	14.39

3. 河北省不同行业上市公司自我积累融资规模

（1）河北省不同行业上市公司自我积累融资余额

表 1 - 37 反映的是 2013～2017 年河北省不同行业上市公司自我积累融

资余额及其占全国的比例。

分行业来看，截至 2017 年底，河北省上市公司自我积累融资余额占全国的比例比较高的行业是房地产业和制造业，分别是 5.32% 和 2.98%。比例最低的是综合类行业，占比为 - 1.30%。2013～2017 年，尤其是综合类行业在 5 个年份都是负值，说明该行业自我积累资金的能力非常低。在 2013～2017 年，交通运输、仓储和邮政业的河北省上市公司自我积累融资余额占全国的比例逐年上升。综合类行业在近五年中一直处于波动状态。在 5 年内占比均为正值的行业中，房地产业上升幅度最大，除 2015 年外，房地产业占比一直处于上升趋势，2017 年上升到 5.32%；批发和零售业、制造业的变化趋势比较平稳。

表 1 - 37　2013～2017 年河北省不同行业上市公司自我积累
融资余额及其占全国的比例

单位：亿元，%

		2013 年	2014 年	2015 年	2016 年	2017 年
采矿业	河北省自我积累融资余额	105.75	105.05	105.85	108.12	129.33
	全国自我积累融资余额	16796.33	17961.17	17955.08	18211.86	18706.84
	河北省占全国的比例	0.63	0.58	0.59	0.59	0.69
电力、热力、燃气及水生产和供应业	河北省自我积累融资余额	0.84	20.30	43.43	52.73	47.26
	全国自我积累融资余额	2188.42	2728.50	3400.10	3853.24	4105.29
	河北省占全国的比例	0.04	0.74	1.28	1.37	1.15
房地产业	河北省自我积累融资余额	129.18	188.84	220.11	299.63	404.09
	全国自我积累融资余额	3322.31	3939.23	5029.87	5987.58	7592.38
	河北省占全国的比例	3.89	4.79	4.38	5.00	5.32
建筑业	河北省自我积累融资余额	0	0	0	0	0
	全国自我积累融资余额	2734.88	3450.90	4254.69	5137.49	6285.81
	河北省占全国的比例	0	0	0	0	0
交通运输、仓储和邮政业	河北省自我积累融资余额	24.54	34.42	44.17	54.00	88.14
	全国自我积累融资余额	2406.53	2931.09	3387.71	3980.04	4968.21
	河北省占全国的比例	1.02	1.17	1.30	1.36	1.77
教育	河北省自我积累融资余额	0	0	0	0	0
	全国自我积累融资余额	0.28	1.18	1.78	6.84	8.83
	河北省占全国的比例	0	0	0	0	0

续表

		2013 年	2014 年	2015 年	2016 年	2017 年
金融业	河北省自我积累融资余额	0	0	0	− 6.34	− 5.03
	全国自我积累融资余额	31339.72	39572.71	49133.34	58675.15	69095.89
	河北省占全国的比例	0	0	0	− 0.01	− 0.01
科学研究和技术服务业	河北省自我积累融资余额	0	0	0	0	0
	全国自我积累融资余额	32.64	75.48	102.82	125.45	201.12
	河北省占全国的比例	0	0	0	0	0
农林牧渔业	河北省自我积累融资余额	2.59	3.02	5.10	6.38	7.37
	全国自我积累融资余额	118.06	131.07	250.71	391.86	413.32
	河北省占全国的比例	2.19	2.30	2.04	1.63	1.78
批发和零售业	河北省自我积累融资余额	23.36	25.10	28.41	30.08	33.09
	全国自我积累融资余额	1604.16	1803.23	2089.65	2454.76	3022.52
	河北省占全国的比例	1.46	1.39	1.36	1.23	1.10
水利环境和公共设施管理业	河北省自我积累融资余额	0	0	0	0	0
	全国自我积累融资余额	306.06	415.41	474.60	588.08	437.13
	河北省占全国的比例	0	0	0	0	0
卫生和社会工作	河北省自我积累融资余额	0	0	0	0	0
	全国自我积累融资余额	12.76	18.13	31.34	47.64	64.76
	河北省占全国的比例	0	0	0	0	0
文化体育和娱乐业	河北省自我积累融资余额	0	0	0	0	0
	全国自我积累融资余额	245.67	350.70	512.91	753.83	1082.45
	河北省占全国的比例	0	0	0	0	0
信息传输、软件和信息技术服务业	河北省自我积累融资余额	0	0	0	7.28	9.35
	全国自我积累融资余额	851.72	1071.00	1439.72	1883.09	2237.70
	河北省占全国的比例	0	0	0	0.39	0.42
制造业	河北省自我积累融资余额	510.95	596.36	628.37	831.25	980.23
	全国自我积累融资余额	17086.76	19810.49	22263.34	26526.23	32939.03
	河北省占全国的比例	2.99	3.01	2.82	3.13	2.98
住宿和餐营业	河北省自我积累融资余额	0	0	0	0	0
	全国自我积累融资余额	23.88	13.28	27.25	31.61	56.30
	河北省占全国的比例	0	0	0	0	0

续表

		2013 年	2014 年	2015 年	2016 年	2017 年
综合类行业	河北省自我积累融资余额	- 2.19	- 2.13	- 2.77	- 3.02	- 2.82
	全国自我积累融资余额	117.76	131.14	138.99	199.16	216.40
	河北省占全国的比例	- 1.86	- 1.63	- 2.00	- 1.52	- 1.30
租赁和商务服务业	河北省自我积累融资余额	0	0	0	0	0
	全国自我积累融资余额	245.24	315.63	394.77	608.81	711.12
	河北省占全国的比例	0	0	0	0	0

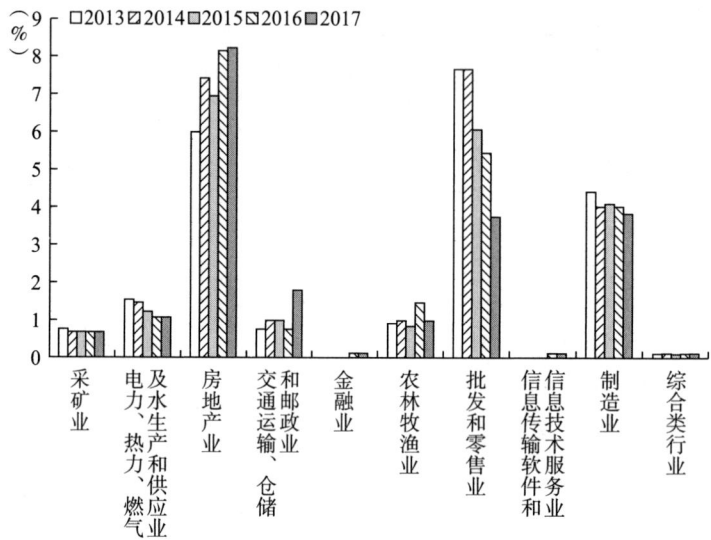

图 1 – 50　2013 ~ 2017 年河北省不同行业上市公司自我积累融资
余额占全国的比例

（2）河北省不同行业上市公司自我积累融资余额占总资产的比例

表 1 – 38 呈现的是 2013 ~ 2017 年河北省和全国不同行业上市公司的自我积累融资结构。

截至 2017 年底，信息传输、软件和信息技术服务业河北省自我积累融资余额占总资产均值最高，为 26.77%；综合类行业最低，为 - 84.02%。全国采矿业自我积累融资余额占总资产均值最高，为 29.53%；金融业最低，为 3.68%。

2013 ~ 2017 年河北省批发和零售业的自我积累融资余额占总资产比例呈现上升趋势；河北省制造业的自我积累融资余额占总资产比例，除 2015

年外，呈现上升趋势；河北省房地产业的自我积累融资余额占总资产比例呈现下降趋势。全国金融业的自我积累融资余额占总资产比例呈现上升趋势；全国采矿业的自我积累融资余额占总资产比例呈现下降趋势。

表 1－38　2013～2017 年河北省和全国不同行业上市公司自我积累融资余额占总资产的比例

单位：%

			2013 年	2014 年	2015 年	2016 年	2017 年	均值
自我积累融资余额/总资产	采矿业	河北省	25.73	25.18	26.00	24.85	21.79	24.47
		全国	30.70	30.24	29.45	28.84	28.66	29.53
	电力、热力、燃气及水生产和供应业	河北省	0.41	7.39	13.94	15.26	12.23	10.82
		全国	9.92	11.36	11.55	11.61	10.80	11.09
	房地产业	河北省	9.68	9.95	8.11	7.57	7.12	7.97
		全国	11.57	11.71	10.20	9.79	9.26	10.15
	交通运输、仓储和邮政业	河北省	19.11	22.57	26.54	26.61	18.42	21.73
		全国	13.22	15.09	16.19	16.08	9.23	15.99
	金融业	河北省	0	0	0	－2.12	－1.31	－1.66
		全国	3.04	3.41	3.70	3.80	4.15	3.68
	农林牧渔业	河北省	22.29	24.37	25.34	24.52	30.57	25.95
		全国	10.25	10.17	13.64	16.59	15.80	14.10
	批发和零售业	河北省	3.42	3.49	4.16	4.17	5.02	4.04
		全国	13.29	13.30	13.17	11.38	12.28	12.52
	信息传输、软件和信息技术服务业	河北省	0	0	0	24.36	29.00	26.77
		全国	10.39	13.30	13.17	11.38	12.28	12.52
	制造业	河北省	11.11	12.24	11.93	13.32	14.13	12.71
		全国	15.62	15.77	15.53	15.12	16.79	15.82
	综合类行业	河北省	－70.89	－70.63	－71.33	－144.88	－84.97	－84.02
		全国	11.98	13.37	10.71	13.65	12.53	12.46

二　河北省上市公司资本结构分析

本部分主要研究河北省与全国上市公司的资本结构特征。具体运用资产负债率、长期资本资产率、留存收益率、产权比率、流动比率 5 个指标，来描述上市公司的资本结构。

（一）河北省与全国上市公司资本结构比较

表 1-39 为河北省和全国上市公司资本结构总体比较情况。截至 2017 年底，河北省上市公司资产负债率平均水平低于全国平均水平，说明河北省上市公司的资本较全国更多来源于股东投入；河北省上市公司平均长期资本资产率高于全国平均水平，分别是 47.36% 和 19.42%，相差 27.94%，说明从上市公司资本构成角度来看，河北省上市公司长期资本占比要高于全国水平；河北省上市公司和全国上市公司的留存收益率分别为 71.60% 和 71.08%，且河北省略高于全国，可以看出河北省与全国上市公司把绝大多数的收益留在了公司内部，上市公司对于股东责任的履行程度一般；在资本结构指标中相差最多是产权比率，河北省和全国上市公司产权比率的均值分别是 208.09% 和 555.40%，相差 347.31%，说明河北省上市公司中股东对债权人利益的保障程度要高于全国水平；河北省和全国上市公司流动比率均值分别是 112.35% 和 118.57%，河北省比全国低 6.22%，说明河北省上市公司短期偿债能力低于全国平均水平，而短期债务高于全国平均水平。

表 1-39　河北省和全国上市公司资本结构总体比较

单位：%

		2013 年	2014 年	2015 年	2016 年	2017 年	均值
资产负债率	河北省	68.37	67.50	67.37	67.47	67.33	67.54
	全国	85.77	85.27	84.68	84.66	83.89	84.74
长期资本资产率	河北省	46.36	45.79	46.48	48.29	48.52	47.36
	全国	18.13	18.70	19.51	19.62	20.45	19.42
留存收益率	河北省	76.29	75.62	53.96	73.22	73.45	71.60
	全国	68.60	68.89	65.86	75.94	73.00	71.08
产权比率	河北省	216.20	207.66	206.47	207.42	206.06	208.09
	全国	602.84	578.98	552.55	551.96	520.63	555.40
流动比率	河北省	99.04	100.11	105.27	119.55	124.97	112.35
	全国	112.38	113.71	118.01	121.94	122.44	118.57

从图 1 - 51 可见，2013 ~ 2017 年，全国上市公司资产负债率呈缓慢下降趋势，而河北省上市公司资产负债率呈现小幅波动趋势，说明河北省和全国上市公司的资本来源变化不大，负债比率稍有下降。此外，五年间河北省上市公司资产负债率均低于全国上市公司资产负债率。

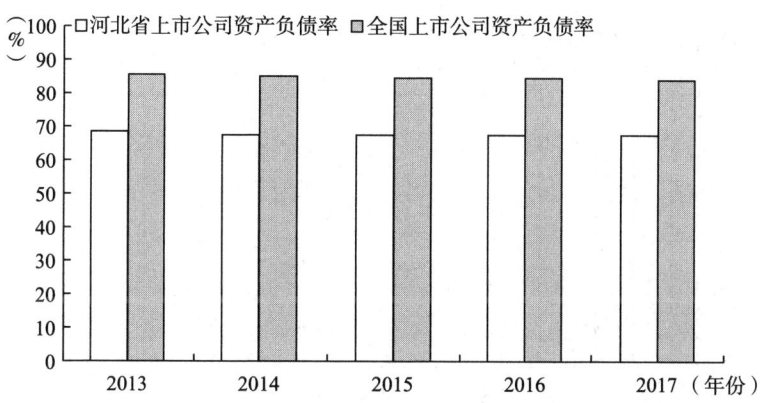

图 1 - 51　河北省和全国上市公司资产负债率

从图 1 - 52 可见，2013 ~ 2017 年，全国上市公司长期资本资产率呈上升趋势，而河北省上市公司长期资本资产率呈现出以 2014 年为转折点，先下降，后上升的态势，此外，河北省上市公司长期资本资产率均高于全国上市公司长期资本资产率。

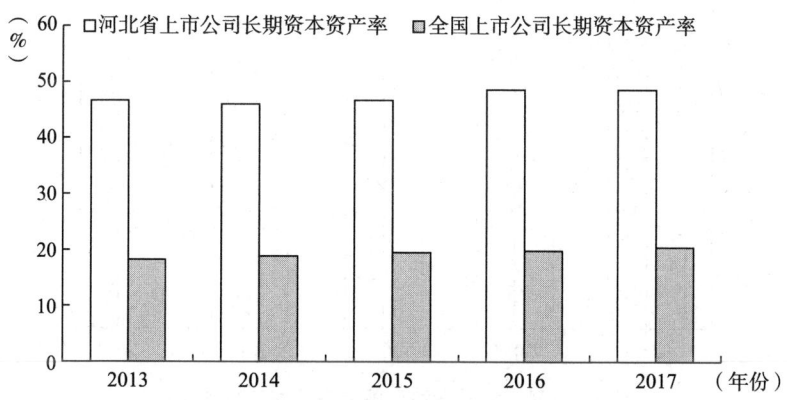

图 1 - 52　河北省和全国上市公司长期资本资产率

从图 1 - 53 可见，河北省和全国上市公司留存收益率在 2015 年均出现最低值，且两者在 2015 年相差最大。在 2015 年之前，河北省上市公司留存收益率高于全国上市公司留存收益率，2015 年和 2016 年，全国上市公司留存收益率高于河北省上市公司留存收益率，2017 年河北省上市公司留存收益率又稍高于全国上市公司留存收益率。从变化趋势来看，河北省和全国上市公司留存收益率均在 2015 年出现了较大幅度的下跌，2016 年又出现较大幅度上升。

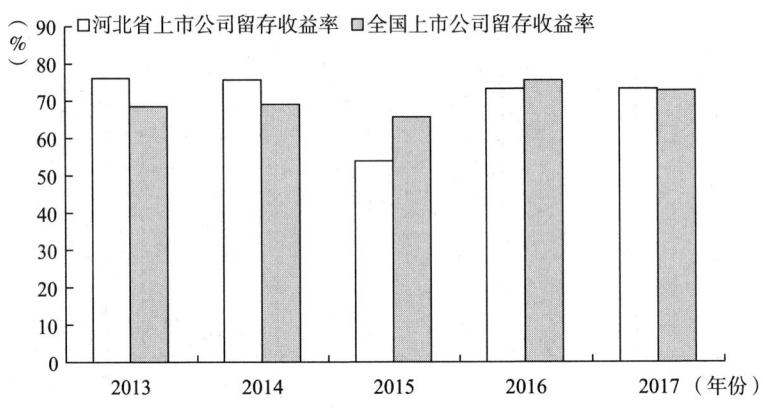

图 1－53　河北省和全国上市公司留存收益率

从图 1－54 可见，2013～2017 年，全国上市公司产权比率呈现下降趋势，河北省上市公司产权比率波动幅度较小。此外，从图中还可以看出，河北省上市公司产权比率各年均大幅低于全国上市公司产权比率。

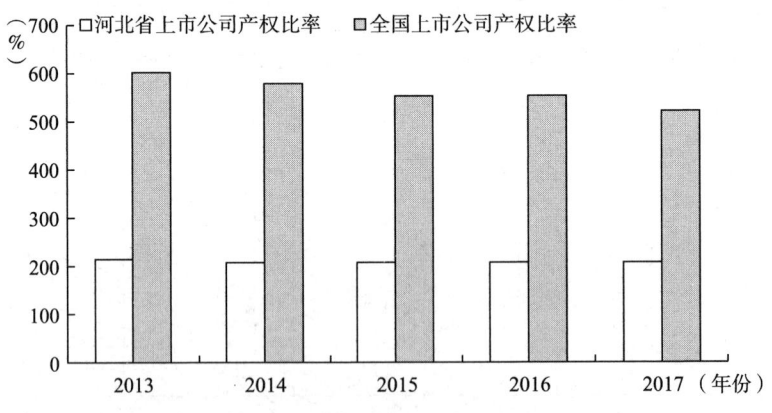

图 1－54　河北省和全国上市公司产权比率

从图 1－55 可见，2013～2017 年，河北省和全国上市公司流动比率均呈现平缓上升趋势，说明河北省和全国上市公司财务风险呈下降趋势。此外，全国与河北省对比来看，除 2017 年外，全国上市公司流动比率均高于河北省上市公司流动比率，在 2016 年两者差距最小。

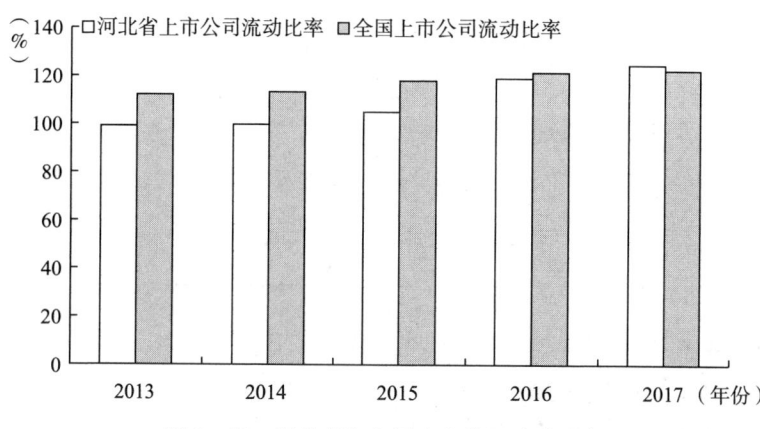

图 1 - 55　河北省和全国上市公司流动比率

（二）河北省和全国不同板块上市公司资本结构比较

1. 资产负债率指标在不同板块市场的比较

表 1 - 40 呈现的是 2013 ~ 2017 年河北省和全国上市公司在不同板块市场资产负债率的比较。

在资产负债率的指标中，截至 2017 年底，河北省上市公司在沪深两市及中小板市场上水平相当，其均值维持在 65.00% ~ 72.00%，其中在沪市 A 股市场最高，均值达到 68.80%；创业板市场最低，均值为 22.14%。从全国来看，全国上市公司在沪市 A 股市场的均值为 86.85%；在深市 A 股市场的均值为 72.76%；在创业板市场的均值为 37.00%；在中小板市场的均值为 57.37%，仍然是沪市 A 股市场最高，创业板市场最低。河北省上市公司在沪市 A 股市场、深市 A 股市场和创业板市场的均值均低于全国上市公司，在中小板市场的均值高于全国上市公司。

表 1 - 40　2013 ~ 2017 年河北省和全国资产负债率的比较

单位：%

		2013 年	2014 年	2015 年	2016 年	2017 年	均值
创业板	河北省	21.29	21.21	19.94	22.11	24.49	22.14
	全国	28.51	33.70	35.91	36.84	40.72	37.00

续表

		2013 年	2014 年	2015 年	2016 年	2017 年	均值
沪市 A 股	河北省	70.75	69.85	69.79	68.07	67.63	68.80
	全国	87.61	87.13	86.70	86.92	86.23	86.85
深市 A 股	河北省	67.46	66.14	65.58	65.47	63.97	65.61
	全国	71.77	72.25	72.39	72.92	73.65	72.76
中小板	河北省	67.07	67.63	69.19	73.92	76.44	72.18
	全国	55.89	57.34	58.06	57.11	57.73	57.37

2. 长期资本资产率指标在不同板块市场的比较

表 1-41 呈现的是 2013~2017 年河北省和全国上市公司在不同板块市场长期资本资产率的比较。

在长期资本资产率的指标中，截至 2017 年底，河北省上市公司在创业板市场的均值为 80.24%；在沪市 A 股市场的均值为 44.75%；在深市 A 股市场的均值为 50.40%；在中小板市场的均值为 45.42%。其中，创业板最高，沪市 A 股市场最低。全国上市公司在创业板市场的均值为 69.76%；在沪市 A 股市场的均值为 16.56%；在深市 A 股市场的均值为 40.10%；在中小板的均值为 50.29%。其中，创业板市场最高，沪市 A 股市场最低。河北省上市公司在创业板、沪市 A 股市场和深市 A 股市场的均值均高于全国上市公司，在中小板市场的均值低于全国上市公司。

表 1-41 2012~2016 年河北省和全国上市公司在不同板块市场长期资本资产率的比较

单位：%

		2013 年	2014 年	2015 年	2016 年	2017 年	均值
创业板	河北省	80.30	80.43	82.15	82.15	314.43	80.24
	全国	75.40	71.43	70.03	70.03	176.00	69.76
沪市 A 股	河北省	42.47	42.13	44.01	45.18	137.03	44.75
	全国	15.70	16.26	16.84	16.49	116.39	16.56
深市 A 股	河北省	49.21	48.89	47.37	52.08	82.08	50.40
	全国	39.98	39.34	39.57	40.91	121.89	40.10
中小板	河北省	46.05	44.90	48.70	47.39	152.56	45.42
	全国	51.88	50.08	49.37	50.96	147.04	50.29

3. 留存收益率指标在不同板块市场的比较

表1-42呈现的是2013~2017年河北省和全国上市公司在不同板块市场留存收益率的比较。

在留存收益率的指标中，截至2017年底，河北省上市公司在创业板市场的均值为65.43%；在沪市A股市场的均值为73.27%；在深市A股市场的均值为70.82%；在中小板市场的均值为74.22%。其中，中小板市场最高，创业板市场最低。全国上市公司在创业板市场的均值为74.00%，在沪市A股市场的均值为70.33%，在深市A股市场的均值为74.14%，在中小板市场的均值为68.40%。其中，深市A股市场最高，中小板市场最低。河北省上市公司在创业板市场和深市A股市场的留存收益均值低于全国上市公司，在沪市A股市场和中小板市场的留存收益均值高于全国上市公司。

表1-42 2013~2017年河北省和全国上市公司在不同板块市场留存收益率的比较

单位：%

		2013年	2014年	2015年	2016年	2017年	均值
创业板	河北省	83.10	83.57	53.45	70.52	61.15	65.43
	全国	69.26	74.68	72.17	77.14	74.25	74.00
沪市A股	河北省	71.81	66.67	62.65	76.97	77.92	73.27
	全国	67.56	66.30	62.72	76.03	73.33	70.33
深市A股	河北省	83.94	72.86	36.21	66.25	64.58	70.82
	全国	75.29	71.65	65.89	79.07	76.39	74.14
中小板	河北省	67.02	87.04	44.83	74.01	72.89	74.22
	全国	65.27	66.96	65.44	73.30	69.41	68.40

4. 产权比率指标在不同板块市场的比较

表1-43呈现的是2013~2017年河北省和全国上市公司不同板块市场产权比率的比较。

在产权比率的指标中，截至2017年底，河北省上市公司在沪市A股市场的均值为229.36%；在深市A股市场的均值为225.01%；在创业板市场的均值为32.37%；在中小板市场的均值为287.65%。其中，中小板最高，创业板市场最低。全国上市公司在沪市 A 股市场的均值为 660.35%，在深市 A 股市场的均值为 267.17%，在创业板市场的均值为 58.72%，在中小板市场的均值为 134.56%。其中，沪市 A 股市场最高，创业板市场最低。河北省上市公司在深市 A 股市场、创业板市场的产权比率的均值略低于全国上市公司，在沪市 A 股市场的均值远低于全国上市公司，而在中小板市场则高于全国上市公司。

表 1 - 43　2013～2017 年河北省和全国上市公司不同板块市场产权比率的比较

单位：%

		2013 年	2014 年	2015 年	2016 年	2017 年	均值
创业板	河北省	27.06	26.92	24.91	28.39	32.42	32.37
	全国	39.88	50.83	56.04	58.33	68.68	58.72
沪市 A 股	河北省	241.86	231.67	231.05	213.20	208.97	229.36
	全国	707.15	676.79	651.95	664.62	625.98	660.35
深市 A 股	河北省	207.29	195.32	190.50	189.63	177.55	225.01
	全国	254.21	260.36	262.19	269.24	279.50	267.17
中小板	河北省	203.71	208.89	224.60	283.46	324.52	287.65
	全国	126.70	134.39	138.44	133.18	136.56	134.56

5. 流动比率指标在不同板块市场的比较

表 1 - 44 呈现的是 2013～2017 年河北省和全国上市公司不同板块流动比率的比较。

在流动比率的指标中，截至 2017 年底，河北省上市公司在沪市 A 股市场的均值为 125.21%；在深市 A 股市场的均值为 73.74%；在创业板市场的均值为 320.86%；在中小板市场的均值为 160.02%。其中，创业板市场最高，深市 A 股市场最低。全国上市公司在沪市 A 股市场的均值为 111.11%，在深市 A 股市场的均值为 122.19%，在创业板的均值为 192.81%，在中小板的均值为 149.72%。其中，创业板市场最高，沪市 A 股市场最低。河北省上市公司在沪市 A 股市场、中小板市场的均值均略高于全国上市公司，在创业板市场的均值远高于全国上市公司，而在深市 A 股市场则低于全国上市公司。

表 1 - 44　2013 ~ 2017 年河北省和全国上市公司不同板块流动比率的比较

单位：%

		2013 年	2014 年	2015 年	2016 年	2017 年	均值
创业板	河北省	326.96	313.28	342.27	314.38	314.43	320.86
	全国	264.35	212.12	191.95	191.55	176.00	192.81
沪市 A 股	河北省	108.65	112.27	120.64	129.92	137.03	125.21
	全国	103.68	106.01	110.30	114.89	116.39	111.11
深市 A 股	河北省	73.20	68.62	65.34	78.47	82.08	73.74
	全国	120.99	119.90	124.60	122.97	121.89	122.19
中小板	河北省	158.27	155.04	168.92	168.10	152.56	160.02
	全国	154.08	150.39	147.77	152.04	147.04	149.72

（三）河北省和全国不同行业上市公司资本结构比较

1. 资产负债率指标在不同行业的比较

表 1 - 45 呈现的是 2013 ~ 2017 年河北省和全国上市公司不同行业资产负债率的比较。

在资产负债率的指标中，截至 2017 年底，河北省上市公司在采矿业的均值为 52.04%；在电力、热力、燃气及水生产和供应业的均值为 57.80%；在房地产业的均值为 82.89%；在交通运输、仓储和邮政业的均值为 36.60%；在金融业的均值为 36.60%；在农林牧渔业的均值为 25.17%；在批发和零售业的均值为 79.21%；在信息传输、软件和信息技术服务业的均值为 17.66%；在制造业的均值为 61.14 %；在综合类行业的均值为 26.05%。其中，房地产业最高，信息传输、软件和信息技术服务业最低。全国上市公司在采矿业的均值为 48.31%，在电力、热力、燃气及水生产和供应业的均值为 64.92%，在房地产业的均值为 76.98%，在交通运输、仓储和邮政业的均值为 55.64%，在金融业的均值为 92.14%，在农林牧渔业的均值为 43.65%，在批发和零售业的均值为 63.82%，在信息传输、软件和信息技术服务业的均值为 47.03%，在制造业的均值为 54.65 %，在综合类行业的均值为 51.67%。其中，金融业最高，农林牧渔业最低。河北省上市公司在采矿业、房地产业、批发和零售业以及制造业的均值均高于全国上市公司，在电力、热力、燃气及水生产和供应业，交通运输、仓储和邮政业，金融业，农林牧渔业，信息传输、软件和信息技术服务业以及综合类行业的均值均低于全国上市公司。

表 1-45　2013~2017 年河北省和全国上市公司不同行业资产负债率的比较

单位：%

		2013 年	2014 年	2015 年	2016 年	2017 年	均值
采矿业	河北省	56.02	50.24	50.96	53.83	49.99	52.04
	全国	48.81	49.71	48.02	47.58	47.60	48.31
电力、热力、燃气及水生产和供应业	河北省	71.04	57.05	52.19	54.09	59.24	57.80
	全国	67.11	65.14	64.07	63.55	65.36	64.92
房地产业	河北省	83.19	82.68	82.45	84.02	82.31	82.89
	全国	74.56	74.82	76.66	77.34	78.65	76.98
交通运输、仓储和邮政业	河北省	45.18	48.67	31.65	26.76	36.34	36.60
	全国	57.92	56.65	54.91	56.27	53.40	55.64
金融业	河北省	—	—	—	49.28	60.32	36.60
	全国	93.01	92.44	91.96	92.06	91.62	92.14
农林牧渔业	河北省	23.62	24.91	19.22	32.53	23.08	25.17
	全国	47.28	45.00	40.77	41.15	45.69	43.65
批发和零售业	河北省	83.66	78.76	77.01	80.25	76.25	79.21
	全国	66.77	65.55	65.00	61.99	62.25	63.82
信息传输、软件和信息技术服务业	河北省	—	—	—	17.90	17.44	17.66
	全国	51.27	49.84	49.94	47.12	41.55	47.03
制造业	河北省	63.61	62.73	61.85	59.79	59.08	61.14
	全国	56.19	55.97	54.56	55.05	52.64	54.65
综合类行业	河北省	13.65	9.22	46.10	11.77	38.39	26.05
	全国	59.70	56.29	54.64	46.78	46.39	51.67

2. 长期资本资产率指标在不同行业的比较

表 1-46 呈现的是 2013~2017 年河北省和全国上市公司不同行业长期资本资产率的比较。

在长期资本资产率的指标中，截至 2017 年底，河北省上市公司在采矿业的均值为 66.36%；在电力、热力、燃气及水生产和供应业的均值为

72.58%；在房地产业的均值为 36.11%；在交通运输、仓储和邮政业的均值为 78.78%；在金融业的均值为 50.26%；在农林牧渔业的均值为 74.92%；在批发和零售业的均值为 25.92%；在信息传输、软件和信息技术服务业的均值为 79.69%；在制造业的均值为 51.70%；在综合类行业的均值为 83.73%。其中，综合类行业最高，批发和零售业最低。全国上市公司在采矿业的均值为 70.59%，在电力、热力、燃气及水生产和供应业的均值为 72.49%，在房地产业的均值为 46.98%，在交通运输、仓储和邮政业的均值为 74.26%，在金融业的均值为 7.94%，在农林牧渔业的均值为 65.58%，在批发和零售业的均值为 46.19%，在信息传输、软件和信息技术服务业的均值为 58.94%，在制造业的均值为 56.36%，在综合类行业的均值为 62.95%。其中，交通运输、仓储和邮政业最高，金融业最低。河北省上市公司在电力、热力、燃气及水生产和供应业，交通运输、仓储和邮政业，金融业，农林牧渔业，信息传输、软件和信息技术服务业以及综合类行业的均值均高于全国上市公司，在采矿业、房地产业、批发和零售业以及制造业的均值低于全国上市公司。

表1-46 2012~2016年河北省和全国上市公司不同行业长期资本资产率的比较

单位：%

		2013 年	2014 年	2015 年	2016 年	2017 年	均值
采矿业	河北省	61.08	69.12	63.59	63.59	140.80	66.36
	全国	68.65	70.07	73.18	73.09	88.85	70.59
电力、热力、燃气及水生产和供应业	河北省	69.22	76.63	79.62	79.62	54.53	72.58
	全国	71.42	72.36	73.77	73.72	52.12	72.49
房地产业	河北省	31.07	29.19	36.19	36.19	150.74	36.11
	全国	46.70	46.77	47.76	47.64	153.35	46.98
交通运输、仓储和邮政业	河北省	74.52	72.83	78.71	78.71	98.33	78.78
	全国	72.48	75.45	76.81	76.85	77.90	74.26
金融业	河北省	—	—	—	55.20	144.22	50.26
	全国	7.01	7.58	8.08	8.05	93.12	7.94
农林牧渔业	河北省	76.39	75.09	80.92	80.92	248.32	74.92
	全国	60.26	64.48	67.22	67.27	133.97	65.58

续表

		2013 年	2014 年	2015 年	2016 年	2017 年	均值
批发和零售业	河北省	22.27	27.09	29.66	26.80	103.05	25.92
	全国	41.65	43.79	43.84	43.68	124.98	46.19
信息传输、软件和信息技术服务业	河北省	—	—	—	82.30	241.49	79.69
	全国	53.24	55.59	56.40	59.45	117.60	58.94
制造业	河北省	51.14	50.31	49.49	49.48	101.37	51.70
	全国	55.33	55.19	56.15	56.56	130.60	56.36
综合类行业	河北省	86.35	90.78	92.62	92.62	149.84	83.73
	全国	55.59	58.81	61.12	61.03	133.07	62.95

3. 留存收益率指标在不同行业的比较

表 1－47 呈现的是 2013～2017 年河北省和全国上市公司不同行业留存收益率的比较。

在留存收益率的指标中，截至 2017 年底，河北省上市公司在采矿业的均值为 73.42%；在电力、热力、燃气及水生产和供应业的均值为 81.30%；在房地产业的均值为 74.54%；在交通运输、仓储和邮政业的均值为 81.35%；在金融业的均值为 116.43%；在农林牧渔业的均值为 64.29%；在批发和零售业的均值为 73.43%；在信息传输、软件和信息技术服务业的均值为 100%；在制造业的均值为 68.63%；在综合类行业的均值为 100.00%。其中，金融业最高，农林牧渔业最低。全国上市公司在采矿业的均值为 60.24%，在电力、热力、燃气及水生产和供应业的均值为 72.14%，在房地产业的均值为 77.65%，在交通运输、仓储和邮政业的均值为 72.35%，在金融业的均值为 81.55%，在农林牧渔业的均值为 46.29%，在批发和零售业的均值为 73.54%，在信息传输、软件和信息技术服务业的均值为 76.18%，在制造业的均值为 67.85%，在综合类行业的均值为 71.31%。其中，金融业最高，农林牧渔业最低。河北省上市公司在采矿业，电力、热力、燃气及水生产和供应业，交通运输、仓储和邮政业，金融业，农林牧渔业，信息传输、软件和信息技术服务业，制造业和综合类行业的均值均高于全国上市公司，在房地产业、批发和零售业的均值低于全国上市公司。

表 1-47 2013~2017 年河北省和全国上市公司不同行业留存收益率的比较

单位：%

		2013 年	2014 年	2015 年	2016 年	2017 年	均值
采矿业	河北省	80.46	-920.41	94.98	-44.93	88.00	73.42
	全国	73.42	71.14	131.46	23.33	67.31	60.24
电力、热力、燃气及水生产和供应业	河北省	93.36	85.47	76.93	62.15	25.29	81.30
	全国	70.10	67.40	69.59	83.37	69.35	72.14
房地产业	河北省	90.28	77.17	67.76	66.56	68.19	74.54
	全国	82.78	75.52	71.11	77.72	77.98	77.65
交通运输、仓储和邮政业	河北省	88.64	100.00	73.21	69.70	71.60	81.35
	全国	40.07	69.93	69.78	83.90	77.83	72.35
金融业	河北省	—	—	—	100.00	71.25	116.43
	全国	75.83	76.90	76.55	88.11	87.74	81.55
农林牧渔业	河北省	68.18	50.00	65.00	69.57	63.16	64.29
	全国	41.77	-163.35	-6.27	78.43	-17.99	46.29
批发和零售业	河北省	134.57	95.36	66.84	89.54	77.16	73.43
	全国	71.19	71.66	67.16	79.10	75.89	73.54
信息传输、软件和信息技术服务业	河北省	—	—	—	100.00	100.00	100.00
	全国	69.61	77.72	75.96	78.96	76.07	76.18
制造业	河北省	63.11	72.35	39.42	76.69	73.97	68.63
	全国	64.85	64.99	60.42	72.56	71.07	67.85
综合类行业	河北省	100.00	100.00	100.00	100.00	100.00	100.00
	全国	81.49	75.62	122.74	86.61	83.93	71.31

4. 产权比率指标在不同行业的比较

表 1-48 呈现的是 2013~2017 年河北省和全国上市公司不同行业产权比率的比较。

在产权比率的指标中，截至 2017 年底，河北省上市公司在采矿业的均值为 108.51%；在电力、热力、燃气及水生产和供应业的均值为 136.99%；在房地产业的均值为 484.37%；在交通运输、仓储和邮政业的均值为 57.73%；在金融业的均值为 124.64%；在农林牧渔业的均值为 33.64%；在批发和零售业的均值为 381.03%；在信息传输、软件和信息技术服务业的均值为 21.45%；在制造业的均值为 157.36%；在综合类行业的均值为

35.22%。其中，房地产业最高，信息传输、软件和信息技术服务业的均值最低。全国上市公司在采矿业的均值为93.47%，在电力、热力、燃气及水生产和供应业的均值为185.06%，在房地产业的均值为334.44%，在交通运输、仓储和邮政业的均值为125.44%，在金融业的均值为1172.59%，在农林牧渔业的均值为77.48%，在批发和零售业的均值为176.37%，在信息传输、软件和信息技术服务业的均值为88.80%，在制造业的均值为120.49%，在综合类行业的均值为106.93%。其中，金融业最高，农林牧渔业最低。河北省上市公司在采矿业、房地产业、批发和零售业以及制造业均值均高于全国上市公司，而在电力、热力、燃气及水生产和供应业，交通运输、仓储和邮政业，农林牧渔业和综合类行业，以及金融业和信息传输、软件和信息技术服务业的均值低于全国上市公司，其中在金融业差距最大。

表 1 - 48　2013～2017 年河北省和全国上市公司不同行业产权比率的比较

单位：%

		2013 年	2014 年	2015 年	2016 年	2017 年	均值
采矿业	河北省	127.35	100.96	103.91	116.58	99.97	108.51
	全国	95.35	98.85	92.39	90.76	90.83	93.47
电力、热力、燃气及水生产和供应业	河北省	245.34	132.81	109.18	117.81	145.34	136.99
	全国	204.07	186.90	178.35	174.37	188.65	185.06
房地产业	河北省	494.94	477.26	469.82	525.63	465.27	484.37
	全国	293.08	297.13	328.37	341.27	368.31	334.44
交通运输、仓储和邮政业	河北省	82.42	94.83	46.30	36.54	57.09	57.73
	全国	137.63	130.66	121.79	128.67	114.58	125.44
金融业	河北省	—	—	—	97.17	151.99	124.64
	全国	1330.12	1223.12	1143.65	1159.49	1093.19	1172.59
农林牧渔业	河北省	30.92	33.17	23.79	48.22	30.01	33.64
	全国	89.67	81.82	68.82	69.91	84.12	77.48
批发和零售业	河北省	512.15	370.90	335.04	406.24	320.97	381.03
	全国	200.95	190.27	185.70	163.07	164.93	176.37
信息传输、软件和信息技术服务业	河北省	—	—	—	21.80	21.13	21.45
	全国	105.22	99.38	99.74	89.12	71.07	88.80
制造业	河北省	174.77	168.32	162.13	148.7	144.37	157.36
	全国	128.26	127.14	120.07	122.47	111.14	120.49

		2013 年	2014 年	2015 年	2016 年	2017 年	均值
综合类行业	河北省	15.80	10.16	85.54	13.34	62.30	35.22
	全国	148.15	128.77	120.47	87.89	86.55	106.93

5. 流动比率指标在不同行业的比较

表 1 - 49 呈现的是 2013 ~ 2017 年河北省和全国上市公司不同行业流动比率的比较。

在流动比率的指标中，截至 2017 年底，河北省上市公司在采矿业的均值为 108.23%；在电力、热力、燃气及水生产和供应业的均值为 62.10%；在房地产业的均值为 145.74%；在交通运输、仓储和邮政业的均值为 101.90%；在金融业的均值为 162.20%；在农林牧渔业的均值为 226.81%；在批发和零售业的均值为 98.28%；在信息传输、软件和信息技术服务业的均值为 226.90%；在制造业的均值为 90.80%；在综合类行业的均值为 291.64%。其中，综合类行业最高，电力、热力、燃气及水生产和供应业最低。全国上市公司在采矿业的均值为 80.92%，在电力、热力、燃气及水生产和供应业的均值为 51.01%，在房地产业的均值为 160.78%，在交通运输、仓储和邮政业的均值为 81.40%，在金融业的均值为 101.40%，在农林牧渔业的均值为 140.96%，在批发和零售业的均值为 120.24%，在信息传输、软件和信息技术服务业的均值为 87.98%，在制造业的均值为 122.94%，在综合类行业的均值为 134.63%。其中，房地产业最高，电力、热力、燃气及水生产和供应业最低。河北省上市公司在采矿业，电力、热力、燃气及水生产和供应业，交通运输、仓储和邮政业，金融业，农林牧渔业，信息传输、软件和信息技术服务业及综合类行业均值均高于全国上市公司，其中在综合类行业差距最大，而房地产业、批发和零售业和制造业的均值低于全国上市公司。

表 1 - 49 2013 ~ 2017 年河北省和全国上市公司不同行业流动比率的比较

单位：%

		2013 年	2014 年	2015 年	2016 年	2017 年	均值
采矿业	河北省	89.55	107.91	96.81	102.30	140.80	108.23
	全国	74.91	74.97	80.44	84.21	88.85	80.92

		2013 年	2014 年	2015 年	2016 年	2017 年	均值
电力、热力、燃气及水生产和供应业	河北省	60.28	77.67	70.14	57.73	54.53	62.10
	全国	47.08	50.63	52.11	51.83	52.12	51.01
房地产业	河北省	137.71	134.09	145.65	148.04	150.74	145.74
	全国	164.99	163.20	163.93	165.37	153.35	160.78
交通运输、仓储和邮政业	河北省	89.05	66.71	114.06	144.45	98.33	101.90
	全国	77.79	84.83	82.86	84.44	77.90	81.40
金融业	河北省	—	—	—	187.70	144.22	162.20
	全国	97.40	101.55	114.65	129.63	93.12	101.40
农林牧渔业	河北省	217.67	179.00	327.30	187.37	248.32	226.81
	全国	126.26	136.69	150.74	152.47	133.97	140.96
批发和零售业	河北省	91.25	96.93	99.25	101.56	103.05	98.28
	全国	113.96	114.64	115.24	126.80	124.98	120.24
信息传输、软件信息技术服务业	河北省	—	—	—	211.46	241.49	226.90
	全国	61.16	69.07	77.12	96.35	117.60	87.98
制造业	河北省	86.75	82.53	80.86	98.06	101.37	90.80
	全国	119.94	118.85	119.43	122.51	130.60	122.94
综合类行业	河北省	285.32	526.26	731.80	258.26	149.84	291.64
	全国	128.04	135.58	129.41	147.18	133.07	134.63

三　本分报告研究结论

（一）河北省上市公司的融资渠道与规模

1. 股票融资规模

截至 2017 年底，河北省上市的公司共有 55 家，发行股票融资累计额为 2796.64 亿元，占全国上市公司发行股票融资累计额的比重为 2.84%。河北省 IPO 融资累计额占全国的比例也较小，5 年平均占比仅为 1.31%。5 年间，河北省上市公司新增股票融资额合计为 1923.96 亿元，占全国的 3.59%；河北省新增 IPO 融资额 5 年合计仅 43.66 亿元，平均占全国新增 IPO 融资额的 0.52%。无论是从河北省发行股票筹资累计额还是发行股票新增筹资额来看，河北省通过股票市场发行股票筹集的资金较少，在全国配置资源的能力有限，甚至说非常弱。

股票融资结构从股票融资累计额/总资产、IPO 融资累计额/总资产、本年新增股票融资额/总资产、本年 IPO 股票融资额/总资产四个方面进行了对比说明。除了本年 IPO 股票融资额/总资产，其余三个指标，河北省的比率均大于全国的比率，说明股票筹资是河北省企业筹资的重要途径。在 2013 ~ 2017 年河北省和全国 IPO 融资累计额/总资产呈现下降趋势，而本年新增股票融资额/总资产和股票融资累计额/总资产在 2015 年前呈上升趋势，在 2015 年后呈下降趋势。

截至 2017 年底，除创业板外，河北省上市公司在其他三个板块的股票融资额相差不大，三个市场板块股票融资累计额合计占河北省全部上市公司的 96.98%；河北省 IPO 融资累计额主要集中在沪市 A 股，占比 50.78%。2013 ~ 2017 年，河北省上市公司新增股票融资额基本稳定，且普遍偏低。

截至 2017 年，河北省股票融资累计额占总资产的比例均值最高的是创业板达到 55.51%，最低的是沪市 A 股，为 13.31%。除中小板外，其他三个板块中河北省的股票融资累计额/总资产都高于全国。在中小板，河北省的股票融资累计额/总资产总体呈现快速上升趋势，在 2015 年、2016 年和 2017 年均实现了大幅度增长。

河北省上市公司股票融资主要集中在第一、第二产业，包含了农林牧渔业，批发和零售业，制造业，综合类行业，交通运输、仓储和邮政业，采矿业，电力、热力、燃气及水生产和供应业等 8 个行业。截至 2017 年，股票融资累计额和 IPO 融资累计额最高的均为制造业，分别为 2141.81 亿元和 249.40 亿元。2013 ~ 2017 年，新增股票融资的上市公司主要集中在房地产业，交通运输、仓储和邮政业，金融业与制造业，另外，金融业仅在 2016 年进行了增发股票融资；河北省 IPO 新增融资的行业仅涉及制造业以及交通运输、仓储和邮政业两个行业。

在综合类行业，农林牧渔业，采矿业和电力、热力、燃气及水生产和供应业 4 个行业中，2013 ~ 2017 年河北省的股票融资累计额/总资产都高于全国的股票融资累计额/总资产，并且在总体上都呈上升趋势；尤其是农林牧渔业在 2014 年出现了翻番式增长，虽然 2015 年和 2016 年都有所下降，2017 年略微上升，但仍然保持在较高水平。交通运输仓储和邮政业在 2013 ~

2016 年均高于全国水平，2017 年略低于全国水平。在 2013～2017 年，房地产业河北省的股票融资累计额/总资产低于全国的股票融资累计额/总资产，呈先上升后下降的趋势。批发和零售业、制造业这两个行业，河北省的股票融资累计额/总资产整体呈上升趋势。金融业和信息传输、软件和信息技术服务业河北省的股票融资累计额/总资产在 2016 年和 2017 年远高于全国水平。

在采矿业，电力、热力、燃气及水生产和供应业，房地产业和制造业 4 个行业中，2013～2017 年河北省的 IPO 融资累计额/总资产都低于全国的 IPO 融资累计额/总资产，并且在总体上都呈下降趋势；在 2013～2017 年，交通运输业、批发和零售业、综合类行业的河北省 IPO 融资累计额/总资产都高于全国，整体处于波动中上升趋势；而农林牧渔业，河北省 IPO 融资累计额/总资产呈现大幅度下降，并且实现了从高于全国的股票融资累计额/总资产到低于全国。金融业河北省的 IPO 融资累计额/总资产在 2016 年和 2017 年略高于全国水平；而信息传输、软件和信息技术服务业河北省的 IPO 融资累计额/总资产在 2016 年和 2017 年均低于全国水平。

2. 债券融资规模

截至 2017 年底，河北省上市公司债券融资累计额占全国债券融资累计额的 0.48%。从债券融资累计额环比增长率来看，全国的上市公司债券融资环比增长率整体在 2013～2016 年呈上升趋势，在 2017 年有所下降。河北省债券融资累计额环比增长率从 2013～2014 年开始下降，在 2015～2016 年，出现了大幅度的上升，在 2017 年急剧下降。从整个时间序列来看，自 2013 年开始，河北省的债券融资累计额环比增长率始终低于全国水平。河北省通过发行债券融资的能力低于全国水平。2013～2017 年，河北省新增债券融资额占全国的比例为 0.42%。2015 年和 2016 年河北省新增债券融资额环比增长率与全国的趋势基本一致。

在 2017 年，河北省上市公司债券融资累计额/总资产的这一指标为 10.90%，为近五年内的较高值，并且河北省上市公司债券融资累计额/总资产的这一指标在 2013～2016 年呈现不断上升趋势，2017 年略微下降。除 2017 年外，全国的上市公司债券融资累计额/总资产的这一指标与河北省的这一指标的发展趋势基本保持一致。而河北省和全国的债券融资累计额/总资产的这一指标的均值分别为 9.49% 和 9.21%。河北省和全国的债券融资净额/总资产这一指标，除 2017 年外，在近年内一直呈现不断上升的趋势，并且全国的这一指标的变动趋势与河北省的指标变动趋势具有一致性。

河北省上市公司发行债券融资主要依赖于沪市 A 股和深市 A 股两个市场板块，在中小板市场上仅 2015～2017 年进行了债券融资，而在创业板市场上没有发行过债券。

河北省上市公司的债券融资余额/总资产指标，深市 A 股的数值最高，深市 A 股和沪市 A 股，除 2017 年外，在近五年内一直呈现不断上升趋势。除 2017 年外，全国的债券融资余额/总资产的指标的发展趋势与河北省的这一指标的发展趋势基本一致。

2013～2017 年，河北省债券融资主要分布在采矿业，电力、热力、燃气及水生产和供应业，交通运输、仓储和邮政业，批发和零售业，制造业，其中，房地产业占全国比重最高。

全国的债券融资余额/总资产指标，电力、热力、燃气及水生产和供应业数值最高，为 28.51%。而河北省的债券融资余额/总资产指标，采矿业最高，为 15.46%。全国的各个行业的债券融资余额/总资产指标与河北省的各个行业的债券融资余额/总资产的这一指标发展趋势不完全一致。

3. 银行借款融资规模

河北省上市公司银行借款融资余额总体呈上升趋势，上市公司对银行的负债水平不断提高。2017 年底，河北上市公司银行借款余额占全国的比例为 2.57%，但是总体而言，河北省上市公司银行借款融资余额占全国上市公司银行借款融资余额的比例在 2.00%～3.00%，占比较小。

2013～2017 年，河北省银行借款融资余额/总资产较前四年减少，在 2017 年有所上升，截至 2017 年底，河北省上市公司的银行借款融资余额/总资产的均值为 19.16%。河北省上市公司银行借款融资余额/总资产的均值为 2.21%，该指标在统计年度呈现前两年下降后三年上升的变化趋势。

从板块来看，2017 年，河北省上市公司银行借款融资余额最高的是深市 A 股市场，达 1182.59 亿元，占全国该板块上市公司银行借款融资余额的 5.08%，创业板的占比最少，仅为 0.67%。

河北省上市公司银行借款融资余额/总资产的比例指标中，截至 2017 年底，均值最高的为深市 A 股市场，占比为 26.37%，而在创业板市场当中，银行借款融资余额在总资产中所占比例最小，为 10.85%。

从行业来看，截至 2017 年底，河北上市公司存在银行借款融资余额的行业有采矿业，电力、热力、燃气及水生产和供应业等 10 个行业。其中银行借款融资余额最多的为制造业，达到了 1470.10 亿元；金融业和信息传输、软件和信息技术服务业的银行借款融资余额仍然很少；综合类行业在近 5 年，首次出现银行借款融资方式，但是数量较少，仅为 1.00 亿元，仅占全国该行业上市公司银行借款融资余额的 0.33%。

截至 2017 年底，在制造业中，河北省上市公司银行借款融资余额/总资产均值最高的行业为电力、热力、燃气及水生产和供应业，为 33.22%；均值最低的行业为金融业，为 0.01%。

4. 商业信用融资规模

截至 2017 年底，河北省上市公司商业信用融资余额为 5535.64 亿元，占全国的比例为 3.07%。从环比增长率来看，近 5 年，河北省上市公司商业信用融资余额增长率均高于全国。除 2017 年河北省商业信用融资余额占总资产的比例较 2016 年出现下滑，2015 年全国商业信用融资余额占总资产的比例也出现略微下降外，2013～2017 年，河北省和全国上市公司商业信用融资余额占总资产的比例总体呈现上升趋势。在本年商业信用融资净额占总资产的比例中，2016 年河北省上市公司本年商业信用融资净额占总资产的比例最高，为 8.82%。

截至 2017 年底，河北省上市公司在沪市 A 股市场商业信用融资余额最高，创业板最低。河北省上市公司商业信用融资余额占全国的比例，中小板所占比例最高，创业板最低。从近 5 年的变化趋势来看，河北省上市公司在创业板市场商业信用融资余额占全国的比例比较稳定，除 2015 年的中小板市场和沪市 A 股市场呈上升趋势，深市 A 股呈下降趋势。2017 年，河北省上市公司在中小板市场融资余额占总资产的比例最高，创业板市场最低。截至 2017 年底，河北省上市公司在沪市 A 股市场商业信用融资余额占总资产比例的均值最高，创业板市场最低。2013～2017 年，河北省上市公司商业信用融资余额占总资产的比例在创业板市场中呈现上升趋势；2013～2015 年，在沪市 A 股市场和深市 A 股市场均呈现上升趋势，2016 年和 2017 年均出现连续下降的趋势；在中小板市场呈现"V"形发展趋势。

在河北省上市公司中，商业信用融资余额最多的是房地产业，其次是制造业；商业信用融资额最低的是综合类行业。河北省商业信用融资额占全国商业信用融资额比例最高的是房地产业，其次是制造业，占比最低的是金融业。截至 2017 年底，批发和零售业河北省商业信用融资余额占总资产均值最高，金融业最低。除 2015 年外，2013~2017 年采矿业河北省商业信用融资余额占总资产的比例总体呈现下降趋势；除 2016 年外，电力、热力、燃气及水生产和供应业的比例呈现下降趋势；房地产业的比例呈现波动变化趋势；2014 年交通运输、仓储和邮政业的比例出现近五年的最高值后，呈下降趋势；农林牧渔业的比例呈现波动上升趋势；批发和零售业的比例整体呈现波动下降趋势；制造业的比例小幅增长，后两年出现连续的小幅度下降；综合类行业的比例呈现波动变化趋势。

5. 自我积累融资规模

2017 年河北省上市公司自我积累融资余额较 2013 年累计增长率是 112.70%，全国上市公司的累计增长率是 91.54%，河北省上市公司自我积累增长高于全国水平。2013~2017 年环比增长率指标上也反映了河北省的环比增长率总体高于全国的环比增长率。河北省上市公司自我积累融资余额占全国的比例保持在 1.00% 左右。

2013~2017 年，河北省上市公司自我积累融资余额占总资产的比例呈现波动变化趋势；除 2016 年外，全国上市公司自我积累融资余额占总资产的比例总体呈现上升趋势。河北省近五年本年自我积累融资净额占总资产的比例的指标中，2016 年河北省上市公司自我积累融资净额占总资产比例最高，而全国本年自我积累融资净额占总资产的比例在 2017 年最高。

截至 2017 年底，通过自我积累融资余额最多的市场板块是沪市 A 股市场，其次是深市 A 股市场，创业板市场自我积累融资余额最少。河北省上市公司自我积累融资余额占全国比例最高的是深市 A 股市场，其次是中小板市场，最低的是沪市 A 股市场。从时间序列上来看，最近 5 年，深市 A 股市场的河北省上市公司自我积累融资余额占全国的比例呈下降趋势，沪市 A 股市场河北省上市公司自我积累融资余额占全国的比例呈波动变化趋势，2017 年为最高点，而创业板市场和中小板市场则呈现先上升再下降的变化趋势，创业板市场在 2015 年为最高点，而中小板市场则在 2014 年为最高点。

2017 年，创业板市场河北省上市公司自我积累融资余额占总资产最高，深市 A 股市场最低。创业板市场全国上市公司自我积累融资余额占总资产也最高，而沪市 A 股市场则最低。创业板市场河北省上市公司自我积累融资余额占总资产均值最高，深市 A 股市场最低。创业板市场全国上市公司自我积累融资余额占总资产均值最高，沪市 A 股市场最低。2013~2017 年，在中小板市场，河北省自我积累融资余额占总资产的比例总体均呈现下降趋势；在创业板市场，河北省自我积累融资余额占总资产的比例呈现上升趋势，除 2013 年外，全国自我积累融资余额占总资产的比例呈现下降趋势；在沪市 A 股市场，除 2013 年外，河北省自我积累融资余额占总资产的比例呈现下降趋势，全国上市公司融资余额占总资产的比例呈现上升趋势；深市 A 股市场，无明显趋势。

分行业来看，截至 2017 年底，河北省上市公司自我积累融资余额占全国的比例较高的行业是房地产业和制造业，分别是 5.32% 和 2.98%。比例最低的是综合类行业，占比为 -1.30%。2013~2017 年，尤其是综合类行业在 5 个年份都是负值，说明该行业自我积累资金的能力非常低。在 2013~2017 年，交通运输、仓储和邮政业的河北省上市公司自我积累融资余额占全国的比例逐年上升。综合类行业在近五年中一直处于波动状态。房地产业在 5 年内占比均为正值的行业中，上升幅度最大，除 2015 年外，房地产业占比一直处于上升趋势，2017 年上升到 5.32%；批发和零售业、制造业的变化趋势比较平稳。

截至 2017 年底，信息传输、软件和信息技术服务业河北省自我积累融资余额占总资产均值最高，为 26.77%；综合类行业最低，为 -84.02%。全国采矿业自我积累融资余额占总资产均值最高，为 29.53%；房地产业最低，为 10.15%。2013~2017 年河北省批发和零售业、制造业的自我积累融资余额占总资产比例呈现上升趋势；河北省房地产业的自我积累融资余额占总资产比例呈现下降趋势。全国金融业的自我积累融资余额占总资产比例呈现上升趋势；全国采矿业的自我积累融资余额占总资产比例呈现下降趋势。

（二）河北省上市公司资本结构

1.河北省与全国上市公司资本结构对比

截至 2017 年底，河北省和全国上市公司的资产负债率和长期资本资产率变动不大，河北省上市公司资产负债率平均水平低于全国平均水平，河北省上市公司平均长期资本资产率高于全国平均水平，从资本的来源与构成来看，河北省上市公司更倾向于所有者投入资本和长期资本。从河北省上市公司和全国上市公司的留存收益率变动情况可以看出，河北省与全国上市公司把绝大多数的收益留在了公司内部。河北省与全国资本结构指标相差最多是产权比率，均值分别是208.09%和555.40%，相差347.31%，说明河北省上市公司中股东对债权人利益的保障程度要好于全国水平；河北省和全国上市公司流动比率均值分别是112.35%和118.57%，河北省比全国低6.22%，说明河北省上市公司的财务风险高于全国上市公司财务风险的平均水平。

2. 河北省与全国上市公司不同板块资本结构对比

在资产负债率的指标中，截至2017年底，河北省上市公司在沪深两市及中小板市场上水平相当，其均值维持在65.00%～72.00%，其中在沪市A股市场最高，均值达到68.80%，创业板市场最低，均值为22.14%；从全国来看，全国上市公司在沪市A股市场的均值为86.85%，在深市A股市场的均值为72.76%，在创业板市场的均值为37.00%，在中小板市场的均值为57.37%，仍然是沪市A股市场最高，创业板市场最低。河北省上市公司在沪市A股市场、深市A股市场和创业板市场的均值均低于全国上市公司，在中小板市场的均值高于全国上市公司。

在长期资本资产率的指标中，截至2017年底，河北省上市公司在创业板市场的均值为80.24%；在沪市A股市场的均值为44.75%；在深市A股市场的均值为50.40%；在中小板市场的均值为45.42%。其中，创业板最高，沪市A股市场最低。全国上市公司在创业板市场的均值为69.76%；在沪市A股市场的均值为16.56%；在深市A股市场的均值为40.10%；在中小板的均值为50.29%。其中，创业板市场最高，沪市A股市场最低。河北省上市公司在创业板、沪市A股市场和深市A股市场的均值均高于全国上市公司，在中小板市场的均值低于全国上市公司。

在留存收益率的指标中，截至2017年底，河北省上市公司在创业板市场的均值为65.43%；在沪市A股市场的均值为73.27%；在深市A股市场的均值为70.82%；在中小板市场的均值为74.22%。其中，中小板市场最高，创业板市场最低。全国上市公司在创业板市场的均值为74.00%；在沪市A股市场的均值为70.33%；在深市A股市场的均值为74.14%；在中小板市场的均值为68.40%。其中，深市A股市场最高，中小板市场最低。河北省上市公司在创业板市场和深市A股市场的留存收益均值低于全国上市公司，在沪市 A 股市场和中小板市场的留存收益均值均高于全国上市公司。

在产权比率的指标中，截至 2017 年底，河北省上市公司在沪市 A 股市场的均值为 229.36%；在深市 A 股市场的均值为 225.01%；在创业板市场的均值为 32.37%；在中小板市场的均值为 287.65%。其中，中小板最高，创业板市场最低。全国上市公司在沪市 A 股市场的均值为 660.35%，在深市 A 股市场的均值为 267.17%，在创业板市场的均值为 58.72%，在中小板市场的均值为 134.56%。其中，沪市 A 股市场最高，创业板市场最低。河北省上市公司在深市 A 股市场、创业板市场的产权比率的均值略低于全国上市公司，在沪市 A 股市场的均值远低于全国上市公司，而在中小板市场则高于全国上市公司。

在流动比率的指标中，截至 2017 年底，河北省上市公司在沪市 A 股市场的均值为 125.21%；在深市 A 股市场的均值为 73.74%；在创业板市场的均值为 320.86%；在中小板市场的均值为 160.02%。其中，创业板市场最高，深市 A 股市场最低。全国上市公司在沪市 A 股市场的均值为 111.11%，在深市 A 股市场的均值为 122.19%，在创业板的均值为 192.81%，在中小板的均值为 149.72%。其中，创业板市场最高，沪市 A 股市场最低。河北省上市公司在沪市 A 股市场、中小板市场的均值略均高于全国上市公司，在创业板市场的均值远高于全国上市公司，而在深市 A 股市场则低于全国上市公司。

3. 河北省与全国上市公司不同行业资本结构对比

在资产负债率的指标中，截至 2017 年底，河北省上市公司在采矿业的均值为 52.04%；在电力、热力、燃气及水生产和供应业的均值为 57.80%；在房地产业的均值为 82.89%；在交通运输、仓储和邮政业的均值为 36.60%；在金融业的均值为 36.60%；在农林牧渔业的均值为 25.17%；在批发和零售业的均值为 79.21%；在信息传输、软件和信息技术服务业的均值为 17.66%；在制造业的均值为 61.14 %；在综合类行业的均值为 26.05%。其中，房地产业最高，信息传输、软件和信息技术服务业最低。全国上市公司在采矿业的均值为 48.31%，在电力、热力、燃气及水生产和供应业的均值为 64.92%，在房地产业的均值为 76.98%，在交通运输、仓储和邮政业的均值为 55.64%，在金融业的均值为 92.14%，在农林牧渔业的均值为 43.65 %，在批发和零售业的均值为 63.82%，在信息传输、软件和信息技术服务业的均值为 47.03%，在制造业的均值为 54.65%，在综合类行业的均值为 51.67%。其中，金融业最高，农林牧渔业最低。河北省上市公司在采矿业、房地产业、批发和零售业以及制造业的均值均高于全国上市公司，在电力、热力、燃气及水生产和供应业，交通运输、仓储和邮政业，金融，农林牧渔业，信息传输、软件和信息技术服务业和综合类行业的均值均低于全国上市公司。

在长期资本资产率的指标中，截至 2017 年底，河北省上市公司在采矿业的均值为 66.36%；在电力、热力、燃气及水生产和供应业的均值为 72.58%；在房地产业的均值为 36.11%；在交通运输、仓储和邮政业的均值为 78.78%；在金融业的均值为 50.26%；在农林牧渔业的均值为 74.92%；在批发和零售业的均值为 25.92%；在信息传输、软件和信息技术服务业的均值为 79.69%；在制造业的均值为 51.70%；在综合类行业的均值为 83.73%。其中，综合业最高，批发和零售业最低。全国上市公司在采矿业的均值为 70.59%，在电力、热力、燃气及水生产和供应业的均值为 72.49%，在房地产业的均值为 46.98%，在交通运输、仓储和邮政业的均值为 74.26%，在金融业的均值为 7.94%，在农林牧渔业的均值为 65.58%，在批发和零售业的均值为 46.19%，在信息传输、软件和信息技术服务业的均值为 58.94%，在制造业的均值为 56.36%，在综合类行业的均值为 62.95%。其中，交通运输、仓储和邮政业最高，金融业最低。河北省上市公司在电力、热力、燃气及水生产和供应业，交通运输、仓储和邮政业，金融业，农林牧渔业，信息传输、软件和信息技术服务业以及综合类行业的均值均高于全国上市公司，在采矿业、房地产业、批发和零售业以及制造业的均值低于全国上市公司。

在留存收益率的指标中，截至 2017 年底，河北省上市公司在创业板市场的均值为 65.43%；在沪市 A 股市场的均值为 73.27%；在深市 A 股市场的均值为 70.82%；在中小板市场的均值为 74.22%。其中，中小板市场最高，创业板市场最低。全国上市公司在创业板市场的均值为 74.00%；在沪市 A 股市场的均值为 70.33%；在深市 A 股市场的均值为 74.14%；在中小板市场的均值为 68.40%。其中，深市 A 股市场最高，中小板市场最低。河北省上市公司在创业板市场和深市 A 股市场的留存收益均值低于全国上市公司，在沪市 A 股市场和中小板市场的留存收益均值均高于全国上市公司。

在产权比率的指标中，截至 2017 年底，河北省上市公司在采矿业的均值为 108.51%；在电力、热力、燃气及水生产和供应业的均值为 136.99%；在房地产业的均值为 484.37%；在交通运输、仓储和邮政业的均值为 57.73%；在金融业的均值为 124.64%；在农林牧渔业的均值为 33.64%；在批发和零售业的均值为 381.03%；在信息传输、软件和信息技术服务业的均值为 21.45%；在制造业的均值为 157.36%；在综合类行业的均值为 35.22%。其中，房地产业最高，信息传输、软件和信息技术服务业最低。全国上市公司在采矿业的均值为 93.47%，在电力、热力、燃气及水生产和供应业的均值为 185.06%，在房地产业的均值为 334.44%，在交通运输、仓储和邮政业的均值为 125.44%，在金融业的均值为 1172.59%，在农林牧渔业的均值为 77.48%，在批发和零售业的均值为 176.37%，在信息传输、软件和信息技术服务业的均值为 88.80%，在制造业的均值为 120.49%，在综合类行业的均值为 106.93%。河北省上市公司在采矿业、房地产业、批发和零售业以及制造业均值均高于全国上市公司，而在电力、热力、燃气及水生产和供应业，交通运输、仓储和邮政业，农林牧渔业和综合类行业，以及金融业和信息传输、软件和信息技术服务业的均值低于全国上市公司，其中在金融业差距最大。

在流动比率的指标中，截至 2017 年底，河北省上市公司在采矿业的均值为 108.23%；在电力、热力、燃气及水生产和供应业的均值为 62.10%；在房地产业的均值为 145.74%；在交通运输、仓储和邮政业的均值为 101.90%；在金融业的均值为 162.20%；在农林牧渔业的均值为 226.81%；在批发和零售业的均值为 98.28%；在信息传输、软件和信息技术服务业的均值为 226.90%；在制造业的均值为 90.80%；在综合类行业的均值为 291.64%。其中，综合类行业最高，电力、热力、燃气及水生产和供应业最低。全国上市公司在采矿业的均值为 80.92%，在电力、热力、燃气及水生产和供应业的均值为 51.01%，在房地产业的均值为 160.78%，在交通运输、仓储和邮政业的均值为 81.40%，在金融业的均值为 101.40%，在农林牧渔业的均值为 140.96%，在批发和零售业的均值为 120.24%，在信息传输、软件和信息技术服务业的均值为 87.98%，在制造业的均值为 122.94%，在综合类行业的均值为 134.63%。其中，房地产业最高，电力、热力、燃气及水生产和供应业最低。河北省上市公司在采矿业，电力、热力、燃气及水生产和供应业，交通运输、仓储和邮政业，金融业，农林牧渔业，信息传输、软件和信息技术服务业和综合类行业均值均高于全国上市公司，其中在综合类行业差距最大，而在房地产业、批发和零售业和制造业的均值低于全国上市公司。

分报告二
河北省上市公司投资发展报告

河北省上市公司投资发展报告以 2013～2017 年数据为基础，首先分析河北省总的投资情况，然后分析了 2013～2017 年河北省上市公司的内部长期资产投资，包括企业购买固定资产和无形资产等长期资产的内部投资，不包括企业的流动资产投资，最后分析了 2013～2017 年河北省上市公司的对外投资，包括企业购买股票、债券、基金等形式的对外金融资产投资以及企业在并购过程中的商誉情况。

一　河北省上市公司投资情况总体分析

河北省上市公司投资情况总体分析主要介绍上市公司投资活动支出情况，特别是企业运用现金购建固定资产、无形资产和其他长期资产的情况，从总体情况、行业分布、板块分布和企业性质等角度，比较分析河北省和全国上市公司的长期资产投资支出的总体规模和投资支出相对于企业规模的比重。

（一）河北省上市公司投资总体状况

1. 投资支出总体状况

表 2－1 呈现的是 2013～2017 年河北省与全国 A 股市场上市公司长期资产投资支出规模。从表 2－1 可以看出，2013～2017 年河北省和全国上市公司用于长期资产投资的平均规模分别为 7.69 亿元和 6.94 亿元，河北省上市公司高于全国平均水平 10.81%，河北省和全国长期资产投资占企业总资产的比重分别为 4.52% 和 4.67%。

表 2 - 1 2013 ～2017 年河北省与全国 A 股市场上市公司长期投资支出规模

单位：亿元，%

年份	河北省		全国	
	投资支出规模	投资支出比重	投资支出规模	投资支出比重
2013	9.10	6.55	7.57	5.65
2014	7.32	5.50	7.24	4.95
2015	6.89	4.42	6.88	4.41
2016	7.00	3.08	6.55	4.19
2017	8.17	3.33	6.65	4.40
平均	7.69	4.52	6.94	4.67

图 2 - 1 呈现的是 2013 ～2017 年河北省和全国上市公司长期投资支出规模。河北省上市公司的长期资产投资支出规模整体高于全国平均水平，总体呈现"U"形趋势，2013 ～2015 年下降，2016 ～2017 年上升，2013 ～2015 年河北省的长期资产投资支出规模的下降速度高于全国的趋势得到扭转，河北省上市公司的长期资产投资支出规模在 2017 年出现较大幅度上升。

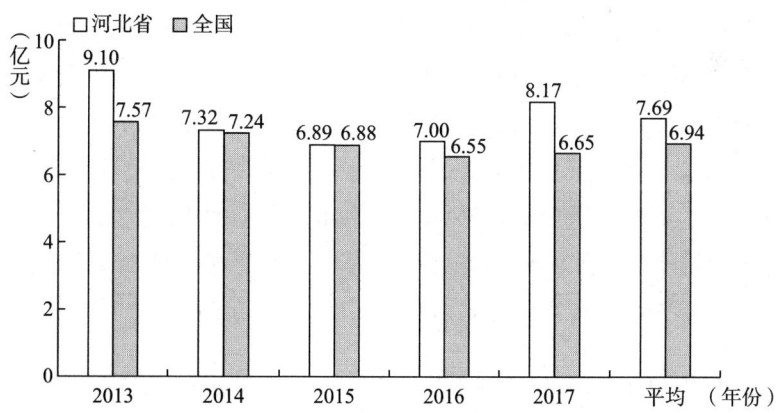

图 2 - 1 2013 ～2017 年河北省和全国上市公司长期投资支出规模

图 2 - 2 呈现的是 2013 ～2017 年河北省和全国上市公司长期资产投资支出占企业总资产的比重。2013 ～2016 年全国上市公司长期资产投资支出占总资产的比重呈现总体下降趋势，河北省上市公司投资支出比重的下降速度相对于全国上市公司下降速度更快，河北省长期投资支出占总资产的比

重从 2013 年占总资产的 6.55% 下降到 2016 年的 3.08%，2017 年长期资产投资支出占总资产的比重呈现上升态势，五年间河北省上市公司长期资产投资支出比重平均为 4.52%，低于全国 4.67% 的平均水平，特别是 2016 年和 2017 年河北省上市公司长期资产投资占总资产的比重均低于全国上市公司的平均水平 1 个百分点以上。

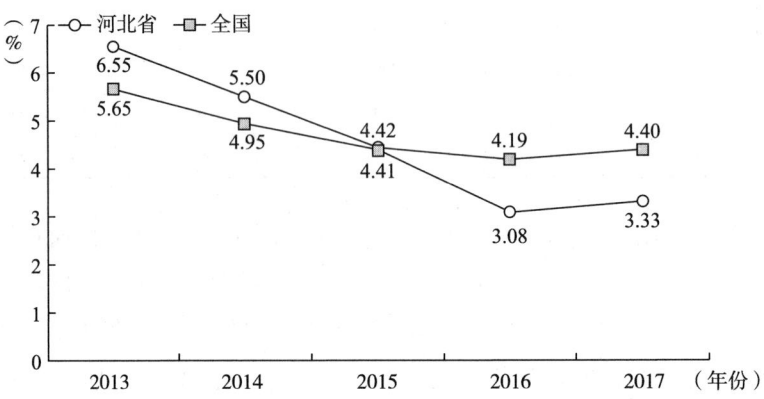

图 2-2　2013~2017 年河北省和全国上市公司长期资产投资比重

2. 河北省上市公司投资支出分行业情况

表 2-2 呈现的是 2013~2017 年河北省和全国上市公司分行业长期资产投资占企业总资产比重。分行业和年度来看，相对于全国上市公司，河北省上市公司长期资产投资支出占总资产比重总体低于全国平均水平，不同行业的差别较大，投资比重较高的行业主要分布在农林牧渔业，电力、热力、燃气及水生产和供应业，其他行业上市公司长期投资占总资产的比重全部低于全国平均水平。除房地产业、综合类行业的投资比重一直低于全国平均水平外，河北省其他行业的投资支出比重波动都比较大。

表 2-2　2013~2017 年河北省与全国上市公司分行业长期投资支出比重

单位：%

行业	区域	2013 年	2014 年	2015 年	2016 年	2017 年	平均
农林牧渔业	河北省	8.53	13.49	10.50	5.16	3.38	8.21
	全国	7.24	6.14	5.38	5.97	6.05	6.14
采矿业	河北省	5.70	3.76	2.74	1.43	4.41	3.61
	全国	6.33	5.75	4.45	3.37	3.96	4.73

行业	区域	2013 年	2014 年	2015 年	2016 年	2017 年	平均
制造业	河北省	7.26	5.63	4.73	3.18	3.03	4.68
	全国	6.15	5.34	4.76	4.46	4.78	5.03
电力、热力、燃气及水生产和供应业	河北省	5.11	6.86	8.26	8.28	14.53	8.61
	全国	6.56	6.09	6.54	6.95	6.73	6.58
批发和零售业	河北省	4.48	3.06	1.60	1.28	1.47	2.38
	全国	4.14	3.49	3.19	2.43	2.67	3.15
交通运输、仓储和邮政业	河北省	7.82	10.85	4.12	1.50	4.27	5.47
	全国	6.32	6.79	5.80	5.95	5.42	6.03
信息传输、软件和信息技术服务业	河北省	3.13	5.81	0.53	0.40	0.92	2.16
	全国	5.43	4.42	4.01	3.94	3.64	4.22
房地产业	河北省	0.61	0.45	0.39	0.79	0.77	0.60
	全国	1.20	1.04	1.02	1.07	1.03	1.07
科学研究和技术服务业	河北省	6.84	4.18	1.96	3.98	1.62	3.72
	全国	6.71	5.14	3.74	3.45	3.48	4.14
综合类行业	河北省	0.26	1.85	0.08	0.00	0.14	0.47
	全国	3.22	3.38	2.38	1.11	1.83	2.39
全部	河北省	6.55	5.50	4.42	3.08	3.33	4.52
	全国	5.65	4.95	4.41	4.19	4.40	4.67

　　表 2 - 3 呈现的是 2013～2017 年河北省和全国上市公司分行业长期资产投资规模。河北省上市公司制造业、房地产业以及批发和零售业的长期资产投资支出规模平均数明显高于全国平均水平，并且 2013～2017 年每个都高于全国平均水平，农林牧渔业，采矿业，电力、热力、燃气及水生产和供应业，交通运输、仓储和邮政业，信息传输、软件和信息技术服务业，科学研究和技术服务业，综合类行业的长期资产投资支出规模低于全国平均水平，除交通运输、仓储和邮政业外其他各行业 2013～2017 年每年的投资支出规模均低于全国平均水平。总体而言，河北省上市公司的长期资产投资支出规模为 7.69 亿元，高于全国上市公司 6.94 亿元的平均水平。

表 2 - 3   2013~2017 年河北省与全国上市公司分行业长期投资规模

单位：亿元

行业	区域	2013 年	2014 年	2015 年	2016 年	2017 年	平均
农林牧渔业	河北省	0.99	1.67	2.12	1.34	0.82	1.39
	全国	2.57	2.41	3.60	5.01	6.35	4.05
采矿业	河北省	16.10	14.40	9.65	5.31	8.48	10.80
	全国	92.70	83.30	61.60	48.40	53.30	67.20
制造业	河北省	9.45	7.18	6.86	6.79	7.40	7.51
	全国	3.94	3.73	3.78	3.55	3.92	3.78
电力、热力、燃气及水生产和供应业	河北省	7.31	6.50	16.10	14.20	17.80	12.40
	全国	18.80	17.80	21.10	22.10	21.30	20.30
批发和零售业	河北省	29.10	20.70	10.10	9.06	9.36	15.70
	全国	3.28	3.16	3.16	2.88	3.30	3.15
交通运输、仓储和邮政业	河北省	10.00	16.50	6.85	3.04	10.30	9.50
	全国	15.70	16.20	16.10	20.20	18.90	17.50
信息传输、软件和信息技术服务业	河北省	0.54	1.63	0.18	0.12	0.30	0.55
	全国	5.59	5.22	6.13	6.23	4.53	5.51
房地产业	河北省	4.33	4.88	6.29	19.50	26.80	12.40
	全国	1.77	2.67	2.96	3.83	5.25	3.31
科学研究和技术服务业	河北省	0.65	0.37	0.19	0.51	0.38	0.42
	全国	1.17	1.30	0.80	0.70	0.90	0.93
综合类行业	河北省	0.01	0.06	0.00	0.00	0.00	0.01
	全国	1.02	1.77	1.29	0.93	2.14	1.43
全部	河北省	9.10	7.32	6.89	7.00	8.17	7.69
	全国	7.57	7.24	6.88	6.55	6.65	6.94

3. 河北省制造业上市公司投资支出情况

表 2 - 4 呈现的是 2013~2017 年河北省和全国上市公司制造业内部各细分行业长期资产投资支出规模及其占企业总资产的比重。在皮革、毛皮、羽毛及其制品和制鞋业，橡胶和塑料制品业，黑色金属冶炼和压延加工业，汽车制造业，河北省上市公司的投资支出规模和投资支出占企业总资产的比重均高于全国平均水平。在农副食品加工业，酒、饮料和精制茶制造业，纺织业，化学原料和化学制品制造业，有色金属冶炼和压延加工业，通用

设备制造业，电气机械和器材制造业领域河北省上市公司长期资产的投资支出规模及其占企业总资产的比重均低于全国平均水平。由于河北省上市公司的平均规模高于全国同行业平均水平，在医药制造业，非金属矿物制品业，金属制品业和计算机、通信和其他电子设备制造业河北省上市公司投资支出规模高于全国同行业平均水平，但是投资支出占总资产的比重却低于全国同行业平均水平。从整体上来看，河北省上市公司长期资产投资支出规模高于全国平均水平，但是长期资产投资占企业总资产的比重低于全国平均水平，这和河北省上市公司的平均规模远高于全国上市公司平均规模一致。

表 2－4　2013～2017 年河北省和全国上市公司制造业长期投资支出规模及其占企业总资产比重

单位：亿元，%

细分行业	投资支出规模		投资支出比重	
	河北省	全国	河北省	全国
农副食品加工业	0.82	3.56	3.82	5.89
酒、饮料和精制茶制造业	0.48	3.11	2.09	3.89
纺织业	1.99	2.17	2.41	5.20
皮革、毛皮、羽毛及其制品和制鞋业	2.34	1.01	12.38	3.82
石油加工、炼焦和核燃料加工业	9.20	3.65	4.37	4.37
化学原料和化学制品制造业	2.10	3.51	4.34	5.57
医药制造业	3.02	2.39	5.40	5.54
橡胶和塑料制品业	2.76	2.22	9.35	5.82
非金属矿物制品业	7.70	4.35	2.19	5.36
黑色金属冶炼和压延加工业	112.00	22.80	6.26	3.34
有色金属冶炼和压延加工业	0.28	5.89	3.68	4.48
金属制品业	9.65	3.86	2.72	5.53
通用设备制造业	0.32	2.12	2.54	3.88
专用设备制造业	0.43	1.54	3.95	3.89
汽车制造业	35.60	8.34	7.80	5.58
铁路、船舶、航空航天和其他运输设备制造业	3.86	5.13	4.56	3.70
电气机械和器材制造业	1.07	2.57	3.80	4.34
计算机、通信和其他电子设备制造业	5.65	4.59	5.40	5.65
仪器仪表制造业	0.38	1.26	5.24	4.65
制造业平均	7.51	3.78	4.68	5.03

图2-3呈现的是2013～2017年河北省和全国制造业上市公司内部长期资产投资支出规模。河北省制造业上市公司在黑色金属冶炼和压延加工业，汽车制造业，金属制品业，石油加工、炼焦和核燃料加工业，非金属矿物制品业，计算机、通信和其他电子设备制造业，医药制造业，橡胶和塑料制品业，皮革、毛皮、羽毛及其制品和制鞋业领域的长期资产投资支出规模高于同行业全国平均水平。河北省制造业上市公司在铁路、船舶、航空航天和其他运输设备制造业，化学原料和化学制品制造业，纺织业，电气机械和器材制造业，农副食品加工业，酒、饮料和精制茶制造业，专用设备制造业，仪器仪表制造业，通用设备制造业，有色金属冶炼和压延加工业等领域的长期资产投资支出规模低于全国同行业平均水平。从总体上看，2013～2017年河北省制造业上市公司长期资产投资支出规模为7.51亿元，高于全国制造业上市公司3.78亿元的平均水平。

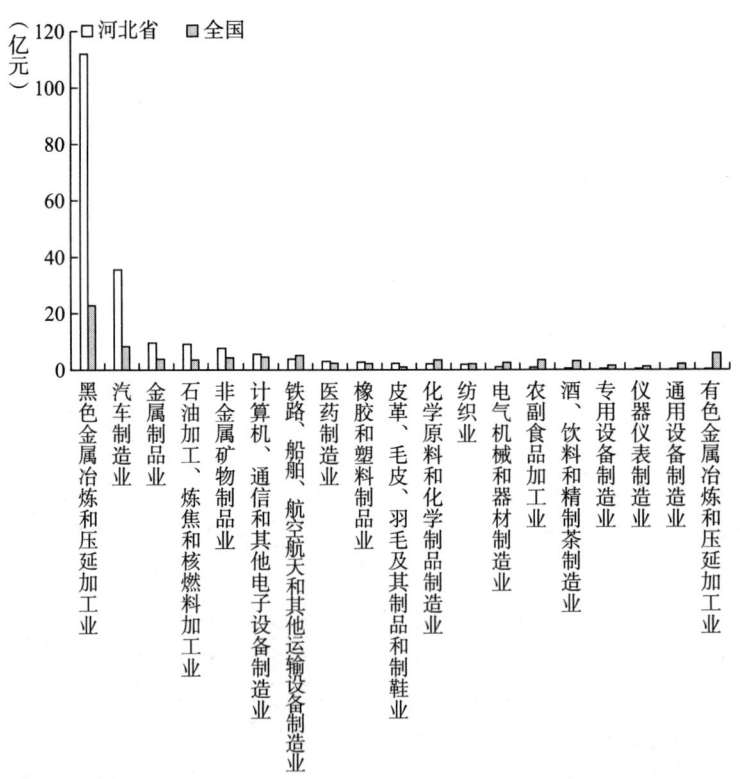

图2-3 2013～2017年河北省和全国上市公司制造业长期资产投资支出规模

图2-4呈现的是2013～2017年河北省和全国制造业内部长期资产投资

支出占企业总资产的比重。河北省制造业上市公司在皮革、毛皮、羽毛及其制品和制鞋业，橡胶和塑料制品业，汽车制造业，黑色金属冶炼和压延加工业，仪器仪表制造业，铁路、船舶、航空航天和其他运输设备制造业和专用设备制造业领域的投资支出比重高于全国上市公司同行业的平均水平。河北省制造业上市公司在医药制造业，计算机、通信和其他电子设备制造业，化学原料和化学制品制造业，农副食品加工业，电气机械和器材制造业，有色金属冶炼和压延加工业，金属制品业，通用设备制造业，纺织业，非金属矿物制品业，酒、饮料和精制茶制造业领域的长期资产投资支出比重低于全国平均水平。从总体上来看，河北省制造业上市公司长期资产投资支出比重为 4.68%，低于全国制造业上市公司 5.03% 的平均水平。

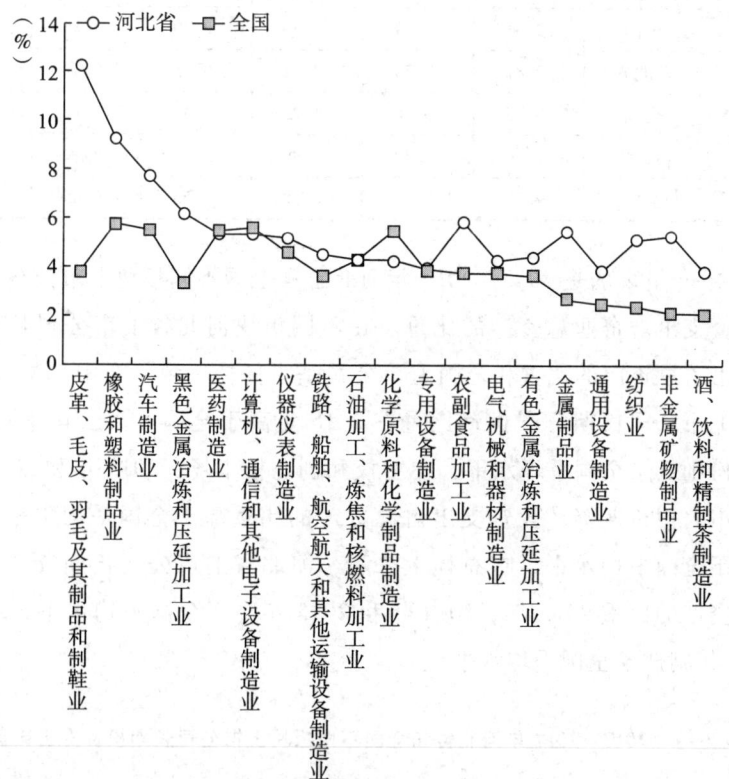

图 2 - 4　2013 ~ 2017 年河北省和全国制造业长期资产投资支出占企业总资产比重

4. 河北省上市公司投资支出分板块情况

表 2 - 5 呈现的是 2013 ~ 2017 年河北省和全国不同板块上市公司的长期资产投资支出规模。从总体上来看，河北省主板上市公司长期资产投资支

出平均规模高于全国同板块平均水平，2013～2017 年在中小板和创业板上市公司长期资产投资支出平均规模每年均低于全国平均水平。和企业规模一致，主板市场上市公司长期资产投资支出远高于中小板、创业板上市公司投资支出规模。

表 2 - 5　2013～2017 年河北省和全国不同板块上市公司长期投资支出规模

单位：亿元

板块	地区	2013 年	2014 年	2015 年	2016 年	2017 年	平均
主板	河北省	13.50	10.70	10.70	11.00	12.40	11.70
	全国	12.20	11.70	11.10	10.40	10.30	11.00
中小板	河北省	1.69	1.64	1.77	1.47	1.48	1.61
	全国	2.31	2.29	2.53	2.79	3.34	2.68
创业板	河北省	0.87	0.74	0.42	0.45	0.51	0.57
	全国	0.97	0.96	1.22	1.48	1.72	1.34
全部	河北省	9.10	7.32	6.89	7.00	8.17	7.69
	全国	7.57	7.24	6.88	6.55	6.65	6.94

　　表 2 - 6 呈现的是 2013～2017 年河北省和全国不同板块上市公司的长期资产投资支出占企业总资产的比重。在不同板块河北省上市公司长期资产投资支出占总资产的比重和全国上市公司基本保持一致，在中小板市场上，河北省上市公司长期资产投资比重在 2015 年高于全国上市公司平均水平，其他年份则低于全国平均水平，在主板和创业板市场，2013 年和 2014 年河北省上市公司长期资产投资支出占总资产的比重高于全国平均水平，后三年则低于全国平均水平，在总体上来看，河北省上市公司长期资产投资支出占总资产的比重 2013 年、2014 年和 2015 年高于全国平均水平，2016 年和 2017 年则低于全国平均水平。

表 2 - 6　2013～2017 年河北省和全国不同板块上市公司长期投资支出比重

单位：%

板块	地区	2013 年	2014 年	2015 年	2016 年	2017 年	平均
主板	河北省	5.94	5.14	3.71	2.61	3.71	4.21
	全国	4.62	4.34	3.89	3.78	4.11	4.13

板块	地区	2013 年	2014 年	2015 年	2016 年	2017 年	平均
中小板	河北省	6.52	4.97	6.58	3.95	2.63	4.93
	全国	6.77	5.71	5.13	4.65	4.75	5.35
创业板	河北省	9.19	7.81	4.41	3.63	2.72	5.15
	全国	7.23	5.70	4.83	4.64	4.69	5.24
全部	河北省	6.55	5.50	4.42	3.08	3.33	4.52
	全国	5.65	4.95	4.41	4.19	4.40	4.67

图 2-5 呈现的是 2013~2017 年河北省上市公司不同板块长期资产投资支出占总资产的比重。在创业板市场上，河北省上市公司长期资产投资支出比重总体呈现快速下降趋势，总体平均高于主板市场和中小板市场。在中小板市场上，河北省上市公司长期资产投资支出比重呈现"N"形下降趋势，2015 年最高。在主板市场上河北省上市公司长期资产投资支出比重总体呈现下降趋势，2017 年略有上升。

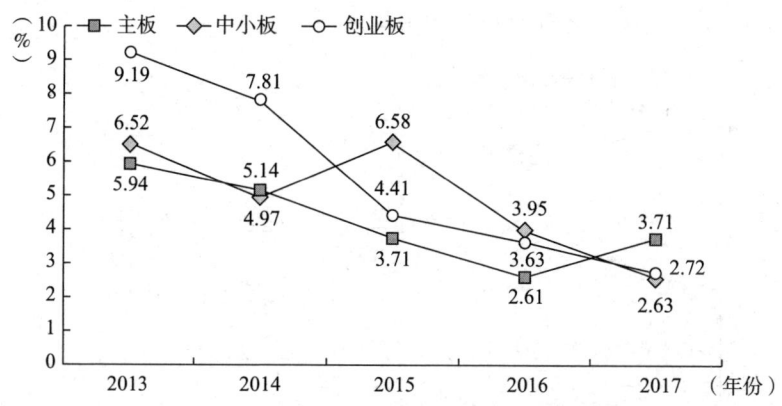

图 2-5　2013~2017 年河北省上市公司不同板块长期投资支出比重

（1）河北省主板市场上市公司投资支出情况

图 2-6 呈现的是 2013~2017 年河北省与全国主板市场上市公司长期资产投资支出规模。从总体上来看，河北省上市公司的长期资产投资支出规模的平均数略高于全国公司平均水平，但是从趋势上来看，河北省主板上市公司的长期资产投资支出规模呈现"U"形趋势，2013 年到 2014 年下降，2014 年、2015 年最低，2015 年到 2017 年上升。全国的平均水平呈现缓慢下降之势。

图 2-7 呈现的是 2013~2017 年河北省和全国主板市场上市公司长期资

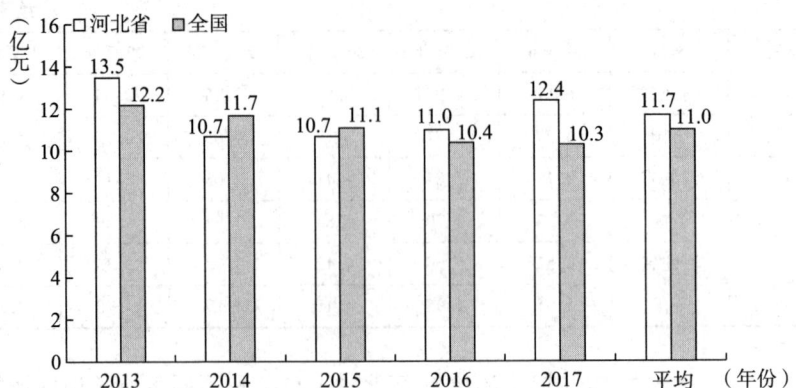

图 2 - 6　2013～2017 年河北省和全国主板市场上市公司长期投资支出规模

产投资支出占总资产比重。在主板市场上，和全国市场投资支出整体呈现下降趋势一样，2013～2017 年河北省上市公司长期资产投资占总资产的比重下降更快，从 2013 年最高 5.94%，到 2016 年 2.61%，2017 年有所回升达到 3.71%。河北省上市公司长期资产投资支出占总资产的比重五年平均水平为 4.21%，高于全国 4.13% 的平均水平。

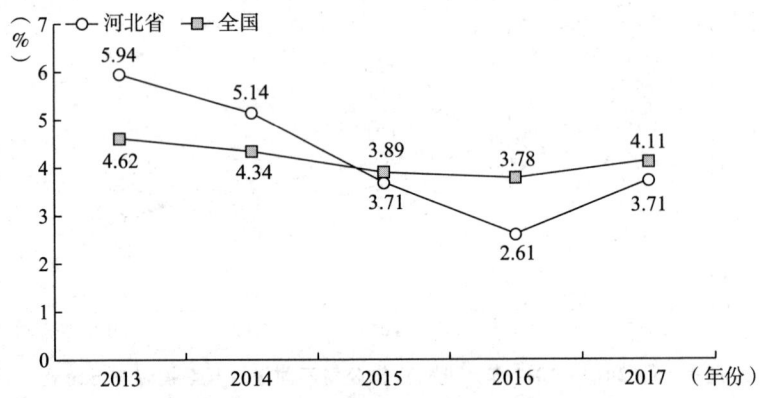

图 2 - 7　2013～2017 年河北省和全国主板市场上市公司长期投资支出占总资产比重

（2）河北省中小板市场上市公司投资支出情况

图 2 - 8 呈现的是 2013～2017 年河北省和全国中小板市场上市公司长期资产投资支出规模。从图中可以看出，中小板市场上河北省上市公司长期资产投资支出规模明显低于全国平均水平，仅为全国的 60.07%，和全国长期资产投资支出规模呈现总体上升趋势不同，河北省公司呈现波动震荡下降趋势，2017 年略有上升。

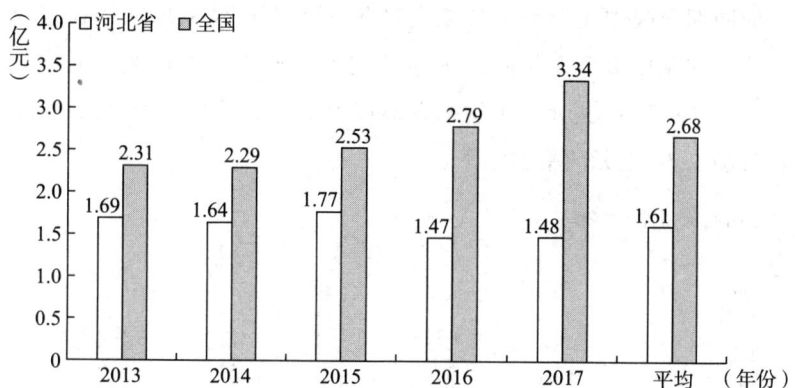

图 2 - 8　2013～2017 年河北省和全国中小板市场上市公司长期投资支出规模

　　图 2 - 9 呈现的是 2013～2017 年河北省和全国中小板市场上市公司长期资产投资支出占总资产比重。在中小板市场，和全国上市公司投资支出比重呈现整体下降趋势不同，2013～2017 年河北省上市公司长期资产投资支出占总资产的比重呈现"N"字形下降走势，2013 年长期资产投资支出占总资产的比重最高，2014 年下降，2015 年上升，2016 年和 2017 年连续下降，五年总体平均长期资产投资支出占总资产的比重河北省为 4.93%，低于全国 5.35% 的平均水平。

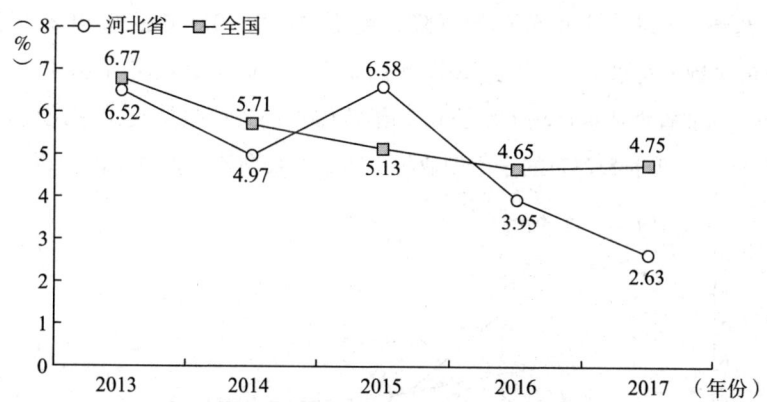

图 2 - 9　2013～2017 年河北省和全国中小板市场上市公司长期投资支出占总资产比重

　　（3）河北省创业板市场上市公司投资支出情况

　　图 2 - 10 呈现的是 2013～2017 年河北省和全国创业板上市公司长期资产投资支出规模。从图中可以看出，2013～2015 年创业板市场上河北省上市公司长期资产投资支出规模呈明显下降趋势，2016 年、2017 年略有小幅

回升，而同期全国创业板市场长期资产投资支出规模呈现总体稳定上升之势，河北省创业板市场 5 年间，每年长期资产投资支出规模均低于全国水平，5 年平均为 0.57 亿元，平均投资额仅为全国水平的 42.54%，低于全国创业板市场 1.34 亿元的平均水平。

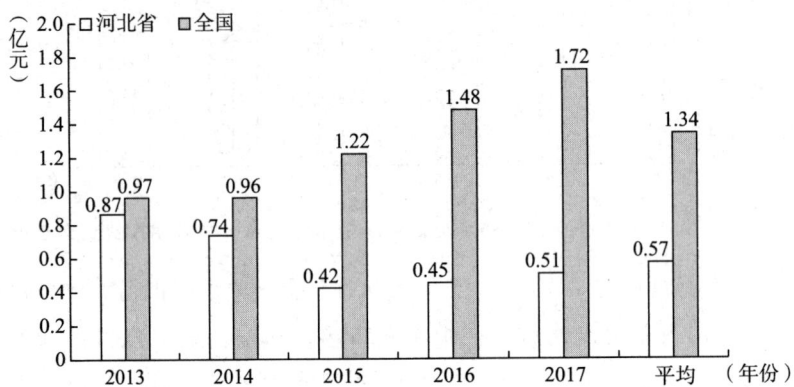

图 2 - 10　2013～2017 年河北省和全国创业板市场上市公司长期投资支出规模

图 2 - 11 呈现的是 2013～2017 年河北省和全国创业板市场上市公司长期资产投资支出占总资产比重。从图中可以看出，在创业板市场，2013～2017 年河北省上市公司和全国上市公司的长期资产投资支出占总资产的比重都呈现整体下降的趋势，河北省上市公司的下降速度更快，由 2013 年的 9.19，远高于 7.23% 的全国平均水平，下降到 2017 年的 2.72%，低于 2017 年 4.69% 的全国平均水平，河北省创业板市场上市公司五年整体长期资产投资支出占总资产的比重为 5.15%，低于 5.24% 的全国创业板上市公司长期资产投资支出比重。

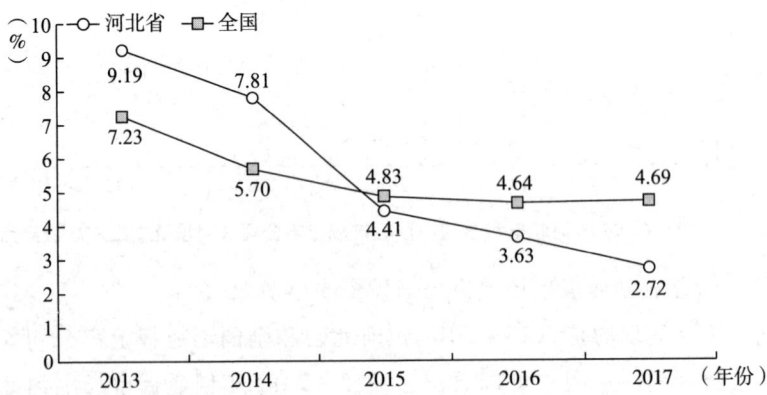

图 2 - 11　2013～2017 年河北省和全国创业板市场上市公司长期投资支出占总资产比重

5. 河北省不同性质企业投资情况

图 2 - 12 呈现的是 2013 ~ 2017 年河北省不同性质上市公司长期资产投资支出规模。不同性质的上市公司长期资产投资支出规模在数量和趋势上明显不同，河北省国有控股的上市公司长期资产投资支出规模明显高于民营控股的上市公司，国有控股上市公司的投资趋势总体呈现小幅下降趋势，2017 年出现大幅上升，民营控股的上市公司呈现波浪振动态势，外资上市公司总体投资支出规模偏小，并且呈现大幅下降趋势，河北省国有控股上市公司五年投资支出规模平均为 10.30 亿元，明显高于民营控股上市公司平均 5.63 亿元的平均水平，远高于外资上市公司 0.55 亿元的平均水平。

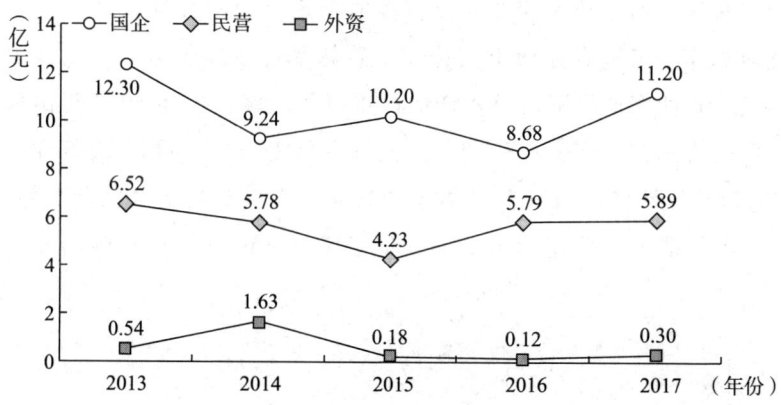

图 2 - 12　2013 ~ 2017 年河北省不同性质上市公司长期投资支出规模

表 2 - 7 呈现的是 2013 ~ 2017 年河北省和全国不同性质上市公司长期投资支出规模。从表中可以看出，河北省国有控股上市公司的长期资产投资支出规模低于全国国有控股上市公司平均水平，河北省外资控股上市公司长期资产投资支出规模低于全国同性质平均水平，但是规模相对较小，民营上市公司中，河北省上市公司长期资产投资支出规模高于全国民营控股上市公司长期资产投资支出规模。

表 2 - 7　2013 ~ 2017 年河北省和全国不同性质企业上市公司长期投资支出规模

单位：亿元

企业性质	地区	2013 年	2014 年	2015 年	2016 年	2017 年	平均
国企	河北省	12.30	9.24	10.20	8.68	11.20	10.30
	全国	15.80	15.30	14.70	13.90	14.70	14.90

企业性质	地区	2013 年	2014 年	2015 年	2016 年	2017 年	平均
民营	河北省	6.52	5.78	4.23	5.79	5.89	5.63
	全国	2.18	2.23	2.46	2.87	3.10	2.63
外资	河北省	0.54	1.63	0.18	0.12	0.30	0.55
	全国	2.47	2.65	2.25	2.26	2.92	2.53
全部	河北省	9.10	7.32	6.89	7.00	8.17	7.69
	全国	7.57	7.24	6.88	6.55	6.65	6.94

图 2－13 呈现的是 2013～2017 年河北省不同性质上市公司长期资产投资支出占总资产的比重。河北省民营控股上市公司的长期资产投资占总资产的比重总体高于国有控股上市公司，总体呈现下降趋势。河北省国有控股上市公司长期资产投资占总资产的比重逐年下降，但在 2018 年出现上升势头。河北省民营上市公司长期资产投资占总资产的比重在 2015 年、2016年和 2017 年不到 1%。5 年间总体平均长期资产投资支出占总资产的比重，河北省国有控股上市公司为 4.24%，低于民营上市公司 4.86% 的总体平均水平。

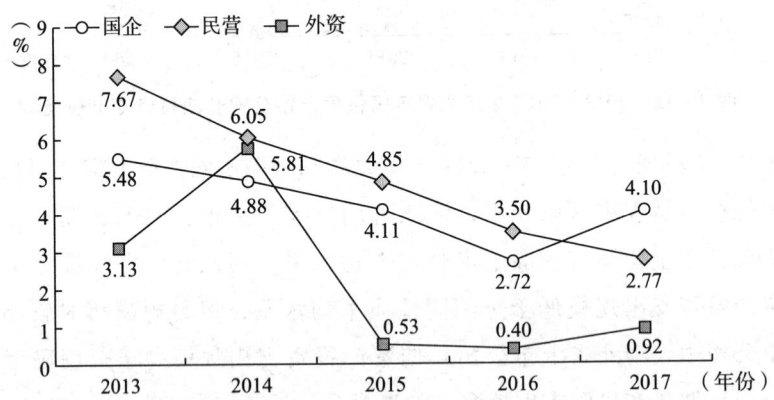

图 2－13　2013～2017 年河北省不同性质上市公司长期投资支出占总资产比重

表 2－8 呈现的是 2013～2017 年河北省和全国不同性质上市公司投资支出占总资产的比重。从表中可以看出，河北省国有控股长期资产投资支出比重高于全国国有控股上市公司平均水平，但是河北省外资控股上市公司长期资产投资支出比重低于全国外资控股上市公司长期资产投资比重，河北省民营控股上市公司长期资产投资占总资产的比重呈现逐年下降趋势，

从 2013 年、2014 年、2015 年的高于全国同年份民营控股上市公司投资比重到 2016 年、2017 年低于全国同年份民营控股上市公司投资比重，河北省民营上市公司长期资产投资比重下降较快。

表 2 - 8　2013～2017 年河北省和全国不同性质企业上市公司长期投资支出比重

单位：%

企业性质	地区	2013	2014	2015	2016	2017	平均
国企	河北省	5.48	4.88	4.11	2.72	4.10	4.24
	全国	4.93	4.46	3.84	3.72	3.66	4.11
民营	河北省	7.67	6.05	4.85	3.50	2.77	4.86
	全国	6.16	5.27	4.74	4.45	4.70	4.99
外资	河北省	3.13	5.81	0.53	0.40	0.92	2.16
	全国	5.36	5.10	4.57	4.09	5.22	4.85
全部	河北省	6.55	5.50	4.42	3.08	3.33	4.52
	全国	5.65	4.95	4.41	4.19	4.40	4.67

（1）河北省国有控股上市公司投资支出情况

图 2 - 14 呈现的是 2013～2017 年河北省和全国国有控股上市公司长期资产投资支出规模。从表中可以看出，河北省国有控股上市公司五年平均投资支出规模是 10.30 亿元，低于全国平均水平，仅为全国平均水平的 69.13%，在发展趋势上，全国国有控股上市公司保持总体稳定，河北省国有控股上市公司长期资产投资规模波动较大。

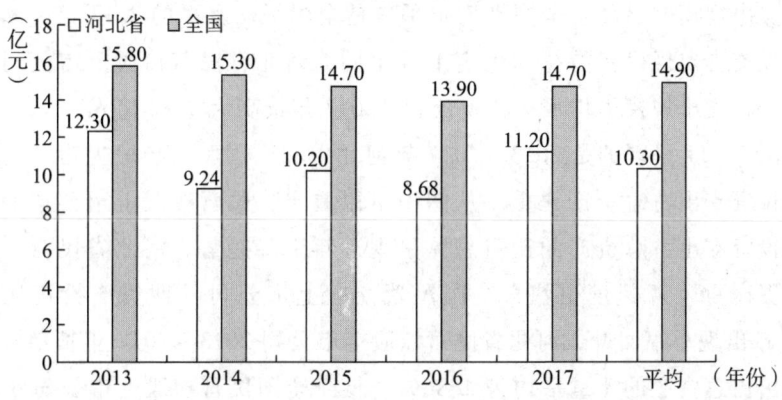

图 2 - 14　2013～2017 年河北省和全国国有控股上市公司长期投资支出规模

图 2 - 15 呈现的是 2013 ~ 2017 年河北省和全国国有控股上市公司长期资产投资支出占总资产比重。从图中可以看出，2013 年到 2016 年，和全国国有控股上市公司长期资产投资支出比重发展趋势一致，河北省国有控股上市公司的长期资产投资支出占总资产的比重呈现逐年下降趋势，并且下降速度明显快于全国平均水平，2017 年河北省国有控股上市公司长期资产投资占总资产的比重出现上升。从总体上来看，河北省国有控股上市公司五年长期资产投资支出占总资产的比重为 4.24%，高于全国国有控股上市公司 4.11% 的平均投资水平。

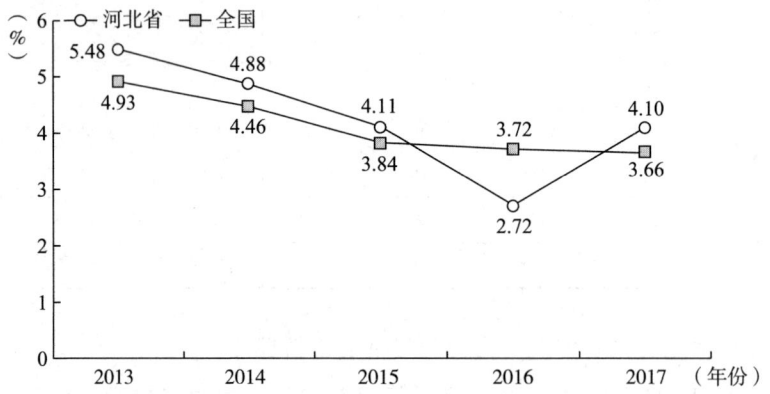

图 2 - 15　2013 ~ 2017 年河北省和全国国有控股上市公司长期投资支出占总资产比重

（2）河北省民营控股上市公司投资支出情况

图 2 - 16 呈现的是 2013 ~ 2017 年河北省和全国民营控股上市公司长期资产投资支出规模。从表中可以看出，河北省民营控股上市公司长期资产投资支出规模明显高于全国平均水平，是全国平均水平的 2.14 倍，和全国平均投资支出规模保持持续稳定上升不同，河北省民营控股上市公司长期资产投资支出规模平均水平波动较大，2013 年最高为 6.52 亿元。

图 2 - 17 呈现的是 2013 ~ 2017 年河北省和全国民营控股上市公司长期资产投资支出占总资产比重。从图中可以看出，民营控股上市公司的长期资产投资支出占总资产的比重总体呈现逐年下降趋势，河北省民营上市公司投资比重下降速度更快，全国民营控股上市公司长期资产投资比重在 2017 年出现小幅回升，河北省民营控股上市公司 2013 ~ 2017 年长期资产投资支出占总资产的比重平均为 4.86%，低于全国民营控股上市公司 4.99% 的平均水平。

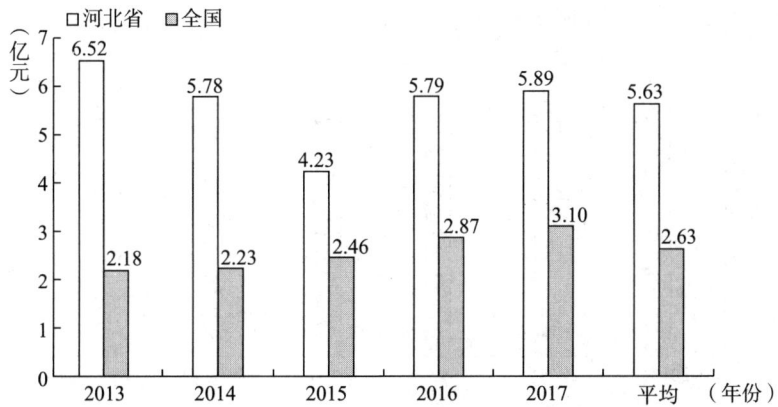

图 2-16 2013～2017 年河北省和全国民营控股上市公司长期投资支出规模

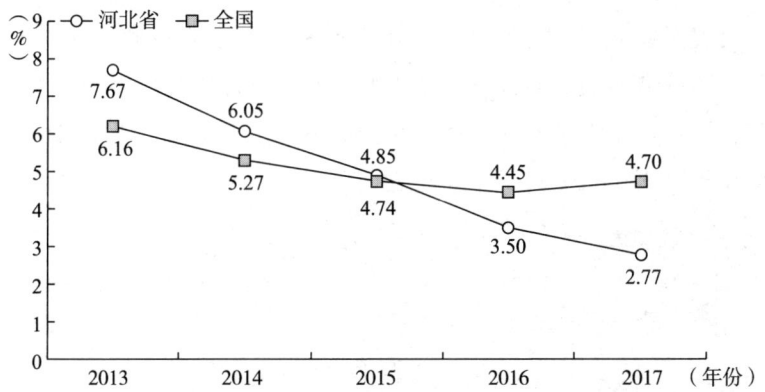

图 2-17 2013～2017 年河北省和全国民营控股上市公司长期投资支出占总资产比重

（3）河北省外资控股上市公司投资支出情况

图 2-18 呈现的是 2013～2017 年河北省和全国外资控股上市公司长期资产投资支出规模。从表中可以看出，河北省外资控股上市公司长期资产投资支出规模明显低于全国平均水平，仅为全国平均水平的 21.74%，和全国平均投资支出规模呈现小幅波动不同，河北省外资控股上市公司长期资产投资支出规模平均水平波动较大，2014 年最高为 1.63 亿元，之后急剧下降，2017 年略有回升。

图 2-19 呈现的是 2013～2017 年河北省和全国外资控股上市公司长期资产投资支出占总资产比重。从图中可以看出，2013 年到 2016 年，全国外资控股上市公司呈现逐年下降趋势，2017 年长期资产投资比重出现较大幅

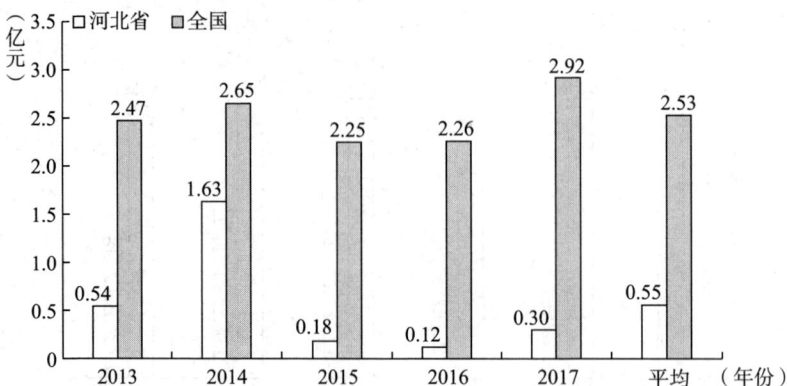

图 2－18　2013～2017 年河北省和全国外资控股上市公司长期投资支出规模

度上升，河北省外资控股上市公司的长期资产投资支出占总资产的比重2014 年出现大幅度上升，达到最高比重 5.81%，之后急剧下降，2015 年、2016 年、2017 年投资比重在低水平徘徊。河北省外资控股上市公司 2013～2017 年长期资产投资支出占总资产的比重平均为 2.16%，远低于于全国外资控股上市公司 4.85% 的平均水平。

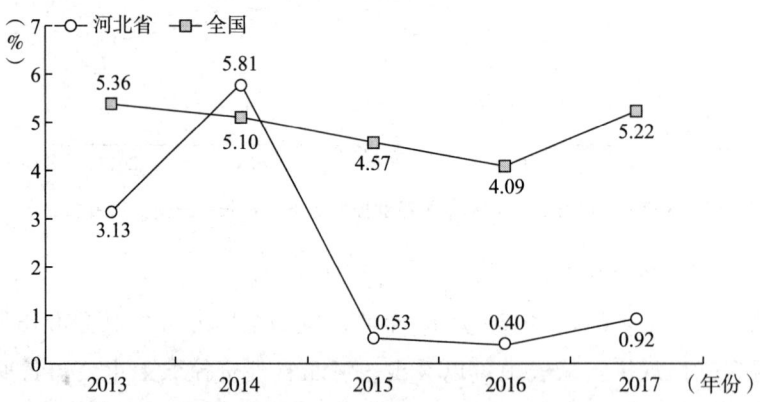

图 2－19　2013～2017 年河北省和全国外资控股上市公司长期投资支出占总资产比重

（二）2017年河北省上市公司投资状况

2017 年河北省上市公司长期资产投资支出规模平均为 8.17 亿元，高于全国 6.72 亿元的平均水平，长期资产投资支出占总资产的比重为 3.33%，低于全国 4.42% 的平均水平。

图 2-20 呈现的是 2017 年河北省和全国上市公司分行业长期资产投资支出规模。制造业、批发和零售业、房地产业的长期资产投资支出规模远高于全国平均水平，农林牧渔业，采矿业，电力、热力、燃气及水生产和供应业，交通运输、仓储和邮政业，信息传输、软件和信息技术服务业，科学研究和技术服务业的投资支出规模远低于全国平均水平，河北省全部上市公司平均长期资产投资支出规模为 8.17 亿元，高于全国 6.65 亿元的平均水平。

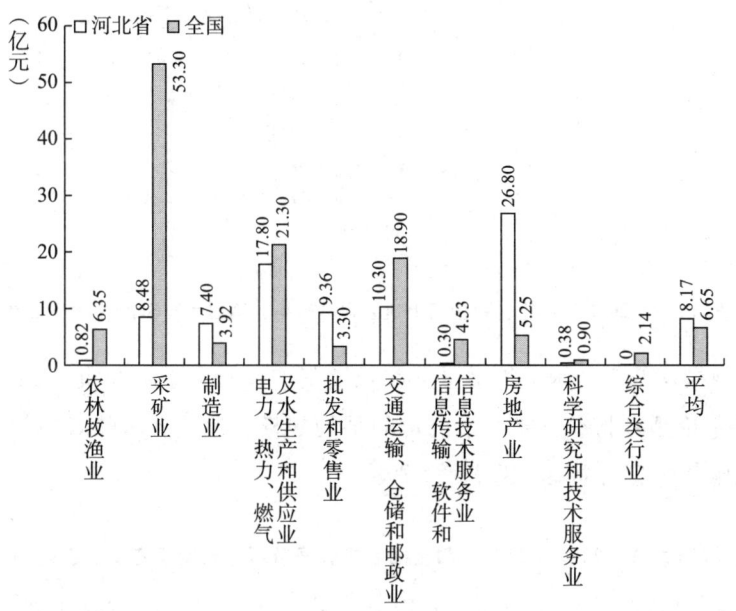

图 2-20 2017 年河北省和全国上市公司分行业长期投资支出规模

注：河北省综合类上市公司只有廊坊发展一家，而且其 2017 年投资只有 478899 元。

图 2-21 呈现的是 2017 年河北省和全国上市公司分行业长期资产投资支出占总资产的比重。河北省上市公司 2017 年长期资产投资支出占资产总额的比重平均为 3.33%，低于 2017 年全国长期资产投资占总资产的比重 4.40% 的平均水平，低于 2013 年至 2017 年连续五年河北省上市公司 4.52% 的平均长期资产投资比重。

表 2-9 呈现的是 2017 年河北省和全国上市公司分板块长期资产投资支出规模。从表中可以看出，除了河北省主板上市公司的长期资产投资支出规模高于全国平均水平外，中小板和创业板河北省上市公司的长期资产投

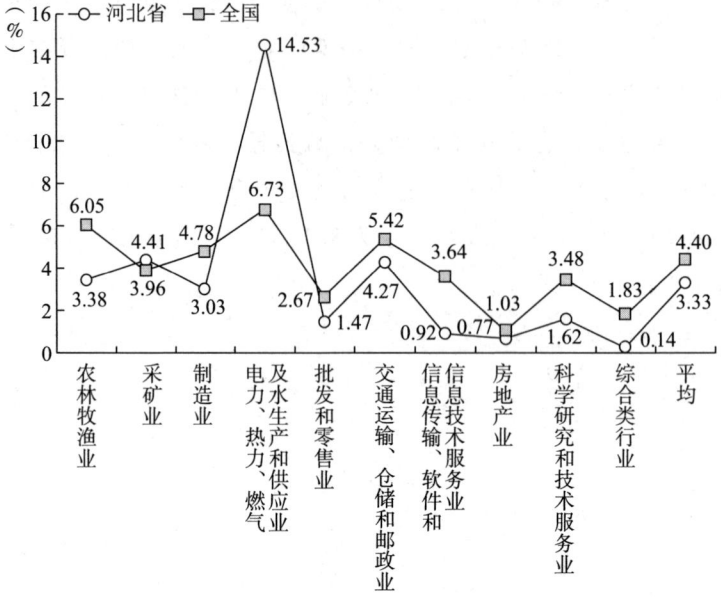

图2-21 2017年河北省和全国上市公司分行业长期投资支出占总资产比重

资支出规模均低于全国平均水平。在长期资产投资占企业总资产的比重上，2016年不论是河北省全部上市公司的平均规模，还是各板块长期资产投资的平均比重均低于全国同类水平。

表2-9 2017年河北省和全国上市公司分板块长期投资支出规模

单位：亿元，%

板块	投资支出规模		投资支出比重	
	河北省	全国	河北省	全国
中小板	1.48	3.34	2.63	4.75
主板	12.40	10.30	3.71	4.11
创业板	0.51	1.72	2.72	4.69
平均	8.17	6.65	3.33	4.40

表2-10呈现的是2017年河北省和全国不同性质上市公司长期资产投资支出规模。从表中可以看出，除了河北省民营上市公司的长期资产投资支出规模高于全国平均水平外，河北省国有和外资控股上市公司的长期资产投资支出规模均低于全国平均水平。在长期资产投资水平占企业总资产

的比重上，2017 年河北省只有国有控股上市公司长期资产投资占总资产的比重高于全国国有控股上市公司的平均比重，外资控股和民营上市公司长期资产占总资产的比重，河北省上市公司长期资产投资比重都低于全国同性质上市公司的平均比重。

表 2-10　2017 年河北省和全国上市公司分性质长期投资支出规模及比重

单位：亿元，%

企业性质	投资支出规模		投资支出比重	
	河北省	全国	河北省	全国
国企	11.20	14.70	4.10	3.66
外资	0.30	2.92	0.92	5.22
民营	5.89	3.10	2.77	4.70
平均	8.17	6.65	3.33	4.40

二　河北省上市公司内部投资分析

本报告研究的上市公司内部投资主要指的是上市公司内部长期资产投资，主要包括固定资产、无形资产、在建工程、在研无形资产等长期资产的投资。

（一）河北省上市公司内部投资总体情况

1. 河北省上市公司内部投资总体发展趋势

图 2-22 呈现的是 2013~2017 年河北省和全国上市公司内部长期资产投资总体情况。从内部长期资产规模上来看，2013~2017 年河北省上市公司的内部长期资产规模呈现持续增长趋势，全国上市公司呈现倒"U"形趋势，2015 年内部长期资产投资额最高。五年间，河北省上市公司内部长期资产的规模平均为 73.8 亿元，高于全国 49.7 亿元的平均水平。

图 2-23 呈现的是 2013~2017 年河北省和全国上市公司内部长期资产占总资产的比重。从内部长期资产占总资产的比重上来看，2013~2017 年河北省和全国上市公司企业的内部长期资产占总资产的比重总体呈现下降趋势，河北省上市公司内部长期资产支出占企业总资产的比重平均为

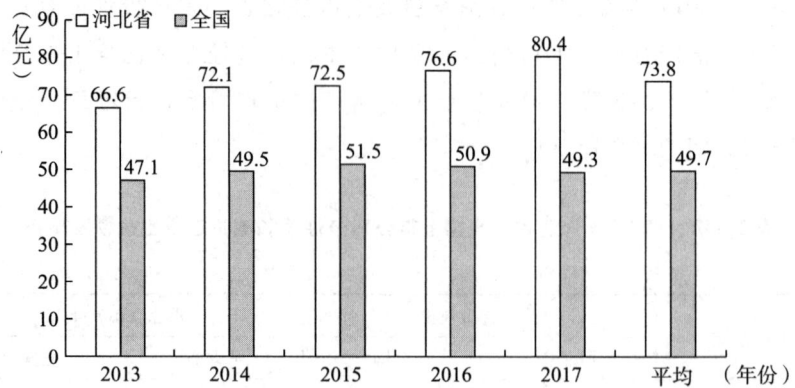

图 2 – 22　2013～2017 年河北省和全国上市公司内部长期资产投资规模

36.64％，高于全国 30.67％的平均水平。

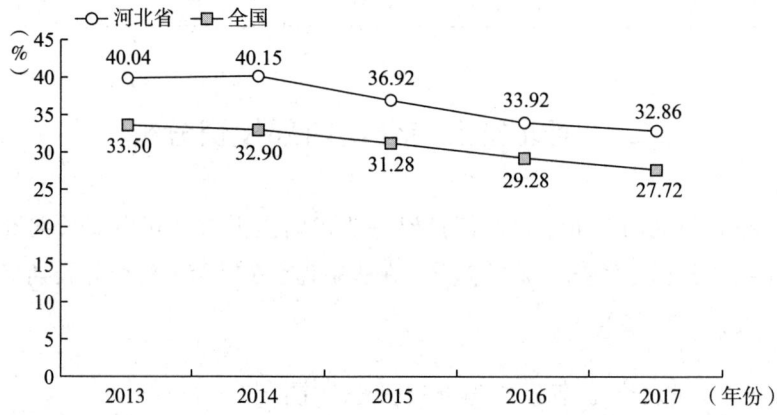

2 – 23　2013～2017 年河北省和全国上市公司内部长期资产占总资产比重

2. 河北省不同行业上市公司内部投资情况

图 2 – 24 呈现的是 2013～2017 年河北省和全国上市公司分行业内部长期资产规模。从行业上来看，河北省上市公司在制造业、房地产业和批发零售业的内部长期资产规模远高于全国平均水平，其他行业的规模均低于全国平均水平，其中采矿业，电力、热力、燃气及水生产和供应业，农林牧渔业，信息传输、软件和信息技术服务业远低于全国平均水平。

图 2 – 25 呈现的是 2013～2017 年河北省和全国分行业内部长期资产占总资产比重。采矿业，批发和零售业，房地产业，科学研究和技术服务业，综合类行业河北省上市公司内部长期资产投资占总资产的比重低于全国同

168

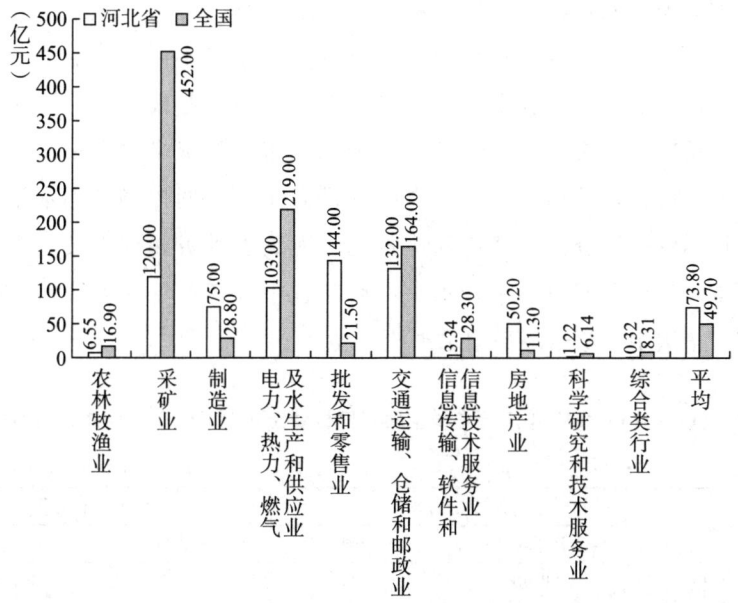

图 2 - 24　2013～2017 年河北省和全国上市公司分行业内部长期资产规模

行业平均水平，其他行业内部长期资产投资比重高于全国同行业平均比重。

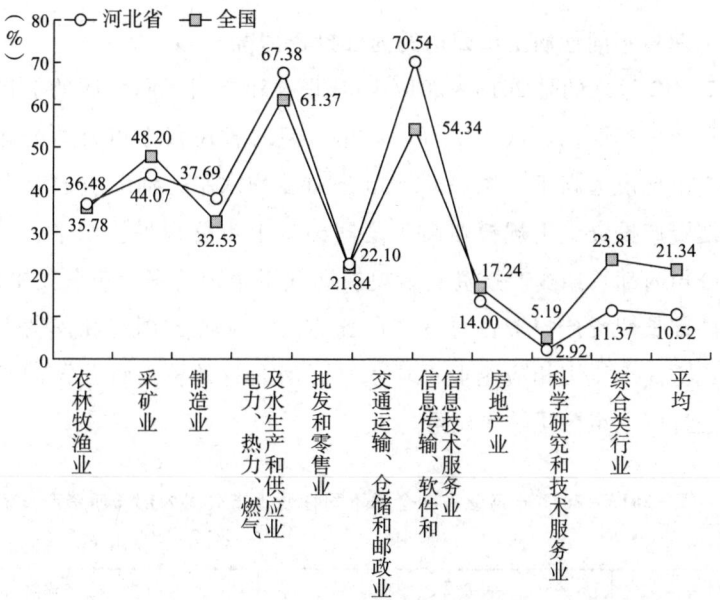

图 2 - 25　2013～2017 年河北省和全国分行业内部长期资产占总资产比重

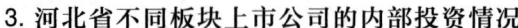

3. 河北省不同板块上市公司的内部投资情况

表 2－11 呈现的是 2013～2017 年河北省和全国不同板块上市公司内部长期资产投资情况。从表中可以看出，中小板和创业板市场上河北省上市公司内部长期资产投资支出规模低于全国同市场投资平均水平，主板市场上河北省上市公司的内部长期资产的规模高于全国同市场平均水平。在企业内部长期资产投资占总资产的比重上，河北省主板和创业板上市公司的投资比重高于全国同市场平均水平，河北省中小板市场上市公司的投资比重略高于全国中小板市场平均水平。

表 2－11 2013～2017 年河北省和全国不同板块上市公司内部长期资产投资规模

单位：亿元，%

板块	投资支出规模		投资支出比重	
	河北省	全国	河北省	全国
中小板	11.90	14.60	31.47	30.52
主板	114.00	82.90	40.51	33.08
创业板	3.46	5.53	28.95	23.81
平均	73.80	49.70	36.64	30.67

4. 河北省不同性质上市公司的内部投资情况

表 2－12 呈现的是 2013～2017 年河北省和全国不同性质的上市公司内部长期资产投资情况。从表中可以看出，河北省民营上市公司内部长期资产投资支出规模远高于全国民营上市公司平均水平，河北省国有上市公司内部长期资产投资支出规模略高于全国国有上市公司平均水平，河北省外资上市公司内部长期资产投资支出规模远低于全国外资上市公司平均水平。在企业内部长期资产投资占总资产的比重上，河北省国有和民营上市公司的投资比重高于全国相应企业平均水平，河北省外资上市公司的投资比重低于全国外资上市公司平均比重。

表 2－12 2013～2017 年河北省和全国不同性质上市公司内部长期资产投资规模

单位：亿元，%

企业性质	投资支出规模		投资支出比重	
	河北省	全国	河北省	全国
国企	124.00	114.00	45.07	36.22

企业性质	投资支出规模		投资支出比重	
	河北省	全国	河北省	全国
外资	3. 34	17. 80	14. 00	28. 07
民营	32. 10	14. 50	30. 06	27. 62
平均	73. 80	49. 70	36. 64	30. 67

（二）河北省上市公司固定资产分布情况

本报告的固定资产投资包括已经完工的固定资产投资和尚未完工的在建工程投资两部分。

1. 河北省上市公司固定资产总体情况

图 2 - 26 呈现的是 2013 ~ 2017 年河北省和全国上市公司固定资产投资支出规模。河北省上市公司固定资产的平均规模为 54.0 亿元，高于全国35. 2 亿元的平均水平。河北省上市公司固定资产规模呈现逐年持续上升趋势，全国上市公司的固定资产规模在 2016、2017 年呈现小幅下降。

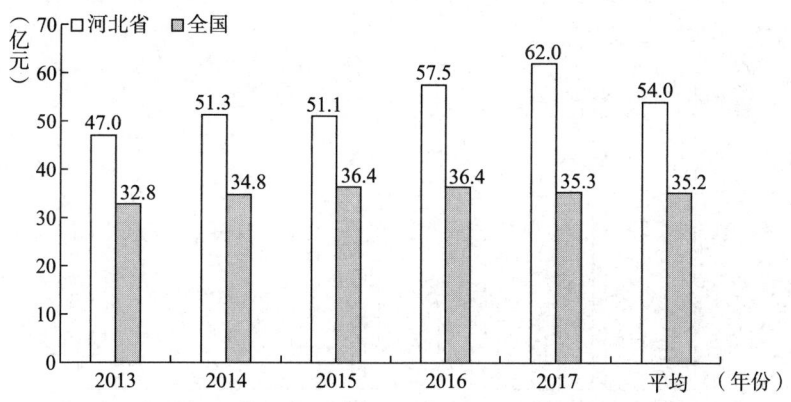

图 2 - 26　2013 ~ 2017 年河北省和全国上市公司固定资产投资支出规模

图 2 - 27 呈现的是 2013 ~ 2017 年河北省和全国上市公司固定资产占总资产的比重。2013 ~ 2017 年河北省上市公司固定资产占总资产的比重总体高于全国上市公司平均比重，变化趋势和全国上市公司固定资产变化趋势保持一致，呈现倒 "U" 形趋势，2013 年上升，2014 年开始下降，河北省上市公司固定资产比重平均为 26.68%，高于全国 21.64% 的平均水平。

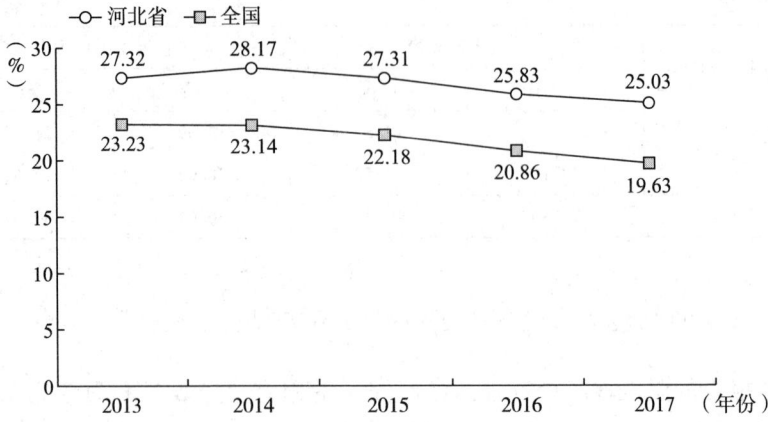

图 2－27　2013～2017 年河北省和全国上市公司固定资产占总资产比重

2. 河北省不同行业上市公司固定资产投资情况

图 2－28 呈现的是 2013～2017 年河北省和全国上市公司分行业固定资产投资规模。河北省上市公司中，制造业、房地产业、批发和零售业的固定资产投资规模远超全国同行业平均水平，其他行业低于全国同行业平均水平，并且由于行业特点不同，不同行业的固定资产规模相差悬殊。

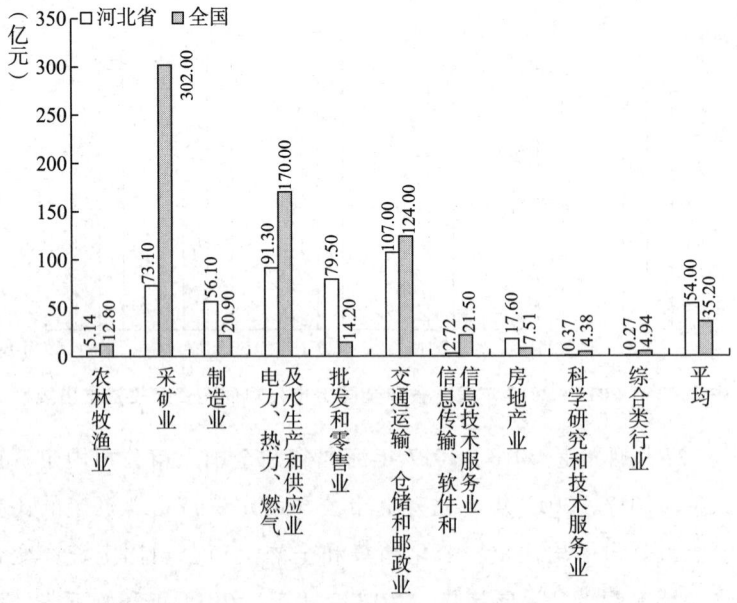

图 2－28　2013～2017 年河北省和全国上市公司分行业固定资产投资规模

图 2-29 呈现的是 2013～2017 年河北省和全国上市公司分行业固定资产占总资产的比重。2013 年至 2017 年，电力、热力、燃气及水生产和供应业，交通运输、仓储和邮政业的固定资产比重最高。在采矿业，批发和零售业，房地产业，科学研究和技术服务业，综合领域中，河北省上市公司固定资产占总资产的比重低于全国同行业上市公司的比重。

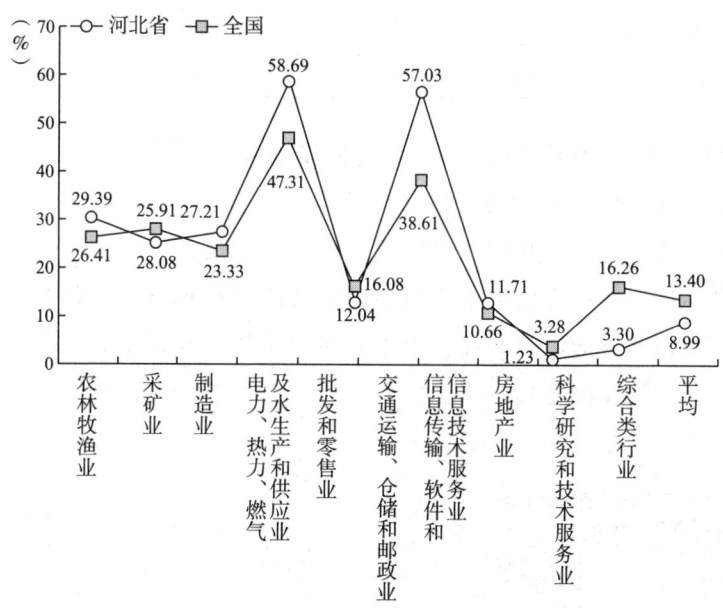

图 2-29　2013～2017 年河北省和全国上市公司分行业固定资产占总资产比重

3. 河北省不同板块上市公司固定资产投资情况

表 2-13 呈现的是 2013～2017 年河北省和全国不同板块上市公司固定资产投资情况。固定资产投资支出规模方面，在中小板和创业板市场河北省上市公司固定资产的规模低于全国同板块平均水平，在主板市场河北省上市公司固定资产规模高于全国平均水平。固定资产占总资产的比重方面，中小板市场上河北省上市公司固定资产占总资产的比重略高于全国中小板上市公司的平均比重，在主板市场和创业板市场河北省上市公司固定资产的比重远高于全国同板块上市公司的平均比重。从总体上看，不论是河北省上市公司固定资产的规模，还是河北省上市公司固定资产占总资产的比重均高于全国上市公司平均水平。

表 2 – 13　2013 ~ 2017 年河北省和全国不同板块上市公司固定资产投资情况

单位：亿元，%

板块	投资支出规模		投资支出比重	
	河北省	全国	河北省	全国
中小板	8.23	10.30	22.20	21.65
主板	83.60	58.80	29.65	23.60
创业板	2.53	3.53	21.39	15.88
平均	54.00	35.20	26.68	21.64

4. 河北省不同性质上市公司固定资产投资情况

图 2 – 30 呈现的是 2013 ~ 2017 年河北省和全国不同性质上市公司的固定资产投资支出规模。从图中可以看出，不同性质的上市公司固定资产的规模相差悬殊，国有控股上市公司的固定资产规模远高于民营和外资上市公司，而且河北省的国有和民营上市公司固定资产规模也高于全国同性质的上市公司，从总的平均水平上来看，河北省上市公司的固定资产规模也高于全国平均水平。

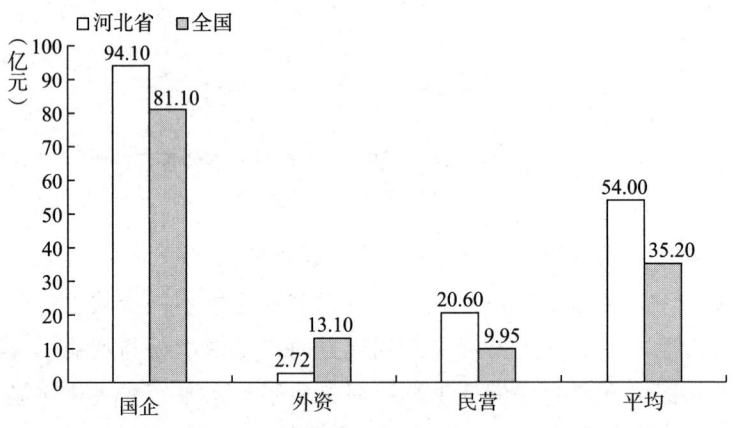

图 2 – 30　2013 ~ 2017 年河北省和全国不同性质上市公司固定资产投资支出规模

图 2 – 31 呈现的是 2013 ~ 2017 年河北省和全国不同性质上市公司的固定资产占总资产的比重。从总的平均水平上来看，河北省上市公司的固定资产占总资产的比重高于全国平均水平，从企业性质上来看，国有企业的固定资产比重最高，河北省国有和民营控股上市公司固定资产占总资产的比重高于全国同性质上市公司的平均比重，外资控股上市公司固定资产占

总资产的比重低于全国外资控股上市公司的平均比重。

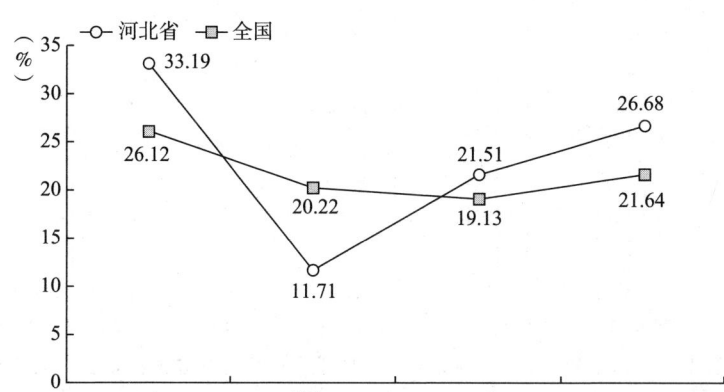

图 2 - 31　2013～2017 年河北省和全国不同性质上市公司固定资产占总资产比重

5. 河北省上市公司在建固定资产情况

表 2 - 14 呈现的是 2013～2017 年河北省上市公司在建固定资产投资情况。2013～2017 年河北省在建固定资产的规模平均为 13.70 亿元，高于全国平均 8.88 亿元的水平。2013～2017 年在建固定资产占完工固定资产的平均比重为 34.43%，低于全国 43.16% 的平均水平。

表 2 - 14　2013～2017 年河北省上市公司在建固定资产投资

单位：亿元，%

年份	在建固定资产规模		在建固定资产比重	
	河北省	全国	河北省	全国
2013	13.90	9.63	64.81	52.02
2014	15.30	9.68	42.08	45.05
2015	15.90	9.55	21.98	35.97
2016	12.10	8.32	24.82	36.20
2017	11.50	7.70	20.23	47.31
平均	13.70	8.88	34.43	43.16

图 2 - 32 呈现的是 2013～2017 年河北省和全国上市公司每年的在建固定资产的规模。河北省上市公司在建固定资产规模呈现倒"U"形结构，先上升后下降，2015 年最高为 15.90 亿元。全国上市公司固定资产规模总体呈现下降趋势。

图 2 - 33 呈现的是 2013～2017 年河北省和全国上市公司每年的在建固

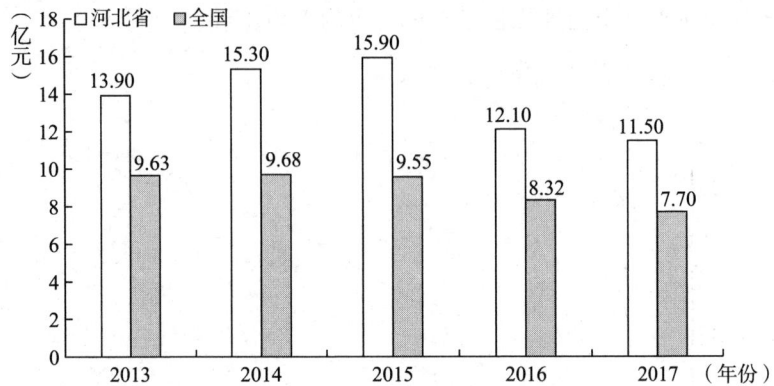

图 2 - 32 2013 ~ 2017 年河北省和全国上市公司每年在建固定资产规模

定资产占总资产的比重。河北省上市公司在建固定资产占总资产的比重总体呈现下降趋势，2013 ~ 2015 年下降速度较快，2016 年略有回升。全国上市公司在建固定资产占总资产的比重呈现"U"形趋势，2013 ~ 2015 年下降，然后上升至 2017 年的 47.31% 。

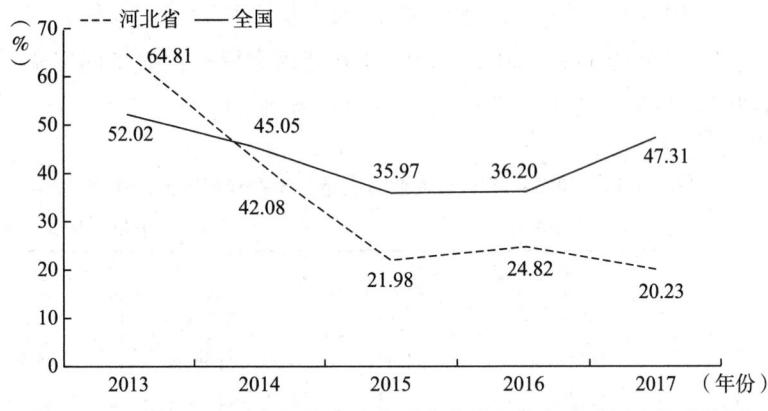

图 2 - 33 2013 ~ 2017 年河北省和全国上市公司每年在建固定资产比重

（三）河北省上市公司无形资产分布情况

2013 ~ 2017 年，河北省上市公司中有 97.98% 拥有至少一类无形资产，全国上市公司中有 98.56% 拥有无形资产，本部分的研究只探讨有无形资产的上市公司的无形资产状况，研究的无形资产投资包括土地使用权、专利技术、非专利技术（专有技术）、其他无形资产等。

1. 河北省上市公司无形资产投资总体情况

图 2 - 34 呈现的是 2013 ~ 2017 年河北省和全国上市公司无形资产的规

模。从规模上来看，2013～2017年河北省和全国上市公司无形资产的规模呈现稳定上升的趋势，河北省上市公司的无形资产规模平均为6.89亿元，略高于全国上市公司6.76亿元的平均水平。

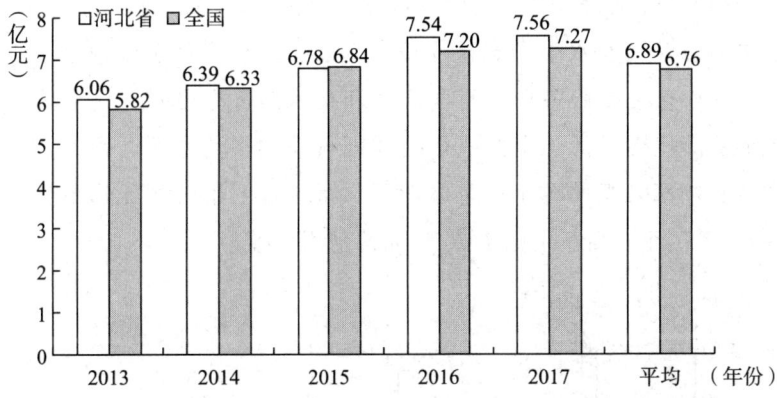

图2-34 2013～2017年河北省和全国上市公司无形资产规模

图2-35呈现的是2013～2017年河北省和全国上市公司无形资产占总资产的比重。2013～2017年河北省和全国上市公司无形资产占总资产的比重呈现平缓下降趋势，河北省上市公司无形资产占总资产的比重五年平均为4.87%，略低于全国4.95%的平均水平，2013年、2014年河北省上市公司无形资产占总资产的比重高于全国上市公司平均水平，2015年以后河北省上市公司无形资产占总资产的比重低于全国上市公司平均水平，河北省上市公司无形资产占总资产的比重下降速度大于全国上市公司的下降速度。

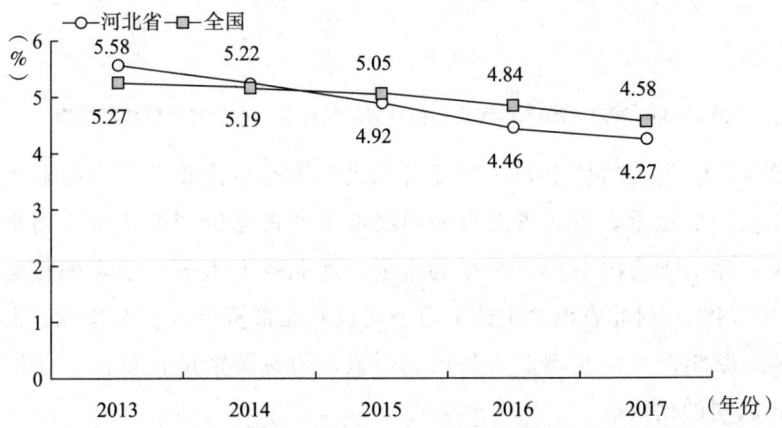

图2-35 2013～2017年河北省和全国上市公司无形资产占总资产比重

2. 河北省不同行业上市公司无形资产投资情况

图 2 - 36 呈现的是 2013 ~ 2017 年河北省和全国上市公司分行业无形资产规模。采矿业上市公司无形资产的规模较大，主要是采矿企业的采矿权的成本较高所致，批发和零售业无形资产规模较大，农林牧渔业，采矿业，电力、热力、燃气及水生产和供应业，交通运输、仓储和邮政业，信息传输、软件和信息技术服务业，科学研究和技术服务业领域，河北省上市公司的无形资产规模远低于全国上市公司同行业的平均水平，河北省专利技术、非专利技术的规模较小。总体而言，河北省上市公司无形资产的平均规模为 6.89 亿元，高于全国 6.76 亿元的平均规模。

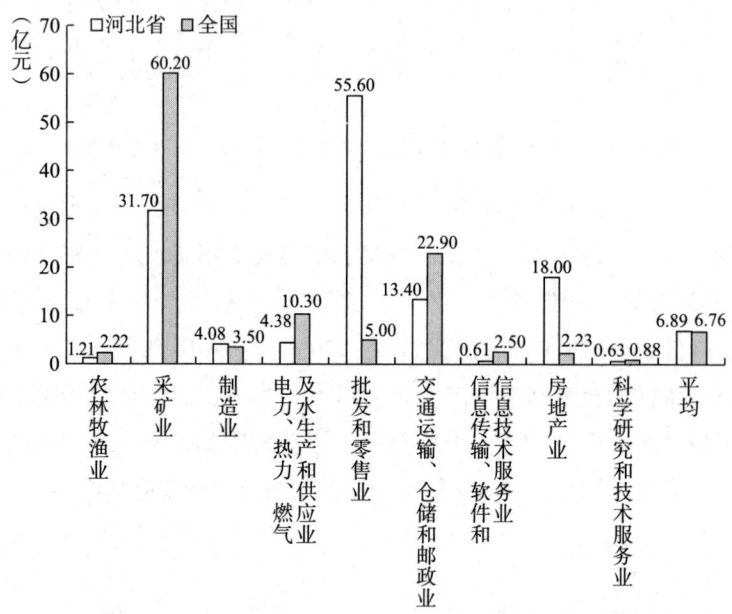

图 2 - 36　2013 ~ 2017 年河北省和全国不同行业上市公司无形资产规模

图 2 - 37 呈现的是 2013 ~ 2017 年河北省和全国上市公司分行业无形资产占总资产的比重。河北省上市公司无形资产占总资产的比重平均水平为 4.87%，略低于全国 4.95% 的平均水平，河北省上市公司最高的行业为采矿业 10.74%，河北省综合类的上市公司没有无形资产。在制造业、批发和零售业、房地产业河北省上市公司无形资产占总资产的比重高于全国同行业上市公司的比重。

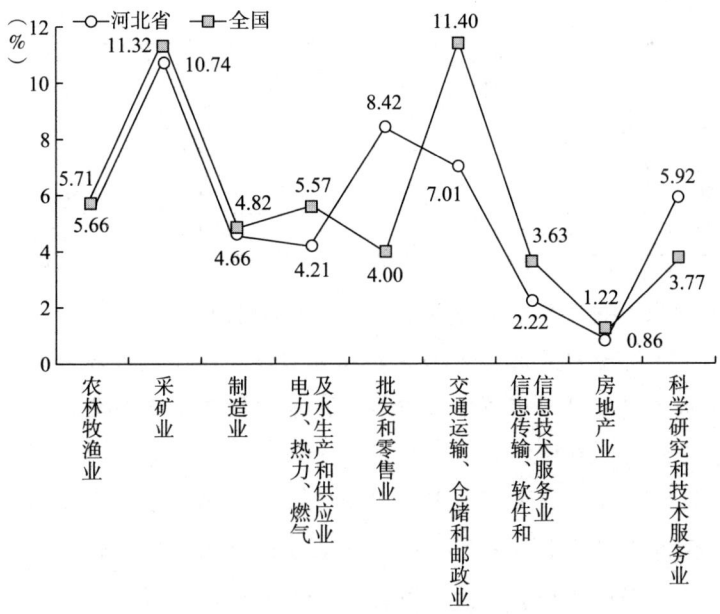

图 2 – 37　2013 ~ 2017 年河北省和全国不同行业上市公司无形资产比重

3. 河北省不同板块上市公司无形资产构成情况

表 2 – 15 呈现的是 2013 ~ 2017 年河北省和全国不同板块上市公司无形资产投资情况。无形资产投资支出规模方面，在每一不同板块市场上河北省上市公司无形资产的规模都低于全国同板块平均水平，但在不分板块市场上河北省总的上市公司的无形资产的平均规模略高于全国的平均规模，这是由于河北省在中小板和创业板市场的上市公司的比例小于全国的比例，且中小板和创业板市场上市公司无形资产的规模相对偏小。无形资产占总资产的比重方面，中小板市场和创业板市场上河北省上市公司无形资产占总资产的比重略高于全国同板块上市公司的平均比重，但在主板市场河北省上市公司无形资产的比重低于全国创业板上市公司的平均比重，从总体上来看，河北省上市公司的无形资产比重略低于全国平均比重。

表 2 – 15　2013 ~ 2017 年河北省和全国不同板块上市公司无形资产投资情况

单位：亿元，%

板块	投资支出规模		投资支出比重	
	河北省	全国	河北省	全国
中小板	1.69	2.09	4.78	4.71

板块	投资支出规模		投资支出比重	
	河北省	全国	河北省	全国
主板	10.50	11.20	4.94	5.34
创业板	0.56	1.16	4.73	4.20
平均	6.89	6.76	4.87	4.95

4. 河北省不同性质上市公司无形资产构成情况

图 2-38 呈现的是 2013～2017 年河北省和全国不同性质上市公司的无形资产投资支出规模。从图中可以看出，不同性质的上市公司无形资产的规模相差悬殊，国有控股的上市公司的无形资产规模远高于民营和外资上市公司，而且河北省的国有上市公司无形资产规模远低于全国国有控股上市公司，河北省民营上市公司无形资产的规模高于全国民营上市公司平均规模，从总的平均水平上来看，河北省上市公司的无形资产规模略高于全国平均水平。

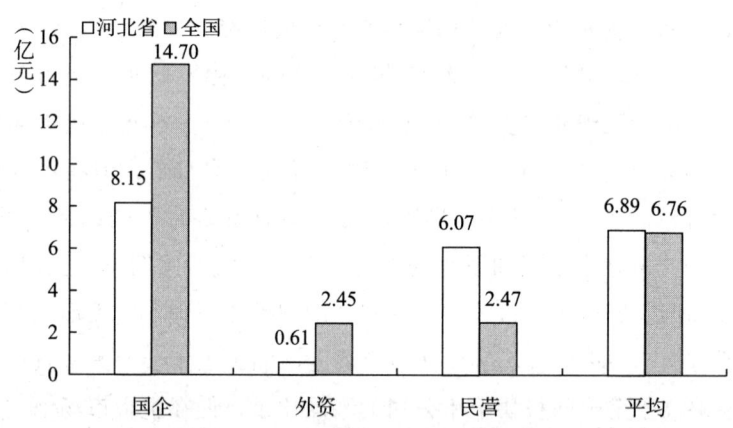

图 2-38 2013～2017 年河北省和全国不同性质上市公司无形资产投资支出规模

图 2-39 呈现的是 2013～2017 年河北省和全国不同性质上市公司的无形资产占总资产的比重。从总的平均水平上来看，河北省上市公司的无形资产占总资产的比重略低于全国平均水平，河北省国有和外资上市公司的无形资产比重低于全国同类平均水平，河北省民营上市公司无形资产占总资产的比重略高于全国民营上市公司的平均水平。

表 2-16 呈现的是 2013～2017 年河北省上市公司制造业内各细分行业

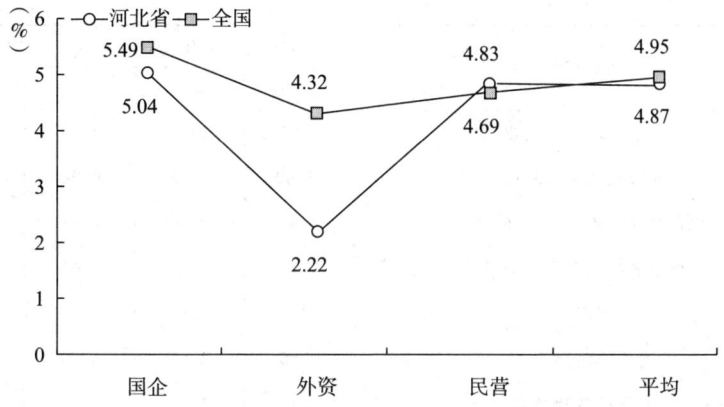

图 2－39　2013～2017 年河北省和全国不同性质上市公司无形资产占总资产比重

无形资产投资情况。河北省制造业上市公司在规模上高于全国平均水平，但是在占总资产的比重上却低于全国平均水平。在制造业内部，不同细分行业之间差异较大，不同细分行业河北省上市公司和全国上市公司的差异也较大，比如皮革、毛皮、羽毛及其制品和制鞋业，非金属矿物制品业，电气机械和器材制造业，计算机、通信和其他电子设备制造业河北省上市公司无形资产的规模和占总资产的比重均高于全国同行业平均水平，而化学原料和化学制品制造业，橡胶和塑料制品业，黑色金属冶炼和压延加工业，有色金属冶炼和压延加工业河北省上市公司无形资产的规模和占总资产的比重均远低于全国同行业平均水平。

表 2－16　2013～2017 年河北省和全国上市公司制造业无形资产投资情况

单位：亿元，%

细分行业	投资支出规模		投资支出比重	
	河北省	全国	河北省	全国
农副食品加工业	1.08	2.95	5.33	5.88
酒、饮料和精制茶制造业	2.30	4.31	9.78	5.95
纺织业	2.32	1.56	2.66	4.79
皮革、毛皮、羽毛及其制品和制鞋业	1.02	0.89	4.84	2.70
石油加工、炼焦和核燃料加工业	8.85	4.72	4.19	4.68
化学原料和化学制品制造业	2.90	2.94	4.05	5.03
医药制造业	2.72	2.51	4.53	5.50

细分行业	投资支出规模		投资支出比重	
	河北省	全国	河北省	全国
橡胶和塑料制品业	0.97	1.58	3.33	4.34
非金属矿物制品业	23.60	5.47	6.28	5.52
黑色金属冶炼和压延加工业	3.81	15.60	0.21	3.71
有色金属冶炼和压延加工业	0.43	8.79	5.67	6.72
金属制品业	4.33	3.13	2.85	4.66
通用设备制造业	0.86	2.65	6.95	5.21
专用设备制造业	0.74	2.78	5.25	4.91
汽车制造业	16.50	8.11	3.90	4.76
铁路、船舶、航空航天和其他运输设备制造业	8.59	8.42	4.24	4.64
电气机械和器材制造业	3.50	2.56	5.08	4.31
计算机、通信和其他电子设备制造业	3.18	2.25	4.66	3.73
仪器仪表制造业	0.29	0.66	4.65	3.72
平均	4.08	3.50	4.66	4.82

三　河北省上市公司对外投资分析

本研究报告中的对外投资分为短期对外投资和长期对外投资两部分，上市公司购买股票、债券等作为交易性金融资产或可供出售金融资产核算的划归短期投资，持有至到期投资、长期股权投资、其他金融类投资划归为长期对外投资，鉴于企业的并购活动日益活跃，商誉在企业资产中的比重上升很快，本报告将商誉也作为对外投资的一部分进行研究。

（一）河北省上市公司对外投资的总体情况

表 2－17 呈现的是 2013～2017 年河北省和全国持有对外投资上市公司数量。2013 年至 2017 年河北省上市公司中，每年有 35～42 家上市公司持有对外投资，平均占河北省上市公司总数目的 74.60%，低于全国 81.88%的平均水平。

表 2 - 17　　2013 ~ 2017 年河北省和全国持有对外投资上市公司数量

单位：家，%

年份	河北省		全国	
	数量	比例	数量	比例
2013	35	74.47	1906	78.11
2014	36	76.60	2046	80.02
2015	36	72.00	2291	83.28
2016	36	72.00	2536	83.53
2017	42	77.78	2843	83.37
平均	185	74.60	11622	81.88

图 2 - 40 呈现的是 2013 ~ 2017 年河北省和全国持有对外投资上市公司
的对外投资支出规模。河北省持有对外投资的上市公司持有的对外投资平
均规模为 8.50 亿元，低于全国 9.84 亿元的平均规模，河北省持有对外投资
的上市公司持有的对外投资的规模除 2016 年外均低于全国上市公司同年的
平均水平，和全国持有对外投资上市公司持有的对外投资支出规模变动趋
势一致，河北省持有对外投资上市公司的对外投资支出规模呈现逐年递增
趋势。

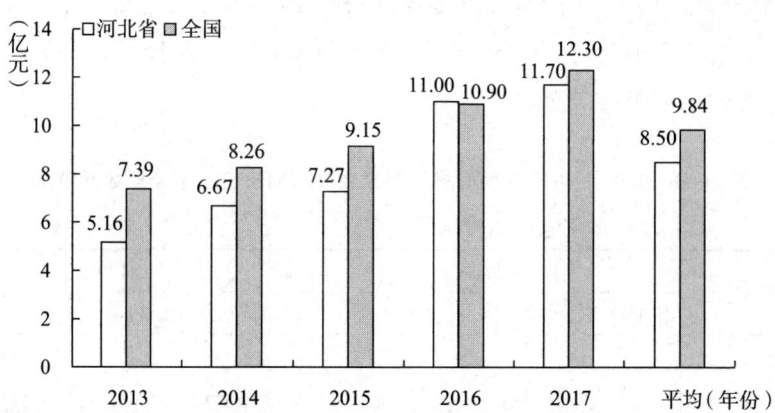

图 2 - 40　2013 ~ 2017 年河北省和全国持有对外投资上市公司对外投资支出规模

图 2 - 41 呈现的是 2013 ~ 2017 年河北省和全国上市公司对外投资占总
资产的比重。2013 ~ 2017 年河北省上市公司持有对外投资占总资产的比重
平均为 4.23%，低于全国 6.10% 的平均水平。和全国上市公司持有对外投

资呈现稳定上升趋势不同，河北省持有对外投资上市公司持有的对外投资占总资产的比重总体呈现波动式的上升趋势。

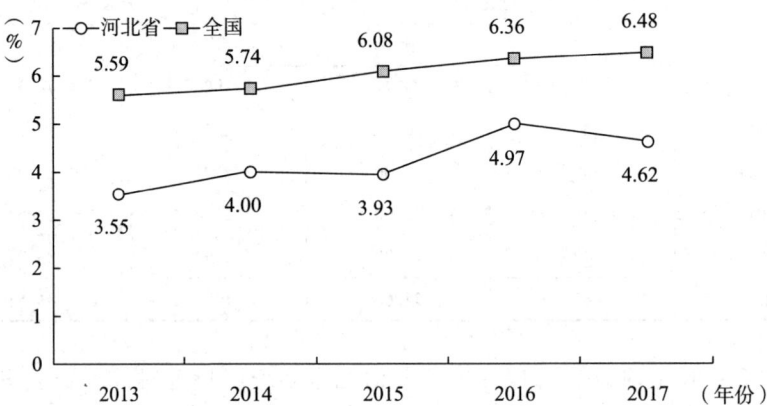

图 2 – 41　2013～2017 年河北省和全国上市公司对外投资占总资产比重

（二）河北省上市公司短期投资总体情况

表 2 – 18 呈现的是 2013～2017 年河北省和全国对外短期投资上市公司数量情况。2013～2017 年河北省对外短期投资上市公司的比重呈现逐年增加的趋势，从 2013 年的占河北省总上市公司 23.40% 的 11 家，增加到 2017 年占河北省总上市公司 59.26% 的 32 家，但是持有短期投资公司数量占总上市公司的比重仍低于同期全国比重。

表 2 – 18　2013～2017 年河北省和全国对外短期投资上市公司数量情况

单位：家，%

年份	河北省		全国	
	短期投资公司数量	比例	短期投资公司数量	比例
2013	11	23.40	743	30.45
2014	25	53.19	1697	66.37
2015	26	52.00	1920	69.79
2016	30	60.00	2148	70.75
2017	32	59.26	2422	71.03
合计	124	50.00	8930	62.91

图 2 - 42 呈现的是 2013 ~ 2017 年河北省和全国上市公司的对外短期投资支出规模。河北省上市公司对外短期投资平均规模为 2.53 亿元,低于全国 4.08 亿元的平均规模。全国上市公司持有短期投资规模呈逐年上升趋势,河北省上市公司对外短期投资支出规模总体呈现逐年上升趋势,但在 2017 年出现小幅度下降。

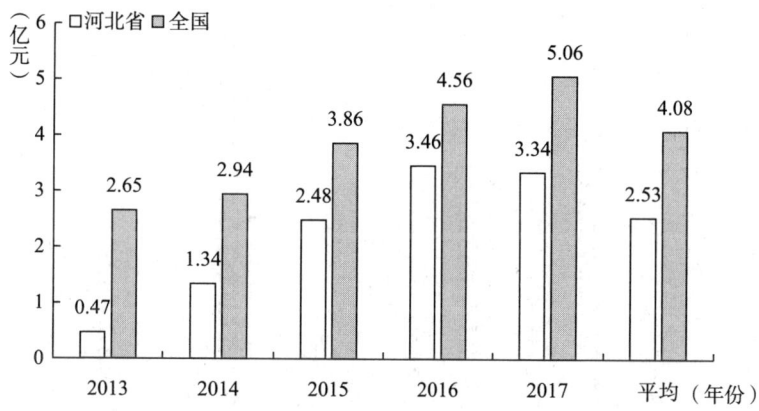

图 2 - 42 2013 ~ 2017 年河北省和全国上市公司对外短期投资支出规模

图 2 - 43 呈现的是 2013 ~ 2017 年河北省和全国上市公司对外短期投资占总资产的比重。2013 ~ 2017 年河北省上市公司对外短期投资占总资产的比重平均为 1.66%,低于全国上市公司 3.16% 的平均水平,和全国上市公司对外短期投资平均占总资产的比重从 2013 ~ 2016 年持续上升不同,河北省上市公司对外短期投资的比重持续波动,没有明显的上升趋势。

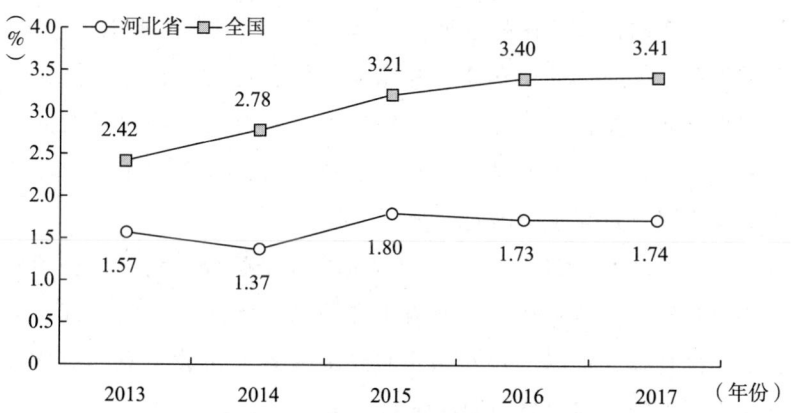

图 2 - 43 2013 ~ 2017 年河北省和全国上市公司对外短期投资占总资产比重

图 2−44 呈现的是 2013～2017 年河北省和全国上市公司分行业对外短期投资支出规模。对外短期投资支出规模最高的是房地产业，其次是电力、热力、燃气及水生产和供应业，交通运输、仓储和邮政业，采矿业。不论是总体上，还是在主要行业领域，河北省上市公司对外短期投资支出规模均低于全国上市公司对外短期投资支出规模。

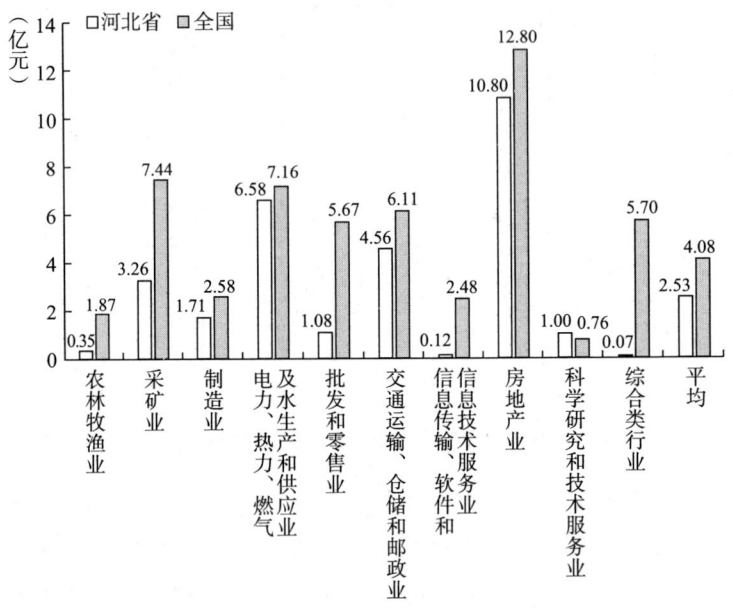

图 2−44　2013～2017 年河北省和全国上市公司分行业对外短期投资支出规模

图 2−45 呈现的是 2013～2017 年河北省和全国分行业上市公司对外短期投资占总资产的比重。在制造业，电力、热力、燃气及水生产和供应业，批发和零售业，交通运输、仓储和邮政业，信息传输、软件和信息技术服务业，房地产业主要行业河北省对外短期投资占总资产的比重均低于全国同行业平均水平，农林牧渔业、采矿业、科学研究和技术服务业领域河北省对外短期投资比重高于全国同行业平均水平。

图 2−46 呈现的是 2013～2017 年河北省和全国分板块上市公司对外短期投资支出规模。虽然总体上河北省上市公司对外短期投资的规模低于全国上市公司的规模，但是在中小板市场，河北省上市公司对外短期投资的规模高于全国上市公司对外短期投资的规模。

图 2−47 呈现的是 2013～2017 年河北省和全国分板块上市公司对外短

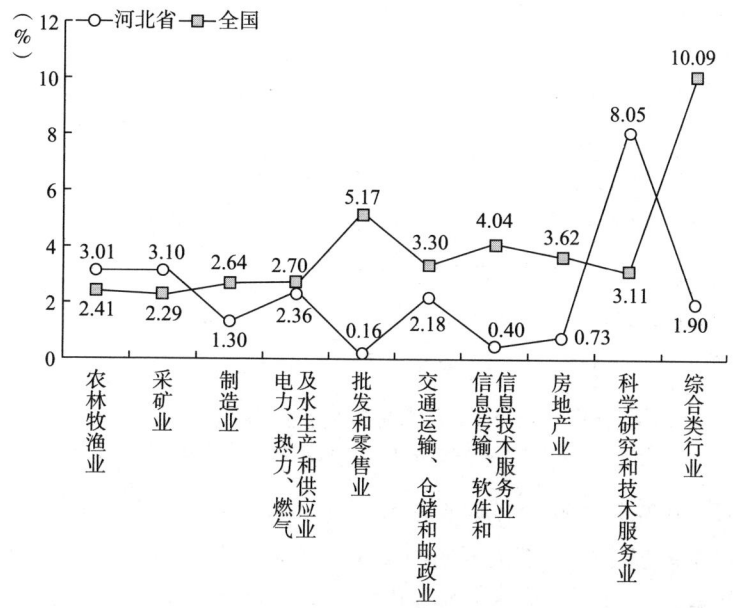

图2-45　2013~2017年河北省和全国分行业上市公司对外短期投资占总资产比重

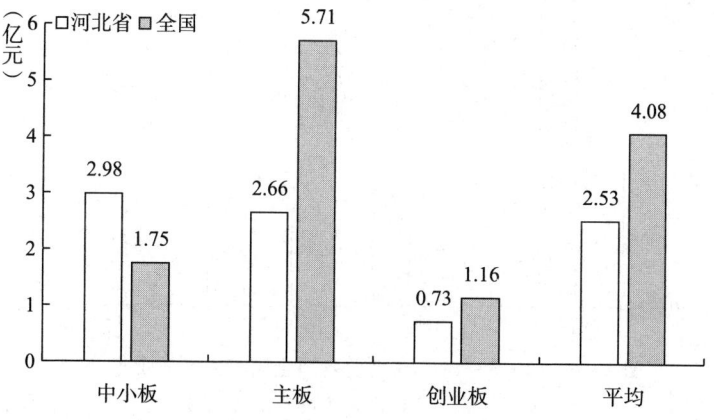

图2-46　2013~2017年河北省和全国分板块上市公司对外短期投资规模

期投资占企业总资产的比重。虽然总体上河北省上市公司对外短期投资占总资产的比重低于全国上市公司对外短期投资占总资产的比重，但是创业板市场上，河北省上市公司对外短期投资占总资产的比重高于全国创业板市场对外短期投资的比重。

图2-48呈现的是2013~2017年河北省和全国不同性质上市公司对外

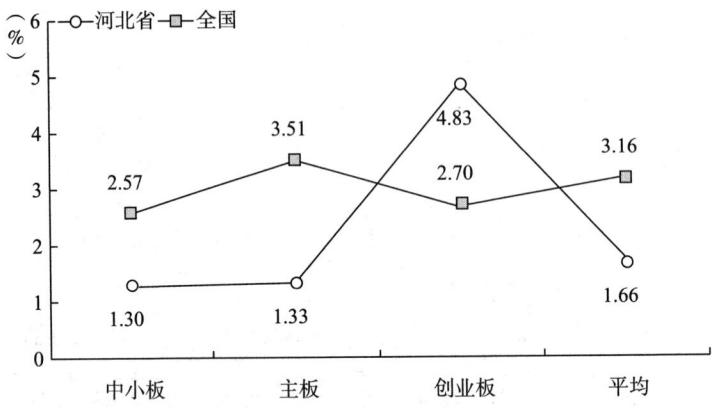

图 2 - 47　2013～2017 年河北省和全国分板块上市公司
对外短期投资占总资产比重

短期投资支出规模。和总体趋势一致，河北省各类不同性质的上市公司对
外短期投资的规模均低于全国同类上市公司的规模，外资控股上市公司对
外短期投资的规模远低于全国外资控股上市公司。

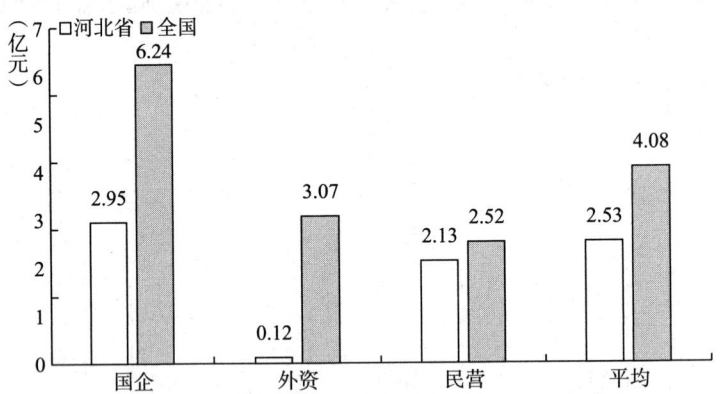

图 2 - 48　2013～2017 年河北省和全国不同性质上市公司
对外短期投资支出规模

　　图 2 - 49 呈现的是 2013～2017 年河北省和全国不同性质上市公司短期
投资占总资产的比重。和总体比重一致，河北省各类不同性质的上市公司
持有短期投资占总资产的比重均低于全国同类上市公司的比重，并且河北
省外资上市公司持有短期投资占企业总资产的比重远低于全国外资上市公
司的比重。在全国范围内，外资控股上市公司短期投资的比重高于全部上
市公司短期投资的比重，河北省情况正好相反。

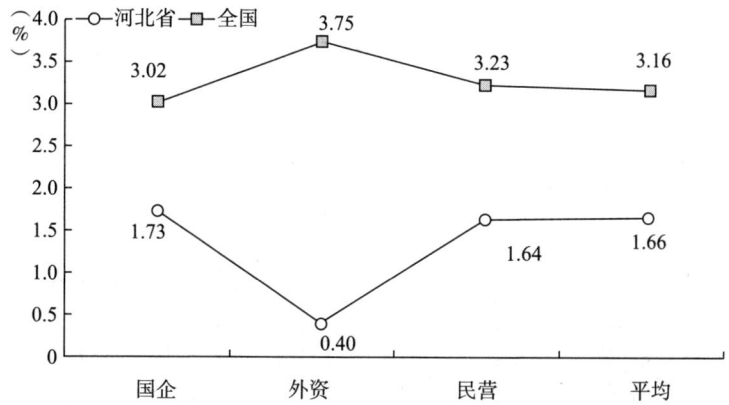

图 2 – 49 2013～2017 年河北省和全国不同性质上市公司短期投资比重

（三）河北省上市公司长期投资总体情况

表 2 – 19 呈现的是 2013～2017 年河北省和全国对外长期资产投资上市公司数量情况。5 年间河北省上市公司中平均有 64.52% 的公司持有对外长期投资，略低于全国上市公司 66.90% 持有对外长期投资的平均比例。和全国一样，河北省上市公司在 2013 年持有长期投资的公司数量比重最高。

表 2 – 19 2013～2017 年河北省和全国对外长期投资上市公司数量

单位：家，%

年份	河北省		全国	
	长期投资公司数量	比例	长期投资公司数量	比例
2013	34	72.34	1808	74.10
2014	29	61.70	1570	61.40
2015	33	66.00	1802	65.50
2016	31	62.00	2037	67.09
2017	33	61.11	2279	66.83
合计	160	64.52	9496	66.90

图 2 – 50 呈现的是 2013～2017 年河北省和全国上市公司对外长期投资的规模。2013～2017 年河北省上市公司的对外长期投资平均规模为 7.87 亿元，低于全国上市公司对外长期投资 8.21 亿元的平均规模，五年

间河北省和全国上市公司对外长期投资支出规模总体呈现持续增长趋势，分别由 2013 年的 5.16 亿元、6.70 亿元上升到 2017 年的 11.70 亿元、9.93 亿元。

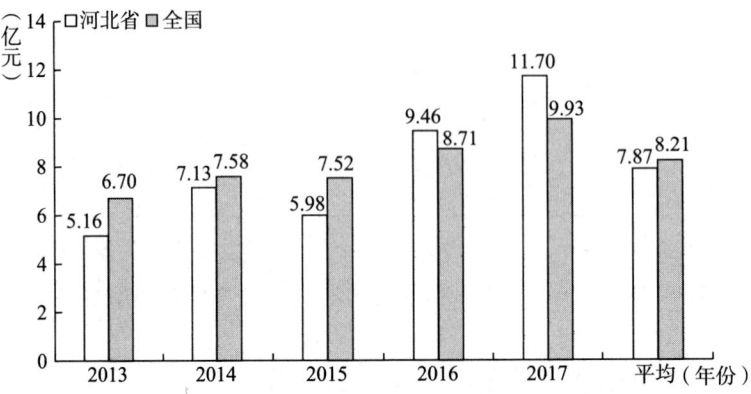

图 2-50　2013～2017 年河北省和全国上市公司对外长期投资规模

图 2-51 呈现的是 2013～2017 年河北省和全国上市公司对外长期投资占总资产的比重。2013～2017 年河北省上市公司的对外长期投资占总资产的比重平均为 3.61%，低于全国 4.49% 的平均比重，五年间，河北省上市公司对外长期投资占总资产的比重均低于全国上市公司对外投资同期平均比重。

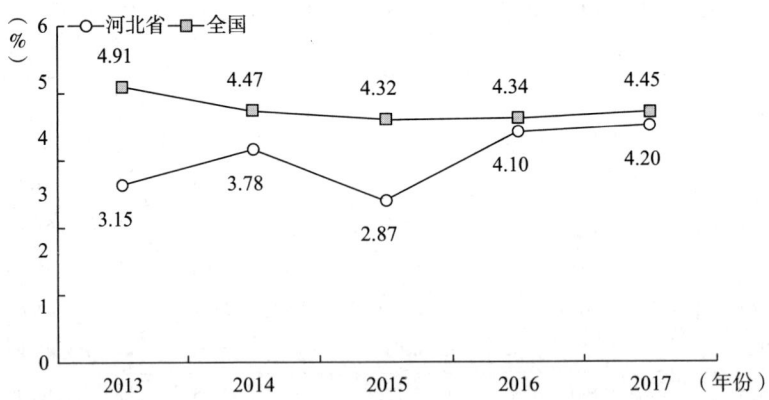

图 2-51　2013～2017 年河北省和全国上市公司对外长期投资占总资产比重

图 2-52 呈现的是 2013～2017 年河北省和全国不同行业上市公司对外长期投资支出规模。尽管 2013～2017 年河北省上市公司对外长期投资支出

规模总体上低于全国上市公司对外投资的规模，主要是由于采矿业，交通运输、仓储和邮政业，房地产业领域，河北省上市公司对外长期投资规模低于同行业全国平均水平，但是河北省制造业上市公司对外长期投资平均规模为 6.21 亿元，高于全国制造业上市公司对外长期投资 4.52 亿元的平均规模。

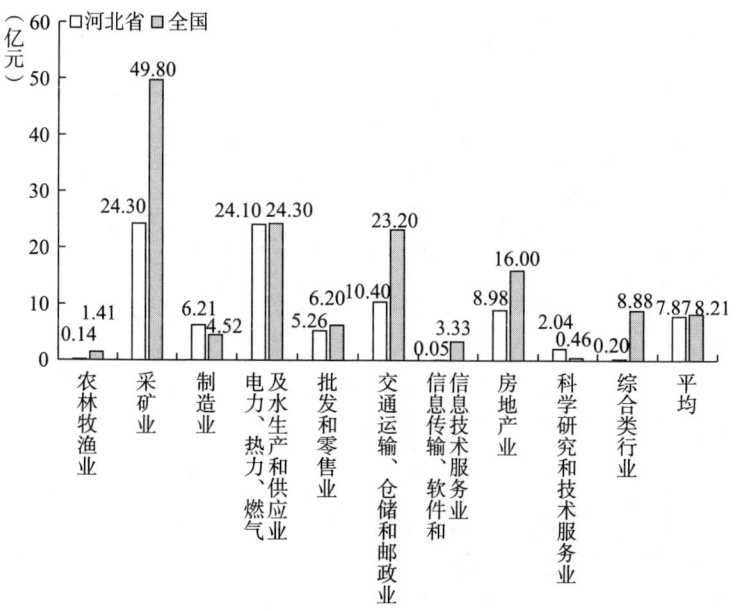

图 2 - 52　2013~2017 年河北省和全国不同行业上市公司对外长期投资支出规模

图 2 - 53 呈现的是 2013~2017 年河北省和全国不同行业上市公司对外长期投资占总资产的比重。2013~2017 年河北省上市公司的对外长期投资占总资产的比重平均为 3.61%，低于全国 4.49% 的平均比重，但是电力、热力、燃气及水生产和供应业，科学研究和技术服务业，采矿业领域河北省上市公司对外长期投资占总资产的比重高于同行业全国上市公司对外长期投资占总资产的比重。

图 2 - 54 呈现的是 2013~2017 年河北省和全国不同板块上市公司对外长期投资支出规模。2013~2017 年河北省上市公司对外投资支出规模总体上低于全国上市公司对外投资的规模，并且中小板市场、主板市场和创业板市场上，河北省上市公司对外长期投资平均规模都低于全国同板块市场上市公司对外长期投资的平均规模。

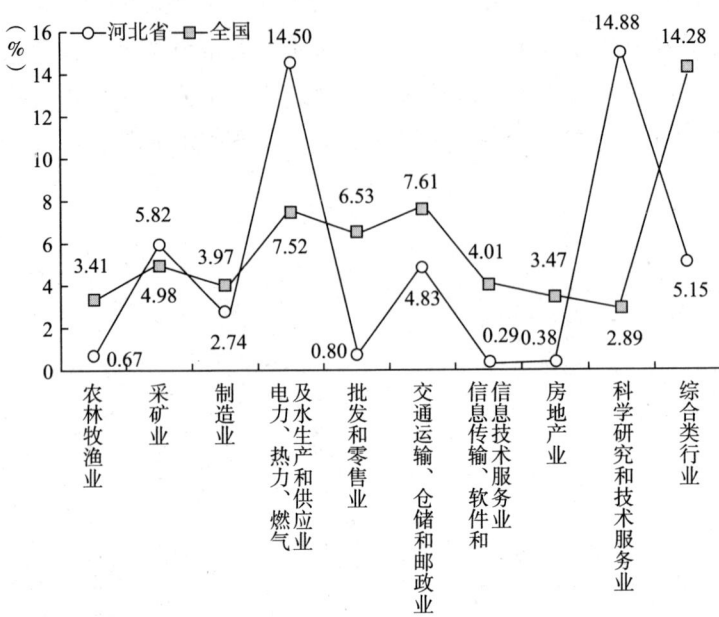

图 2－53　2013～2017 年河北省和全国不同行业上市公司对外长期投资占总资产比重

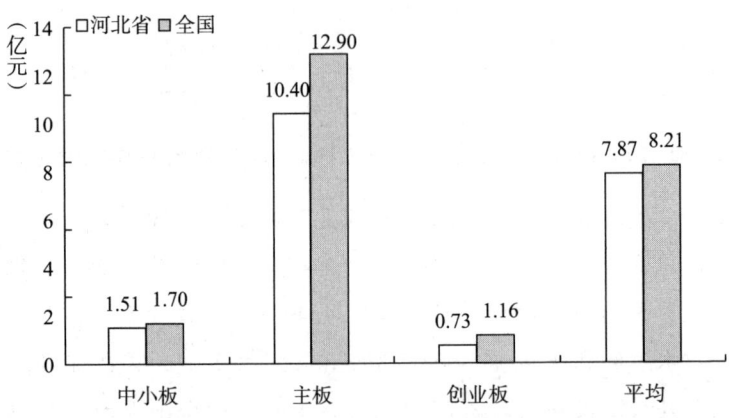

图 2－54　2013～2017 年河北省和全国不同板块上市公司对外长期投资支出规模

　　图 2－55 呈现的是 2013～2017 年河北省和全国不同板块上市公司对外长期投资占总资产的比重。2013～2017 年河北省上市公司的对外长期投资占总资产的比重平均为 3.61%，低于全国 4.49% 的平均比重，但是创业板市场河北省上市公司对外长期投资占总资产的比重高于创业板市场全国上市公司对外长期投资占总资产的比重。

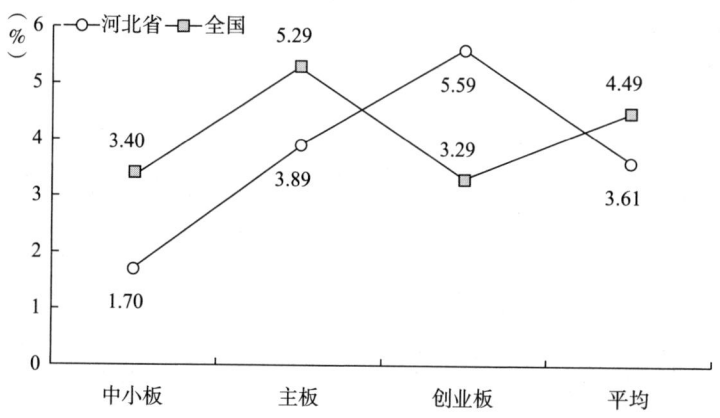

图 2 - 55 2013~2017 年河北省和全国不同板块上市公司对外长期投资占总资产比重

图 2 - 56 呈现的是 2013~2017 年河北省和全国不同性质上市公司对外长期投资支出规模。和 2013~2017 年河北省上市公司对外长期投资支出规模总体上低于全国上市公司对外长期投资的规模一致，河北省国有和外资上市公司对外长期投资平均规模均低于全国同性质的上市公司对外长期投资的平均规模，但是河北省民营上市公司对外长期资产投资的规模高于全国民营上市公司对外长期投资规模。

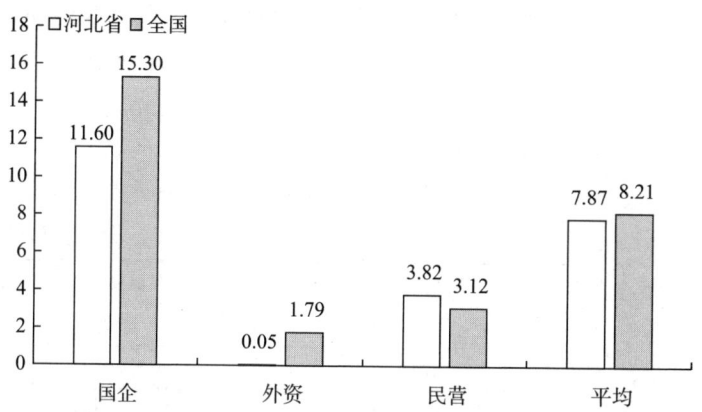

图 2 - 56 2013~2017 年河北省和全国不同性质上市公司对外长期投资支出规模

图 2 - 57 呈现的是 2013~2017 年河北省和全国不同性质上市公司对外长期投资占总资产的比重。2013~2017 年河北省上市公司不论是国有控股、民营还是外资控股上市公司的对外长期投资的比重均低于全国同性质上市公司的对外长期投资的比重。

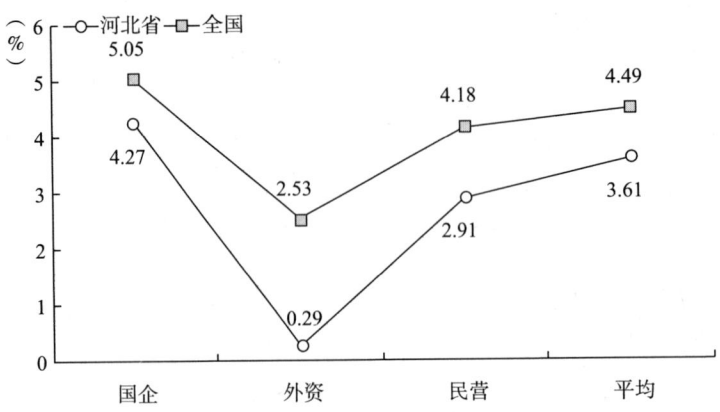

图 2 - 57　2013～2017 年河北省和全国不同性质上市公司对外长期投资占总资产比重

（四）河北省上市公司2017年对外投资的情况

2017 年河北省 54 家上市公司中（不包括 B 股和金融类上市公司），持有短期投资共 32 家，比 2016 年增加 2 家。从板块上看，主板市场 22 家，中小板市场 6 家，创业板市场 4 家；从企业性质上来看，国有控股的上市公司 16 家，民营控股上市公司 15 家，外资 1 家；从行业上分布来看，制造业 22 家，房地产业，采矿业，交通运输、仓储和邮政业各 2 家，批发和零售业，电力、热力、燃气及水生产和供应业，信息传输、软件和信息技术服务业，科学研究和技术服务各 1 家，具体情况见表 2 - 20 所示。

表 2 - 20　2017 年河北省持有短期投资上市公司

单位：亿元，%

序号	证券简称	板块	股权性质	行业名称	短期投资规模	短期投资比重
1	常山北明	主板	国企	制造业	0.30	0.24
2	冀东水泥	主板	国企	制造业	6.05	1.47
3	东旭光电	主板	民营	制造业	1.00	0.15
4	建投能源	主板	国企	电力、热力、燃气及水生产和供应业	9.11	2.92
5	河钢股份	主板	国企	制造业	2.91	0.15
6	新兴铸管	主板	国企	制造业	14.50	2.95
7	承德露露	主板	民营	制造业	0.01	0.03

序号	证券简称	板块	股权性质	行业名称	短期投资规模	短期投资比重
8	茂业通信	主板	外资	信息传输、软件和信息技术服务业	0.30	0.93
9	河北宣工	主板	国企	采矿业	6.02	4.43
10	冀中能源	主板	国企	采矿业	5.14	1.12
11	紫光国微	中小板	国企	制造业	1.46	2.81
12	沧州明珠	中小板	民营	制造业	0.34	0.89
13	荣盛发展	中小板	民营	房地产业	24.70	1.29
14	博深工具	中小板	民营	制造业	0.33	1.40
15	天业通联	中小板	民营	制造业	0.03	0.19
16	以岭药业	中小板	民营	制造业	0.89	1.13
17	恒信东方	创业板	民营	科学研究和技术服务业	1.09	4.64
18	晨光生物	创业板	民营	制造业	0.32	1.10
19	常山药业	创业板	民营	制造业	0.17	0.49
20	汇金股份	创业板	民营	制造业	2.26	13.82
21	乐凯胶片	主板	国企	制造业	0.11	0.47
22	华夏幸福	主板	民营	房地产业	5.95	0.16
23	三友化工	主板	国企	制造业	0.04	0.01
24	凌云股份	主板	国企	制造业	0.01	0.01
25	中国动力	主板	国企	制造业	0.53	0.12
26	保变电气	主板	国企	制造业	6.12	6.73
27	华北制药	主板	国企	制造业	0.19	0.11
28	唐山港	主板	国企	交通运输、仓储和邮政业	5.54	2.51
29	庞大集团	主板	民营	批发和零售业	1.24	0.20
30	秦港股份	主板	国企	交通运输、仓储和邮政业	7.10	2.75
31	长城汽车	主板	民营	制造业	3.26	0.29
32	惠达卫浴	主板	民营	制造业	0.01	0.03

2017 年河北省 54 家上市公司中，持有长期投资的共 33 家，其中债券类长期投资（持有至到期投资）只有荣盛发展 1 家，其余全部为长期股权投资；从板块上看，主板市场 23 家，中小板市场 5 家，创业板市场 5 家；从企业性质上来看，国有控股的上市公司 16 家，民营控股上市公司 17 家；从行业分布上来看，制造业 24 家，电力、热力、燃气及水生产和供应业，

房地产业，交通运输、仓储和邮政业各 2 家，采矿业，科学研究和技术服务业，批发和零售业各 1 家，具体情况见表 2 - 21 所示。

表 2 - 21　2017 年河北省持有长期投资上市公司

单位：亿元，%

序号	证券简称	板块	股权性质	行业名称	长期投资规模	长期投资比重
1	常山北明	主板	国企	制造业	0.19	0.14
2	冀东水泥	主板	国企	制造业	15.00	3.65
3	东旭光电	主板	民营	制造业	21.30	3.15
4	建投能源	主板	国企	电力、热力、燃气及水生产和供应业	41.00	13.14
5	华讯方舟	主板	民营	制造业	0.26	0.60
6	河钢股份	主板	国企	制造业	28.00	1.47
7	新兴铸管	主板	国企	制造业	42.40	8.65
8	承德露露	主板	民营	制造业	0.05	0.19
9	冀中能源	主板	国企	采矿业	38.20	8.34
10	东方能源	主板	国企	电力、热力、燃气及水生产和供应业	1.59	2.13
11	沧州明珠	中小板	民营	制造业	0.06	0.15
12	荣盛发展	中小板	民营	房地产业	25.60	1.33
13	巨力索具	中小板	民营	制造业	0.95	2.30
14	华斯股份	中小板	民营	制造业	0.09	0.36
15	以岭药业	中小板	民营	制造业	0.02	0.02
16	恒信东方	创业板	民营	科学研究和技术服务业	2.87	12.17
17	常山药业	创业板	民营	制造业	0.05	0.14
18	汇金股份	创业板	民营	制造业	0.15	0.94
19	四通新材	创业板	民营	制造业	0.82	9.12
20	通合科技	创业板	民营	制造业	0.05	0.82
21	华夏幸福	主板	民营	房地产业	40.40	1.07
22	凌云股份	主板	国企	制造业	4.10	3.46
23	中国动力	主板	国企	制造业	3.36	0.76
24	保变电气	主板	国企	制造业	1.26	1.38
25	老白干酒	主板	国企	制造业	0.65	2.24
26	金牛化工	主板	国企	制造业	0.00	0.04
27	新奥股份	主板	民营	制造业	53.60	24.87

序号	证券简称	板块	股权性质	行业名称	长期投资规模	长期投资比重
28	华北制药	主板	国企	制造业	6.52	3.80
29	开滦股份	主板	国企	制造业	6.46	2.87
30	唐山港	主板	国企	交通运输、仓储和邮政业	14.70	6.68
31	庞大集团	主板	民营	批发和零售业	5.36	0.84
32	秦港股份	主板	国企	交通运输、仓储和邮政业	26.80	10.41
33	惠达卫浴	主板	民营	制造业	4.60	11.31

（五）河北省上市公司商誉情况分析

近年来并购一直是支撑上市公司高速增长的利器，并购市场的活跃以及资本市场的繁荣使得不少被并购企业的估值明显超过其可辨认净资产的公允价值，导致 A 股市场上商誉占资产的比例加速上升，有商誉的上市公司数量也加速上升。本报告中的商誉是指企业在非同一控制下进行合并时购买成本超过被购买方可辨认净资产公允价值的部分。

1. 河北省上市公司商誉总体情况

表 2-22 呈现的是 2013~2017 年河北省和全国上市公司商誉情况。表中商誉的数量是指当年财务报表列报中披露商誉公司的数量，公司比例是指披露商誉的公司占当年上市公司的比例，商誉比重是列报商誉的公司商誉占该公司总资产的比重。从表中可以看出，河北省列报商誉上市公司数量从 2013 年的 23 家增长到 2017 年的 29 家，占当年河北省上市公司的比例由 2013 年的 48.94% 上升到 2017 年的 53.70%，2013 年、2014 年和 2016 年列报商誉公司的数量比例超过全国比例，2015 年和 2017 年列报商誉公司的数量比例略低于全国的比例，五年间河北省上市公司中列报商誉的公司占河北省全部上市公司的比例平均为 52.02%，略高于全国平均 50.90% 的比例。

表 2-22　2013~2017 年河北省和全国列报商誉上市公司数量

单位：家，%

年份	河北省列报商誉公司		全国列报商誉公司	
	数量	比例	数量	比例
2013	23	48.94	1053	43.16

续表

年份	河北省列报商誉公司		全国列报商誉公司	
	数量	比例	数量	比例
2014	23	48.94	1207	47.20
2015	25	50.00	1446	52.56
2016	29	58.00	1663	54.78
2017	29	53.70	1856	54.43
合计	129	52.02	7225	50.90

图 2 - 58 呈现的是 2013～2017 年河北省和全国列报商誉上市公司的商誉的平均规模。2013～2017 年，全国列报商誉上市公司的商誉平均规模呈现稳步上升趋势，河北省上市公司列报商誉公司的商誉规模在 2016 年出现小幅回落，五年间，河北省列报商誉上市公司商誉的平均规模为 2.68 亿元，低于全国列报商誉上市公司商誉 4.36 亿元的平均规模。

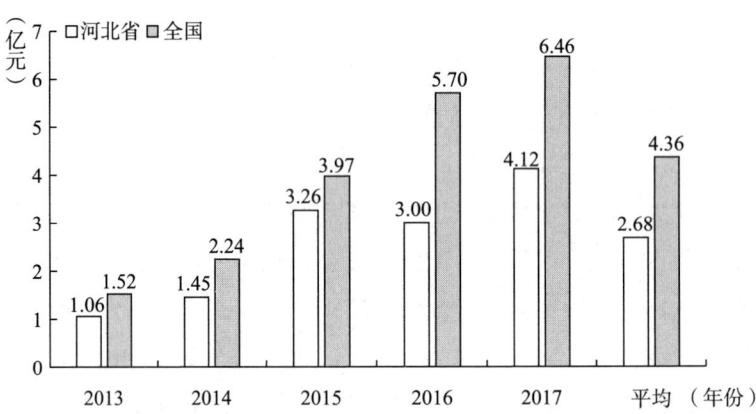

图 2 - 58　2013～2017 年河北省和全国列报商誉上市公司商誉平均规模

图 2 - 59 呈现的是 2013～2017 年河北省和全国列报商誉上市公司商誉占总资产的比重。2013～2017 年，河北省上市公司列报商誉公司的商誉占总资产的比重在 2015 年达到最高，为 7.33%，高于同年全国上市公司列报商誉的比重，全国上市公司列报商誉公司的商誉比重则呈现稳步提高的趋势，由 2013 年 2.22% 稳步上升至 2017 年的 8.08%，5 年间河北省列报商誉上市公司商誉占总资产的比重平均为 5.00%，低于全国列报商誉上市公司平均 6.21% 的比重。

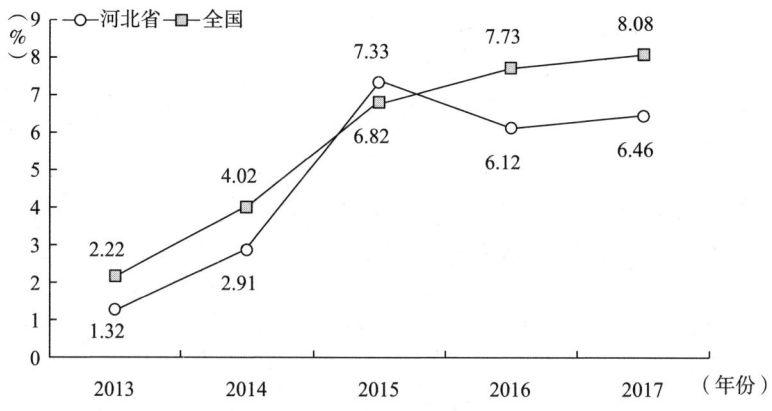

图2-59 2013~2017年河北省和全国列报商誉上市公司商誉占总资产比重

2.河北省列报商誉上市公司的行业分布

图2-60呈现的是2013~2017年河北省和全国不同行业列报商誉上市公司商誉的平均规模。2013~2017年,河北省上市公司中列报商誉主要分布在农林牧渔业,采矿业,制造业,批发和零售业,信息传输、软件和信息技术服务业,房地产业,科学研究和技术服务业,而河北省在电力、热力、燃气及水生产和供应业,交通运输、仓储和邮政业,综合类的上市公司没有商誉,河北省列报商誉上市公司商誉的平均规模为2.68亿元,低于全国列报商誉上市公司商誉4.36亿元的平均规模,但是批发和零售业,信息传输、软件和信息技术服务业列报商誉上市公司商誉平均规模高于全国同行业列报商誉公司的商誉规模。

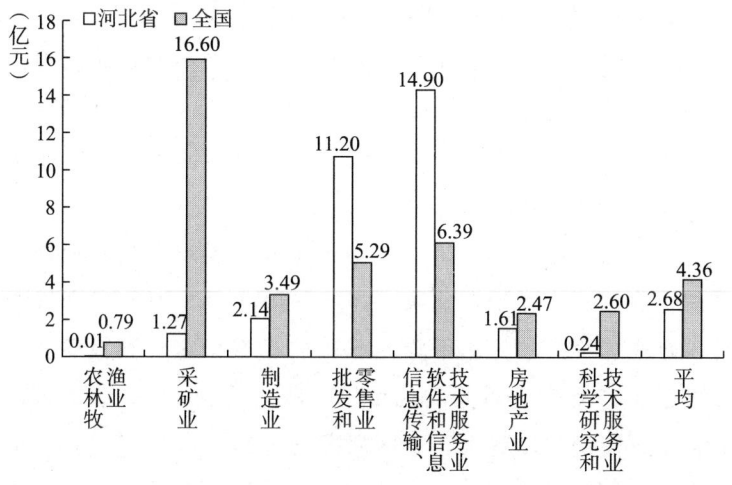

图2-60 2013~2017年河北省和全国不同行业列报商誉上市公司商誉平均规模

图 2 – 61 呈现的是 2013～2017 年河北省和全国不同行业列报商誉上市公司商誉占企业总资产的平均比重。2013～2017 年，河北省列报商誉上市公司商誉占企业总资产的比重平均为 5.00%，低于全国列报商誉上市公司商誉占企业总资产 6.21% 的平均比重，但是信息传输、软件和信息技术服务业列报的商誉占总资产的比重达 47.46%，远高于全国同行业列报商誉的公司商誉占企业总资产 15.29% 的平均比重。

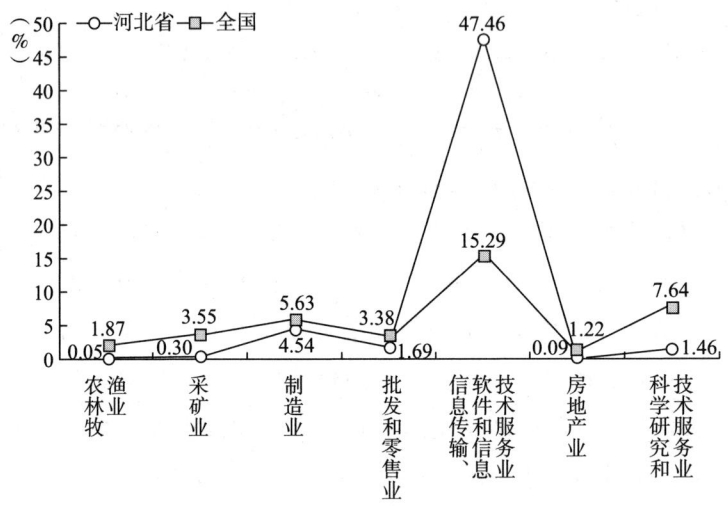

图 2 – 61　2013～2017 年河北省和全国不同行业列报商誉上市公司商誉占总资产的平均比重

3. 河北省列报商誉上市公司的板块分布

图 2 – 62 呈现的是 2013～2017 年河北省和全国不同板块列报商誉上市公司商誉的平均规模。2013～2017 年，和全部上市公司列报的商誉一致，河北省各板块列报商誉上市公司商誉的平均规模均低于全国同板块列报商誉上市公司商誉的平均规模。

图 2 – 63 呈现的是 2013～2017 年河北省和全国不同板块列报商誉上市公司商誉占企业总资产的平均比重。2013～2017 年，河北省列报商誉上市公司商誉占企业总资产的比重平均为 5.00%，低于全国列报商誉上市公司商誉占企业总资产 6.21% 的平均比重，但是主板市场河北省列报商誉的上市公司商誉占总资产的比重高于全国列报商誉的上市公司商誉占企业总资产的平均比重。

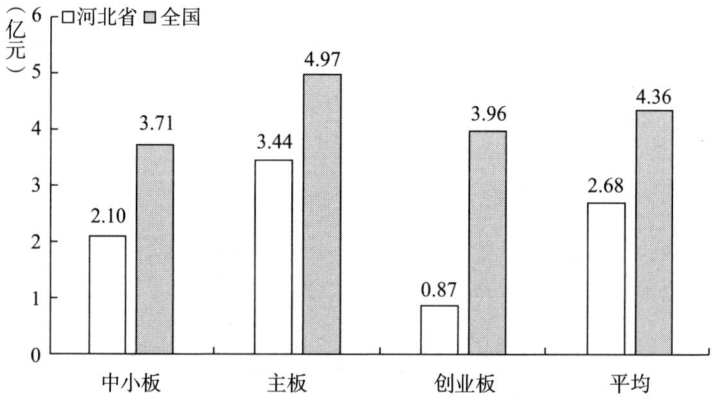

图 2 - 62　2013 ~ 2017 年河北省和全国不同板块列报商誉上市公司商誉平均规模

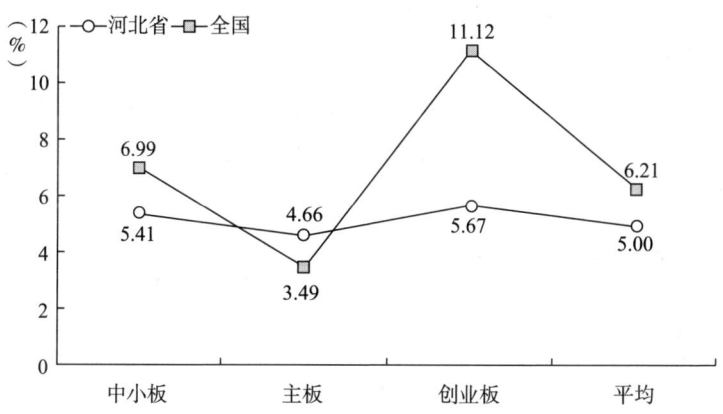

图 2 - 63　2013 ~ 2017 年河北省和全国不同板块列报商誉上市公司商誉占总资产平均比重

4. 河北省列报商誉上市公司的企业性质

图 2 - 64 呈现的是 2013 ~ 2017 年河北省和全国不同性质列报商誉上市公司商誉的平均规模。2013 ~ 2017 年，河北省列报商誉上市公司商誉的平均规模为 2.68 亿元，低于全国列报商誉上市公司商誉 4.36 亿元的平均规模，但是外资列报商誉上市公司商誉平均规模为 14.90 亿元，明显高于全国外资列报商誉公司的商誉规模 4.63 亿元。

图 2 - 65 呈现的是 2013 ~ 2017 年河北省和全国不同性质列报商誉上市公司商誉占企业总资产的平均比重。2013 ~ 2017 年，河北省列报商誉上市公司商誉占企业总资产的比重平均为 5.00%，低于全国列报商誉上市公司

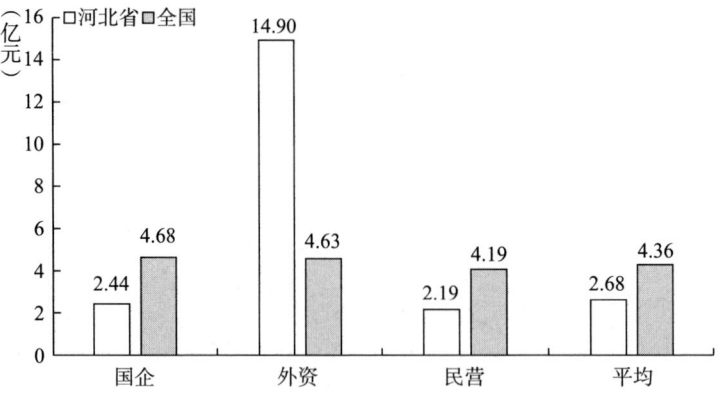

图 2 - 64　2013 ~ 2017 年河北省和全国不同性质列报商誉
上市公司商誉平均规模

商誉占企业总资产 6.21% 的平均比重，但是河北省列报商誉的外资上市公司商誉占总资产的比重显著高于全国列报商誉的外资上市公司商誉占企业总资产的平均比重，河北省国有性质列报商誉的上市公司商誉占企业总资产的比重略高于全国国有上市公司商誉的平均比重，民营上市公司则低于全国民营上市公司比重。

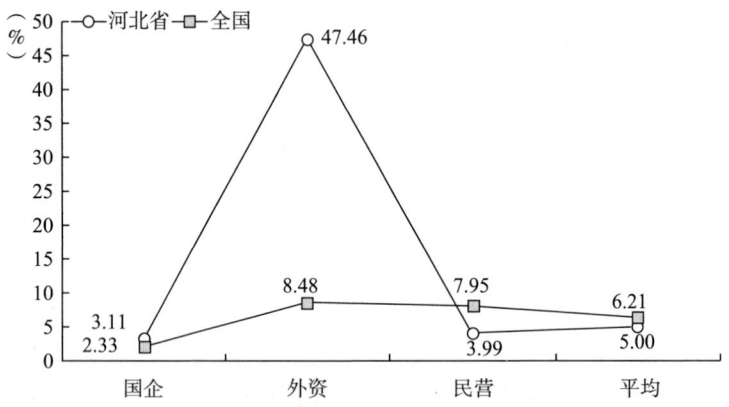

图 2 - 65　2013 ~ 2017 年河北省和全国不同性质列报商誉
上市公司商誉占总资产平均比重

　　表 2 - 23 呈现的是 2017 年河北省列报商誉上市公司情况。表中从列报商誉上市公司，上市公司所在的行业、市场板块、股权性质、商誉净额和商誉占总资产的比重等方面进行展示。和 2016 年相比，2017 年列报商誉的公司增加了以岭药业公司，减少了保变电器公司，总数和 2016 年相同。

表 2 – 23 2017 年河北省列报商誉上市公司情况

单位：万元，%

序号	证券简称	行业名称	板块	股权性质	商誉净额	商誉比重
1	常山北明	制造业	主板	国企	22.00	16.81
2	冀东水泥	制造业	主板	国企	0.76	0.19
3	东旭光电	制造业	主板	民营	26.00	3.82
4	华讯方舟	制造业	主板	民营	12.00	27.53
5	河钢股份	制造业	主板	国企	0.00※	0.00
6	新兴铸管	制造业	主板	国企	0.33	0.07
7	承德露露	制造业	主板	民营	0.03	0.10
8	茂业通信	信息传输、软件和信息技术服务业	主板	外资	17.00	53.95
9	冀中能源	采矿业	主板	国企	0.85	0.19
10	紫光国微	制造业	中小板	国企	8.10	15.49
11	荣盛发展	房地产业	中小板	民营	1.60	0.09
12	博深工具	制造业	中小板	民营	8.10	34.32
13	龙星化工	制造业	中小板	民营	0.27	0.90
14	华斯股份	制造业	中小板	民营	0.42	1.59
15	以岭药业	制造业	中小板	民营	0.12	0.15
16	恒信东方	科学研究和技术服务业	创业板	民营	0.35	1.50
17	先河环保	制造业	创业板	民营	2.90	13.85
18	晨光生物	制造业	创业板	民营	0.01	0.02
19	常山药业	制造业	创业板	民营	0.04	0.10
20	汇金股份	制造业	创业板	民营	1.50	9.02
21	四通新材	制造业	创业板	民营	0.50	5.53
22	华夏幸福	房地产业	主板	民营	5.40	0.14
23	三友化工	制造业	主板	国企	0.02	0.01
24	凌云股份	制造业	主板	国企	0.18	0.15
25	华北制药	制造业	主板	国企	0.03	0.02
26	福成股份	农林牧渔业	主板	民营	0.01	0.04
27	开滦股份	制造业	主板	国企	0.10	0.05
28	庞大集团	批发和零售业	主板	民营	11.00	1.79
29	长城汽车	制造业	主板	民营	0.02	0.00

注：※河钢股份的商誉仅为 87924.8 元，数字较小，四舍五入为 0。

四 分析结论

本报告首先从企业用于长期资产投资的支出规模和长期资产投资占企业总资产的比重分析了企业的投资行为，而后从内部长期资产投资和对外投资两个方面进行了分析。

（一）企业投资的总体情况

投资支出规模方面，河北省上市公司平均投资支出规模为 7.69 亿元，高于全国 6.94 亿元的平均投资支出规模。2013～2017 年，河北省上市公司每年的投资支出平均规模均高于全国上市公司平均水平。从行业上来讲，制造业、房地产业、批发和零售业的投资支出规模高于全国平均水平；在板块方面，主板市场，河北省上市公司平均投资支出规模为 11.70 亿元，略高于全国主板市场 11.00 亿元的平均投资支出规模；中小板市场，河北省上市公司平均投资支出规模为 1.71 亿元，远低于全国中小板市场 2.68 亿元的平均水平；创业板市场，全国创业板市场上市公司的总体投资支出规模呈现总体稳定上升趋势，2017 年为 1.72 亿元，而河北省上市公司的总体平均投资支出规模 2017 年仅为 0.51 亿元。在企业性质方面，2017 年河北省国有控股上市公司的投资支出规模平均为 11.20 亿元，低于全国 14.70 亿元的平均水平，民营控股上市公司的投资支出规模为 5.89 亿元，高于全国 3.10 亿元的平均水平，外资控股上市公司的投资支出规模为 0.30 亿元，远低于全国 2.92 亿元的平均水平。

投资比重方面，全国上市公司投资支出占总资产的比重总体呈现下降趋势，从 2013 年的 5.65% 下降到 2016 年的 4.19%，2017 年出现小幅上升为 4.40%，河北省上市公司的投资比重下降更为明显，从 2013 年的 6.55% 下降到 2016 年的 3.08%，2017 年同样出现小幅上升达到 3.33%，河北省上市公司五年投资总体平均比重为 4.52%，低于全国上市公司 4.67% 的平均投资比重。在行业方面，农林牧渔业，电力、热力、燃气及水生产和供应业，河北省上市公司平均投资占总资产的比重高于全国同行业平均比重，其他行业低于全国同行业平均比重。在板块方面，2013～2017 年，河北省主板的上市公司长期资产投资支出占总资产的比重高于全国主板平均投资比重，河北省在中小板和创业板上市公司长期资产投资比重低于全国同板块平均投资比重。在企业性质方面，河北省国有控股上市公司的长期资产投资支出比重高于全国国有控股上市公司平均水平，但是河北省民营和外资控股上市公司长期资产投资支出比重低于全国同性质的上市公司长期资产投资比重。

（二）企业内部投资总体情况

在企业的内部投资方面，河北省上市公司不论是在企业的内部投资支出规模，还是企业的内部投资占总资产的比重方面都远高于全国同期平均水平。在行业方面，河北省上市公司的内部长期投资的规模在制造业、房地产业、批发和零售业远高于全国同行业平均水平，其他行业低于全国同行业平均水平。在板块方面，主板市场上市的河北省上市公司内部投资的平均规模高于全国主板市场平均投资支出规模，其他板块低于全国同板块平均内部投资支出规模。

固定资产规模方面，2013～2017年，河北省上市公司总体规模平均为54.00亿元，高于全国固定资产35.20亿元的平均规模，在制造业、房地产业、批发和零售业的固定资产规模远高于全国同行业平均水平，其他行业低于全国同行业平均规模。

无形资产方面，河北省上市公司无形资产占总资产的平均比重为4.87%，略低于全国4.95%的平均水平，特别是2017年河北省上市公司的无形资产比重为4.27%，低于全国4.58%的平均比重。行业方面，河北省上市公司在制造业、房地产业、批发和零售业的无形资产规模高于全国同行业平均水平，其他行业低于全国同行业平均规模。

（三）企业对外投资总体情况

在对外投资方面，2013～2017年河北省平均有74.60%的上市公司持有对外投资，略低于全国81.88%的平均水平，河北省持有对外投资的上市公司持有的对外投资支出规模平均为8.50亿元，低于全国同类公司9.84亿元的平均规模。在短期投资方面，河北省持有短期投资的上市公司平均规模为2.53亿元，低于同类全国公司4.08亿元的平均规模，河北省持有短期投资的上市公司短期投资占总资产的平均比重为1.69%，低于全国同类公司

3.08%的比重。长期投资方面，河北省上市公司的平均规模为 6.11 亿元，低于全国平均 8.42 亿元的平均规模，河北省上市公司的长期投资占总资产的比重平均为 1.66%，低于全国同类公司 3.16%的比重。

商誉方面，河北省上市公司列报商誉的公司从 2013 年的 23 家上升到 2017 年的 29 家，商誉占总资产的比重呈逐年上升趋势，2013 年仅为 1.32%，2017 年为 6.46%，五年的平均比重为 5.00%，低于全国 6.21%的平均水平。在企业性质方面，河北省国有和民营控股的上市公司商誉占总资产的比重远低于全国同性质上市公司商誉的平均比重，河北省外资控股上市公司的数量较少，商誉比重远高于全国外资控股上市公司商誉的比重。在行业方面，河北省信息传输、软件和信息技术服务业商誉占总资产的比重高达 14.90%，远高于其他行业的比重，也高于全国同行业 6.39%的平均比重。

分报告三
河北省上市公司营运能力分析报告

　　营运能力是指企业的经营运行能力,反映了企业对资产的利用和管理能力,即企业运用各项资产以赚取利润的能力。资产是企业生产经营活动的经济资源,对资产的利用和管理能力直接影响企业的收益,体现了企业的经营能力。企业对营运能力的分析,实质是对企业资产管理效率的研究,反映了企业资金的周转状况,目的是评价企业资产的流动性。一般企业对营运能力分析的内容包括总资产营运能力分析和流动资产营运能力分析等方面。这些指标都是相对数指标,可以综合反映企业不同资产的营运效率。但是对企业营运能力分析仅仅借助于相对数指标值是不全面的,因为相对数指标只能反映企业营运效率。要想体现一个企业营运资金规模的大小,还需要借助于绝对数指标来进行分析。所以本报告在借鉴有关文献的基础上,分别从营运资金金额和营运资金效率两个方面综合分析企业的营运能力。本报告选取流动资产、流动负债、营运资金、流动资产占总资产比和流动负债占总负债比等指标分析营运资金金额,并选取应收账款周转天数、存货周转天数、营业周期、流动资产周转率和总资产周转率等指标分析公司的营运效率。

　　本报告基于 2013~2017 年数据[①],分别从营运资金金额和营运资金效率两个方面将河北省上市公司与全国上市公司进行了对比分析;在此分析基础上,按照河北省上市公司归属的九个行业以及四个不同的板块,将河北省上市公司与全国同行业上市公司以及河北省上市公司总体情况分别从营运资金金额和营运资金效率两个方面进行对比分析。最后,在以上综合分析和深入分析的基础上,对河北省上市公司营运能力得出总体评价和结论。

---

① 全国 A 股上市公司与河北省 A 股上市公司的数据均来源于国泰安数据库,计算相关指标时剔除金融业与空白数据。

一 河北省上市公司总体营运能力分析

河北省上市公司的营运能力主要通过营运资金和营运效率两个方面来进行分析。本报告分别从营运资金和营运资金效率两个方面与全国数据进行对比分析。

（一）营运资金分析

下面通过选取流动资产总额、流动负债总额、营运资金、流动资产占总资产比率、流动负债占总负债比率五个指标分析河北省上市公司的营运资金。

通过表 3－1 数据可见，2013～2017 年河北省上市公司流动资产占全国流动资产的比重平均为 3.01%，河北省上市公司流动负债占全国流动负债的比重平均为 3.22%，河北省营运资金五年平均值为 643.19 亿元，而全国平均营业资金为 33503.86 亿元，营运资金占全国营运资金的比重平均仅为 1.92%。河北省上市公司流动负债占全国流动负债的比重高于河北省上市公司流动资产占全国流动资产的比重，河北省营运资金占全国的比重显著偏低，说明河北省上市公司营运资金不足，明显低于全国上市公司平均水平。从流动资产占总资产的比重来看，河北省五年平均约为 54%，低于全国 2 个百分点；另外从流动负债占总负债的比重来看，河北省五年平均值为 80%，低于全国 2 个百分点，总体较为合理。总体来看，河北省和全国上市公司中流动负债在总负债中都占较大的比重，超过流动资产在总资产中所占比重的 26% 左右，可能存在一定的财务风险。

表 3－1 河北省与全国 A 股上市公司营运资金对比

单位：亿元，%

		流动资产总额	流动负债总额	营运资金	流动资产占总资产比率	流动负债占总负债比率
2013 年	河北省	3797.56	3876.91	-33.66	52	80
	全国	131195.31	116926.47	16031.22	56	83
	占比	2.89	3.32	—	-4	-3

续表

		流动资产总额	流动负债总额	营运资金	流动资产占总资产比率	流动负债占总负债比率
2014 年	河北省	4501.54	4504.46	5.81	52	79
	全国	164190.76	144330.98	20278.34	56	82
	占比	2.74	3.12	0.03	-4	-3
2015 年	河北省	5389.21	5125.70	269.98	54	78
	全国	192095.20	162284.73	30912.32	55	82
	占比	2.81	3.16	0.87	-1	-4
2016 年	河北省	7310.61	6203.49	1107.12	55	81
	全国	239477.08	194176.94	45317.56	57	82
	占比	3.05	3.19	2.44	-2	-1
2017 年	河北省	9487.98	7621.28	1866.70	57	82
	全国	286482.38	231616.41	54979.87	58	83
	占比	3.31	3.29	3.40	-1	-1
平均值	河北省	6097.38	5466.37	643.19	54	80
	全国	202688.15	169867.10	33503.86	56	82
	占比	3.01	3.22	1.92	-2	-2

从图 3-1 可见，河北省上市公司的流动资产和流动负债在 2013～2017 年呈现上升的趋势，并且 2015～2017 年，流动资产的增长速度明显快于流动负债。对于营运资金净额，2013～2017 年分别约为 -33.66 亿元、5.81 亿元、269.98 亿元、1107.12 亿元和 1866.70 亿元，2013 年营运资金出现负值，随后 2014 年回升，2016 年和 2017 年营运资金出现较大幅度的增长，说明河北省总体营运实力逐渐增强。

从图 3-2 可见，河北省上市公司流动资产占全国流动资产比率和河北省上市公司流动负债占全国流动负债的比率，2013 年到 2014 年呈下降趋势，从 2014 年开始，逐渐稳步上升，而且河北省上市公司流动资产占全国流动资产比率在 2016 年和 2017 年增长速度加快。在 2013～2016 年，流动负债占全国的比重均高于流动资产占全国的比重，2016 年二者差距缩小，到 2017 年二者几乎持平，主要是因为 2016 年和 2017 年流动资产占全国的

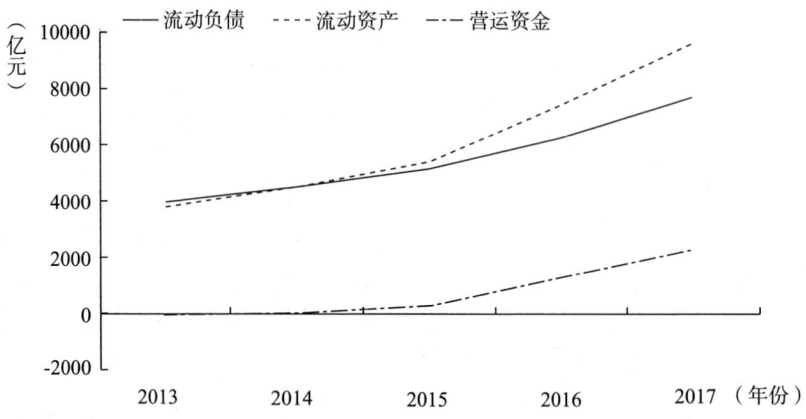

图 3-1　2013～2017 年河北省流动资产、流动负债和营运资金

比重增速较快。整体来看，2013～2015 年河北省上市公司的流动负债比重相对于流动资产偏高，可能存在一定的财务风险，但是从 2016 年开始，这种差距逐渐缩小，财务风险在逐渐降低。

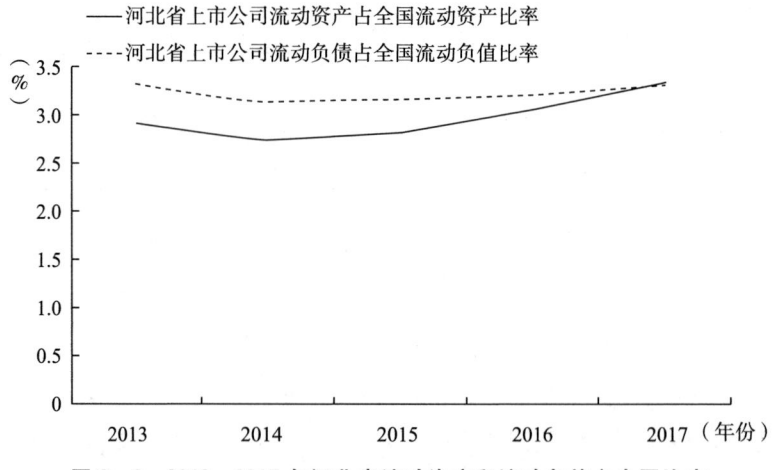

图 3-2　2013～2017 年河北省流动资产和流动负债占全国比率

从图 3-3 可见，河北省和全国上市公司流动资产占总资产的比率和流动负债占总负债的比率基本呈现一个温和变动趋势，而且河北省基本上都与全国同期的平均水平基本持平或者略低于全国平均总体水平。河北省和全国上市公司中流动负债占总负债比重都显著高于流动资产占总资产比重，可能存在一定的财务风险。

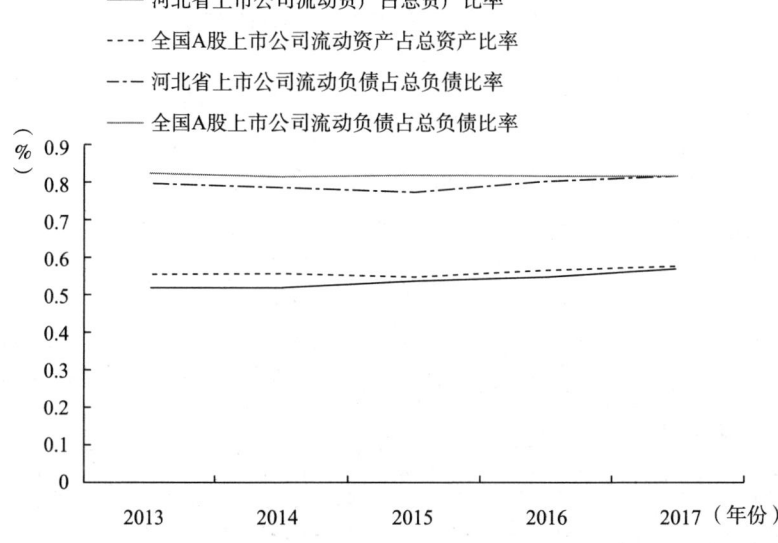

—— 河北省上市公司流动资产占总资产比率

---- 全国A股上市公司流动资产占总资产比率

-·-· 河北省上市公司流动负债占总负债比率

—— 全国A股上市公司流动负债占总负债比率

图 3 - 3　2013～2017 年流动资产、流动负债占总资产和总负债比率

（二）营运资金效率分析

下面分别从应收账款周转天数、存货周转天数、营业周期、流动资产周转率和总资产周转率等指标，将河北省上市公司和全国上市公司进行对比来分析河北省上市公司的营运资金效率。

从表 3 - 2 可见，2013～2017 年河北省上市公司应收账款周转天数平均为 81.30 天，全国上市公司平均值是 92.67 天，河北省上市公司平均应收账款周转天数比全国上市公司平均数少 11.37 天；河北省上市公司存货周转天数平均为 217.63 天，全国上市公司存货周转天数平均为 290.17 天，河北省上市公司平均存货周转天数比全国上市公司平均数少 72.54 天；河北省上市公司营业周期的平均天数为 295.64 天，全国上市公司平均营业周期为 378.88 天，河北省上市公司平均营业周期比全国上市公司营业周期少 83.24 天。河北省上市公司流动资产周转率和总资产周转率平均为 1.22 和 0.59，全国上市公司流动资产周转率和总资产周转率平均为 1.28 和 0.64，河北省上市公司流动资产周转率和总资产周转率均略微低于全国平均水平。整体来看，说明河北省上市公司资产周转速度较快，营运周期较短，对资产的利用和管理能力较强。

表 3 - 2 2013 ~ 2017 年河北省与全国 A 股上市公司营运效率对比

单位：天

		应收账款周转天数	存货周转天数	营业周期	流动资产周转率	总资产周转率
2013 年	河北省	68.81	247.99	316.80	1.36	0.65
	全国	78.44	285.58	360.38	1.36	0.69
	差距	- 9.63	- 37.59	- 43.58	0.00	- 0.04
2014 年	河北省	78.52	213.58	292.10	1.27	0.60
	全国	91.07	279.46	367.14	1.33	0.67
	差距	- 12.55	- 65.88	- 75.04	- 0.05	- 0.07
2015 年	河北省	91.48	226.74	309.50	1.12	0.54
	全国	97.23	288.91	381.99	1.23	0.62
	差距	- 5.75	- 62.17	- 72.48	- 0.12	- 0.08
2016 年	河北省	90.10	209.12	295.04	1.13	0.54
	全国	99.63	320.80	415.58	1.21	0.60
	差距	- 9.53	- 111.68	- 120.54	- 0.08	- 0.06
2017 年	河北省	77.56	190.74	264.77	1.24	0.60
	全国	96.96	276.12	369.33	1.25	0.65
	差距	- 19.40	- 85.38	- 104.56	- 0.01	- 0.05
平均值	河北省	81.30	217.63	295.64	1.22	0.59
	全国	92.67	290.17	378.88	1.28	0.64
	差距	- 11.37	- 72.54	- 83.24	- 0.06	- 0.05

从图 3 - 4 可见，2013 ~ 2016 年全国应收转款回收期呈上升趋势，2017 年略有下降，说明 2013 ~ 2016 年全国应收账款的回收速度变缓，流动性减弱，2017 年略微有所回升。2013 ~ 2015 年河北省应收账款回收期呈上升趋势，2016 年和 2017 年逐渐下降，应收转款回收速度明显回升。2013 ~ 2017 年河北省上市公司的平均应收账款回收期低于全国上市公司的平均水平，说明相对于全国平均水平，河北省应收账款回收速度较快，流动性较强。

从图 3 - 5 可知，2013 ~ 2016 年全国存货周转天数大体呈现上升趋势，尤其是 2016 年上升明显，但是 2017 年出现明显下降，说明存货周转效率开始回升。河北省存货周转天数除了 2015 年略有上升之外，2013 ~ 2017 年基本呈现下降趋势，而且均低于全国上市公司存货周转天数，说明河北省存货

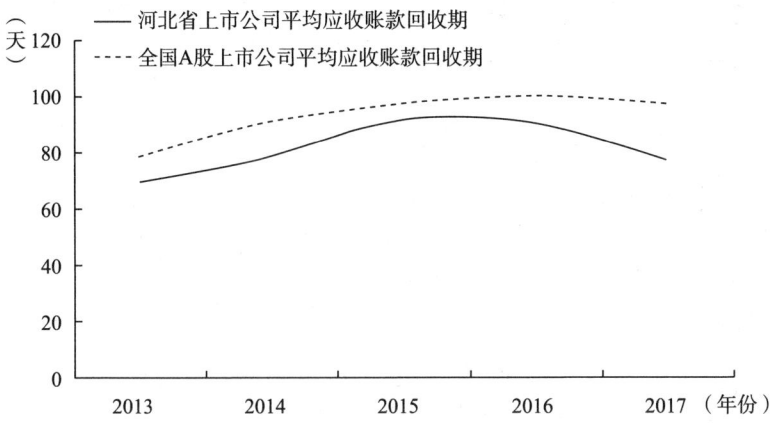

图 3 - 4 2013～2017 年河北省应收账款回收期与全国 A 股上市公司对比

的周转速度较快，存货管理效率较高。2013～2017 年，全国上市公司和河北省上市公司存货周转天数均有所波动，尤其在 2016 年，二者差距最大，说明河北省的存货管理效率增强。但是在 2017 年，二者差距又出现缩小的

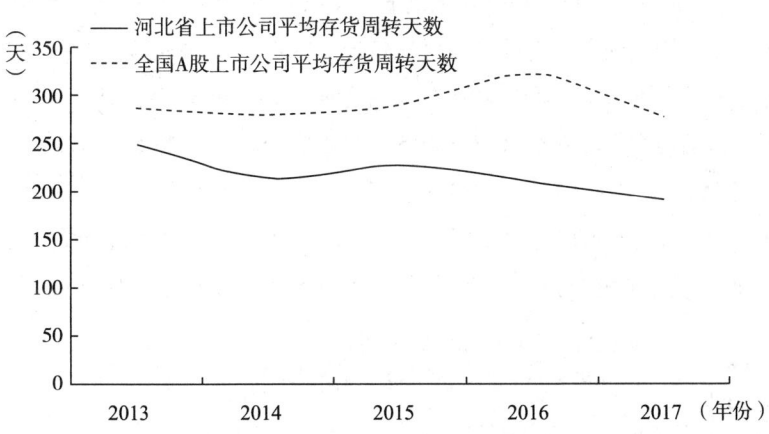

图 3 - 5 2013～2017 年河北省和全国 A 股上市公司存货周转天数对比

趋势，说明相较于 2016 年，河北省存货管理的优势正在降低。图 3 - 6 反映了 2013～2017 年河北省上市公司平均营业周期和全国 A 股上市公司平均营业周期的对比情况。从图 3 - 6 中可见，2013～2016 年全国上市公司平均营业周期呈上升趋势，2017 年出现明显下降；除 2015 年有所上升之外，河北省上市公司的营业周期基本呈下降趋势。并且，河北省上市公司的营业周期均低于全国的平均水平，并且这种差距在 2016 年更明显。营业周期是应

收账款回收期和存货周转天数之和，河北省在应收转款的回收速度上更快，在存货的周转速度上更快，因此营业周期更短，营运能力更强。

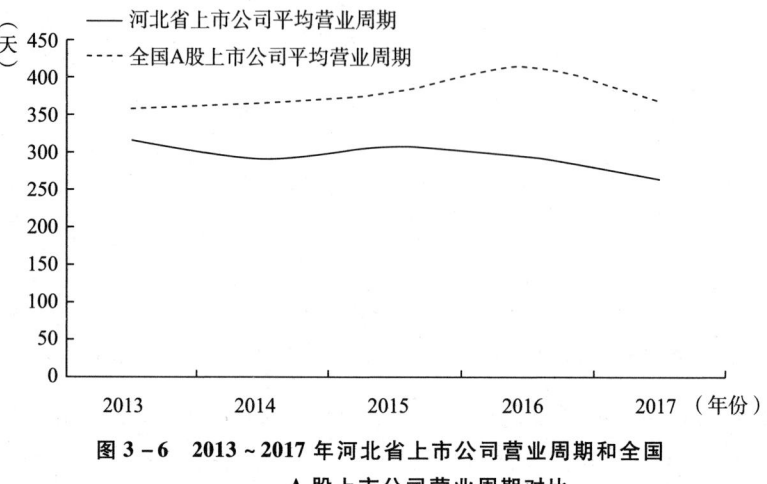

图3－6　2013～2017年河北省上市公司营业周期和全国
A股上市公司营业周期对比

图3－7反映了2013～2017年河北省上市公司平均流动资产周转率和全国A股上市公司平均流动资产周转率的对比情况。从图3－7中可见，2013～2016年全国上市公司平均流动资产周转率呈下降趋势，2017年略微上升；河北省上市公司平均流动资产周转率在2013～2015年呈下降趋势，在2015～2017年呈上升趋势。并且，2013～2017年，河北省上市公司平均流动资产周转率均低于全国平均水平，但到2017年二者几乎持平。说明，全国的流动资产利用效率在逐渐降低，河北省对于流动资产的利用效率在波动中有所增强。

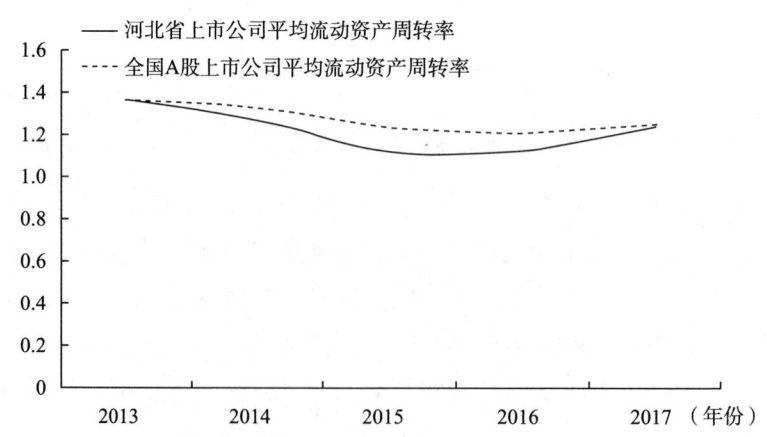

图3－7　2013～2017年河北省上市公司流动资产周转率与全国A股上市公司对比

图 3 - 8 反映了 2013 ~ 2017 年河北省上市公司平均总资产周转率和全国
A 股上市公司平均总资产周转率的对比情况。从图 3 - 8 中可见，2013 ~
2017 年河北省上市公司平均总资产周转率和全国 A 股上市公司平均总资产
周转率的变动趋势大致一致，2013 ~ 2015 年呈下降趋势，2016 年有所回升，
2017 年呈现明显上升趋势。并且，河北省上市公司平均总资产周转率均低
于全国平均水平。说明，相对于全国的总资产利用效率，河北省对于总资
产的利用效率有所不足。

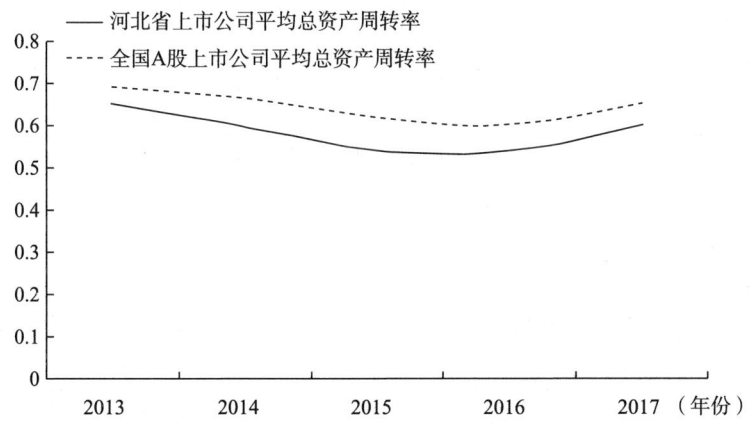

图 3 - 8　2013 ~ 2017 年河北省上市公司总资产周转率与全国 A 股上市公司对比

二　河北省上市公司分行业营运能力分析

下面分别从农林牧渔业，采矿业，制造业，电力、热力、燃气及水生
产和供应业，批发和零售业，交通运输、仓储和邮政业，房地产业，综合
类行业，信息传输、软件和信息技术服务业九个行业分析河北省各行业与
全国同行业以及河北省整体的营运资金和营运资金效率的对比情况。

（一）河北农林牧渔业与全国同行业对比分析

1. 营运资金的分析

下面通过选取流动资产总额、流动负债总额、营运资金、流动资产占
总资产比率、流动负债占总负债比率等五个指标分析河北省农林牧渔业上
市公司的营运资金金额。

从表3－3可见，2013～2017年度河北省农林牧渔业上市公司流动资产占全国同行业上市公司流动资产的比重平均为1.20%，流动负债占全国同行业上市公司流动负债的比重平均为0.76%。2013年至2015年河北省流动负债占全国同行业负债的比重保持平稳的比率，2016年比率增加幅度较大，2017年下降至之前水平；而流动资产占全国的比重基本呈逐年上升趋势，在2017年略微有所下降，而且均高于流动负债比重。对于营运资金，从数据上来看，2013～2017年均为正数，显示企业较好的营运能力。从流动资产占总资产的比重来看，河北省农林牧渔业上市公司平均约为55%，略高于全国同行业总体水平，而且与河北省上市公司平均值几乎持平，说明河北省农林牧渔业流动资产比重总体合理；但是河北省农林牧渔业上市公司流动负债占总负债的比重五年均为100%，高于全国同行业同比例20个百分点，而且高于河北省上市公司平均值，建议降低河北省农林牧渔业上市公司流动负债的比率以降低短期财务风险。

表3－3　2013～2017年度河北省农林牧渔业与全国A股上市公司同行业营运资金额对比

单位：亿元，%

		流动资产总额	流动负债总额	营运资金	流动资产占总资产比率	流动负债占总负债比率
2013 年	河北省	5.97	2.74	3.23	51	100
	全国	564.35	402.51	124.97	52	82
	占比	1.06	0.68	2.58	-1	18
2014 年	河北省	5.53	3.09	2.44	45	100
	全国	632.83	458.55	174.28	51	79
	占比	0.87	0.67	1.40	-7	21
2015 年	河北省	12.59	3.85	8.75	62	99
	全国	904.57	597.53	308.36	53	81
	占比	1.39	0.64	2.84	10	19
2016 年	河北省	15.82	8.44	7.38	61	100
	全国	1105.69	705.26	400.44	52	80
	占比	1.43	1.20	1.84	8	20
2017 年	河北省	13.73	5.53	8.20	57	99
	全国	1255.23	936.92	317.14	52	79
	占比	1.09%	0.59	2.59	5	21

续表

		流动资产总额	流动负债总额	营运资金	流动资产占总资产比率	流动负债占总负债比率
平均值	河北省	10.73	4.73	6.00	55	100
	全国	892.53	620.15	265.04	52	80
	占比	1.20	0.76	2.26	3	20

2. 营运效率的分析

下面分别从应收账款周转天数、存货周转天数、营业周期、流动资产周转率、总资产周转率分析河北省农林牧渔业的营运效率。

从表3-4可见，2013~2017年河北省农林牧渔业平均营业周期为245.20天，全国同行业营业周期平均为456.17天，与全国同行业相比少了210.97天。从表3-4可以发现，河北省农林牧渔业营业周期短的主要原因是存货周转天数较少，存货周转天数与全国同行业平均值相比少了202.07天，而河北省农林牧渔业上市公司应收账款周转天数也略低于全国同行业平均水平。从流动资产周转率和总资产周转率来看，2013~2015年，河北省农林牧渔业均高于全国同行业平均水平；2016年和2017年，河北省农林牧渔业略低于全国同行业水平。说明与全国同行业相比，河北省农林牧渔业上市公司应收账款、存货、流动资产与总资产的周转速度较快，资产的利用效率较高。

表3-4　2013~2017年河北省农林牧渔业和全国A股上市公司同行业营运效率分析

单位：天

		营运效率				
		应收账款周转天数	存货周转天数	营业周期	流动资产周转率	总资产周转率
2013年	河北省	30.14	143.31	173.45	1.91	0.91
	全国	37.10	366.51	402.68	1.06	0.53
	差距	-6.96	-223.20	-229.23	0.86	0.38
2014年	河北省	33.74	142.49	176.23	1.91	0.92
	全国	44.26	417.67	460.82	1.04	0.49
	差距	-10.51	-275.18	-284.59	0.88	0.43

		营运效率				
		应收账款周转天数	存货周转天数	营业周期	流动资产周转率	总资产周转率
2015 年	河北省	31.13	268.84	299.97	1.14	0.70
	全国	39.35	371.75	410.19	1.05	0.49
	差距	-8.22	-102.91	-110.22	0.10	0.21
2016 年	河北省	31.28	260.26	291.54	0.97	0.59
	全国	39.87	453.43	492.39	1.21	0.52
	差距	-8.59	-193.17	-200.85	-0.24	0.07
2017 年	河北省	35.25	249.55	284.80	0.92	0.54
	全国	51.70	465.44	514.78	1.06	0.48
	差距	-16.44	-215.89	-229.98	-0.13	0.06
平均值	河北省	32.31	212.89	245.20	1.37	0.73
	全国	42.45	414.96	456.17	1.08	0.50
	差距	-10.14	-202.07	-210.97	0.29	0.23

跟河北省总体的比较情况看，2013～2017 年河北省农林牧渔业应收账款周转天数平均为 32.31 天，存货周转天数平均为 212.89 天，营业周期为 245.20 天，而 2013～2017 年河北省上市公司平均应收账款周转天数为 81.30 天，存货周转天数为 217.63 天，营业周期为 295.64 天。河北省农林牧渔业的三项指标均低于河北省所有上市公司的平均数。另外，河北省农林牧渔业上市公司流动资产周转率、总资产周转率分别为 1.37 和 0.73，河北省上市公司流动资产周转率、总资产周转率平均数分别为 1.22 和 0.59，河北省农林牧渔业上市公司的两个指标均高于河北省上市公司总体水平。说明河北省农林牧渔业上市公司营运效率较高，高于河北省上市公司总体水平。

（二）河北采矿业与全国同行业对比分析

1. 营运资金的分析

下面通过选取流动资产总额、流动负债总额、营运资金、流动资产占总资产比率、流动负债占总负债比率五个指标分析河北省采矿业上市公司的营运资金金额。

从表 3 - 5 数据可见，2013～2017 年河北省采矿业上市公司流动资产占全国同行业上市公司流动资产的比重平均值为 1.29%，河北省采矿业上市公司流动负债占全国同行业上市公司流动负债的比重平均值为 1.03%。河北省采矿业上市公司中 2013 年和 2015 年营业资金都为负数，其他年份虽然营运资金为正数，但是营运资金金额都非常小，显示企业营运资金不足。另外全国采矿业上市公司从 2013 年到 2017 年营运资金均为负，说明营运资金不足是全国采矿业面临的共同问题。从流动资产占总资产的比重来看，河北省采矿业五年平均约为 36%，略低于全国同行业总体水平，而且远低于河北省总体平均水平 54%；另外从流动负债占总负债的比重来看，总体流动负债占比低于全国同行业平均水平，而且低于河北省所有上市公司的总体平均水平。说明河北省采矿业流动资产结构达到了全国同行业整体水平，但是与河北省其他行业相比仍有一定差距，流动负债结构优于全国同行业和河北省整体水平。

表 3 - 5　2013～2017 年河北省采矿业与全国 A 股上市公司同行业营运资金对比

单位：亿元，%

		流动资产总额	流动负债总额	营运资金	流动资产占总资产比率	流动负债占总负债比率
2013 年	河北省	143.26	159.98	-16.71	35	69
	全国	12952.32	17178.77	-4433.97	37	75
	占比	1.11	0.93	—	-2	-6
2014 年	河北省	139.02	128.83	10.19	33	61
	全国	190.56	254.47	-63.90	38	70
	占比	72.95	50.63	—	-4	-9
2015 年	河北省	143.51	148.24	-4.73	35	71
	全国	13145.23	16386.23	-3259.41	37	74
	占比	1.09	0.90	—	-2	-2
2016 年	河北省	155.47	151.98	3.50	36	65
	全国	15169.51	18011.87	-2829.65	39	73
	占比	1.02	0.84	—	-3	-9
2017 年	河北省	179.60	145.97	33.63	39	58
	全国	17576.51	19844.41	-2267.90	42	73
	占比	1.02	0.74	—	-3	-14

		流动资产总额	流动负债总额	营运资金	流动资产占总资产比率	流动负债占总负债比率
平均值	河北省	152.17	147.00	5.18	36	65
	全国	11806.82	14335.15	−2570.97	39	73
	占比	1.29	1.03	—	−3	−8

2. 营运效率的分析

下面分别从应收账款周转天数、存货周转天数、营业周期、流动资产周转率、总资产周转率分析河北省采矿业的营运效率。

从表3-6可见，2013~2017年河北省采矿业营业周期的平均天数为125.81天，全国同行业平均营业周期为671.68天，与全国相比少了545.87天。从表中可以看出，河北省采矿业上市公司营业周期较短的原因主要是存货周转速度快，存货周转天数较少，与全国平均数相比少了576.47天。虽然河北省采矿业上市公司应收账款周转天数略高于全国同行业平均水平，但是存货周转速度快的优势弥补了应收账款周转速度慢的不足。另外从流动资产周转率和总资产周转率来看，2013~2017年，河北省采矿业都显著低于全国同行业平均水平，说明河北省采矿业上市公司流动资产和总资产周转速度有待提高。

表3-6 2013~2017年河北省采矿业与全国A股上市公司同行业营运效率对比

单位：天

		营运效率				
		应收账款周转天数	存货周转天数	营业周期	流动资产周转率	总资产周转率
2013年	河北省	60.80	20.31	81.11	1.69	0.64
	全国	55.65	165.44	219.45	2.25	0.70
	差距	5.15	−145.13	−138.34	−0.56	−0.07
2014年	河北省	92.24	29.11	121.34	1.29	0.44
	全国	73.76	113.48	182.45	2.12	0.61
	差距	18.48	−84.37	−61.11	−0.82	−0.17
2015年	河北省	131.39	36.67	168.06	0.89	0.30
	全国	94.06	179.91	267.46	1.73	0.48
	差距	37.33	−143.24	−99.40	−0.84	−0.18

续表

		营运效率				
		应收账款周转天数	存货周转天数	营业周期	流动资产周转率	总资产周转率
2016 年	河北省	121.20	38.57	159.77	0.91	0.32
	全国	92.26	1193.13	1265.52	1.53	0.45
	差距	28.94	-1154.56	-1105.75	-0.62	-0.12
2017 年	河北省	75.66	23.09	98.75	1.22	0.46
	全国	65.45	1378.17	1423.49	1.66	0.56
	差距	10.21	-1355.08	-1324.74	-0.44	-0.11
平均值	河北省	96.26	29.55	125.81	1.20	0.43
	全国	76.24	606.02	671.68	1.86	0.56
	差距	20.02	-576.47	-545.87	-0.66	-0.13

与河北省总体的比较情况看,河北采矿业平均应收账款周转天数为96.26天,存货周转天数为29.55天,营业周期为125.81天,2013~2017年河北省上市公司平均应收账款周转天数为81.30天,存货周转天数为217.63天,营业周期为295.64天。从整体来看,河北省采矿业应收账款的周转速度低于河北省平均水平,存货周转效率远高于河北省平均水平,采矿业的营业周期显著低于河北省所有上市公司的平均数,主要是因为存货周转效率高弥补了应收账款速度略慢的不足。另外河北省采矿行业上市公司流动资产周转率、总资产周转率数值分别为1.20和0.43,河北省上市公司流动资产周转率和总资产周转率平均数分别为1.22和0.59,两个指标与河北省上市公司总体水平基本持平。从总体来看,与河北省上市公司平均水平相比,河北省采矿业上市公司存货周转速度远高于河北省平均水平,其余指标与平均水平相差不多,说明河北省采矿业上市公司资产利用效率较高,营运管理水平较高。

(三)河北制造业与全国同行业对比分析

1. 营运资金的分析

下面通过选取流动资产总额、流动负债总额、营运资金、流动资产占总资产比率、流动负债占总负债比率五个指标分析河北省制造业上市公司的营运资金金额。

从表 3 - 7 可见，2013 ~ 2017 年河北省制造业上市公司流动资产占全国同行业上市公司流动资产比为 3.13%，流动负债占全国同行业上市公司流动负债比为 4.32%。另外从数据上看，2013 ~ 2017 年河北省制造业上市公司五年中各年度营业资金都为负数，显示河北省制造业上市公司营运资金不足，但是全国同行业同期营运资金都为正数，显示营运资金不足是困扰河北省制造业的突出问题。从流动资产占总资产的比重来看，河北省制造业五年平均约为 55%，低于全国同行业总体水平 2 个百分点，与河北省总体平均水平持平。另外从流动负债占总负债的比重来看，总体流动负债占比低于全国同行业平均水平 4 个百分点，与河北省总体平均水平持平。说明，河北省制造业与河北省总体水平基本一致，主要是由于上市公司中制造业占比较高；与全国对比看，河北省制造业应该进一步增加流动资产，调整流动负债结构，从而提高河北省制造业企业的营运能力。

表 3 - 7　2013 ~ 2017 年河北省制造业与全国 A 股上市公司同行业营运资金金额对比

单位：亿元，%

		流动资产总额	流动负债总额	营运资金	流动资产占总资产比率	流动负债占总负债比率
2013 年	河北省	1846.76	2212.13	-295.36	51	79
	全国	52774.82	43720.91	9734.77	56	85
	占比	3.50	5.06	—	-5	-6
2014 年	河北省	1980.47	2410.21	-422.98	52	78
	全国	65506.82	54766.38	10827.71	57	84
	占比	3.02	4.40	—	-4	-6
2015 年	河北省	2146.09	2661.89	-509.33	54	81
	全国	72916.12	60125.80	13062.88	56	85
	占比	2.94	4.43	—	-2	-3
2016 年	河北省	2851.69	2922.72	-71.03	57	81
	全国	89595.01	70711.59	18878.08	57	84
	占比	3.18	4.13	—	-1	-3
2017 年	河北省	3354.05	3272.78	81.26	59	84
	全国	108135.36	82841.74	25349.71	59	85
	占比	3.10	3.95	0.32	0	-2

续表

		流动资产总额	流动负债总额	营运资金	流动资产占总资产比率	流动负债占总负债比率
平均值	河北省	2435.81	2695.95	-243.49	55	81
	全国	77785.63	62433.28	15570.63	57	85
	占比	3.13	4.32	—	-2	-4

2. 营运效率分析

下面分别从应收账款周转天数、存货周转天数、营业周期、流动资产周转率、总资产周转率分析河北省制造业行业的营运效率。

从表 3 - 8 数据可见，2013 ~ 2017 年河北省制造业营业周期的平均天数为 282.33 天，全国同行业营业周期平均值为 263.33 天，与全国相比多了 19 天。进一步分析发现，河北省制造业行业营业周期略长的主要原因是存货周转天数较多，存货周转天数与全国同行业平均值相比多了 28.34 天，然而河北省制造业上市公司应收账款周转天数略低于全国同行业平均水平，应收账款周转速度略快的优势部分弥补了存货周转速度略慢的不足。另外河北省制造业上市公司流动资产周转率和总资产周转率与全国同行业相比，几乎持平。说明与全国同行业相比，河北省制造业与全国同行业平均水平基本持平，营运能力较好，但是仍有一定的上升空间。

表 3 - 8　2013 ~ 2017 年河北省制造业与全国 A 股上市公司同行业营运效率对比

单位：天

		营运效率				
		应收账款周转天数	存货周转天数	营业周期	流动资产周转率	总资产周转率
2013 年	河北省	80.59	248.82	329.41	1.36	0.67
	全国	87.30	178.55	265.79	1.32	0.71
	差距	-6.71	70.27	63.62	0.04	-0.04
2014 年	河北省	80.47	195.97	276.44	1.30	0.63
	全国	91.55	175.06	266.50	1.31	0.69
	差距	-11.08	20.91	9.94	-0.01	-0.06
2015 年	河北省	92.72	204.05	296.78	1.10	0.54
	全国	102.40	170.58	272.51	1.19	0.63
	差距	-9.68	33.47	24.27	-0.10	-0.09

续表

		营运效率				
		应收账款周转天数	存货周转天数	营业周期	流动资产周转率	总资产周转率
2016 年	河北省	99.67	181.29	280.96	1.15	0.57
	全国	104.71	158.72	263.07	1.18	0.61
	差距	-5.04	22.57	17.89	-0.03	-0.03
2017 年	河北省	86.64	141.45	228.08	1.24	0.65
	全国	102.19	146.97	248.78	1.23	0.67
	差距	-15.55	-5.52	-20.70	0.01	-0.02
平均值	河北省	88.02	194.32	282.33	1.23	0.61
	全国	97.63	165.98	263.33	1.25	0.66
	差距	-9.61	28.34	19.00	-0.02	-0.05

跟河北省总体的比较情况看，河北省制造业平均应收账款周转天数为88.02天，存货周转天数为194.32天，营业周期为282.33天，而2013～2017年河北省上市公司平均应收账款周转天数为81.30天，存货周转天数为217.63天，营业周期为295.64天。河北省制造业的营业周期低于河北省上市公司的平均值，虽然应收账款周转天数略高于河北省平均水平，但是存货周转速度的加快弥补了应收账款周转速度略慢的情况。另外河北省制造业上市公司流动资产周转率、总资产周转率数值分别为1.23和0.61，河北省上市公司流动资产周转率和总资产周转率平均数分别为1.22和0.59，河北省制造业与河北省上市公司平均水平几乎持平。说明与河北省平均水平相比，河北省制造业的营运效率与平均值相差不大，营运效率处于平均水平，通过营运资金管理，有一定的提高空间。

（四）河北电力、热力、燃气及水生产和供应业与全国同行业对比分析

1. 营运资金的分析

下面通过选取流动资产总额、流动负债总额、营运资金、流动资产占总资产比率、流动负债占总负债比率五个指标分析河北省电力、热力、燃气及水生产和供应业的营运资金金额。

从表3-9可见，2013～2017年河北省电力、热力、燃气及水生产和供应

业流动资产平均5年占全国同行业上市公司流动资产的比重为1.14%，流动负债平均5年占全国同行业上市公司流动负债的比重为0.96%。对于营运资金，从表3-9发现，2013~2017年每年营业资金均为负数，显示河北省电力、热力、燃气及水生产和供应业营运资金不足，而且全国同行业同期营运资金都为负数，显示营运资金不足是困扰全国电气、燃气业行业的普遍问题。从流动资产占总资产的比重以及流动负债占总负债的比重来看，河北省电力、热力、燃气及水生产和供应业两项比率与全国同行业总体水平基本持平。同河北省所有上市公司数据比较看，无论流动资产占总资产比率还是流动负债占总负债的比率，都低于河北省总体平均水平，应从增加流动资产的比重和调节负债结构入手提高河北省电力、热力、燃气及水生产和供应业的营运能力。

表3-9 2013~2017年河北省电力、热力、燃气及水生产和供应业与全国
A股上市公司同行业营运资金对比

单位：亿元，%

		流动资产总额	流动负债总额	营运资金	流动资产占总资产比率	流动负债占总负债比率
2013年	河北省	19.04	19.49	-24.78	30	59
	全国	2719.36	4607.99	-3344.95	27	60
	占比	0.70	0.42	—	4	-1
2014年	河北省	49.85	64.18	-14.33	15	50
	全国	3594.12	6978.93	-3384.82	25	55
	占比	1.39	0.92	—	-10	-6
2015年	河北省	44.52	63.47	-18.95	17	43
	全国	4017.68	7835.81	-3799.57	23	53
	占比	1.11	0.81	—	-6	-10
2016年	河北省	58.01	100.49	-42.48	35	51
	全国	4666.90	8970.53	-4302.05	24	54
	占比	1.24	1.12	—	11	-3
2017年	河北省	68.91	126.39	-57.47	17	55
	全国	5514.44	10569.75	-5055.31	25	56
	占比	1.25	1.20	—	-8	-1
平均值	河北省	48.07	74.80	-31.60	23	51
	全国	4102.50	7792.60	-3977.34	25	56
	占比	1.14	0.96	—	-2	-4

2. 营运效率的分析

下面分别从应收账款周转天数、存货周转天数、营业周期、流动资产周转率、总资产周转率分析河北省电力、热力、燃气及水生产和供应业的营运效率。

从表 3 - 10 可见，2013～2017 年河北省电力、热力、燃气及水生产和供应业上市公司营业周期为 69.24 天，全国同行业五年平均营业周期为 122.98 天，低于全国平均水平，另外河北省电力、热力、燃气及水生产和供应业应收账款周转天数和存货周转天数以及营业周期都明显低于全国同行业平均水平。另外从流动资产周转率和总资产周转率来看，均高于全国同行业平均水平。说明相对于全国同行业，河北省电力、热力、燃气及水生产和供应业营运效率较高。

表 3 - 10　2013～2017 年河北省电力、热力、燃气及水生产和供应业与
全国 A 股上市公司同行业营运效率对比

单位：天

		营运效率				
		应收账款周转天数	存货周转天数	营业周期	流动资产周转率	总资产周转率
2013 年	河北省	41.84	35.53	77.36	2.22	0.45
	全国	50.96	67.70	118.12	2.14	0.42
	差距	-9.12	-32.17	-40.76	0.08	0.03
2014 年	河北省	37.07	28.77	65.84	1.91	0.39
	全国	53.64	65.74	118.81	2.04	0.40
	差距	-16.57	-36.97	-52.97	-0.13	-0.01
2015 年	河北省	40.46	20.19	60.65	2.30	0.43
	全国	60.09	76.56	136.65	1.86	0.35
	差距	-19.63	-56.37	-76.00	0.44	0.08
2016 年	河北省	48.73	20.89	69.63	2.27	0.39
	全国	56.35	65.58	121.93	1.83	0.33
	差距	-7.62	-44.69	-52.30	0.43	0.06
2017 年	河北省	53.46	19.28	72.74	2.10	0.37
	全国	66.25	53.16	119.40	1.82	0.35
	差距	-12.79	-33.88	-46.66	0.28	0.02

		营运效率				
		应收账款周转天数	存货周转天数	营业周期	流动资产周转率	总资产周转率
平均值	河北省	44.31	24.93	69.24	2.16	0.41
	全国	57.46	65.74	122.98	1.94	0.37
	差距	-13.15	-40.81	-53.74	0.22	0.04

　　与河北省各行业比较情况看，河北电力、热力、燃气及水生产和供应业平均应收账款周转天数为44.31天，存货周转天数为24.93天，营业周期为69.24天，而2013～2017年河北省上市公司平均应收账款周转天数为81.30天，存货周转天数为217.63天，营业周期为295.64天。河北省电力、热力、燃气及水生产和供应业三个指标都明显低于河北省所有上市公司的平均数。另外河北省电力、热力、燃气及水生产和供应业流动资产周转率、总资产周转率分别为2.16和0.41，河北省上市公司流动资产周转率和总资产周转率平均数分别为1.22和0.59，总资产周转率略低于河北省平均水平。说明与河北省上市公司整体相比，除了总资产周转速度略慢外，河北省电力、热力、燃气及水生产和供应业营运效率较高，显著高于河北省其他类别上市公司。

（五）河北批发和零售业与全国同行业对比分析

1. 营运资金的分析

　　下面通过选取流动资产总额、流动负债总额、营运资金、流动资产占总资产比率、流动负债占总负债比率五个指标分析河北省批发和零售业上市公司的营运资金金额。

　　从表3－11可见，2013～2017年河北省批发和零售业上市公司流动资产占全国同行业上市公司流动资产的比重为4.53%，流动负债占全国流动负债的比重为5.55%。对于营运资金，2013～2015年均为负数，从2016年开始营运资金转为正数并逐步呈现上升趋势，显示河北省批发和零售业营运资金虽然略有不足，但呈现较好的发展趋势。在全国同行业同期营运资金均为正数的情况下，河北省批发和零售业营运资金为负，显示营运资金不足是困扰河北省批发和零售行业的问题。从流动资产占总资产的比重以及流动负债占总负债的比重来看，河北省批发和零售业两项比率都略高于全国同行业总体水平。同河北省所有上市公司数据比较看，流动资产占总资产比还是流动负债占总负债的比，都高于河北省总体平均水平，应从调节负债结构和筹资方式入手提高河北省批发和零售业企业的营运能力。

表 3 –11　2013～2017 年河北省批发和零售业与全国 A 股上市
公司同行业营运资金金额对比

单位：亿元，%

		流动资产总额	流动负债总额	营运资金	流动资产占总资产比率	流动负债占总负债比率
2013 年	河北省	485.03	529.29	-44.26	67	96
	全国	6685.63	6048.26	972.47	60	89
	占比	7.25	8.75	—	7	6
2014 年	河北省	508.63	523.94	-15.03	67	95
	全国	8418.76	7143.51	1248.63	60	87
	占比	6.04	7.33	—	7	7
2015 年	河北省	461.72	474.68	-12.96	68	93
	全国	9865.99	8437.20	1457.60	59	88
	占比	4.68	5.63	—	9	5
2016 年	河北省	531.27	523.13	8.14	58	95
	全国	13763.81	11017.77	2746.04	61	87
	占比	3.86	4.75	0.30	-3	8
2017 年	河北省	481.63	467.38	14.25	71	96
	全国	15771.79	12710.94	3060.85	61	86
	占比	3.05	3.68	0.47	11	10
平均值	河北省	493.66	503.68	-9.97	66	95
	全国	10901.20	9071.54	1897.12	60	88
	占比	4.53	5.55	—	6	7

2. 营运效率的分析

下面分别从应收账款周转天数、存货周转天数、营业周期、流动资产周转率、总资产周转率分析河北批发和零售业的营运效率。

从表 3 –12 可见，2013～2017 年河北省批发和零售业的平均营业周期为 151.85 天，全国同行业营业周期为 164.53 天，河北省批发和零售业的营业周期比全国同行业少 12.68 天。河北省批发和零售业应收账款周转天数高于全国同行业，但是存货周转天数低于全国同行业平均水平，存货周转效率高弥补了应收账款速度略慢的不足。流动资产周转率和总资产周转率都低于全国同行业平均水平。说明与全国同行业相比，河北省批发和零售业整体营运效率有一定的提升空间。

表 3 - 12　2013~2017 年河北省批发和零售业与全国 A 股上市公司同行业营运效率分析

单位：天

		营运效率				
		应收账款周转天数	存货周转天数	营业周期	流动资产周转率	总资产周转率
2013 年	河北省	20.81	103.68	124.49	1.37	0.86
	全国	26.64	117.42	144.07	2.50	1.45
	差距	-5.83	-13.74	-19.58	-1.13	-0.60
2014 年	河北省	123.40	95.08	218.48	1.13	0.65
	全国	133.13	104.59	237.72	2.28	1.32
	差距	-9.73	-9.51	-19.24	-1.16	-0.67
2015 年	河北省	112.85	58.21	151.66	0.77	0.54
	全国	31.09	105.76	136.85	2.29	1.31
	差距	81.76	-47.55	14.81	-1.52	-0.77
2016 年	河北省	24.52	91.28	115.80	1.00	0.66
	全国	30.48	118.65	148.37	2.28	1.32
	差距	-5.96	-27.37	-32.57	-1.28	-0.66
2017 年	河北省	41.20	107.65	148.85	0.90	0.64
	全国	33.91	121.94	155.65	2.31	1.32
	差距	7.29	-14.29	-6.80	-1.40	-0.68
平均值	河北省	64.56	91.18	151.85	1.03	0.67
	全国	51.05	113.67	164.53	2.33	1.34
	差距	13.51	-22.49	-12.68	-1.30	-0.68

与河北省总体的比较情况看，河北省批发和零售业平均应收账款周转天数为 64.56 天，存货周转天数为 91.18 天，营业周期为 151.85 天，而

2013～2017 年河北省上市公司平均应收账款周转天数为 81.30 天，存货周转天数为 217.63 天，营业周期为 295.64 天。河北省批发和零售业的三个指标都明显低于河北省所有上市公司的平均数。另外河北省批发和零售业流动资产周转率、总资产周转率分别为 1.03 和 0.67，而河北省上市公司流动资产周转率和总资产周转率平均数分别为 1.22 和 0.59，流动资产周转率低于河北省平均水平，而总资产周转率比河北省上市公司平均水平略高。说明与河北省上市公司相比，除了流动资产周转速度略慢外，河北省批发和零售业的营运效率较高，高于河北省其他类别上市公司。

（六）河北交通运输、仓储和邮政业与全国同行业对比分析

1. 营运资金的分析

下面通过选取流动资产总额、流动负债总额、营运资金、流动资产占总资产比率、流动负债占总负债比率五个指标分析河北省交通运输、仓储和邮政业上市公司的营运资金金额。

表 3 - 13 数据显示，2013～2017 年河北省交通运输、仓储和邮政业行业流动资产占全国同行业上市公司流动资产的比重为 1.04%，流动负债占全国同行业上市公司流动负债的比重为 0.82%。对于营运资金，从数据上来看，2013 年和 2014 年为负，虽然 2015 年和 2016 年变为正，但是营运资金金额较小，而且在 2017 年又为负，说明河北省交通运输、仓储和邮政业营运资金不足。在全国同行业同期营运资金为负数的情况下，河北省交通运输、仓储和邮政业营运资金也为负，显示营运资金不足是困扰全国交通运输行业的普遍问题。从流动资产占总资产的比重以及流动负债占总负债的比重来看，河北省交通运输、仓储和邮政业流动资产占总资产的比重略低于全国同行业平均水平，而流动负债占总负债的比率略高于全国同行业总体水平，显示河北省交通运输、仓储和邮政业具有一定的财务风险。同河北省所有上市公司数据比较看，无论流动资产占总资产比还是流动负债占总负债的比，都低于河北省总体平均水平，应从调节负债结构和增加流动资产入手提高河北省交通运输、仓储和邮政业的营运能力。

表 3 - 13　2013 ~ 2017 年河北省交通运输仓储和邮政业与全国 A 股上市
公司同行业营运资金金额对比

单位: 亿元, %

		流动资产总额	流动负债总额	营运资金	流动资产占总资产比率	流动负债占总负债比率
2013 年	河北省	29.13	32.71	- 3.58	23	56
	全国	3880.81	4955.35	- 1133.06	33	62
	占比	0.75	0.66	—	- 10	- 6
2014 年	河北省	14.82	30.20	- 13.79	14	67
	全国	3892.52	4725.51	- 792.74	32	61
	占比	0.38	0.64	—	- 18	7
2015 年	河北省	40.42	35.44	4.98	24	67
	全国	3942.90	4849.94	- 919.05	30	61
	占比	1.03	0.73	—	- 6	6
2016 年	河北省	59.83	41.42	18.41	29	76
	全国	4797.86	6013.50	- 1215.45	32	60
	占比	1.25	0.69	—	- 2	16
2017 年	河北省	86.98	88.46	- 1.47	19	57
	全国	5670.14	7248.96	- 1578.82	33	64
	占比	1.53	1.22	—	- 14	- 7
平均值	河北省	46.24	45.65	0.91	22	65
	全国	4436.84	5558.65	- 1127.82	32	62
	占比	1.04	0.82	—	- 10	3

2. 营运效率的分析

下面分别从应收账款周转天数、存货周转天数、营业周期、流动资产周转率、总资产周转率分析河北省交通运输、仓储和邮政业的营运效率。

表 3 - 14 数据显示, 2013 ~ 2017 年河北省交通运输、仓储和邮政业上市公司平均营业周期为 63.41 天, 全国同行业上市公司平均营业周期为 203.20 天, 河北省交通运输、仓储和邮政业上市公司平均营业周期比全国同行业营业周期少 139.79 天。另外, 2013 ~ 2017 年河北省交通运输、仓储和邮政业的应收账款周转天数、存货周转天数和营业周期都低于全国同行

业平均水平。另外从全国同行业的流动资产周转率和总资产周转率来看，河北省交通运输、仓储和邮政业的指标值都略低于全国同行业平均水平。说明同全国同行业相比，河北省交通运输、仓储和邮政业存货和应收账款周转速度较快，存货和应收账款的营运效率显著高于全国平均水平，流动资产周转速度和总资产周转速度略低于全国平均水平，这两方面的营运效率有待提高。

表 3 – 14　河北省交通运输、仓储和邮政业与全国 A 股上市公司
同行业营运效率对比

单位：天

		营运效率				
		应收账款周转天数	存货周转天数	营业周期	流动资产周转率	总资产周转率
2013 年	河北省	10.96	35.35	46.31	1.82	0.38
	全国	31.67	199.95	221.60	1.77	0.48
	差距	− 20.71	− 164.60	− 175.29	0.05	− 0.10
2014 年	河北省	17.91	49.30	67.20	1.81	0.37
	全国	33.31	195.31	220.75	1.76	0.50
	差距	− 15.40	− 146.01	− 153.55	0.04	− 0.14
2015 年	河北省	36.91	50.87	87.78	1.52	0.32
	全国	38.66	174.50	206.18	1.92	0.48
	差距	− 1.75	− 123.63	118.40	− 0.40	− 0.16
2016 年	河北省	47.20	31.29	78.49	1.12	0.30
	全国	39.75	185.15	217.76	1.87	0.52
	差距	7.45	− 153.86	− 139.27	− 0.75	− 0.22
2017 年	河北省	21.59	15.66	37.25	1.92	0.31
	全国	35.45	117.44	149.71	2.02	0.64
	差距	− 13.86	− 101.78	− 112.46	− 0.10	− 0.33
平均值	河北省	26.91	36.49	63.41	1.64	0.34
	全国	35.77	174.47	203.20	1.87	0.53
	差距	− 8.82	− 137.98	− 139.79	− 0.23	− 0.19

另外，与河北省总体的比较情况看，河北省交通运输、仓储和邮政业

平均应收账款周转天数为 26.91 天，存货周转天数为 36.49 天，营业周期为
63.41 天，而 2013～2017 年河北省上市公司平均应收账款周转天数为 81.30
天，存货周转天数为 217.63 天，营业周期为 295.64 天。河北省交通运输、
仓储和邮政业三个指标都明显低于河北省所有上市公司的平均数。另外河
北省交通运输、仓储和邮政业流动资产周转率、总资产周转率分别为 1.64
和 0.34，河北省上市公司流动资产周转率和总资产周转率平均数分别为
1.22 和 0.59，流动资产周转率明显优于河北省平均水平，而总资产周转率
比河北省上市公司平均水平偏低。说明与河北省上市公司相比，虽然除了
总资产周转速度偏低外，河北省交通运输、仓储和邮政业其他方面的营运
效率较高，并且高于河北省其他类别上市公司，但是总资产周转速度会进
一步影响企业的盈利能力，因此提高总资产周转率对于交通运输、仓储和
邮政业来说是很有必要的。

（七）河北房地产行业与全国同行业对比分析

1. 营运资金的分析

下面通过选取流动资产总额、流动负债总额、营运资金、流动资产占
总资产比率、流动负债占总负债比率五个指标分析河北省房地产业上市公
司的营运资金金额。

从表 3-15 数据可见，2013～2017 年河北省房地产行业上市公司流动
资产占全国同行业流动资产的比重为 6.89%，流动负债占全国同行业流动
负债的比重为 7.57%。对于营运资金，河北省房地产公司五年平均为
910.52 亿元，且五年均为正数，显示河北省房地产行业营运资金较为充足，
营业能力较强。从流动资产占总资产的比重以及流动负债占总负债的比重
来看，河北省房地产行业流动资产占总资产的比重和流动负债占总负债的
比率都略高于全国同行业总体水平，显示河北省房地产行业的营运形势与
全国形势基本一致。同河北省所有上市公司数据比较看，河北省房地产行
业流动资产占总资产比显著高于河北省平均水平，而且流动负债占总负债
的比率略低于河北省平均水平，流动资产占总资产比重较高也是房地产行
业一个突出特点，应当促进存量库存的销售，使流动资产在总资产中保持
合理的比例。

表 3 – 15　2013～2017 年河北省房地产行业与全国 A 股上市
公司同行业营运资金金额对比

单位：亿元，%

		流动资产总额	流动负债总额	营运资金	流动资产占总资产比率	流动负债占总负债比率
2013 年	河北省	1267.16	920.15	347.01	95	82
	全国	23094.50	14449.67	9827.25	75	73
	占比	5.49	6.37	3.53	20	10
2014 年	河北省	1801.79	1343.67	458.12	95	85
	全国	28645.05	17721.07	11226.93	77	71
	占比	6.29	7.58	4.08	18	14
2015 年	河北省	2523.22	1732.43	790.79	93	77
	全国	39999.26	24296.18	16390.82	78	67
	占比	6.31	7.13	4.82	15	10
2016 年	河北省	3626.69	2449.76	1176.93	92	73
	全国	52032.14	31456.98	20575.16	79	66
	占比	6.97	7.79	5.72	14	7
2017 年	河北省	5287.64	3507.90	1779.74	93	75
	全国	66850.66	43646.13	23204.53	76	68
	占比	7.91	8.04	7.67	17	7
平均值	河北省	2901.30	1990.78	910.52	94	78
	全国	42124.32	26314.01	16244.94	77	69
	占比	6.89	7.57	5.60	17	10

2. 营运效率的分析

下面分别从应收账款周转天数、存货周转天数、营业周期、流动资产周转率、总资产周转率分析河北省房地产行业的营运效率。

表 3 – 16 数据显示，2013～2017 年河北省房地产行业上市公司平均营业周期为 1371.90 天，全国同行业平均营业周期为 2358.08 天，河北省房地产行业营业周期比全国同行业少 986.18 天。另外，2013～2017 年河北省房地产业的应收账款周转天数、存货周转天数均明显低于全国同行业平均水平，尤其是存货周转天数比全国同行业平均水平少 1013.45 天。另外与全国同行业的流动资产周转率和总资产周转率对比来看，总资产周转率高于全国同行业平均水平，而流动资产周转率略低于全国平均水平。从整体来看，

与全国同行业对比，河北省房地产行业营运效率相对较高，尤其是存货的周转速度快，销售能力较强。

表 3 – 16　河北省房地产行业与全国 A 股上市公司同行业营运效率对比分析

单位：天

		营运效率				
		应收账款周转天数	存货周转天数	营业周期	流动资产周转率	总资产周转率
2013 年	河北省	14.76	1050.56	1065.32	0.39	0.37
	全国	25.76	2280.67	2268.81	0.39	0.26
	差距	– 11.00	– 1230.10	– 1203.49	0.00	0.11
2014 年	河北省	24.86	1240.56	1265.42	0.33	0.31
	全国	45.65	2143.67	2153.64	0.37	0.25
	差距	– 20.79	– 903.11	– 888.22	– 0.04	0.07
2015 年	河北省	32.80	1303.24	1336.04	0.28	0.27
	全国	40.68	2315.50	2317.51	0.31	0.22
	差距	– 7.88	– 1012.27	– 981.47	– 0.02	0.05
2016 年	河北省	31.45	1310.24	1341.69	0.27	0.25
	全国	30.60	2895.26	2878.31	0.35	0.26
	差距	0.84	– 1585.02	– 1536.62	– 0.08	– 0.01
2017 年	河北省	46.27	1804.74	1851.01	0.23	0.21
	全国	49.99	2141.50	2172.11	0.33	0.23
	差距	– 3.71	– 336.76	– 321.10	– 0.10	– 0.02
平均值	河北省	30.03	1341.87	1371.90	0.30	0.28
	全国	38.54	2355.32	2358.08	0.35	0.24
	差距	– 8.51	– 1013.45	– 986.18	– 0.05	0.04

另外，与河北省总体的比较情况看，河北省房地产业平均应收账款周转天数为 30.03 天，存货周转天数为 1341.87 天，营业周期为 1371.90 天，而 2013 ~ 2017 年河北省上市公司平均应收账款周转天数为 81.30 天，存货周转天数为 217.63 天，营业周期为 295.64 天。除了应收账款周转天数指标外，其余两个指标都明显高于河北省所有上市公司的平均数，甚至存货周转天数和营业周期是河北平均水平的 6 倍多。另外河北省房地产业流动资产周转率、总资产周转率分别为 0.30 和 0.28，河北省上市公司流动资产周转

率和总资产周转率平均数分别为 1.22 和 0.59，河北省房地产业明显低于河北省上市公司总体水平。说明与河北省上市公司相比，河北省房地产类行业营运效率非常低，而营运效率低的直接原因是存货库存量过大，应当增加存量房产的销售，提高营运效率。

（八）河北综合类行业与全国同行业对比分析

1. 营运资金的分析

下面通过选取流动资产总额、流动负债总额、营运资金、流动资产占总资产比率、流动负债占总负债比率五个指标分析河北省综合类上市公司的营运资金金额。

从表 3–17 数据可见，2013～2017 年河北省综合类上市公司流动资产占全国同行业上市公司流动资产的比重为 0.23%，流动负债占全国同行业上市公司流动负债的比重为 0.11%。对于营运资金，从数据上来看，河北省综合类上市公司五年数值都为正数，显示企业营运资金虽然充足，但是数额极小。从流动资产占总资产的比重以及流动负债占总负债的比重来看，河北省综合类上市公司流动资产占总资产的比重略低于全国同行业平均水平，而流动负债占总负债的比略高于全国同行业总体水平，显示河北省综合类上市公司短期偿债能力低于全国同行业平均水平，可能具有一定的财务风险。同河北省所有上市公司数据比较看，流动资产占总资产比重低于河北省上市公司平均水平，流动负债占总负债的比率高于河北省上市公司平均水平。说明与河北省上市公司相比，河北省综合类上市公司短期内可能具有一定的财务风险，应从提高流动资产的比例和降低流动负债入手提高河北省综合类行业企业的营运能力。

表 3–17　2013～2017 年河北省综合类行业与全国 A 股上市
公司同行业营运资金金额对比

单位：亿元，%

		流动资产总额	流动负债总额	营运资金	流动资产占总资产比率	流动负债占总负债比率
2013 年	河北省	1.20	0.42	0.78	39	100
	全国	533.16	403.73	143.69	50	80
	占比	0.23	0.10	0.54	−11	20

		流动资产总额	流动负债总额	营运资金	流动资产占总资产比率	流动负债占总负债比率
2014 年	河北省	1.43	0.35	1.19	46	100
	全国	613.85	444.90	166.48	53	77
	占比	0.23	0.08	0.71	-6	23
2015 年	河北省	2.10	0.29	1.81	54	16
	全国	590.40	462.16	137.04	45	74
	占比	0.36	0.06	1.32	9	-58
2016 年	河北省	0.63	0.25	0.39	30	100
	全国	706.17	480.40	227.26	47	75
	占比	0.09	0.05	0.17	-17	25
2017 年	河北省	1.91	1.27	0.63	58	100
	全国	784.56	589.58	194.98	48	77
	占比	0.24	0.22	0.33	10	23
平均值	河北省	1.45	0.51	0.96	45	83
	全国	645.63	476.15	173.89	49	76
	占比	0.23	0.11	0.55	-3	7

2. 营运效率的分析

下面分别从应收账款周转天数、存货周转天数、营业周期、流动资产周转率、总资产周转率分析河北省综合类上市公司的营运效率。

表 3-18 数据显示，2013~2017 年河北省综合类上市公司平均营业周期为 176.66 天，全国同行业为 513.72 天，河北省综合类上市公司营业周期比全国少 337.06 天。虽然河北省综合类上市公司的应收账款回收期高于全国同行业，但是存货周转速度的加快弥补了应收账款周转率慢的不足。另外与全国同行业的流动资产周转率和总资产周转率比较来看，河北省综合类上市公司的指标值均明显低于全国同行业平均水平。说明与全国同行业相比，河北省综合类上市公司，存货的营运效率高，但是应收账款、流动资产以及总资产的营运效率相对较低。

表 3 – 18　2013～2017 年河北省综合类上市公司和全国 A 股上市
公司同行业营运效率对比

单位：天

		营运效率				
		应收账款 周转天数	存货周转 天数	营业周期	流动资产 周转率	总资产周转率
2013 年	河北省	91.39	159.57	250.96	0.39	0.16
	全国	71.35	440.58	511.93	0.78	0.39
	差距	20.04	-281.01	-260.97	-0.39	-0.23
2014 年	河北省	108.70	74.45	183.15	0.30	0.13
	全国	59.80	435.05	494.85	0.69	0.33
	差距	48.90	-360.60	-311.70	-0.39	-0.20
2015 年	河北省	319.84	0	319.84	0.07	0.03
	全国	76.24	474.17	529.79	0.60	0.28
	差距	243.60	-474.17	-209.95	-0.53	-0.25
2016 年	河北省	117.69	0	117.69	0.12	0.06
	全国	67.66	455.45	503.31	0.60	0.28
	差距	50.03	-455.45	-385.62	-0.48	-0.22
2017 年	河北省	11.68	0	11.68	0.40	0.19
	全国	71.35	477.23	528.70	0.61	0.28
	差距	-59.68	-477.23	-517.02	-0.21	-0.09
平均值	河北省	129.86	117.01	176.66	0.26	0.11
	全国	69.28	456.50	513.72	0.66	0.31
	差距	60.58	-339.49	-337.06	-0.40	-0.20

　　另外，与河北省平均数的比较情况看，河北省综合类上市公司平均应收账款周转天数为 129.86 天，存货周转天数为 117.01 天，营业周期为 176.66 天，而 2013～2017 年河北省上市公司平均应收账款周转天数为 81.30 天，存货周转天数为 217.63 天，营业周期为 295.64 天。除了应收账款周转天数指标外，其余两个指标都明显低于河北省所有上市公司的平均数。另外，河北省综合类公司流动资产周转率、总资产周转率分别为 0.26 和 0.11，而河北省上市公司流动资产周转率和总资产周转率平均数分别为 1.22 和 0.59，河北省综合类公司流动资产周转率和总资产周转率指标都显著低于河北省上市公司总体水平。说明与河北省上市公司相比，河北省综合类存货周转速度较快，应该加强应收账款周转速度，提高流动资产与总资产的利用效率，从而整体提高营运效率。

（九）河北省信息传输、软件和信息技术服务业与全国同行业对比分析

1. 营运资金的分析

下面通过选取流动资产总额、流动负债总额、营运资金、流动资产占总资产比率、流动负债占总负债比率等五个指标分析河北省综合类上市公司的营运资金金额。2013年到2014年河北省没有信息传输、软件和信息技术服务业，因为2015年茂业物流主业转型为信息传输、软件和信息技术服务业，所以，在此只分析2015~2017年的数据。

从表3-19可以看出，2015~2017年河北省信息传输、软件和信息技术服务业流动资产占全国同行业总资产的比率为0.22%，流动负债占全国流动负债的比率为0.09%，显示短期偿债能力较好。对于营运资金，在全国营运资金为负数的情况下，河北省信息传输、软件和信息技术服务业营运资金为正值，显示企业营运资金较为充足。从流动资产占总资产的比重以及流动负债占总负债的比重来看，河北省信息传输、软件和信息技术服务业均低于全国同行业平均水平。同河北省所有上市公司数据比较看，流动资产占总资产比重明显低于河北省上市公司平均水平，而流动负债占总负债的比率却略高于河北省上市公司平均水平。说明与河北省上市公司相比，河北省信息传输、软件和信息技术服务业上市公司短期内可能具有一定的财务风险，应从调整流动资产的比例和降低流动负债入手提高河北省信息传输、软件和信息技术服务业的营运能力。

表3-19 2015~2017年河北省信息传输、软件和信息技术服务业与全国A股上市公司同行业营运资金额对比

单位：亿元，%

		流动资产总额	流动负债总额	营运资金	流动资产占总资产比率	流动负债占总负债比率
2015年	河北省	15.04	5.42	9.62	44	47
	全国	4304.26	5452.59	-1105.62	59	88
	占比	0.35	0.10	—	-15	-41
2016年	河北省	11.19	5.29	5.90	37	99
	全国	6125.26	6234.39	-109.13	63	88
	差距	0.18	0.08	—	-26	11

续表

		流动资产总额	流动负债总额	营运资金	流动资产占总资产比率	流动负债占总负债比率
2017 年	河北省	13.52	5.60	7.92	42	100
	全国	7394.51	6273.28	1123.95	62	87
	差距	0.18	0.09	—	-20	12
平均值	河北省	13.25	5.44	7.81	41	82
	全国	5941.34	5986.75	-30.27	62	88
	差距	0.22	0.09	—	-20	-06

2. 营运效率的分析

下面分别从应收账款周转天数、存货周转天数、营业周期、流动资产周转率、总资产周转率分析河北省综合类上市公司的营运效率。基于同样的原因，也是只分析 2015～2017 年的数据资料。

表 3-20 数据显示，2015～2017 年河北省信息传输、软件和信息技术服务业上市公司平均营业周期为 98.36 天，全国同行业为 259.63 天，河北省信息传输、软件和信息技术服务业上市公司营业周期比全国少 161.27 天。而且，河北省信息传输、软件和信息技术服务业的应收账款周转天数、存货周转天数均明显低于全国同行业平均水平。另外与全国同行业的流动资产周转率和总资产周转率比较来看，河北省信息传输、软件和信息技术服务业上市公司的指标值均高于全国同行业平均水平。说明，与全国同行业相比，河北省信息传输、软件和信息技术服务业上市公司营运效率较高。

表 3-20　2015～2017 年河北省信息传输、软件和信息技术服务业和全国 A 股上市公司同行业营运效率对比

单位：天

		营运效率				
		应收账款周转天数	存货周转天数	营业周期	流动资产周转率	总资产周转率
2015 年	河北省	43.91	55.20	99.12	1.78	0.71
	全国	143.39	156.15	289.67	0.98	0.58
	差距	-99.48	-100.95	-190.55	0.80	0.13

		营运效率				
		应收账款周转天数	存货周转天数	营业周期	流动资产周转率	总资产周转率
2016 年	河北省	91.36	1.58	92.94	1.38	0.57
	全国	136.76	128.45	253.94	0.92	0.54
	差距	-45.40	-126.87	-161.00	0.46	0.03
2017 年	河北省	102.04	0.98	103.02	1.71	0.68
	全国	133.40	109.86	235.29	0.90	0.54
	差距	-31.36	-108.88	-132.27	0.81	0.13
平均值	河北省	79.10	19.25	98.36	1.62	0.65
	全国	137.85	131.49	259.63	0.93	0.55
	差距	-58.75	-112.24	-161.27	0.69	0.10

另外，与河北省总体情况的比较来看，河北省信息传输、软件和信息技术服务业上市公司平均应收账款周转天数为 79.10 天，存货周转天数为 19.25 天，营业周期为 98.36 天，而河北省上市公司平均应收账款周转天数为 81.30 天，存货周转天数为 217.63 天，营业周期为 295.64 天。河北省信息传输、软件和信息技术服务业三个指标均明显低于河北省上市公司平均水平。另外，河北省信息传输、软件和信息技术服务业公司流动资产周转率、总资产周转率分别为 1.62 和 0.65，而河北省上市公司流动资产周转率和总资产周转率平均数分别为 1.22 和 0.59，河北省信息传输、软件和信息技术服务业公司流动资产周转率和总资产周转率指标都高于河北省上市公司总体水平。说明与河北省上市公司相比，河北省信息传输、软件和信息技术服务业营运效率相对较高。

三　河北省上市公司分板块营运能力分析

在我国，股票市场有深市 A 股、沪市 A 股、中小企业板和创业板四个不同的板块市场（本报告没有将 B 股市场列入其中）。不同"板"市场对拟上市公司在经营时间、财务、股本规模、业务经营和公司管理等方面都有不同的要求。也就是说，在不同"板"市场上市的公司表现出不同的特点。

下面分别从深市 A 股、沪市 A 股、中小企业板和创业板四个不同的板块市场，研究河北省与全国同板块以及河北省整体的营运资金和营运资金效率的对比情况。

（一）河北省深市 A 股与全国深市 A 股对比分析

1. 营运资金的分析

下面通过选取流动资产总额、流动负债总额、营运资金、流动资产占总资产比率、流动负债占总负债比率五个指标分析河北省深市 A 股上市公司的营运资金金额。

表 3－21 数据显示，2013～2017 年河北省深市 A 股流动资产占全国深市 A 股上市公司流动资产的比重为 3.36%，流动负债占全国深市 A 股上市公司流动负债的比重为 5.75%。对于营运资金，2013～2017 年在全国深市 A 股上市公司营运资金均为正的情况下，河北省深市 A 股上市公司均为负，显示河北省深市 A 股营运资金不足，营运能力较低，有待提高。从流动资产占总资产的比重以及流动负债占总负债的比重来看，河北省深市 A 股略低于全国深市 A 股平均水平。同河北省所有上市公司数据比较看，无论流动资产占总资产比率还是流动负债占总负债比率，都低于河北省总体平均水平，应从调节负债结构和增加流动资产入手提高河北省深市 A 股的营运能力。

表 3－21　2013～2017 年河北省深市 A 股与全国深市 A 股上市公司营运资金额对比

单位：亿元，%

		流动资产总额	流动负债总额	营运资金	流动资产占总资产比率	流动负债占总负债比率
2013 年	河北省	1215.14	1717.41	－471.52	46	79
	全国	29363.48	24108.80	5463.98	53	80
	占比	4.14	7.12	—	－6	－1
2014 年	河北省	1287.39	1873.49	－586.10	46	76
	全国	350065.67	28809.40	6311.83	53	78
	占比	3.67	6.50	—	－7	－2
2015 年	河北省	1360.39	2082.17	－719.83	47	75
	全国	39902.40	32188.35	8135.15	53	77
	占比	3.41	6.47	—	－5	－2

续表

		流动资产总额	流动负债总额	营运资金	流动资产占总资产比率	流动负债占负债比率
2016 年	河北省	1607.72	2048.75	-441.03	48	74
	全国	49994.56	38373.23	11630.19	53	77
	占比	3.22	5.34	—	-5	-3
2017 年	河北省	1798.92	2191.73	-392.81	47	74
	全国	62155.21	49022.06	13182.65	53	78
	占比	2.89	4.47	—	-6	-4
平均值	河北省	1453.91	1982.71	-522.26	47	76
	全国	43296.26	34500.37	8944.76	53	78
	占比	3.36	5.75	—	-6	-2

2. 营运效率的分析

下面分别从应收账款周转天数、存货周转天数、营业周期、流动资产周转率、总资产周转率分析河北省深市 A 股上市公司的营运效率。

表 3-22 数据显示，2013~2017 年河北省深市 A 股上市公司平均营业周期为 189.85 天，全国深市 A 股上市公司平均营业周期为 613.30 天，河北省深市 A 股上市公司平均营业周期比全国同板块营业周期少 423.45 天。另外，2013~2017 年虽然河北省深市 A 股的应收账款周转天数略高于全国深市 A 股，但是存货周转速度较快的优势弥补了应收账款周转速度略慢的不足。另外从全国深市 A 股的流动资产周转率和总资产周转率来看，河北省深市 A 股的指标值都略低于全国深市 A 股平均水平。说明同全国深市 A 股相比，河北省深市 A 股营运效率较高，河北省深市 A 股存货周转速度较快，存货的营运效率显著高于全国平均水平，应收账款周转天数、流动资产周转率和总资产周转率与全国平均水平基本持平，有一定的提升空间。

表 3-22　2013~2017 年河北省深市 A 股和全国深市 A 股上市公司营运效率

单位：天

		营运效率				
		应收账款周转天数	存货周转天数	营业周期	流动资产周转率	总资产周转率
2013 年	河北省	69.42	114.03	183.45	1.55	0.68
	全国	53.91	428.35	475.19	1.55	0.73
	差距	15.51	-314.32	-291.74	0.00	-0.05

续表

		营运效率				
		应收账款周转天数	存货周转天数	营业周期	流动资产周转率	总资产周转率
2014 年	河北省	102.53	122.31	224.84	1.39	0.59
	全国	95.41	570.61	658.89	1.49	0.68
	差距	7.12	-448.30	-434.05	-0.10	-0.09
2015 年	河北省	99.40	124.90	215.37	1.29	0.53
	全国	80.65	529.29	602.06	1.35	0.61
	差距	18.75	-404.39	-386.69	-0.06	-0.08
2016 年	河北省	92.25	104.59	196.84	1.28	0.51
	全国	84.72	768.83	846.01	1.32	0.61
	差距	7.53	-664.24	-649.17	-0.04	-0.10
2017 年	河北省	66.55	62.21	128.76	1.40	0.57
	全国	72.31	417.12	484.34	1.41	0.66
	差距	-5.76	-354.91	-355.58	-0.01	-0.09
平均值	河北省	86.03	105.61	189.85	1.38	0.58
	全国	77.40	542.84	613.30	1.42	0.66
	差距	8.63	-437.23	-423.45	-0.04	-0.08

另外，与河北省总体的比较情况看，河北省深市 A 股平均应收账款周转天数为 86.03 天，存货周转天数为 105.61 天，营业周期为 189.85 天，而 2013～2017 年河北省上市公司平均应收账款周转天数为 81.30 天，存货周转天数为 217.63 天，营业周期为 295.64 天。除了河北省深市 A 股应收账款回收期略高于河北省整体水平外，另两个指标都明显低于河北省所有上市公司的平均数。另外河北省深市 A 股流动资产周转率、总资产周转率分别为 1.38 和 0.58，河北省上市公司流动资产周转率和总资产周转率平均数分别为 1.22 和 0.59，流动资产周转率略优于河北省平均水平，总资产周转率与河北省平均水平几乎持平。说明与河北省上市公司相比，虽然除了应收账款周转天数略长外，河北省深市 A 股流动资产周转率和总资产周转率与河北省平均水平持平，存货周转天数较短，营运效率较高，资产的利用率较好，但是应收账款的周转效率有待提高。

（二）河北省沪市 A 股与全国沪市 A 股对比分析

1. 营运资金的分析

下面通过选取流动资产总额、流动负债总额、营运资金、流动资产占总资产比率、流动负债占总负债比率五个指标分析河北省沪市 A 股上市公司的营运资金金额。

表 3 - 23 数据显示，2013～2017 年河北省沪市 A 股流动资产占全国同板块上市公司流动资产的比重为 2.60%，流动负债占全国同板块上市公司流动负债的比重为 2.32%。从流动资产占总资产的比重以及流动负债占总负债的比重来看，河北省沪市 A 股达到全国沪市 A 股平均水平，显示河北省沪市 A 股流动资产与流动负债结构较为合理。同河北省所有上市公司数据比较看，无论流动资产占总资产比率还是流动负债占总负债比率，都与河北省总体平均水平几乎持平，说明河北省沪市 A 股流动资产与流动负债结构较为合理，营运能力达到河北省平均水平。

表 3 - 23　河北省沪市 A 股与全国沪市 A 股上市公司营运资金额

单位：亿元，%

		流动资产总额	流动负债总额	营运资金	流动资产占总资产比率	流动负债占总负债比率
2013	河北省	1842.97	1705.48	150.71	48	78
	全国	84564.34	82766.05	3358.72	51	79
	占比	2.18	2.06	4.49	-2	-1
2014	河北省	2315.28	2065.58	256.06	49	78
	全国	107432.21	101835.50	5898.59	52	79
	占比	2.16	2.03	4.34	-3	-1
2015	河北省	2857.15	2368.39	488.77	54	74
	全国	124441.34	112271.00	12634.44	52	79
	占比	2.30	2.11	3.87	2	-4
2016	河北省	4176.47	3246.69	929.78	54	86
	全国	152240.76	132622.49	19616.72	55	79
	占比	2.74	2.45	4.74	0	7
2017	河北省	5605.98	4101.16	1504.82	56	85
	全国	177027.79	151786.38	25292.92	57	80
	占比	3.17	2.70	5.95	0	4

续表

		流动资产	流动负债	营运资金	流动资产占总资产比率	流动负债占总负债比率
平均值	河北省	3359.57	2697.46	666.03	52	80
	全国	129141.29	116256.28	13360.28	53	79
	占比	2.60	2.32	4.99	−1	1

2. 营运效率的分析

下面分别从应收账款周转天数、存货周转天数、营业周期、流动资产周转率、总资产周转率分析河北省沪市 A 股上市公司的营运效率。

表 3-24 数据显示，2013～2017 年河北省沪市 A 股上市公司平均营业周期为 282.29 天，全国同板块上市公司平均营业周期为 404.92 天，河北省沪市 A 股上市公司平均营业周期比全国同板块营业周期少 122.63 天。另外，2013～2017 年河北省沪市 A 股的应收账款周转天数、存货周转天数和营业周期都低于全国同板块平均水平。另外从全国同板块的流动资产周转率和总资产周转率来看，河北省沪市 A 股的指标值都达到全国同板块平均水平。说明，与全国同板块相比，河北省沪市 A 股营运效率较高，资产的利用率较好。

表 3-24　2013～2017 年河北省沪市 A 股与全国沪市 A 股上市公司营运效率

单位：天

		营运效率				
		应收账款周转天数	存货周转天数	营业周期	流动资产周转率	总资产周转率
2013 年	河北省	44.41	357.51	401.93	1.62	0.72
	全国	58.47	366.13	422.55	1.60	0.72
	差距	−14.06	−8.62	−20.62	0.02	0.00
2014 年	河北省	42.17	239.05	281.23	1.53	0.67
	全国	64.85	280.63	343.49	1.50	0.68
	差距	−22.68	−41.58	−62.26	0.03	−0.01
2015 年	河北省	60.21	221.54	269.44	1.27	0.60
	全国	72.87	330.01	399.12	1.38	0.63
	差距	−12.66	−108.47	−129.68	−0.10	−0.03

续表

		营运效率				
		应收账款 周转天数	存货周 转天数	营业周期	流动资产 周转率	总资产周转率
2016 年	河北省	53.48	178.52	222.09	1.31	0.61
	全国	74.43	335.70	405.65	1.35	0.62
	差距	−20.95	−157.18	−183.56	−0.03	−0.01
2017 年	河北省	47.89	198.33	236.78	1.48	0.69
	全国	80.31	377.08	453.81	1.37	0.67
	差距	−32.42	−178.75	−217.03	0.11	0.02
平均值	河北省	49.63	238.99	282.29	1.44	0.66
	全国	70.19	337.91	404.92	1.44	0.66
	差距	−20.56	−98.92	−122.63	0.00	0.00

另外，跟河北省总体的比较情况看，河北省沪市 A 股平均应收账款周转天数为 49.63 天，存货周转天数为 238.99 天，营业周期为 282.29 天，而 2013~2017 年河北省上市公司平均应收账款周转天数为 81.30 天，存货周转天数为 217.63 天，营业周期为 295.64 天。除了河北省深市 A 股存货周转天数略高于河北省整体水平外，另两个指标都明显低于河北省上市公司的平均数。另外河北省沪市 A 股流动资产周转率、总资产周转率分别为 1.44 和 0.66，河北省上市公司流动资产周转率和总资产周转率平均数分别为 1.22 和 0.59，流动资产周转率和总资产周转率均高于河北省上市公司平均水平。说明与河北省上市公司相比，虽然除了存货周转天数略长外，河北省沪市 A 股其他方面的营运效率较高，且应收账款回收期明显低于河北省平均水平，说明应收账款的周转较快，应收账款的变现能力较强和管理水平较高，存货的周转速度有一定的提高空间。

（三）河北省中小板与全国中小板对比分析

1. 营运资金的分析

下面通过选取流动资产总额、流动负债总额、营运资金、流动资产占总资产比率、流动负债占总负债比率五个指标分析河北省中小板上市公司的营运资金金额。

表 3－25 数据显示，2013～2017 年河北省中小板流动资产占全国同板块上市公司流动资产的比重为 5.34%，流动负债占全国同板块上市公司流动负债的比重为 5.01%。从流动资产占总资产的比重以及流动负债占总负债的比重来看，河北省中小板流动资产占总资产的比重略高于全国同行业平均水平，而流动负债占总负债的比率略低于全国同行业总体水平，显示河北省中小板营运能力较强。同河北省所有上市公司数据比较看，河北省中小板流动资产占总资产比重高于河北省整体水平，而流动负债占总负债的比重却低于河北省整体水平，说明河北省中小板营运能力较强，短期营运资金较为充裕。

表 3－25 2013～2017 年河北省中小板与全国中小板上市公司营运资金额

单位：亿元，%

		流动资产总额	流动负债总额	营运资金	流动资产占总资产比率	流动负债占总负债比率
2013 年	河北省	696.16	440.74	257.14	61	77
	全国	14265.34	8978.15	5178.20	59	86
	占比	4.88	4.91	4.97	3	−9
2014 年	河北省	850.60	549.71	302.99	60	76
	全国	17291.18	11604.39	5744.48	58	85
	占比	4.92	4.74	5.27	2	−9
2015 年	河北省	1100.90	654.47	450.96	56	83
	全国	21245.13	14435.31	6972.50	56	85
	占比	5.18	4.53	6.47	−1	−3
2016 年	河北省	1526.42	908.04	618.38	58	75
	全国	27658.41	18175.41	9490.23	57	85
	占比	5.52	5.00	6.52	1	−9
2017 年	河北省	1973.31	1293.48	679.83	60	82
	全国	34574.92	23564.17	11014.91	59	85
	占比	5.71	5.49	6.17	2	−4
平均值	河北省	1229.48	769.29	461.86	59	78
	全国	23007.00	15351.49	7680.06	58	85
	占比	5.34	5.01	6.01	1	−7

2. 营运效率的分析

下面分别从应收账款周转天数、存货周转天数、营业周期、流动资产周转率、总资产周转率分析河北省中小板上市公司的营运效率。

表 3 - 26 数据显示，2013～2017 年河北省中小板上市公司平均营业周期为 470.54 天，全国同板块上市公司平均营业周期为 262.33 天，河北省中小板上市公司平均营业周期比全国同板块营业周期多 208.21 天。另外，2013～2017 年河北省中小板的应收账款周转天数、存货周转天数和营业周期都高于全国同板块平均水平。另外从全国同板块的流动资产周转率和总资产周转率来看，河北省中小板的指标值都低于全国同板块平均水平。说明，与全国同板块相比，河北省中小板营运效率相对较低。

表 3 - 26　2013～2017 年河北省中小板与全国中小板上市公司营运效率

单位：天

		营运效率				
		应收账款周转天数	存货周转天数	营业周期	流动资产周转率	总资产周转率
2013 年	河北省	108.42	281.16	389.58	0.88	0.52
	全国	88.44	158.70	245.90	1.25	0.72
	差距	19.98	122.46	143.68	- 0.37	- 0.20
2014 年	河北省	112.64	302.68	415.32	0.88	0.50
	全国	94.77	165.20	258.27	1.26	0.71
	差距	17.87	137.48	157.05	- 0.38	- 0.21
2015 年	河北省	149.38	384.64	534.03	0.78	0.42
	全国	107.17	174.80	280.26	1.19	0.65
	差距	42.21	209.84	253.77	- 0.42	- 0.24
2016 年	河北省	155.02	396.80	551.82	0.82	0.42
	全国	107.89	170.34	275.90	1.18	0.63
	差距	47.13	226.46	275.92	- 0.36	- 0.20
2017 年	河北省	130.18	331.78	461.96	0.86	0.47
	全国	98.93	153.81	251.32	1.24	0.69
	差距	31.25	177.97	210.64	- 0.38	- 0.21
平均值	河北省	131.13	339.41	470.54	0.84	0.47
	全国	99.44	164.57	262.33	1.22	0.68
	差距	31.69	174.84	208.21	- 0.38	- 0.21

另外，跟河北省总体的比较情况看，河北省中小板平均应收账款周转

天数为 131.13 天，存货周转天数为 339.41 天，营业周期为 470.54 天，而 2013～2017 年河北省上市公司平均应收账款周转天数为 81.30 天，存货周转天数为 217.63 天，营业周期为 295.64 天。河北省中小板三个指标都明显高于河北省所有上市公司的平均数。另外河北省中小板流动资产周转率、总资产周转率分别为 0.84 和 0.47，河北省上市公司流动资产周转率和总资产周转率平均数分别为 1.22 和 0.59，河北省中小板流动资产周转率和总资产周转率比河北省上市公司平均水平明显偏低。说明与河北省上市公司相比，河北省中小板营运效率依然相对较低。

（四）河北省创业板与全国创业板对比分析

1. 营运资金的分析

下面通过选取流动资产总额、流动负债总额、营运资金、流动资产占总资产比率、流动负债占总负债比率五个指标分析河北省创业板上市公司的营运资金金额。

表 3-27 数据显示，2013～2017 年河北省创业板流动资产占全国同板块上市公司流动资产的比重为 0.98%，流动负债占全国同板块上市公司流动负债的比重为 0.59%。从流动资产占总资产的比重以及流动负债占总负债的比重来看，河北省创业板流动资产占总资产的比重与全国同板块平均水平持平，而流动负债占总负债的比率略高于全国同板块总体水平，显示河北省创业板具有一定的财务风险。同河北省所有上市公司数据比较看，无论流动资产占总资产比率还是流动负债占总负债比率，都高于河北省总体平均水平，应从调节负债结构和增加流动资产入手提高河北省创业板的营运能力。

表 3-27 2013～2017 年河北省创业板与全国创业板上市公司营运资金额

单位：亿元，%

		流动资产总额	流动负债总额	营运资金	流动资产占总资产比率	流动负债占总负债比率
2013 年	河北省	43.29	13.29	30.00	62	92
	全国	3339.97	1269.10	2136.03	66	88
	占比	1.30	1.05	1.40	-4	3

续表

		流动资产	流动负债	营运资金	流动资产占总资产比率	流动负债占总负债比率
2014 年	河北省	48.28	15.69	32.86	62	92
	全国	4401.71	2081.68	2323.43	63	87
	占比	1.10	0.75	1.41	−1	5
2015 年	河北省	70.77	20.68	50.09	62	85
	全国	6506.33	3390.07	3170.22	60	87
	占比	1.09	0.61	1.58	1	−2
2016 年	河北省	85.34	27.15	58.20	61	86
	全国	9583.35	5005.81	4580.42	62	86
	占比	0.89	0.54	1.27	−1	0
2017 年	河北省	109.77	34.91	74.86	67	88
	全国	12724.47	7243.80	5489.39	63	86
	占比	0.86	0.48	1.36	4	2
平均值	河北省	71.49	22.34	49.20	63	89
	全国	7311.17	3798.09	3539.90	63	87
	占比	0.98	0.59	1.39	0	2

2. 营运效率的分析

下面分别从应收账款周转天数、存货周转天数、营业周期、流动资产周转率、总资产周转率分析河北省创业板上市公司的营运效率。

表 3-28 数据显示，2013~2017 年河北省创业板上市公司平均营业周期为 285.74 天，全国同板块上市公司平均营业周期为 295.37 天，河北省创业板上市公司平均营业周期比全国同板块营业周期少 9.63 天。另外，2013~2017 年虽然河北省创业板的存货周转天数高于全国同板块平均水平，但是应收账款回收期短的优势弥补了存货周转天数较长的不足。另外，从全国同板块的流动资产周转率和总资产周转率来看，河北省创业板的指标值都略高于全国同板块平均水平。说明与全国同板块相比，河北省创业板应收账款周转速度较快，应收账款的利用效率显著高于全国平均水平，流动资产周转速度和总资产周转速度略高于全国平均水平，存货的周转周期略长，存货的管理水平有待提高。

表 3-28　2013~2017 年河北省创业板与全国创业板上市公司营运效率

单位：天

		营运效率				
		应收账款周转天数	存货周转天数	营业周期	流动资产周转率	总资产周转率
2013 年	河北省	73.73	186.89	260.62	1.02	0.62
	全国	136.43	157.21	288.66	0.79	0.52
	差距	-62.70	29.68	-28.04	0.24	0.11
2014 年	河北省	75.20	203.33	278.53	0.95	0.56
	全国	139.80	160.20	296.17	0.89	0.54
	差距	-64.50	43.13	-17.64	0.06	0.01
2015 年	河北省	78.80	210.07	288.88	0.93	0.57
	全国	146.97	161.10	304.18	0.90	0.54
	差距	-68.17	48.97	-15.30	0.03	0.03
2016 年	河北省	88.12	209.36	297.49	0.87	0.55
	全国	147.94	157.82	302.09	0.90	0.51
	差距	-59.82	51.54	-4.60	-0.03	0.04
2017 年	河北省	101.59	201.58	303.17	0.90	0.57
	全国	140.87	148.60	285.74	0.93	0.56
	差距	-39.28	52.98	17.43	-0.03	0.01
平均值	河北省	83.49	202.25	285.74	0.93	0.57
	全国	142.40	156.99	295.37	0.88	0.53
	差距	-58.91	45.26	-9.63	0.05	0.04

　　另外，跟河北省总体的比较情况看，河北省创业板平均应收账款周转天数为 83.49 天，存货周转天数为 202.25 天，营业周期为 285.74 天，而 2013~2017 年河北省上市公司平均应收账款周转天数为 81.30 天，存货周转天数为 217.63 天，营业周期为 295.64 天。除了应收账款周转天数与河北省上市公司持平外，另两个指标都低于河北省所有上市公司的平均数。另外河北省创业板流动资产周转率、总资产周转率分别为 0.93 和 0.57，河北省上市公司流动资产周转率和总资产周转率平均数分别为 1.22 和 0.59，流动资产周转率和总资产周转率比河北省上市公司平均水平偏低。说明与河北省上市公司相比，河北省创业板存货周转速度较快，销售能力较强，应收

账款的回收期和总资产周转率达到平均水平，而流动资产周转率偏低，流动资产的利用效率有待增强。

四　河北省上市公司营运能力研究结论

（一）河北省上市公司总体情况

从营运资金的角度分析，2013～2017 年河北省上市公司流动资产占全国流动资产的比重平均为 3.01%，河北省上市公司流动负债占全国流动负债的比重平均为 3.22%，河北省营运资金五年平均值为 643.19 亿元，而全国平均营业资金为 33503.86 亿元，营运资金占全国营运资金的比重平均仅为 1.92%。河北省上市公司流动负债占全国流动负债的比重高于河北省上市公司流动资产占全国流动资产的比重，河北省营运资金占全国的比重显著偏低，说明河北省上市公司营运资金不足，明显低于全国上市公司平均水平。从流动资产占总资产的比重来看，河北省五年平均约为 54%，低于全国 2 个百分点；另外从流动负债占总负债的比重来看，河北省五年平均值为 80%，低于全国 2 个百分点，较为合理。总体来看，河北省和全国上市公司中流动负债在总负债中都占较大的比重，超过流动资产在总资产中所占比重的 26% 左右，可能存在一定的财务风险。

从营运效率角度分析，2013～2017 年河北省上市公司应收账款周转天数平均为 81.30 天，全国上市公司平均值是 92.67 天，河北省上市公司平均应收账款周转天数比全国上市公司平均数少 11.37 天；河北省上市公司存货周转天数平均为 217.63 天，全国上市公司存货周转天数平均为 290.17 天，河北省上市公司平均存货周转天数比全国上市公司平均数少 72.54 天；河北省上市公司营业周期的平均天数为 295.64 天，全国上市公司平均营业周期为 378.88 天，河北省上市公司平均营业周期比全国上市公司营业周期少 83.24 天。河北省上市公司流动资产周转率和总资产周转率平均为 1.22 和 0.59，全国上市公司流动资产周转率和总资产周转率平均为 1.28 和 0.64，河北省上市公司流动资产周转率和总资产周转率均略低于全国平均水平。整体来看，说明河北省上市公司资产周转速度较快，营运周期较短，对资产的利用和管理能力较强。

（二）河北省各行业与全国同行业对比情况

1. 河北省农林牧渔业

从营运资金的角度分析，2013～2015 年河北省流动负债占全国同行业负债的比重保持平稳的比率，2016 年比率增加幅度较大，2017 年下降至之前水平；而流动资产占全国的比重基本呈逐年上升趋势，在 2017 年略有下降，而且均高于流动负债比重。对于营运资金，从数据上来看，2013～2017年均为正数，显示企业较好的营运能力。从流动资产占总资产的比重来看，河北省农林牧渔业上市公司略高于全国同行业总体水平，而且与河北省上市公司平均值几乎持平，说明河北省农林牧渔业流动资产比重总体合理；但是河北省农林牧渔业上市公司流动负债占总负债的比重高于河北省上市公司平均值，建议降低河北省农林牧渔业上市公司流动负债的比率以降低短期财务风险。

从营运效率角度分析，河北省农林牧渔业行业平均营业周期与全国同行业相比少了 210.97 天，原因是存货周转天数与应收账款周转天数均低于全国同行业平均水平。从流动资产周转率和总资产周转率来看，2013～2015年，河北省农林牧渔业均高于全国同行业平均水平；2016 年和 2017 年，河北省农林牧渔业略低于全国同行业水平。显示与全国同行业相比，河北省农林牧渔业上市公司应收账款、存货、流动资产与总资产的周转速度较快，资产的利用效率较高。跟河北省总体的比较情况看，河北省农林牧渔业行业的应收账款周转天数、存货周转天数和营业周期三项指标都低于河北省所有上市公司的平均数。另外，河北省农林牧渔业业上市公司的流动资产周转率、总资产周转率两个指标均高于河北省上市公司总体水平。说明河北省农林牧渔业上市公司营运效率较高，高于河北省上市公司总体水平。

2. 河北省采矿业

从营运资金角度分析，河北省采矿业上市公司中 2013 年和 2015 年营业资金都为负数，其他年份虽然营运资金为正数，但是营运资金金额都非常小，显示企业营运资金不足。另外全国采矿业上市公司从 2013 年到 2017 年营运资金均为负，说明营运资金不足是全国采矿业面临的共同问题。从流动资产占总资产的比重来看，河北省采矿业略低于全国同行业总体水平，而且远低于河北省总体平均水平；另外从流动负债占总负债的比重来看，总体流动负债占比低于全国同行业平均水平，而且低于河北省所有上市公司的总体平均水平。说明河北省采矿业流动资产结构达到了全国同行业整体水平，但是跟河北省其他行业相比仍有一定差距，流动负债结构优于全国同行业和河北省整体水平。

从营运效率角度分析，2013～2017年河北省采矿业营业周期的平均天数与全国同行业相比少了545.87天。主要是因为存货周转速度快，存货周转天数较少。虽然河北省采矿业上市公司应收账款周转天数略高于全国同行业平均水平，但是存货周转速度快的优势弥补了应收账款周转速度慢的不足。另外从流动资产周转率和总资产周转率来看，2013～2017年，河北省采矿业都显著低于全国同行业平均水平，显示河北省采矿业上市公司流动资产和总资产周转速度有待提高。与河北省总体的比较情况看，河北省采矿业应收账款的周转速度低于河北省平均水平，存货周转效率远高于河北省平均水平，采矿业的营业周期显著低于河北省所有上市公司的平均数，主要是因为存货周转效率高弥补了应收账款速度略慢的不足。另外，河北省采矿行业上市公司流动资产周转率、总资产周转率两个指标与河北省上市公司总体水平基本持平。从总体来看，与河北省上市公司平均水平相比，河北省采矿行业上市公司存货周转速度远高于河北省平均水平，其余指标与平均水平相差不多，说明河北省采矿业上市公司资产利用效率较高，营运管理水平较高。

3. 河北省制造业

从营运资金角度分析，2013～2017年河北省制造业上市公司五年中各年度营业资金都为负数，显示河北省制造业上市公司营运资金不足，但是全国同行业同期营运资金都为正数，显示营运资金不足是困扰河北省制造业的突出问题。从流动资产占总资产的比重来看，河北省制造业低于全国同行业总体水平2个百分点，与河北省总体平均水平持平。另外从流动负债占总负债的比重来看，总体流动负债占比低于全国同行业平均水平4个百分点，与河北省总体平均水平持平。说明，河北省制造业与河北省总体水平基本一致，主要是由于上市公司中制造业占比较高的原因；与全国对比看，河北省制造业应该进一步增加流动资产，调整流动负债结构，从而提高河北省制造业企业的营运能力。

从营运效率角度分析，2013～2017 年河北省制造业营业周期的平均天数与全国相比多了 19 天。进一步分析发现，河北省制造业行业营业周期略长的主要原因是存货周转天数较多，然而河北省制造业上市公司应收账款周转天数略低于全国同行业平均水平，应收账款周转速度略快的优势部分弥补了存货周转速度略慢的不足。另外，河北省制造业上市公司流动资产周转率和总资产周转率与全国同行业相比几乎持平。说明与全国同行业相比，河北省制造业与全国同行业平均水平基本持平，营运能力较好，但是仍有一定的上升空间。与河北省总体的比较情况看，河北省制造业的营业周期低于河北省上市公司的平均值，虽然应收账款周转天数略高于河北省平均水平，但是存货周转速度的加快弥补了应收账款周转速度略慢的情况。另外河北省制造业上市公司流动资产周转率、总资产周转率与河北省上市公司平均水平几乎持平。说明与河北省平均水平相比，河北省制造业的营运效率与平均值相差不大，营运效率处于平均水平，通过营运资金管理，有一定的提高空间。

4. 河北省电力、热力、燃气及水生产和供应业

从营运资金角度分析，2013～2017 年河北省电力、热力、燃气及水生产和供应业营业资金均为负数，显示营运资金不足，而且全国同行业同期营运资金都为负数，显示营运资金不足是困扰全国电气、燃气业行业的普遍问题。从流动资产占总资产的比重以及流动负债占总负债的比重来看，河北省电力、热力、燃气及水生产和供应业两项比率与全国同行业总体水平基本持平。同河北省所有上市公司数据比较看，无论流动资产占总资产比率还是流动负债占总负债比率，都低于河北省总体平均水平，应从增加流动资产的比重和调节负债结构入手提高河北省电力、热力、燃气及水生产和供应业的营运能力。

从营运效率角度分析，2013～2017 年河北省电力、热力、燃气及水生产和供应业上市公司营业周期低于全国平均水平，另外，河北省电力、热力、燃气及水生产和供应业应收账款周转天数和存货周转天数和营业周期都明显低于全国同行业平均水平。另外从流动资产周转率和总资产周转率来看，都高于全国同行业平均水平。说明相对于全国同行业，河北省电力、热力、燃气及水生产和供应业营运效率较高。与河北省各行业比较情况看，河北电力、热力、燃气及水生产和供应业平均应收账款周转天数、存货周转天数和营业周期都明显低于河北省所有上市公司的平均数。另外，河北省电力、热力、燃气及水生产和供应业流动资产周转率高于河北省平均水平，总资产周转率略低于河北省平均水平。说明与河北省上市公司整体相比，除了总资产周转速度略慢外，河北省电力、热力、燃气及水生产和供应业营运效率较高，显著高于河北省其他类别上市公司。

5. 河北省批发和零售业。

从营运资金角度分析，对于营运资金，2013～2015 年河北省批发和零售业年均为负数，从 2016 年开始营运资金转为正数并逐步呈现上升趋势，显示河北省批发和零售业营运资金虽然略有不足，但呈现较好的发展趋势。在全国同行业同期营运资金均为正数的情况下，河北省批发和零售业营运资金为负，显示营运资金不足是困扰河北省批发和零售行业的问题。从流动资产占总资产的比重以及流动负债占总负债的比重来看，河北省批发和零售业两项比率都略高于全国同行业总体水平。同河北省所有上市公司数据比较看，流动资产占总资产比率还是流动负债占总负债比率，都高于河北省总体平均水平，应从调节负债结构和筹资方式入手提高河北省批发和零售业企业的营运能力。

从营运效率角度分析，2013～2017 年河北省批发和零售业的平均营业周期比全国同行业少 12.68 天。河北省批发和零售业应收账款周转天数高于全国同行业，但是存货周转天数低于全国同行业平均水平，存货周转效率高弥补了应收账款速度略慢的不足。流动资产周转率和总资产周转率都低于全国同行业平均水平。说明与全国同行业相比，河北省批发和零售业整体营运效率有一定的提升空间。与河北省总体的比较情况看，河北省批发和零售业平均应收账款周转天数、存货周转天数和营业周期三个指标都明显低于河北省所有上市公司的平均数。另外，河北省批发和零售业流动资产周转率低于河北省平均水平，而总资产周转率比河北省上市公司平均水平略高。说明与河北省上市公司相比，除了流动资产周转速度略慢外，河北省批发和零售业的营运效率较高，高于河北省其他类别上市公司。

6. 河北省交通运输、仓储和邮政业

从营运资金角度分析，对于营运资金，2013 年和 2014 年河北省交通运输、仓储和邮政业行业为负，虽然 2015 年和 2016 年变为正，但是营运资金较小，而且在 2017 年又为负，说明河北省交通运输、仓储和邮政业营运资金不足。在全国同行业同期营运资金为负数的情况下，河北省交通运输、仓储和邮政业营运资金也为负，显示营运资金不足是困扰全国交通运输行业的普遍问题。从流动资产占总资产的比重以及流动负债占总负债的比重来看，河北省交通运输、仓储和邮政业流动资产占总资产的比重略低于全国同行业平均水平，而流动负债占总负债的比略高于全国同行业总体水平，显示河北省交通运输、仓储和邮政业具有一定的财务风险。同河北省所有上市公司数据比较看，无论流动资产占总资产比率还是流动负债占总负债比率，都低于河北省总体平均水平，应从调节负债结构和增加流动资产入手提高河北省交通运输、仓储和邮政业的营运能力。

从营运效率角度分析，2013~2017 年河北省交通运输、仓储和邮政业上市公司平均营业周期比全国同行业营业周期少 139.79 天。另外，2013~2017 年河北省交通运输、仓储和邮政业的应收账款周转天数、存货周转天数和营业周期都低于全国同行业平均水平。另外，从全国同行业的流动资产周转率和总资产周转率来看，河北省交通运输、仓储和邮政业的指标值都略低于全国同行业平均水平。说明同全国同行业相比，河北省交通运输、仓储和邮政业存货和应收账款周转速度较快，存货和应收账款的营运效率显著高于全国平均水平，流动资产周转速度和总资产周转速度略低于全国平均水平，这两方面的营运效率有待提高。另外，与河北省总体的比较情况看，河北省交通运输、仓储和邮政业平均应收账款周转天数、存货周转天数和营业周期三个指标都明显低于河北省所有上市公司的平均数。河北省交通运输、仓储和邮政业流动资产周转率明显优于河北省平均水平，而总资产周转率比河北省上市公司平均水平偏低。说明与河北省上市公司相比，虽然除了总资产周转速度偏低外，河北省交通运输、仓储和邮政业其他方面的营运效率较高，并且高于河北省其他类别上市公司，但是总资产周转速度会进一步影响企业的盈利能力，因此提高总资产周转率对于交通、运输仓储和邮政业来说是很有必要的。

7. 河北省房地产业

从营运资金角度分析，对于营运资金，河北省房地产公司五年均为正数，显示河北省房地产行业营运资金较为充足，营业能力较强。从流动资产占总资产的比重以及流动负债占总负债的比重来看，河北省房地产行业流动资产占总资产的比率和流动负债占总负债的比率都略高于全国同行业总体水平，显示河北省房地产行业的营运形势与全国形势基本一致。同河北省所有上市公司数据比较看，河北省房地产行业流动资产占总资产比显著高于河北省平均水平，而且流动负债占总负债的比略低于河北省平均水平，流动资产占总资产比重较高也是房地产行业一个突出特点，应当促进存量库存的销售，使流动资产在总资产中保持合理的比例。

从营运效率角度分析，2013～2017 年河北省房地产行业上市公司平均营业周期比全国同行业少 986.18 天。另外，2013～2017 年河北省房地产业的应收账款周转天数、存货周转天数均明显低于全国同行业平均水平，尤其是存货周转天数比全国同行业平均水平少 1013.45 天。另外，与全国同行业的流动资产周转率和总资产周转率对比来看，总资产周转率高于全国同行业平均水平，而流动资产周转率略低于全国平均水平。从整体来看，与全国同行业对比，河北省房地产行业营运效率相对较高，尤其是存货的周转速度快，销售能力较强。另外，与河北省总体的比较情况看，河北省房地产业除了应收账款周转天数指标外，存货周转天数和营业周期都明显高于河北省所有上市公司的平均数，甚至存货周转天数和营业周期是河北平均水平的 6 倍多。另外河北省房地产业流动资产周转率、总资产周转率两个指标明显低于河北省上市公司总体水平。说明与河北省上市公司相比，河北省房地产类行业营运效率非常低，而营运效率低的直接原因是存货库存量过大，应当增加存量房产的销售，提高营运效率。

8. 河北省综合类

从营运资金角度分析，对于营运资金，2013～2017 年河北省综合类上市公司五年数值都为正数，显示企业营运资金虽然充足，但是数额极小。从流动资产占总资产的比重以及流动负债占总负债的比重来看，河北省综合类上市公司流动资产占总资产的比重略低于全国同行业平均水平，而流动负债占总负债的比略高于全国同行业总体水平，显示河北省综合类上市公司短期偿债能力低于全国同行业平均水平，可能具有一定的财务风险。同河北省所有上市公司数据比较看，流动资产占总资产比重低于河北省上市公司平均水平，流动负债占总负债的比率高于河北省上市公司平均水平。说明与河北省上市公司相比，河北省综合类上市公司短期内可能具有一定的财务风险，应从提高流动资产的比例和降低流动负债入手提高河北省综合类行业企业的营运能力。

从营运效率角度分析，2013～2017 年河北省综合类上市公司平均营业周期比全国少 337.06 天。虽然河北省综合类上市公司的应收账款回收期高于全国同行业，但是存货周转速度的加快弥补了应收账款周转率慢的不足。另外，与全国同行业的流动资产周转率和总资产周转率比较来看，河北省综合类上市公司的指标值均明显低于全国同行业平均水平。说明与全国同行业相比，河北省综合类上市公司，存货的营运效率高，但是应收账款、流动资产以及总资产的营运效率相对较低。另外，与河北省平均数的比较情况看，河北省综合类上市公司除了应收账款周转天数指标外，其余两个指标均明显低于河北省所有上市公司的平均数。另外，河北省综合类公司流动资产周转率和总资产周转率指标都显著低于河北省上市公司总体水平。说明与河北省上市公司相比，河北省综合类存货周转速度较快，应该加强应收账款周转速度，提高流动资产与总资产的利用效率，从而整体提高营运效率。

9. 河北省信息传输、软件和信息技术服务业

从营运资金角度分析，对于营运资金，在全国营运资金为负数的情况下，河北省信息传输、软件和信息技术服务业营运资金为正值，显示企业营运资金较为充足。从流动资产占总资产的比重以及流动负债占总负债的比重来看，河北省信息传输、软件和信息技术服务业均低于全国同行业平均水平。同河北省所有上市公司数据比较看，流动资产占总资产比重明显低于河北省上市公司平均水平，而流动负债占总负债的比率却略高于河北省上市公司平均水平。说明与河北省上市公司相比，河北省信息传输、软件和信息技术服务业上市公司短期内可能具有一定的财务风险，应从调整流动资产的比例和降低流动负债入手提高河北省信息传输、软件和信息技术服务业的营运能力。

从营运效率角度分析，2015～2017 年河北省信息传输、软件和信息技术服务业上市公司平均营业周期比全国同行业少 161.27 天。而且河北省信息传输、软件和信息技术服务业的应收账款周转天数、存货周转天数均明显低于全国同行业平均水平。另外，与全国同行业的流动资产周转率和总资产周转率比较来看，河北省信息传输、软件和信息技术服务业上市公司的指标值均高于全国同行业平均水平。说明与全国同行业相比，河北省信息传输、软件和信息技术服务业上市公司营运效率较高。另外，与河北省平均数的比较情况看，河北省信息传输、软件和信息技术服务业上市公司平均应收账款周转天数、存货周转天数和营业周期均明显低于河北省上市公司平均水平。另外，河北省信息传输、软件和信息技术服务业公司流动资产周转率、总资产周转率均高于河北省上市公司总体水平。说明与河北省上市公司相比，河北省信息传输、软件和信息技术服务业营运效率相对较高。

（三）河北省上市公司分板块营运能力分析

1. 河北省深市 A 股

从营运资金角度分析，对于营运资金，2013～2017 年在全国深市 A 股上市公司营运资金均为正的情况下，河北省深市 A 股上市公司均为负，显示河北省深市 A 股营运资金不足，营运能力较低，有待提高。从流动资产占总资产的比重以及流动负债占总负债的比重来看，河北省深市 A 股略低于全国深市 A 股平均水平。同河北省所有上市公司数据比较看，无论流动资产占总资产比还是流动负债占总负债的比，都低于河北省总体平均水平，应从调节负债结构和增加流动资产入手提高河北省深市 A 股的营运能力。

从营运效率角度分析，2013～2017 年河北省深市 A 股上市公司平均营业周期比全国同板块营业周期少 423.45 天。另外，2013～2017 年虽然河北省深市 A 股的应收账款周转天数略高于全国深市 A 股，但是存货周转速度较快的优势弥补了应收账款周转速度略慢的不足。另外，从全国深市 A 股的流动资产周转率和总资产周转率来看，河北省深市 A 股的指标值都略低于全国深市 A 股平均水平。说明同全国深市 A 股相比，河北省深市 A 股营运效率较高，河北省深市 A 股存货周转速度较快，存货的营运效率显著高于全国平均水平，应收账款回收期、流动资产周转速度和总资产周转速度与全国平均水平基本持平，有一定的提升空间。另外，与河北省总体的比较情况看，除了河北省深市 A 股应收账款周转天数略高于河北省整体水平外，存货周转天数和营业周期两个指标都明显低于河北省所有上市公司的平均数。另外河北省深市 A 股流动资产周转率略优于河北省平均水平，总资产周转率与河北省平均水平几乎持平。说明与河北省上市公司相比，虽然除了应收账款周转天数期略长外，河北省深市 A 股流动资产周转率和总资产周转率与河北省平均水平持平，存货周转天数较短，营运效率较高，

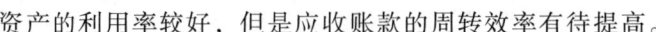

资产的利用率较好，但是应收账款的周转效率有待提高。

2. 河北省沪市 A 股

从营运资金角度分析，流动资产占总资产的比重以及流动负债占总负债的比重，河北省沪市 A 股均达到全国沪市 A 股平均水平，显示河北省沪市 A 股流动资产与流动负债结构较为合理。同河北省所有上市公司数据比较看，无论流动资产占总资产比还是流动负债占总负债的比，都与河北省总体平均水平几乎持平，说明河北省沪市 A 股流动资产与流动负债结构较为合理，营运能力达到河北省平均水平。

从营运效率角度分析，2013～2017 年河北省沪市 A 股上市公司平均营业周期比全国同板块营业周期少 122.63 天。另外，2013～2017 年河北省沪市 A 股的应收账款周转天数、存货周转天数和营业周期都低于全国同板块平均水平。另外从全国同板块的流动资产周转率和总资产周转率来看，河北省沪市 A 股的指标值都达到全国同板块平均水平。说明与全国同板块相比，河北省沪市 A 股营运效率较高，资产的利用率较好。另外，与河北省总体的比较情况看，除了河北省深市 A 股存货周转天数略高于河北省整体水平外，应收账款周转天数和营业周期两个指标都明显低于河北省上市公司的平均数。另外，河北省沪市 A 股流动资产周转率和总资产周转率均高于河北省上市公司平均水平。说明与河北省上市公司相比，虽然除了存货周转天数略长外，河北省沪市 A 股其他方面的营运效率较高，且应收账款回收期明显低于河北省平均水平，说明应收账款的周转较快，应收账款的变现能力较强和管理水平较高，存货的周转速度有一定的提高空间。

3. 河北省中小板

从营运资金角度分析，河北省中小板流动资产占总资产的比重略高于全国同行业平均水平，而流动负债占总负债的比略低于全国同行业总体水平，显示河北省中小板营运能力较强。同河北省所有上市公司数据比较看，河北省中小板流动资产占总资产比重高于河北省整体水平，而流动负债占总负债的比重却低于河北省整体水平，说明河北省中小板营运能力较强，短期营运资金较为充裕。

从营运效率角度分析，2013～2017 年河北省中小板上市公司平均营业周期比全国同板块营业周期多 208.21 天。另外，2013～2017 年河北省中小板的应收账款周转天数、存货周转天数和营业周期都高于全国同板块平均水平。另外，从全国同板块的流动资产周转率和总资产周转率来看，河北省中小板的指标值都低于全国同板块平均水平。说明与全国同板块相比，河北省中小板营运效率相对较低。另外，跟河北省总体的比较情况看，河北省中小板平均应收账款周转天数、存货周转天数和营业周期三个指标都明显高于河北省所有上市公司的平均数。另外，河北省中小板流动资产周转率和总资产周转率比河北省上市公司平均水平明显偏低。说明与河北省上市公司相比，河北省中小板营运效率依然相对较低。

4. 河北省创业板

从营运资金角度分析，河北省创业板流动资产占总资产的比重与全国同板块平均水平持平，而流动负债占总负债的比略高于全国同板块总体水平，显示河北省创业板具有一定的财务风险。同河北省所有上市公司数据比较看，无论流动资产占总资产比还是流动负债占总负债的比，都高于河北省总体平均水平，应从调节负债结构和增加流动资产入手提高河北省创业板的营运能力。

从营运效率角度分析，2013～2017年河北省创业板上市公司平均营业周期比全国同板块营业周期少9.63天。虽然河北省创业板的存货周转天数高于全国同板块平均水平，但是应收账款回收期短的优势弥补了存货周转天数较长的不足。另外，从全国同板块的流动资产周转率和总资产周转率来看，河北省创业板的指标值都略高于全国同板块平均水平。说明与全国同板块相比，河北省创业板应收账款周转速度较快，应收账款的利用效率显著高于全国平均水平，流动资产周转速度和总资产周转速度略高于全国平均水平，存货的周转周期略长，存货的管理水平有待提高。另外，跟河北省总体的比较情况看，河北省创业板除了应收账款周转天数与河北省上市公司持平外，存货周转天数与营业周期两个指标都低于河北省所有上市公司的平均数。另外，河北省创业板流动资产周转率和总资产周转率比河北省上市公司平均水平偏低。说明与河北省上市公司相比，河北省创业板存货周转速度较快，销售能力较强，应收账款的回收期和总资产周转率达到平均水平，而流动资产周转率偏低，流动资产的利用效率有待增强。

分报告四
河北省上市公司业绩发展报告

业绩是企业经营的最终成果，也是企业持续发展的基础和价值支撑。对上市公司进行业绩状况分析和评价，有助于了解河北省上市公司的总体经营水平，判别这些公司未来的努力方向，促进经济发展和市场资源的有效合理配置。

本报告从主要财务指标及综合业绩两个方面分析了河北省上市公司业绩情况。首先，通过2013～2017年河北省上市公司业绩构成的主要财务指标与A股的对比，分析河北省近五年以来的主要指标业绩成果；其次，运用国务院国资委对央企进行财务绩效评价所采取的指标体系，计算河北省上市公司2017年综合业绩得分，并对上市公司业绩得分进行排序和分类，分析评价河北省上市公司的综合业绩水平。

一 河北省上市公司财务指标分析

河北省上市公司的财务指标，是指对上市公司进行业绩分析时所采取的基本财务指标。我们比照国务院国资委对中央企业进行财务绩效评价的指标体系，选取了净资产收益率、总资产报酬率、总资产周转率、应收账款周转率、资产负债率、已获利息倍数、销售（营业）增长率、资本保值增值率共四大类八个基本财务指标进行具体分析。其中，净资产收益率、总资产报酬率属于盈利指标；总资产周转率、应收账款周转率属于资产质量指标；资产负债率、已获利息倍数属于债务风险指标；销售（营业）增长率、资本保值增值率属于经营增长指标。对上市公司业绩分析中，我们剔除了B股上市公司，故以下各项业绩分析中均指2017年55家A股上市公司的业绩状况，与全国其他省份的横向比较也均指A股上市公司。

（一）净资产收益率和总资产报酬率

1.2013～2017年总体状况

从图 4 - 1、图 4 - 2 可以看出河北省上市公司与全国 A 股上市公司主要盈利指标近五年的发展变化。首先看净资产收益率（ROE）：全国 A 股上市公司近 5 年净资产收益率比较平稳，尤其是 2013～2015 年，在 6% 左右徘徊；2016 年为 7.02%，2017 年回落至 5.91%；相对于全国 A 股上市公司，河北省上市公司近 5 年净资产收益率发生了较大变动：2013 年河北省上市公司净资产收益率为 - 37.26%，远低于全国 A 股平均水平；2014 年、2015 年上升为 3.67%、4.93%，低于同期全国 A 股水平；2016 年、2017 年，河北省上市公司净资产收益率分别为 8.01%、8.59%，高于同期全国 A 股水平的 7.02% 与 5.91%。

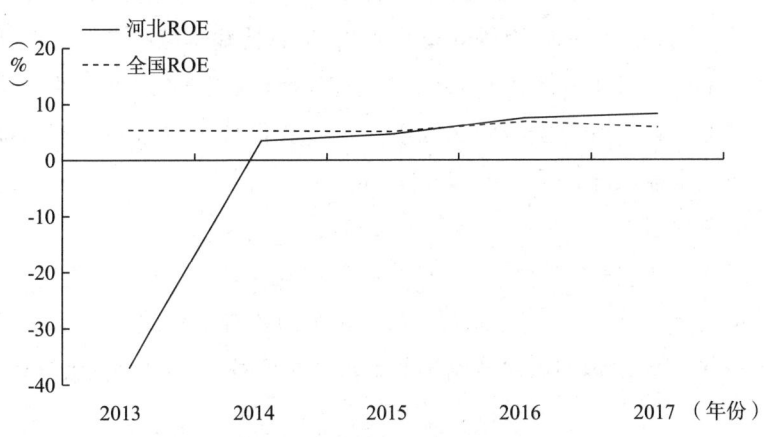

图 4 - 1　2013～2017 年上市公司净资产收益率

再看总资产报酬率（ROA）：无论全国 A 股上市公司还是河北省上市公司，近 5 年总资产报酬率均呈先降后升的趋势。自 2013 年至 2016 年，河北省 ROA 水平与全国 A 股 ROA 水平基本持平。2017 年，河北省上市公司总资产报酬率为 5.89%，略高于全国 A 股上市公司的平均水平（5.55%）。

2.2017年分行业情况

2017 年，河北省 55 家 A 股上市公司共涉及十个行业大类。其中包括 42 家制造业公司（共涉及 19 个细分制造行业）；2 家批发和零售业公司

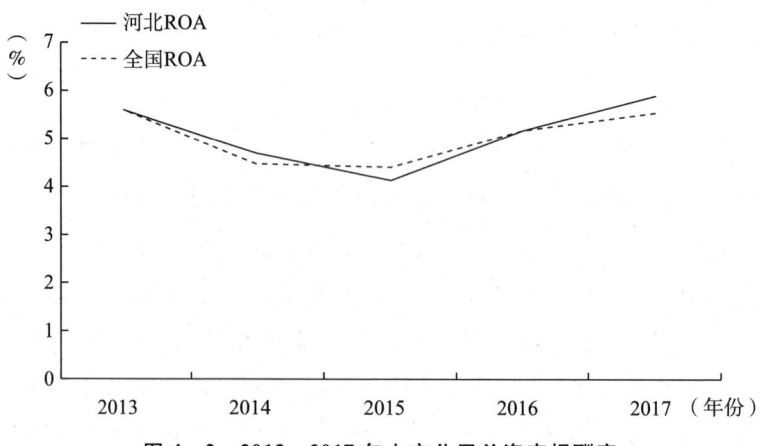

图 4 - 2　2013～2017 年上市公司总资产报酬率

（零售业）①；2 家房地产业公司；2 家电力、热力、燃气及水生产和供应业（电力、热力生产和供应业公司）公司；2 家交通运输、仓储和邮政业（水上运输业）公司；农林牧渔业（畜牧业），信息传输、软件和信息技术服务业（软件和信息技术服务业），金融业（资本市场服务），采矿业（煤炭开采和洗选业）以及综合类行业公司各 1 家。我们分别看这些不同行业公司的基本盈利指标情况，见表 4 - 1。

（1）制造业

河北省 42 家制造业上市公司的净资产收益率为 8.85%，相当于全国 A 股市场平均水平的 1.74 倍；总资产报酬率为 6.36%，略高于全国 A 股市场平均水平 6.12%。说明河北省制造业上市公司的基本盈利能力比较好。

表 4 - 1　2017 年上市公司各行业主要盈利指标

单位：%

行业名称	主要盈利指标	河北上市公司	全国 A 股上市公司
制造业	净资产收益率	8.85	5.10
	总资产报酬率	6.36	6.12
批发和零售业	净资产收益率	3.46	6.40
	总资产报酬率	3.83	4.18

---

①　括号中为上市公司细分行业，本段中下同。

续表

行业名称	主要盈利指标	河北上市公司	全国 A 股上市公司
房地产业	净资产收益率	19.21	9.30
	总资产报酬率	3.43	3.77
电力、热力、燃气及水生产和供应业	总资产报酬率	2.47	4.83
	总资产报酬率	2.37	4.27
农林牧渔业	净资产收益率	8.66	−4.22
	总资产报酬率	6.51	2.21
交通运输、仓储和邮政业	净资产收益率	8.28	9.75
	总资产报酬率	6.11	6.52
信息传输、软件和信息技术服务业	净资产收益率	8.94	6.02
	总资产报酬率	7.22	5.26
金融业	净资产收益率	0.91	8.72
	总资产报酬率	0.40	2.14
采矿业	净资产收益率	5.33	12.14
	总资产报酬率	3.87	3.72
综合类行业	净资产收益率	10.46	2.34
	总资产报酬率	7.50	2.80

再看制造业各细分行业的主要盈利指标情况，见表 4 - 2。

42 家制造业上市公司涉及的细分行业共 19 个，其中盈利指标表现最好的是橡胶和塑料制品业，净资产收益率和总资产报酬率分别高出河北制造业上市公司指标平均值 9.36 个百分点和 8.58 个百分点；其次是化学原料及化学制品制造业、有色金属冶炼及压延加工业，这两个行业的净资产收益率分别高出河北制造业上市公司平均值 8.69 个百分点、6.80 个百分点，总资产报酬率则高出 5 个百分点以上；酒饮料和精致茶制造业、仪器仪表制造业的净资产收益率和总资产报酬率均高于河北制造业平均水平；此外，汽车制造业的净资产收益率高于河北制造业平均值，总资产报酬率却略低于河北制造业上市公司平均水平；盈利指标最差的是皮革毛皮羽毛及其制品和制鞋业，该行业的净资产收益率和总资产报酬率均低于河北省制造业上市公司盈利指标的平均值。

表 4 - 2　2017 年河北省制造业细分行业上市公司主要盈利指标

单位：%，个百分点

行业细分	净资产收益率		总资产报酬率	
	数值	行业差	数值	行业差
橡胶和塑料制品业	18.21	9.36	14.94	8.58
化学原料及化学制品制造业	17.54	8.69	12.08	5.72
有色金属冶炼及压延加工业	15.65	6.80	14.05	7.69
酒饮料和精制茶制造业	15.28	6.43	9.30	2.94
仪器仪表制造业	12.01	3.16	10.08	3.72
汽车制造业	10.87	2.02	5.69	- 0.67
农副食品加工业	8.17	- 0.68	5.99	- 0.37
计算机通信和其他电子设备制造业	7.91	- 0.94	5.73	- 0.63
电气机械及器材制造业	7.43	- 1.42	3.48	- 2.88
纺织业	6.04	- 2.81	4.51	- 1.85
医药制造业	5.82	- 3.03	5.58	- 0.78
石油加工炼焦及核燃料加工业	5.79	- 3.06	4.34	- 2.02
非金属矿物制品业	5.44	- 3.41	5.40	- 0.96
铁路船舶航空航天和其他运输设备制造业	4.64	- 4.21	3.10	- 3.26
黑色金属冶炼及压延加工业	4.51	- 4.34	3.10	- 3.26
通用设备制造业	3.99	- 4.86	3.92	- 2.44
金属制品业	2.37	- 6.48	2.13	- 4.23
专用设备制造业	- 0.94	- 9.79	- 0.59	- 6.95
皮革毛皮羽毛及其制品和制鞋业	- 4.03	- 12.88	- 2.20	- 8.56

注：行业差 = 各细分行业指标值 - 行业平均指标值。

（2）批发和零售业

2017 年，河北省批发和零售行业上市公司的主要盈利指标数据均低于全国 A 股市场平均水平。全国 A 股上市公司的净资产收益率、总资产报酬率分别为 6.40%、4.18%，河北省 2 家批发和零售业（全部为零售业）上市公司的两个指标分别为 3.46%、3.83%。说明河北省该行业上市公司的盈利水平与全国 A 股相比存在一定差距，有一定改进和提高的余地。

（3）房地产业

2017 年，河北省房地产业上市公司净资产收益率明显高于全国 A 股市场平均水平，总资产报酬率则略低于全国 A 股市场水平。2 家民营房地产上市公司的平均净资产收益率为 19.21%，高于全国 A 股同行业水平的 9.30%；总资产报酬率为 3.43%，略低于全国 A 股同行业水平的 3.77%。净资产收益率约为全国 A 股行业水平的 2 倍左右。河北两家房地产公司的基本盈利指标相差不大，比较均衡。

（4）电力、热力、燃气及水生产和供应业

当前，河北省共 2 家电力、热力、燃气及水生产和供应业上市公司：建投能源和东方能源，且均为国有企业。2017 年，这两家上市公司的净资产收益率和总资产报酬率均低于全国 A 股行业水平，差距均在 2 个百分点左右。

（5）农林牧渔业

2017 年，河北省农林牧渔业上市公司只有福成股份一家，出于公司"绿色、健康、安全"产品理念与消费者当前需求的契合，该上市公司无论是资产报酬率还是净资产收益率，均高于全国 A 股市场平均水平，为公司股东创造了较高的价值回报。尤其是净资产收益率，福成股份达到 8.66%的自有资金报酬水平，远高于全国 A 股行业水平的 -4.22%，总资产报酬率也超过全国 A 股平均水平 4.3 个百分点之多。

（6）交通运输、仓储和邮政业

2017 年，河北省交通运输、仓储和邮政业上市公司由 2016 年 1 家增加至 2 家，其中秦港股份于 2017 年 8 月在全国 A 股上市。在盈利方面，河北省该行业的净资产收益率与总资产报酬率均略低于全国 A 股平均水平。

（7）信息传输、软件和信息技术服务业

2017 年，河北省信息传输、软件和信息技术服务业只有茂业通信一家。公司盈利指标依旧保持良好，净资产收益率为 8.94%，总资产报酬率为 7.22%，超越了全国 A 股行业平均水平的 6.02% 和 5.26%。

（8）金融业

2016 年，宝硕股份（600155）实施了重大资产重组，成功实现产业转型和结构调整。通过重组，华创证券成为宝硕股份的控股子公司，宝硕股份新增证券服务业务，公司由原先的橡胶和塑料制品业转为金融业中的资本市场服务业，成为河北历史上第一家金融业上市公司。2016 年末，宝硕股份的净资产收益率与总资产报酬率水平均为负数，与 A 股金融业上市公司的盈利指标水平相差较大。2017 年盈利指标有了提升，净资产收益率与总资产报酬率分别为 0.91%、0.40%，但与全国 A 股平均水平的 8.72%、2.14% 相比，仍有较大的差距。

（9）采矿业

2017 年河北省采矿业上市公司只有冀中能源一家。该公司的基本盈利水平在 2014 年较差①，2015 年转好②，2016 年与全国 A 股市场平均水平相差不大。

2017 年冀中能源净资产收益率为 5.33%，远低于 A 股市场平均水平的 12.14%；而总资产报酬率略高于全国 A 股市场的 3.72%，为 3.87%。

（10）综合类行业

2017 年河北省唯一一家综合类行业公司——ST 坊展，其盈利水平较 2016 年实现增长，净资产收益率为 10.46%、总资产报酬率为 7.50%，均大幅高于全国 A 股市场平均水平的 2.34%、2.80%。

（二）总资产周转率和应收账款周转率

1. 2013～2017 年总体状况

从图 4-3 可以看出，河北省上市公司与全国上市公司的总资产周转率近五年均呈先降后升趋势。2013～2017 年，河北上市公司总资产周转水平低于全国平均水平，但差别不大。2017 年，河北省总资产周转率为 0.59，略低于全国上市公司平均水平的 0.64。图 4-4 显示的应收账款周转率情况差别则较为明显：在 2013～2017 年五年中，除了 2013 年河北省应收账款周转率略高于全国上市公司外，其余连续四个年度均低于全国上市公司应收账款周转率水平。其中 2013～2015 年两者差距较小，2016 年差距扩大，2017 年则出现了显著差距。2017 年河北省上市公司应收账款周转率为 162.48%，全国应收账款周转率平均为 14300.3%。分析发现，全国有两家上市公司的应收账款周转率

---

① 2014 年冀中能源总资产报酬率相当于全国 A 股市场平均水平的 36.9%，净资产收益率小于 0。
② 2015 年冀中能源净资产收益率为 1.92%，总资产报酬率为 2.32%。均高于全国 A 股市场平均水平（-3.82%、0.96%）。

奇高值：一家是泰山石油（000554），一家是英力特（000635），这两家公司营业收入极高而应收账款极低导致该比率分别为49435345.7%和20873.51024%，极大程度地拉高了平均值。如果将这两家公司的数据去掉，重新计算全国上市公司2017年应收账款周转率，数据为51.92%，小于河北应收账款周转率。说明河北省上市公司对应收账款的回收管理比全国A股市场的正常公司平均水平要高。

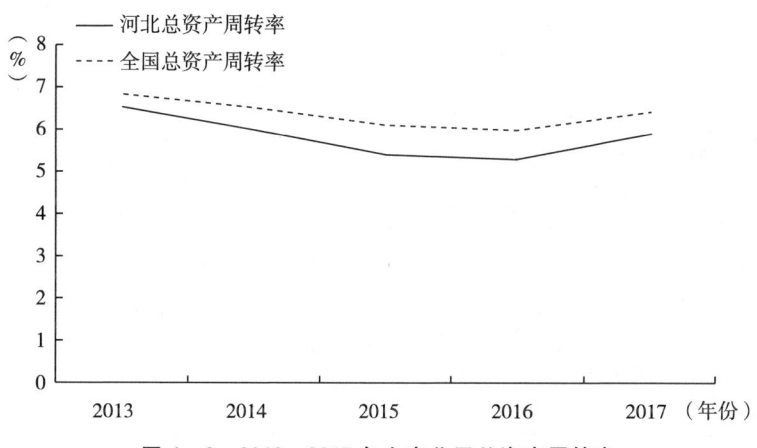

图4-3 2013～2017年上市公司总资产周转率

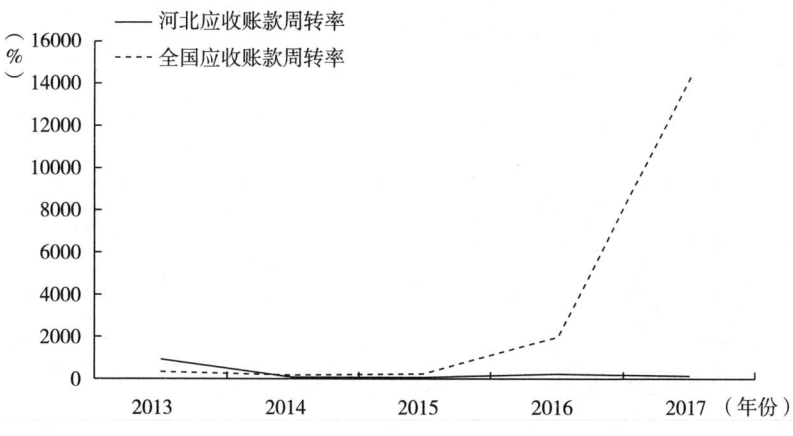

图4-4 2013～2017年上市公司应收账款周转率

2. 2017年分行业情况

2017年，河北省55家A股上市公司共涉及十个行业大类，这些行业的上市公司主要资产质量指标情况见表4-3。

表4－3　2017年上市公司各行业主要资产质量指标

单位：%

行业名称	主要资产质量指标	河北上市公司	全国A股上市公司
制造业	总资产周转率	0.65	0.67
	应收账款周转率	206.77	47.52
批发和零售业	总资产周转率	0.64	1.32
	应收账款周转率	23.52	305290.02/80.32
房地产业	总资产周转率	0.21	0.23
	应收账款周转率	34.67	287.51
电力、热力、燃气及水生产和供应业	总资产周转率	0.37	0.35
	应收账款周转率	6.87	20.78
农林牧渔业	总资产周转率	0.54	0.48
	应收账款周转率	10.35	27.89
交通运输、仓储和邮政业	总资产周转率	0.31	0.64
	应收账款周转率	35.09	32.60
信息传输、软件和信息技术服务业	总资产周转率	0.68	0.54
	应收账款周转率	3.58	6.75
金融业	总资产周转率	0.01	0.05
	应收账款周转率	1.80	11.21
采矿业	总资产周转率	0.46	0.56
	应收账款周转率	4.82	64.37
综合类行业	总资产周转率	0.19	0.28
	应收账款周转率	31.25	388.57

（1）制造业

2017年，河北省制造业上市公司总资产周转率略低于全国A股制造业总资产周转水平，但相差不大；在应收账款周转方面，河北省制造业上市公司应收账款周转率高于全国A股制造业平均水平。其中资产质量最好的是酒饮料精制茶制造业，总资产周转率高出行业平均值0.12个百分点，应收账款周转率则高出行业平均值3608.31个百分点。这是由于老白干酒（600559）在2017年创造了高达6888.88的应收账款周转次数，拉高了该细分行业的应收账款周转水平；也正是由于该公司应收账款周转率的极端值，使19个细分行业中，只有该细分行业的总资产周转率、应收账款周转率均高于行业平均值。有色金属冶炼及压延加工业、汽车制造业、农副食品加工业、纺织业、橡胶和塑料制品业的总资产周转率虽然在细分行业中居前，比酒饮料精制茶制造业还要高，但其应收账款周转率却低于行业平均值。具体情况见表4－4。

表4－4　2016年河北省制造业细分行业上市公司主要资产质量指标

单位：%，个百分点

行业细分	总资产周转率		应收账款周转率	
	数值	行业差	数值	行业差
有色金属冶炼及压延加工业	1.41	0.76	6.31	－200.46
汽车制造业	1.04	0.39	76.15	－130.62
农副食品加工业	1.03	0.38	11.98	－194.79
纺织业	0.88	0.23	5.37	－201.4
橡胶和塑料制品业	0.94	0.29	4.75	－202.02
酒饮料和精制茶制造业	0.77	0.12	3815.08	3608.31
金属制品业	0.59	－0.06	14.03	－192.74
铁路船舶航空航天和其他运输设备制造业	0.52	－0.13	3.60	－203.17
化学原料及化学制品制造业	0.80	0.15	78.37	－128.4
石油加工炼焦及核燃料加工业	0.87	0.22	10.39	－196.38
医药制造业	0.49	－0.16	6.04	－200.73
电气机械及器材制造业	0.50	－0.15	1.82	－204.95
通用设备制造业	0.35	－0.3	2.24	－204.53
仪器仪表制造业	0.46	－0.19	3.26	－203.51
黑色金属冶炼及压延加工业	0.58	－0.07	46.76	－160.01
计算机通信和其他电子设备制造业	0.37	－0.28	2.81	－203.96
专用设备制造业	0.50	－0.15	2.78	－203.99
非金属矿物制品业	0.56	－0.09	9.48	－197.29
皮革毛皮羽毛及其制品和制鞋业	0.24	－0.41	5.65	－201.12

注：行业差＝各细分行业指标值－行业平均指标值。

（2）批发和零售业

2017年，河北省批发和零售行业上市公司的总资产周转率和应收账款周转率均低于全国A股上市公司行业平均水平。其中，全国A股批发和零售行业上市公司的应收账款周转率正常计算高达305290.02%，我们采取剔除前后5%极值后，全国A股批发和零售行业应收账款周转率为80.32%，仍高于河北省上市公司的23.52%，说明河北省批发和零售行业上市公司的资产管理质量相对差一些。

（3）房地产业

2017年，河北省房地产业上市公司的总资产周转率与全国A股行业平均水平差距极小，应收账款周转率却远低于全国A股行业水平：河北为34.67%，全国A股则高达287.51%。2家房地产上市公司中：荣盛发展（002146）2017年应收账款周转率为65.13%，华夏幸福（600340）仅为4.20%，应收账款回收期为86天左右。鉴于房地产企业经营特点以及全国A股房地产公司的应收账款回收快的现实情况，河北省房地产上市公司在应收账款管理上应加以关注。

（4）电力、热力、燃气及水生产和供应业

2017年，河北省电力、热力、燃气及水生产和供应业上市公司的总资产周转率与全国A股行业平均水平相差不大，其中河北省的略高；应收账款周转率则差距不小，河北省偏低，只相当于全国A股水平的33%左右。

（5）农林牧渔业

2017年，河北省唯一一家农林牧渔业上市公司福成股份的总资产周转率高于全国A股上市公司行业平均水平，但应收账款周转率却低于全国A股上市公司行业水平，相当于全国A股水平的37%左右。

（6）交通运输、仓储和邮政业

2017年，河北省交通运输、仓储和邮政业2家上市公司的总资产周转率低于全国A股市场行业水平，应收账款周转率略高于全国A股市场行业平均水平。河北为35.09%，全国A股平均为32.60%。这主要得益于秦港股份（601326）应收账款周转率水平高，为60.35%。

（7）信息传输、软件和信息技术服务业

2017年，河北省信息传输、软件和信息技术服务业上市公司的主要资产质量指标与农林牧渔业相似。即总资产周转率高于全国A股上市公司行业平均水平，应收账款周转率却低于全国A股上市公司行业水平，不过，无论是河北省还是全国A股上市公司，其应收账款周转水平均不高。

（8）金融业

2017 年，河北省金融业上市公司总资产周转率与应收账款周转率均低于全国 A 股平均水平。河北总资产周转次数为 0.01，全国 A 股平均周转次数为 0.05，河北应收账款周转次数为 1.80，全国 A 股平均水平为 11.21%，华硕阳安作为河北省唯——家金融业公司，其资产质量还有待加强。

（9）采矿业

2017 年，河北省采矿业上市公司冀中能源的总资产周转率低于全国 A 股市场平均水平，但应收账款周转率却差距较大：全国 A 股市场行业水平为 64.37%，河北冀中能源的应收账款周转率仅为 4.82%，说明河北省采矿业上市公司应收账款的质量水平较低。

（10）综合类行业

2017 年，河北省综合类行业上市公司（廊坊发展）的两个资产管理质量指标均低于全国 A 股市场平均水平：其中应收账款周转率仅相当于全国 A 股的 8% 左右。

通过以上分析可知，河北省上市公司的资产质量指标表现一般。尤其是应收账款管理上，除了制造业，交通运输、仓储和邮政业的应收账款管理水平高于全国 A 股同行业水平，其他 8 个行业的应收账款管理均较全国 A 股同行业水平偏低。尤其是房地产业上市公司，河北的房地产上市公司应收账款管理水平与全国 A 股同行业水平相比差距比较明显，应寻找原因加以改善。

（三）资产负债率和已获利息倍数

1. 2013～2017年总体状况

从图 4-5、图 4-6 可以看出河北省上市公司与全国 A 股上市公司主要债务风险指标近五年的发展变化。除 2013 年，河北省上市公司资产负债率与全国 A 股上市公司资产负债率总体水平差距不大。2017 年，河北资产负债率为 41.21%，全国 A 股平均水平为 41.98%，河北略低，但差别很小，表明河北上市公司在 2017 年与全国 A 股上市公司的总体债务风险相当，见图 4-5。已获利息倍数方面，河北上市公司与全国 A 股上市公司近 5 年来均呈现较为波动的变化趋势，见图 4-6。2013 年，河北省上市公司已获利息倍数高于全国 A 股平均水平，但差别不大；2014 年，较大幅度低于全国

A 股；2015 年重新逆转，河北上市公司已获利息倍数明显高出全国 A 股平均水平；2016 年河北上市公司已获利息倍数又显著低于全国 A 股平均水平；2017 年两者差距缩小，但河北上市公司仍明显低于全国 A 股平均水平：河北为 0.16 倍，全国 A 股为 45.09 倍，表明 2017 年河北利息保障程度不理想。

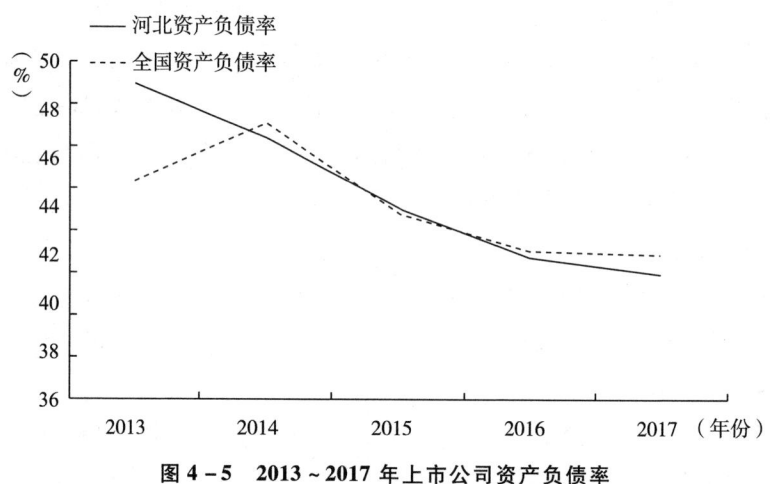

图 4 - 5　2013～2017 年上市公司资产负债率

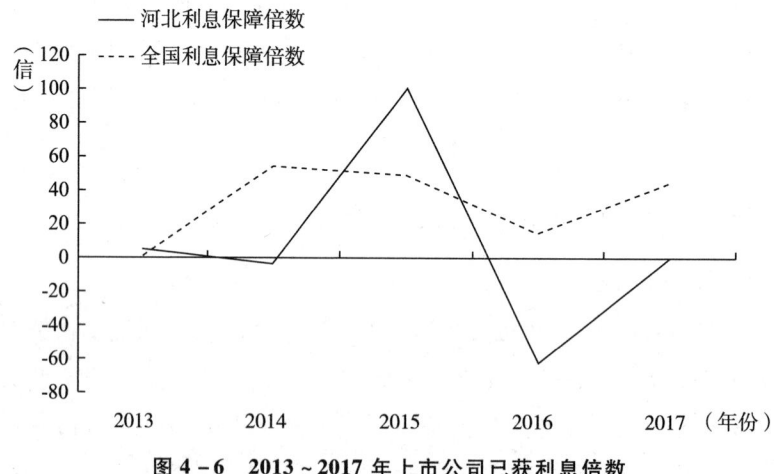

图 4 - 6　2013～2017 年上市公司已获利息倍数

2. 2017 年分行业情况

2017 年，河北省各行业上市公司的资产负债率和已获利息倍数指标情况见表 4 - 5。

表 4 - 5　2017 年上市公司各行业主要债务风险指标

单位：% , 倍

行业名称	主要债务风险指标	河北上市公司	全国 A 股上市公司
制造业	资产负债率	38.83	38.12
	已获利息倍数	- 6.78	73.73
批发和零售业	资产负债率	41.52	52.18
	已获利息倍数	- 9.28	- 14.50
房地产业	资产负债率	82.89	64.19
	已获利息倍数	25.63	11.15
电力、热力、燃气及水生产和供应业	资产负债率	60.72	53.46
	已获利息倍数	2.27	- 4.48
农林牧渔业	资产负债率	23.08	44.23
	已获利息倍数	32.26	- 26.48
交通运输、仓储和邮政业	资产负债率	35.74	41.63
	已获利息倍数	22.30	- 47.57
信息传输、软件和信息技术服务业	资产负债率	17.44	33.78
	已获利息倍数	- 60.17	- 0.17
金融业	资产负债率	60.32	77.39
	已获利息倍数	618.97	106.18
采矿业	资产负债率	54.52	47.65
	已获利息倍数	3.40	0.49
综合类行业	资产负债率	38.39	44.61
	已获利息倍数	- 382.81	- 15.83

（1）制造业

由表 4 - 6 可以看出，2017 年，河北省制造业上市公司的资产负债率略高于全国 A 股行业水平，已获利息倍数却明显低于全国 A 股行业水平，2017 年河北省制造业上市公司已获利息倍数较低，为 - 6.78 倍。这是由于以岭药业（002603）和科林电器（603050）在 2017 年的利息保障水平低，分别为 - 272.05 倍和 - 223.24 倍，从而拉低了行业数据。我们将该极值去掉，计算剩余的 40 家制造业上市公司已获利息倍数平均值，为 5.26 倍，该数据依然低于全国 A 股同行业平均水平的 73.73 倍。说明相较于全国 A 股同行业水平，河北省制造业以略高于全国 A 股同行业公司的财务风险却获取了较低的利润。

再看细分行业的债务风险指标状况，见表4-6。橡胶和塑料制品业、有色金属冶炼及压延加工业以及通用设备制造业的债务风险抵抗能力最强，资产负债率水平不高，利息保障倍数为正且高于行业均值。资产负债率最高的三个细分行业包括黑色金属冶炼及压延加工业、汽车制造业、电气机械及器材制造业，其中电气机械及器材制造业已获利息倍数最低，为－77.99倍，债务风险较高。此外，医药制造业的资产负债率为36.69%，但其已获利息倍数为－86.91倍，表明该行业获利能力低，导致其债务风险比较大。

表4-6　2017年河北省制造业细分行业上市公司主要债务风险指标

行业细分	资产负债率（%）		已获利息倍数	
	数值	行业差 (个百分点)	数值	行业差
仪器仪表制造业	14.98	23.85	－72.08	－65.3
有色金属冶炼及压延加工业	20.41	18.42	13.36	20.14
皮革毛皮羽毛及其制品和制鞋业	28.08	10.75	－2.17	4.61
通用设备制造业	25.34	13.49	4.71	11.49
橡胶和塑料制品业	16.04	22.79	57.95	64.73
铁路船舶航空航天和其他运输设备制造业	36.19	2.64	18.75	25.53
医药制造业	36.69	2.14	－86.91	－80.13
化学原料及化学制品制造业	31.65	7.18	19.55	26.33
专用设备制造业	34.31	4.52	7.54	14.32
农副食品加工业	43.47	－4.64	5.78	12.56
酒饮料和精制茶制造业	34.22	4.61	－27.62	－20.84
计算机通信和其他电子设备制造业	49.68	－10.85	6.10	12.88
汽车制造业	55.16	－16.33	26.65	33.43
金属制品业	49.80	－10.97	2.28	9.06
纺织业	52.99	－14.16	2.57	9.35
石油加工炼焦及核燃料加工业	50.71	－11.88	3.29	10.07
电气机械及器材制造业	54.54	－15.71	－77.99	－71.21
非金属矿物制品业	47.66	－8.83	6.68	13.46
黑色金属冶炼及压延加工业	74.94	－36.11	1.83	8.61

注：行业差＝各细分行业指标值－行业平均指标值。此处，资产负债率为逆指标，故计算"各细分行业资产负债率－制造业资产负债率"后，取其负数作为行业差。

（2）批发和零售业

2017年，河北省批发和零售行业上市公司的资产负债率为41.52%，比全国A股行业平均水平（52.18%）要低，表明河北的该行业总体债务水平稍低一些；已获利息倍数方面，全国A股与河北上市公司该行业已获利息倍数均为负值，但河北上市公司的已获利息倍数比全国A股市场平均水平稍高。说明在当前形势下该行业所获息税前利润较低，总体债务风险较高。河北上市公司情况虽比全国A股整体平均水平要好一些，但依然面临息税前利润不足以弥补其财务费用的现状。

（3）房地产业

2017年，河北省房地产行业的债务风险指标表现尚可。尽管资产负债率高达82.89%，高于全国A股行业平均水平，但其已获利息倍数也较全国A股行业水平高。但是，依然需要关注债务规模过高所带来的流动性风险。尤其是在房地产行业紧缩的环境下，一旦公司销售下滑，很可能引致已获利息倍数大幅度降低，增加公司财务风险。

（4）电力、热力、燃气及水生产和供应业

2017年，河北省电力、热力、燃气及水生产和供应业上市公司的资产负债率、已获利息倍数比全国A股行业平均水平表现差距不大，已获利息倍数水平稍好：其中资产负债率河北的行业值为60.72%，全国A股行业值为53.46%；已获利息倍数河北的行业值为2.27倍，全国A股行业值为-4.48倍。

（5）农林牧渔业

2017年，河北省农林牧渔业上市公司福成股份的债务表现较好，资产负债率低于全国A股公司行业水平，已获利息倍数却高出全国A股上市公司行业平均水平很多。由此可见，福成股份的息税前利润获取能力及偿债能力都要高于全国水平。

（6）交通运输、仓储和邮政业

2017年，河北省交通运输、仓储和邮政业上市公司资产负债率低于全国A股水平，已获利息倍数则高于全国A股行业水平。河北上市公司资产负债率为35.74%，已获利息倍数为22.30倍，全国A股行业水平是资产负债率为41.63%、已获利息倍数为-47.57倍。河北上市公司以较低的资产负债率获取了较高的财务费用保障能力。

（7）信息传输、软件和信息技术服务业

2017 年，河北省信息传输、软件和信息技术服务业的债务风险指标表现不好：资产负债率较低，为 17.44%，已获利息倍数为 -60.17 倍，其财务费用的保障能力较差。

（8）金融业

河北唯一一家金融业上市公司华硕阳安在 2017 年的债务表现较好，资产负债率较全国 A 股行业水平低，已获利息倍数却远高于全国 A 股行业水平。

（9）采矿业

2017 年，河北省采矿业上市公司冀中能源资产负债率高于全国 A 股行业水平，已获利息倍数也稍高于全国 A 股行业水平。其中冀中能源的资产负债率为 54.52%，全国 A 股行业值为 47.65%；冀中能源的已获利息倍数为 3.40 倍，A 股行业值为 0.49 倍。

（10）综合类行业

2017 年度，河北省综合类行业上市公司廊坊发展的资产负债率较全国 A 股行业平均水平低，廊坊发展为 38.39%，全国 A 股行业值为 44.61%；已获利息倍数方面，廊坊发展的已获利息倍数却较大幅度低于全国 A 股上市公司同行业平均值：全国 A 股行业值为 -15.83 倍，廊坊发展为 -382.81 倍。说明河北省综合业上市公司的利息保障不理想，廊坊发展的收益对财务费用的保障能力差。

（四）销售（营业）增长率与资本保值增值率

1. 2013~2017年总体状况

从图 4-7、图 4-8 可以看出，河北省上市公司的销售（营业）增长率与全国 A 股存在差异，尤其是在 2015 年，全国 A 股上市公司销售（营业）增长率均较大幅度高于河北省上市公司的水平。2016 年，全国 A 股销售（营业）增长率较 2015 年显著降低，河北销售（营业）增长率较 2015 年有较大幅度增长，由 2015 年的 6.24% 增长为 2016 年的 23.94%，不过依然低于全国 A 股平均水平；2017 年，河北销售（营业）增长率超过全国 A 股市场水平。资本保值增值方面，河北省上市公司 2013 年资本保值增值率稍高于全国 A 股水平，2014 年、2015 年则低于全国 A 股上市公司水平，但差距不大；2016 年则大幅超过全国 A 股水平；2017 年河北资本保值增值率下降，稍低于全国 A 股市场水平。详细数据见表 4 - 7。

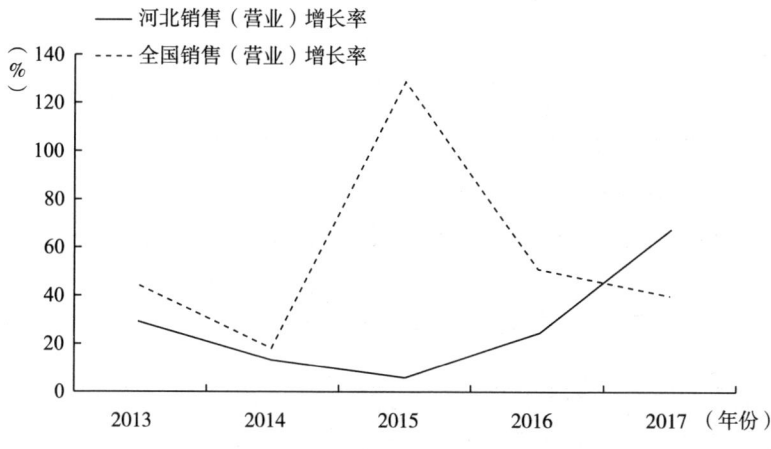

图 4 - 7　2013 ~ 2017 年上市公司销售（营业）增长率

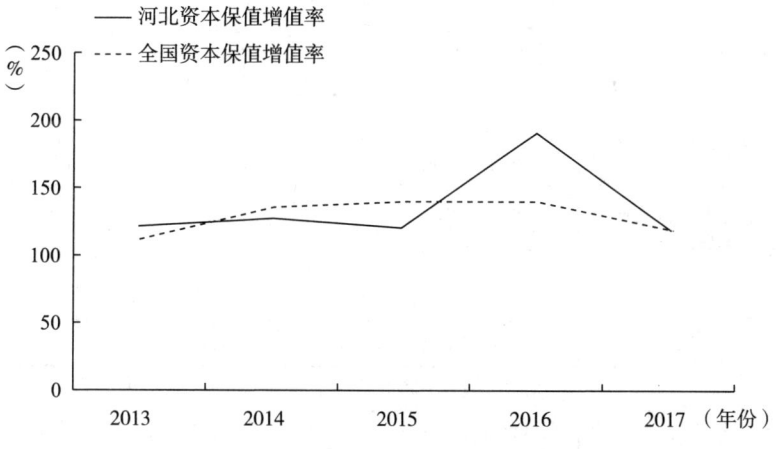

图 4 - 8　2013 ~ 2017 年上市公司资本保值增值率

表 4 - 7　2013 ~ 2017 年上市公司经营增长状况

单位：%

年份	河北销售（营业）增长率	全国 A 股销售（营业）增长率	河北资本保值增值率	全国 A 股资本保值增值率
2013	29. 00	44. 58	121. 11	111. 91
2014	13. 31	18. 07	126. 63	135. 27
2015	6. 24	129. 47	121. 12	138. 91

年份	河北销售（营业）增长率	全国 A 股销售（营业）增长率	河北资本保值增值率	全国 A 股资本保值增值率
2016	23.94	50.62	191.71	141.03
2017	66.80	39.14	118.26	120.13

2. 2017年分行业情况

2017 年，河北省各行业上市公司的主要经营增长指标情况见表4－8。

表4－8 2017 年上市公司各行业主要经营增长指标

单位：%

行业名称	主要经营增长指标	河北上市公司	全国 A 股上市公司
制造业	销售（营业）增长率	76.24	43.92
	资本保值增值率	117.90	120.80
批发和零售业	销售（营业）增长率	5.89	28.58
	资本保值增值率	148.95	116.93
房地产业	销售（营业）增长率	18.60	51.63
	资本保值增值率	151.66	111.84
电力、热力、燃气及水生产和供应业	销售（营业）增长率	9.14	17.40
	资本保值增值率	101.07	111.36
农林牧渔业	销售（营业）增长率	－0.76	12.97
	资本保值增值率	105.65	106.21
交通运输、仓储和邮政业	销售（营业）增长率	35.29	32.85
	资本保值增值率	110.05	113.36
信息传输、软件和信息技术服务业	销售（营业）增长率	16.13	27.77
	资本保值增值率	108.40	130.61
金融业	销售（营业）增长率	56.93	10.24
	资本保值增值率	100.43	111.79
采矿业	销售（营业）增长率	49.47	51.11
	资本保值增值率	103.62	105.55
综合类行业	销售（营业）增长率	209.04	47.89
	资本保值增值率	111.04	111.04

（1）制造业

由表4-8可以看出：河北省制造业上市公司2017年销售（营业）增长率高于全国A股行业平均水平，而资本保值增值率低于全国A股行业平均水平。再看细分行业：19个细分行业里，专用设备制造业经营增长情况最好，实现了较高的销售（营业）增长率与资本保值增值率。由于该细分行业的销售（营业）增长率极高，拉高了制造业平均水平，使19个细分行业中只有专用设备制造业行业差为正值。计算机通信和其他电子设备制造业的销售（营业）增长率虽然行业差为负，却是剩余18个细分行业中最高；且其资本保值增值率行业差值较低。化学原料及化学制品制造业、石油加工炼焦及核燃料加工业、非金属矿物制品业、电气机械及器材制造业四个行业资本保值增值率行业差均为正值。详情见表4-9。

表4-9　2017年河北省制造业细分行业上市公司主要经营增长指标

单位：%，个百分点

行业细分	销售（营业）增长率		资本保值增值率	
	数值	行业差	数值	行业差
铁路船舶航空航天和其他运输设备制造业	11.60	-64.64	103.90	-14
农副食品加工业	29.49	-46.75	106.49	-11.41
计算机通信和其他电子设备制造业	63.31	-12.93	117.01	-0.89
橡胶和塑料制品业	27.47	-48.77	115.96	-1.94
汽车制造业	17.82	-58.42	107.55	-10.35
纺织业	2.55	-73.69	104.68	-13.22
有色金属冶炼及压延加工业	27.97	-48.27	113.68	-4.22
化学原料及化学制品制造业	36.03	-40.21	126.72	8.82
医药制造业	9.73	-66.51	113.18	-4.72
仪器仪表制造业	23.75	-52.49	110.25	-7.65
石油加工炼焦及核燃料加工业	58.26	-17.98	126.66	8.76
非金属矿物制品业	23.95	-52.29	125.58	7.68
电气机械及器材制造业	2.39	-73.85	124.57	6.67
金属制品业	-8.58	-84.82	105.42	-12.48
黑色金属冶炼及压延加工业	46.19	-30.05	102.21	-15.69
通用设备制造业	37.69	-38.55	219.22	101.32

续表

行业细分	销售（营业）增长率		资本保值增值率	
	数值	行业差	数值	行业差
酒饮料和精制茶制造业	−6.13	−82.37	103.89	−14.01
专用设备制造业	423.18	346.94	110.61	−7.29
皮革毛皮羽毛及其制品和制鞋业	26.36	−49.88	95.92	−21.98

注：行业差 = 各细分行业指标值 − 行业平均指标值。

（2）批发和零售业

2017 年，河北省批发和零售行业上市公司的销售（营业）增长率低于全国 A 股，资本保值增值率则高于全国 A 股。其中销售（营业）增长率河北为 5.89%，全国 A 股为 28.58%，资本保值增值率则相差不是特别大，河北为 148.95%，全国 A 股为 116.93%。

（3）房地产业

2017 年，河北省房地产业上市公司的销售（营业）增长率比全国 A 股低，相当于全国 A 股水平的 36% 左右，资本保值增值率则高于全国 A 股水平，河北为 151.66%，全国 A 股为 111.84%。

（4）电力、热力、燃气及水生产和供应业

2017 年，河北省电力、热力、燃气及水生产和供应业上市公司的销售（营业）增长率低于全国 A 股行业水平；资本保值增值比全国 A 股行业水平略低，但相差不大。

（5）农林牧渔业

2017 年，河北省农林牧渔业上市公司的经营增长表现也一般。销售（营业）增长率与资本保值增值率 2 个指标均低于全国 A 股行业水平。表明河北该行业上市公司的经营增长比全国 A 股要差。

（6）交通运输、仓储和邮政业

2017 年，河北省交通运输、仓储和邮政业上市公司的销售（营业）增长率高于全国 A 股行业水平；资本保值增值率与全国 A 股行业水平基本持平，河北省行业资本保值增值率为 110.05%，全国 A 股为 113.36%。表明河北该行业上市公司营业收入与资本较 2016 年有一定增长。

（7）信息传输、软件和信息技术服务业

2017 年，河北省信息传输、软件和信息技术服务业的经营增长指标中：

销售（营业）增长率与资本保值增值率 2 个指标均低于全国 A 股行业水平。其中销售（营业）增长率为 16.13%，全国 A 股为 27.77%，资本保值增值率为 108.40%，全国 A 股为 130.61%。

（8）金融业

2017 年，河北省唯一一家金融业上市公司在销售（营业）增长率上高于全国 A 股行业水平，其销售（营业）增长率为 56.93%，全国 A 股为 10.24%；但在资本保值增值率方面略低于全国 A 股行业水平，其资本保值增值率为 100.43%，全国 A 股为 111.79%。

（9）采矿业

2017 年，河北采矿业上市公司销售（营业）增长率与资本保值增值率均低于全国 A 股市场，但差距不大。河北销售（营业）增长率为 49.47%，全国 A 股为 51.11%；资本保值增值率河北为 103.62%，全国 A 股为 105.55%。

（10）综合类行业

2017 年，河北省综合类行业公司只有 1 家（廊坊发展），其销售（营业）增长率大幅超过全国 A 股的 47.89%，为 209.04%；两者资本保值增值率持平。说明公司 2017 年较 2016 年营业收入与资本均出现正增长，且优于行业水平。

通过以上分析可知：河北省上市公司在 2017 年经营增长情况总体不乐观。19 个细分行业中，在销售（营业）增长率和资本保值增值率两个指标上，不存在同时高于全国 A 股市场水平的行业。

二　河北省上市公司综合业绩分析

我们采用国务院国资委对央企进行财务绩效评价所用的指标体系，对河北省上市公司进行综合业绩分析，计分方法采取功效系数法。依据全部 A 股上市公司的指标数据情况，确定不同指标不同档次的标准值，计算每个公司的各部分得分，算出公司业绩总得分，并对上市公司业绩得分进行排序和分类。由于金融业企业的盈利具有特殊性，而河北迄今只有一家金融业上市公司，故本部分业绩得分分析中去掉了金融行业上市公司，分析对象只包括其余 54 家 A 股上市公司。

（一）总体业绩分析

1.总体状况

由表4-10可知：2017年河北省上市公司业绩最高分为89.17分，最低分为13.07分，均值为53.88分，中位数为57.60分。业绩排名第1的沧州大化业绩得分分类达到优秀类别，排名前3的上市公司包括沧州大化、三孚股份、建新股份，除沧州大化业绩得分分类达到优秀类别外，其余两家公司业绩得分均为良好类别。业绩前7名均为制造业上市公司。60分以上的上市公司21家，占比39%；11家上市公司的业绩得分低于40分，业绩类型为差，占河北省上市公司总数的20%。

表4-10　2017年河北省上市公司业绩得分

单位：分

证券代码	证券简称	所属行业	业绩得分	业绩排名	业绩类型
600230	沧州大化	制造业	89.17	1	优
603938	三孚股份	制造业	80.69	2	良
300107	建新股份	制造业	78.01	3	良
002108	沧州明珠	制造业	77.79	4	良
300446	乐凯新材	制造业	74.06	5	良
002603	以岭药业	制造业	71.39	6	良
600409	三友化工	制造业	71.14	7	良
600965	福成股份	农林牧渔业	68.31	8	中
601000	唐山港	交通运输、仓储和邮政业	66.71	9	中
300371	汇中股份	制造业	66.51	10	中
000848	承德露露	制造业	66.03	11	中
300137	先河环保	制造业	65.97	12	中
000923	河北宣工	制造业	64.58	13	中
300255	常山药业	制造业	64.39	14	中
300428	四通新材	制造业	62.53	15	中
002049	紫光国微	制造业	62.30	16	中
002146	荣盛发展	房地产业	62.00	17	中
600997	开滦股份	制造业	61.47	18	中
600803	新奥股份	制造业	61.43	19	中

续表

证券代码	证券简称	所属行业	业绩得分	业绩排名	业绩类型
603385	惠达卫浴	制造业	61.30	20	中
002282	博深工具	制造业	60.50	21	中
600480	凌云股份	制造业	59.57	22	中
600559	老白干酒	制造业	59.32	23	中
000937	冀中能源	采矿业	58.55	24	中
300081	恒信东方	批发和零售业	58.43	25	中
601633	长城汽车	制造业	58.01	26	中
000889	茂业通信	信息传输、软件和信息技术服务业	57.74	27	中
600149	ST坊展	综合类行业	57.45	28	中
601326	秦港股份	交通运输、仓储和邮政业	55.92	29	中
600722	金牛化工	制造业	55.03	30	中
600340	华夏幸福	房地产业	54.56	31	中
002442	龙星化工	制造业	53.98	32	中
000413	东旭光电	制造业	52.89	33	中
600135	乐凯胶片	制造业	50.42	34	中
000709	河钢股份	制造业	49.92	35	低
300138	晨光生物	制造业	49.21	36	低
603050	科林电气	制造业	47.34	37	低
000778	新兴铸管	制造业	46.99	38	低
000687	华讯方舟	制造业	46.91	39	低
600482	中国动力	制造业	45.78	40	低
000158	常山北明	制造业	43.58	41	低
002691	冀凯股份	制造业	43.25	42	低
000958	东方能源	电力、热力、燃气及水生产和供应业	40.70	43	低
000856	冀东装备	制造业	38.08	44	差
000600	建投能源	电力、热力、燃气及水生产和供应业	37.46	45	差
600550	保变电气	制造业	37.37	46	差
000401	冀东水泥	制造业	36.83	47	差
300491	通合科技	制造业	34.79	48	差
601258	庞大集团	批发和零售业	32.26	49	差
002494	华斯股份	制造业	26.83	50	差
002459	天业通联	制造业	25.71	51	差

证券代码	证券简称	所属行业	业绩得分	业绩排名	业绩类型
600812	华北制药	制造业	23.49	52	差
002342	巨力索具	制造业	21.53	53	差
300368	汇金股份	制造业	13.07	54	差

注：表中"业绩类型"判断依据为《中央企业综合绩效实施细则》第七章第49条规定。以下业绩得分表格此列分类依据相同。

接下来，再看河北省上市公司业绩各类别状况（图4－9）。2017年河北省54家A股上市公司中：1家公司业绩水平优秀，占比2%；6家公司业绩水平良好，占比11%；27家公司业绩水平中等，占比50%；9家公司业绩水平较低，占比17%；11家公司业绩水平较差，占比20%。由此可见，河北省上市公司2017年业绩表现总体居于中等类别，但业绩水平达到优秀类别的上市公司仅有一家，数量较少，应引起关注，以提升总体业绩水平。

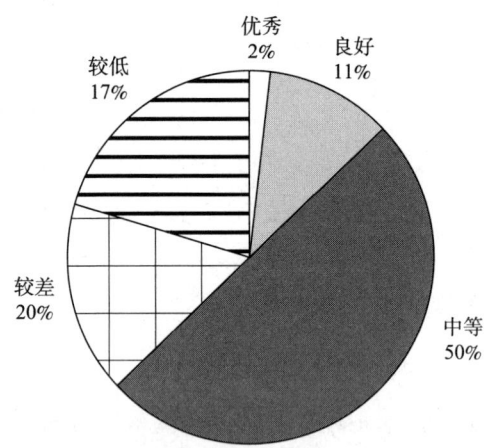

图4－9 河北省上市公司2017年业绩各类别状况

2. 分板块情况

2017年，河北省54家A股上市公司中包括34家主板公司、10家中小板公司以及10家创业板公司。这三个板块上市公司的业绩得分情况见图4－10：主板公司平均得分54.03分，中小企业板平均得分50.53分，创业板平均得分56.70分。其中创业板得分最高，中小企业板得分最低，主板得分居于中间水平，较创业板低2.67分。

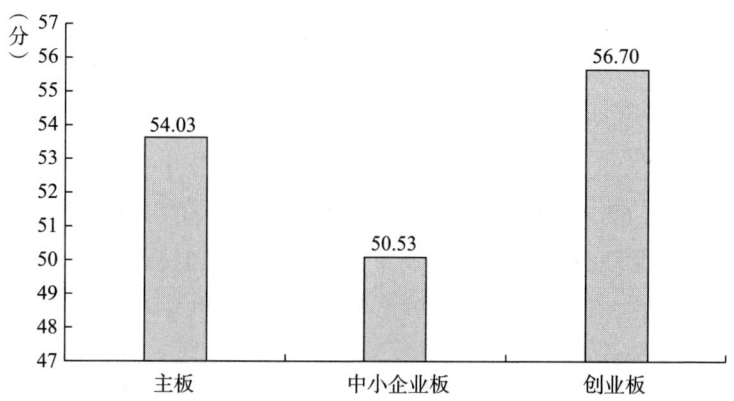

图 4 - 10　2017 年河北省不同板块上市公司业绩得分

3. 分行业情况

图 4 - 11 显示了 2017 年河北省各行业上市公司综合业绩得分均值。农林牧渔业第一,行业综合业绩均值为 68.31 分;电力、热力、燃气及水生产和供应业排名最后,行业综合业绩均值为 39.08 分;公司数量最多的制造业上市公司行业综合业绩排名第 7,行业综合业绩均值为 53.79 分。最高行业业绩得分均值与最低行业业绩得分均值相差 29.23 分。

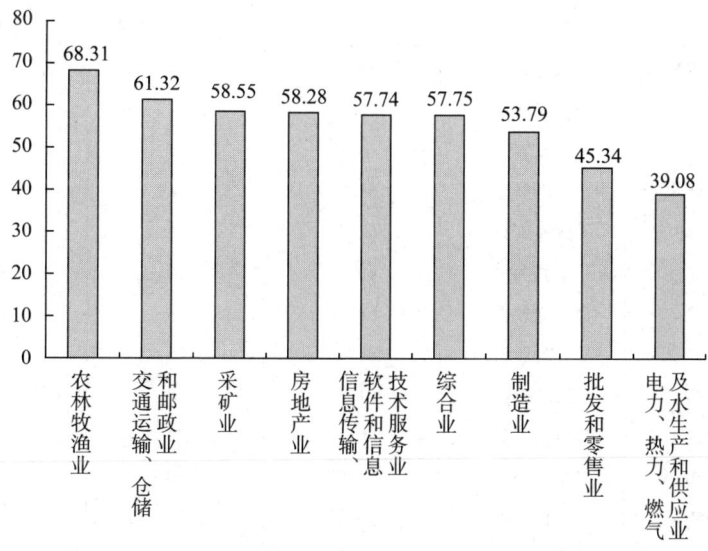

图 4 - 11　2017 年河北省上市公司各行业业绩得分均值

表 4 - 11 至表 4 - 16 显示了 2017 年河北省各行业上市公司业绩得分排名情况。2017 年河北省制造业上市公司的业绩最高分为 89.17 分,最低分

13.07 分，平均 53.79 分。42 家制造业上市公司中：1 家优秀等级，6 家良好等级，18 家中等等级，8 家较低等级，9 家较差等级，见图 4 - 12；再看制造业细分行业的业绩得分情况，见表 4 - 13：20 个细分行业中，橡胶和塑料制品业的排名第 1 位，业绩得分 77.79 分；化学原料及化学制品制造业排名第 2 位，业绩得分 68.22 分；仪器仪表制造业以 66.24 分的得分居第 3 位；制造业细分行业中业绩得分最低的是皮革毛皮羽毛及其制品和制鞋业，得分为 26.83 分。制造业细分行业业绩得分最高与最低之间相差 2.90 倍左右。

表 4 - 11　2017 年河北省制造业上市公司业绩得分

单位：分

证券代码	证券简称	业绩得分	业绩排名	业绩类型
600230	沧州大化	89.17	1	优
603938	三孚股份	80.69	2	良
300107	建新股份	78.01	3	良
002108	沧州明珠	77.79	4	良
300446	乐凯新材	74.06	5	良
002603	以岭药业	71.39	6	良
600409	三友化工	71.14	7	良
300371	汇中股份	66.51	10	中
000848	承德露露	66.03	11	中
300137	先河环保	65.97	12	中
000923	河北宣工	64.58	13	中
300255	常山药业	64.39	14	中
300428	四通新材	62.53	15	中
002049	紫光国微	62.3	16	中
600997	开滦股份	61.47	18	中
600803	新奥股份	61.43	19	中
603385	惠达卫浴	61.3	20	中
002282	博深工具	60.5	21	中
600480	凌云股份	59.57	22	中
600559	老白干酒	59.32	23	中
601633	长城汽车	58.01	26	中
600722	金牛化工	55.03	30	中
002442	龙星化工	53.98	32	中

续表

证券代码	证券简称	业绩得分	业绩排名	业绩类型
000413	东旭光电	52.89	33	中
600135	乐凯胶片	50.42	34	中
000709	河钢股份	49.92	35	低
300138	晨光生物	49.21	36	低
603050	科林电气	47.34	37	低
000778	新兴铸管	46.99	38	低
000687	华讯方舟	46.91	39	低
600482	中国动力	45.78	40	低
000158	常山北明	43.58	41	低
002691	冀凯股份	43.25	42	低
000856	冀东装备	38.08	44	差
600550	保变电气	37.37	46	差
000401	冀东水泥	36.83	47	差
300491	通合科技	34.79	48	差
002494	华斯股份	26.83	50	差
002459	天业通联	25.71	51	差
600812	华北制药	23.49	52	差
002342	巨力索具	21.53	53	差
300368	汇金股份	13.07	54	差
制造业平均得分		53.79	—	—

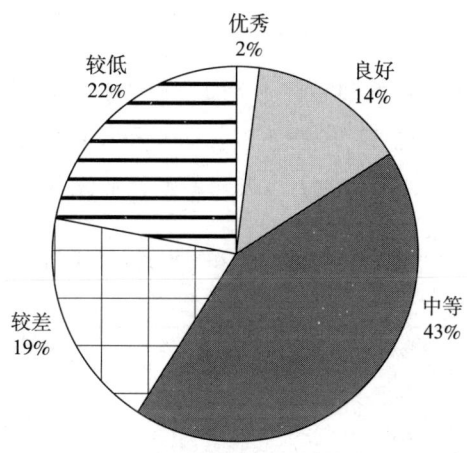

图 4-12 2017 年河北省制造业上市公司业绩类别状况

表 4 – 12　2017 年河北省制造业细分行业上市公司业绩得分

单位：分

制造业细分行业	业绩得分	业绩排名
橡胶和塑料制品业	77.79	1
化学原料及化学制品制造业	68.22	2
仪器仪表制造业	66.24	3
黑色金属矿采选业	64.58	4
酒饮料和精制茶制造业	62.68	5
有色金属冶炼及压延加工	62.53	6
石油加工炼焦及核燃料加工业	61.47	7
通用设备制造业	60.50	8
汽车制造业	58.79	9
计算机通信和其他电子设备制造业	54.03	10
医药制造业	53.09	11
黑色金属冶炼及压延加工	49.92	12
农副食品加工业	49.21	13
非金属矿物制品业	49.06	14
铁路船舶航空航天和其他运输设备制造业	45.78	15
纺织业	43.58	16
电气机械及器材制造业	39.83	17
金属制品业	34.26	18
专用设备制造业	30.03	19
皮革毛皮羽毛及其制品和制鞋业	26.83	20

从表 4 – 13 可见：批发和零售业上市公司的业绩均值为 45.34 分，其中最高分 58.43 分，最低分 32.26 分。2 家批发和零售业上市公司中：1 家中等等级，1 家较差等级；该行业上市公司的整体业绩水平较低。

表 4 – 13　2017 年河北省批发和零售业上市公司业绩得分

单位：分

证券代码	证券简称	业绩得分	业绩排名	业绩类型
300081	恒信东方	58.43	1	中
601258	庞大集团	32.26	2	差
批发和零售业上市公司平均得分		45.34	—	—

由表 4 - 14 可见房地产业上市公司的业绩情况：均值为 58.28 分，2 家公司的业绩得分均为中等，相差 7.4 分左右；由表 4 - 15 可见电力、热力、燃气及水生产和供应业上市公司业绩情况：均值为 39.08 分，2 家公司的业绩得分 1 家较低、1 家较差，相差不大。由表 4 - 16 可见交通运输、仓储和邮政业上市公司业绩情况：均值为 61.32 分，2 家公司的业绩得分均为中等，相差不大。

表 4 - 14　2017 年河北省房地产业上市公司业绩得分

单位：分

证券代码	证券简称	业绩得分	业绩排名	业绩类型
002146	荣盛发展	62.00	1	中
600340	华夏幸福	54.56	2	中
房地产业上市公司平均得分		58.28	—	—

表 4 - 15　2017 年河北省电力、热力、燃气及水生产和供应业上市公司业绩得分

单位：分

证券代码	证券简称	业绩得分	业绩排名	业绩类型
000958	东方能源	40.70	1	低
000600	建投能源	37.46	2	差
该行业上市公司平均得分		39.08	—	—

表 4 - 16　2017 年河北省交通运输、仓储和邮政业上市公司业绩得分

单位：分

证券代码	证券简称	业绩得分	业绩排名	业绩类型
601000	唐山港	66.71	1	中
601326	秦港股份	55.92	2	中
该行业上市公司平均得分		61.32	—	—

剩余其他四个行业的上市公司业绩情况见表 4 - 17：农林牧渔业的福成股份排名第 8，得分 68.31 分，为中等水平；采矿业的冀中能源排名第 24，得分 58.55 分，为中等水平；信息传输、软件和信息技术服务业的茂业通信排名第 27，得分 57.74 分，为中等类别；综合类行业的 ST 坊展排名最后，得分 57.45 分，为中等类别。

表 4-17   2017 年河北省其他行业上市公司业绩得分

单位：分

证券代码	证券简称	所属行业	业绩得分	业绩总排名	业绩类型
600965	福成股份	农林牧渔业	68.31	8	中
000937	冀中能源	采矿业	58.55	24	中
000889	茂业通信	信息传输、软件和信息技术服务业	57.74	27	中
600149	ST 坊展	综合类行业	57.45	28	中

（二）分项业绩分析

1. 总体状况

表 4-18 可见 2017 年河北省上市公司分项业绩情况：上市公司四方面分项业绩均表现较好的公司少见。基本上公司都存在某一两个方面短板。综合业绩排名第 1 位的沧州大化其盈利能力排名第 1，比较靠前，但其债务风险排名第 21 位，比较靠后。排名第 2 位的三孚股份其资产质量排名第 2，盈利能力及债务风险得分分别排名第 5 位和第 7 位，比较靠前，但其经营增长排名第 26 位，相对落后。综合业绩排名第 3 位的建新股份其债务风险排名第 1 位，经营增长得分排名第 5 位，但资产质量排名为第 28 位。综合业绩排名第 4 位的沧州明珠其债务风险、盈利能力、资产质量排名分别为第 3 位、第 7 位、第 12 位，但其经营增长得分排名第 24 位，比较靠后。综合业绩排名第 5 位的乐凯新材其盈利能力和债务风险排名分别为第 2 位和第 6 位，但其经营增长及资产质量得分排名分别为第 33 位和第 36 位，比较靠后。总体来看，综合业绩排名前 5 位的公司，其盈利能力得分相对较高，可见盈利能力是综合业绩的最有力支撑。

表 4-18   2017 年河北省上市公司分项业绩状况

单位：分

证券简称	盈利能力		资产质量		债务风险		经营增长		综合业绩	
	得分	排名	得分	排名	得分	排名	得分	排名	得分	排名
沧州大化	36.20	1	19.51	4	15.31	21	18.16	4	89.17	1

证券简称	盈利能力		资产质量		债务风险		经营增长		综合业绩	
	得分	排名	得分	排名	得分	排名	得分	排名	得分	排名
三孚股份	28.39	5	21.28	2	19.20	7	11.82	26	80.69	2
建新股份	21.43	17	12.58	28	26.40	1	17.61	5	78.01	3
沧州明珠	26.73	7	16.65	12	22.33	3	12.09	24	77.79	4
乐凯新材	34.28	2	10.71	36	19.85	6	9.22	33	74.06	5
以岭药业	25.16	10	15.76	14	17.95	12	12.51	22	71.39	6
三友化工	23.58	13	21.55	1	11.60	36	14.41	10	71.14	7
福成股份	24.79	11	17.75	9	18.09	11	7.68	40	68.31	8
唐山港	22.79	15	14.70	17	15.67	19	13.55	14	66.71	9
汇中股份	29.88	4	5.45	46	19.85	5	11.33	29	66.51	10
承德露露	31.55	3	18.26	7	16.22	15	0.00	52	66.03	11
先河环保	26.65	8	9.72	39	15.63	20	13.97	12	65.97	12
河北宣工	20.08	21	12.21	31	14.08	25	18.21	3	64.58	13
常山药业	24.63	12	12.48	29	14.00	26	13.28	18	64.39	14
四通新材	15.63	32	18.54	6	16.65	14	11.72	27	62.53	15
紫光国微	21.14	19	6.15	43	20.43	4	14.59	9	62.30	16
荣盛发展	25.71	9	11.80	33	10.70	40	13.79	13	62.00	17
开滦股份	14.46	36	20.29	3	13.36	28	13.36	16	61.47	18
新奥股份	22.88	14	13.81	22	9.51	45	15.23	8	61.43	19
惠达卫浴	21.45	16	13.43	23	18.19	10	8.23	38	61.30	20
博深工具	14.95	34	4.78	51	15.31	22	25.47	1	60.50	21
凌云股份	17.90	29	17.01	11	11.45	37	13.22	19	59.57	22
老白干酒	21.24	18	17.78	8	11.84	34	8.46	37	59.32	23
冀中能源	18.54	26	12.65	27	13.06	29	14.30	11	58.55	24
恒信东方	18.37	27	5.41	47	16.17	16	18.48	2	58.43	25
长城汽车	19.61	22	15.45	15	14.76	24	8.20	39	58.01	26
茂业通信	19.59	23	11.91	32	15.73	17	10.52	31	57.74	27
ST坊展	18.03	28	12.33	30	9.53	44	17.56	6	57.45	28
秦港股份	20.48	20	18.88	5	11.97	33	4.60	50	55.92	29
金牛化工	12.21	41	17.09	10	18.66	9	7.08	42	55.03	30
华夏幸福	26.75	6	5.49	45	8.79	48	13.53	15	54.56	31
龙星化工	15.44	33	13.91	19	11.29	38	13.34	17	53.98	32

证券简称	盈利能力		资产质量		债务风险		经营增长		综合业绩	
	得分	排名	得分	排名	得分	排名	得分	排名	得分	排名
东旭光电	16.44	31	7.87	41	11.81	35	16.77	7	52.89	33
乐凯胶片	10.93	42	13.08	25	15.05	23	11.37	28	50.42	34
河钢股份	13.16	39	16.59	13	8.12	50	12.05	25	49.92	35
晨光生物	14.66	35	13.13	24	8.89	47	12.53	21	49.21	36
科林电气	19.57	24	7.90	40	10.45	41	9.43	32	47.34	37
新兴铸管	13.80	37	13.93	18	12.28	31	6.98	45	46.99	38
华讯方舟	19.00	25	6.18	42	9.58	43	12.15	23	46.91	39
中国动力	12.48	40	10.54	37	13.62	27	9.14	34	45.78	40
常山北明	13.63	38	10.41	38	12.24	32	7.30	41	43.58	41
冀凯股份	0.00	53	5.52	44	25.17	2	12.57	20	43.25	42
东方能源	7.06	46	13.82	21	10.85	39	8.98	35	40.70	43
冀东装备	8.00	43	10.88	35	7.99	51	11.22	30	38.08	44
建投能源	7.96	44	12.68	26	10.07	42	6.76	46	37.46	45
保变电气	16.72	30	5.13	49	6.80	54	8.71	36	37.37	46
冀东水泥	7.13	45	15.02	16	7.69	52	6.98	44	36.83	47
通合科技	6.62	47	5.08	50	16.71	13	6.38	48	34.79	48
庞大集团	4.06	48	13.82	20	7.36	53	7.01	43	32.26	49
华斯股份	0.00	52	5.16	48	15.67	18	6.00	49	26.83	50
天业通联	0.00	51	0.00	54	19.18	8	6.52	47	25.71	51
华北制药	3.91	49	11.25	34	8.33	49	0.00	54	23.49	52
巨力索具	0.00	50	4.48	52	12.99	30	4.07	51	21.53	53
汇金股份	0.00	54	3.92	53	9.15	46	0.00	53	13.07	54

2. 分板块情况

2017 年，河北省不同板块上市公司分项业绩情况见图 4 - 13。创业板公司的综合业绩及盈利能力得分均为最高，在资产质量得分、债务风险得分、经营增长得分上均处于中间水平；中小企业板在债务风险上及经营增长上得分均为最高，但在盈利能力、资产质量得分以及总业绩得分上均为最低；主板公司的资产质量得分最高，在盈利能力以及总业绩得分上为第二位，但其债务风险及经营增长得分均居于末位。即 2017 年，河北省不同板块的业绩情况为：创业板公司盈利能力最高，债务风险、经营增长及资产质量居中，综合业绩得分最高；中小企业板的盈利能力最低、资产质量最差，但债务风险最低、经营增长最快，综合业绩得分最低；主板的盈利能力、综合业绩均处于中间水平，经营增长最慢、债务风险最高，但其资产质量表现最好。

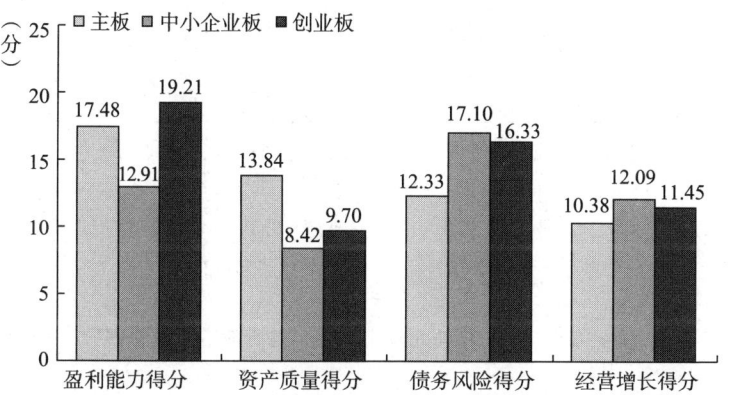

图4-13 2017年河北省不同板块上市公司分项业绩状况

3. 分行业情况

图4-14至图4-17分别显示了河北省上市公司在盈利能力、资产质量、债务风险、经营增长四个方面的各行业得分情况。

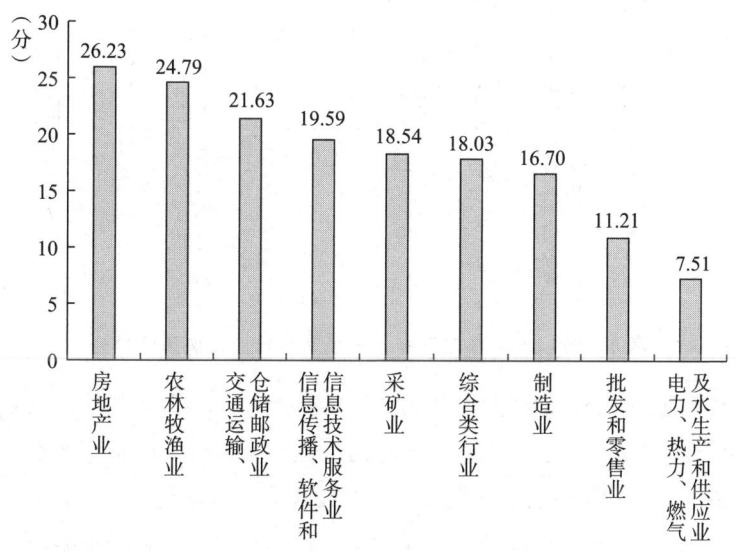

图4-14 2017年河北省上市公司各行业盈利能力得分

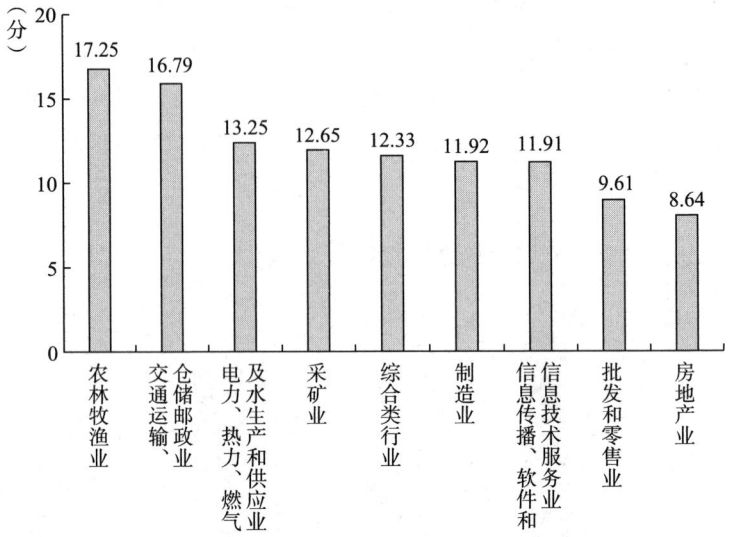

图 4 - 15　2017 年河北省上市公司各行业资产质量得分

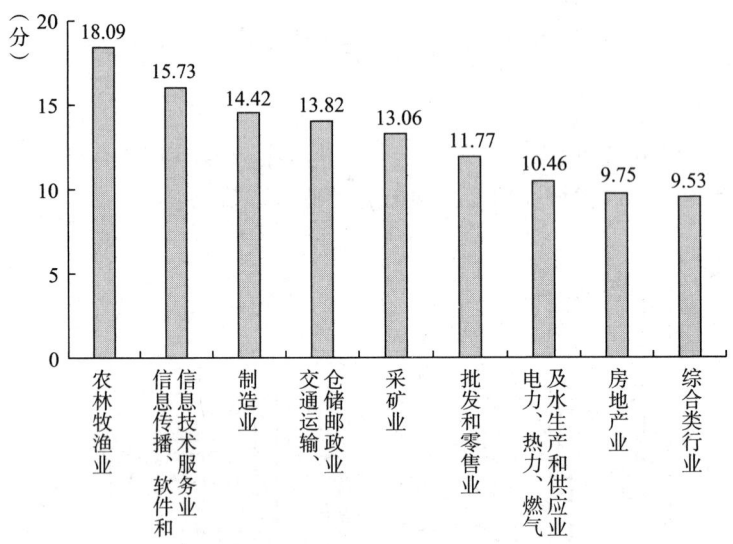

图 4 - 16　2017 年河北省上市公司各行业债务风险得分

　　房地产业上市公司的行业盈利能力得分排名第一，经营增长得分排名第三，但其债务风险及资产质量得分分别排名第八位和第九位，说明房地产行业上市公司在 2017 年实现了较高的利润水平以及较快的经营增长，但该行业上市公司债务风险较高，尤其是资产质量问题突出。特别是在当前各地限购政策相继出

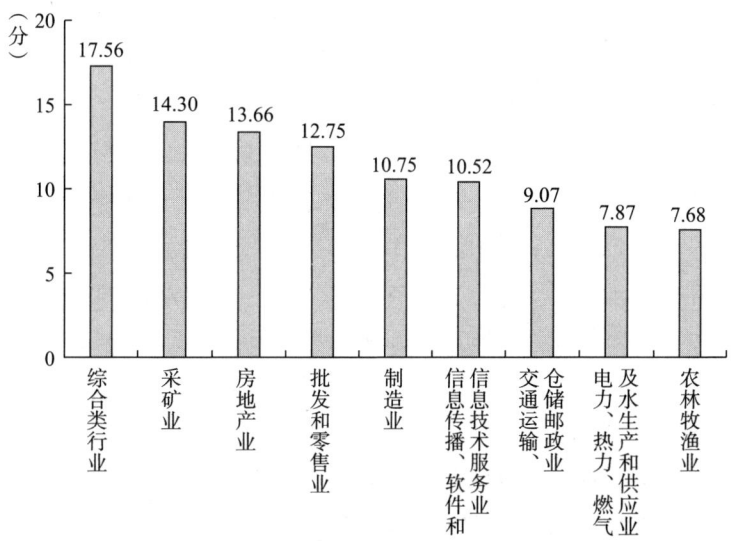

图 4-17　2017 年河北省上市公司各行业经营增长得分

台，房地产交易活跃量下降的环境下，必须关注其资金流转和债务风险问题。

农林牧渔业上市公司的资产质量、债务风险得分均排名第一，行业盈利能力得分排名第二，经营增长得分排名第九，说明该行业上市公司的资产质量较好，债务风险较低，盈利状况相对不错，经营增长则需要关注。

交通运输、仓储和邮政业上市公司的行业资产质量得分排名第二，盈利能力得分排名第三，其债务风险得分排名第四，经营增长得分排名第七，说明该行业上市公司的资产质量及盈利水平较高，存在一定的债务风险，经营增长状况较差。

信息传输、软件和信息技术服务业的债务风险得分排名第二位，盈利能力得分排名第四位，经营增长得分排名第六位，资产质量得分排名第七位，说明该行业上市公司的债务风险小，盈利能力和盈利水平尚可，但其资产质量较低，同时经营增长水平较差。

采矿业在 2017 年只有冀中能源一家上市公司，其行业盈利能力得分及债务风险得分排名均为第五，资产质量得分排名第四，经营增长得分排名第二位。表明采矿业上市公司 2017 年经营增长状况较好，但其存在盈利能力较差、资产管理水平较弱、债务风险较高的相应问题。

综合类行业上市公司的行业资产质量、盈利能力得分分别排名第五和第六，债务风险得分排名末位（第九），经营增长得分排名却在首位。该行业 2017 年只有 ST 坊展一家上市公司，经营增长虽然很快，但其盈利能力弱、资产质量差，尤其是债务风险问题突出。

制造业上市公司的行业债务风险得分排名第三，经营增长得分排名第五，资产质量得分排名第六，盈利能力得分排名第七，除债务风险得分相对较高外，其余各分项得分相对均衡，也说明了制造业上市公司各方面业绩状况不理想的现状，这也与河北省上市公司中制造业数量最高有关。

批发和零售业上市公司的行业盈利能力得分排名及资产质量排名均为第八，债务风险得分排名第六，经营增长得分排名第四。说明该行业上市公司的经营增长水平尚可，但其资产管理水平低，且债务风险较高，盈利能力较差。

电力、热力、燃气及水的生产和供应业上市公司的资产质量得分排名第三，但其债务风险得分、经营增长得分、盈利能力得分分别为第七名、第八名和第九名，说明该行业债务风险较高、经营增长缓慢、盈利能力较差，但资产质量相对较好。

（1）制造业

表 4-19 显示了 2017 年河北省制造业上市公司各项得分情况。盈利能力排名第 1 的是沧州大化，其综合业绩得分在 42 家制造业上市公司中排名也是第 1 位；资产质量得分排名第 1 的是三友化工，其综合业绩得分在 42 家制造业上市公司中排名第 7 位；债务风险得分排名第 1 的是建新股份，其综合业绩得分在 42 家制造业上市公司中排名第 3 位。这 3 家上市公司综合业绩得分均在 70 分以上。盈利能力得分排名前 5 名的分别为沧州大化、乐凯新材、承德露露、汇中股份、三孚股份，这 5 家公司的综合业绩得分排名分别为第 1、第 5、第 9、第 8、第 2。从综合业绩与其他分项业绩之间的关系看：尽管各个公司在不同分项业绩上的表现有差异，但综合业绩水平较高的公司，其盈利能力一般较高，表明盈利能力是综合业绩的最有力支撑。

表 4-19 2017 年河北省制造业上市公司分项业绩状况

单位：分

证券简称	盈利能力		资产质量		债务风险		经营增长		综合业绩	
	得分	排名	得分	排名	得分	排名	得分	排名	得分	排名
沧州大化	36.20	1	19.51	4	15.31	17	18.16	3	89.17	1

证券简称	盈利能力		资产质量		债务风险		经营增长		综合业绩	
	得分	排名	得分	排名	得分	排名	得分	排名	得分	排名
三孚股份	28.39	5	21.28	2	19.20	7	11.82	20	80.69	2
建新股份	21.43	13	12.58	21	26.40	1	17.61	4	78.01	3
沧州明珠	26.73	6	16.65	10	22.33	3	12.09	18	77.79	4
乐凯新材	34.28	2	10.71	26	19.85	5	9.22	26	74.06	5
以岭药业	25.16	8	15.76	12	17.95	11	12.51	16	71.39	6
三友化工	23.58	10	21.55	1	11.60	30	14.41	8	71.14	7
汇中股份	29.88	4	5.45	35	19.85	5	11.33	23	66.51	8
承德露露	31.55	3	18.26	6	16.22	14	0.00	40	66.03	9
先河环保	26.65	7	9.72	29	15.63	16	13.97	9	65.97	10
河北宣工	20.08	16	12.21	23	14.08	21	18.21	2	64.58	11
常山药业	24.63	9	12.48	22	14.00	22	13.28	12	64.39	12
四通新材	15.63	23	18.54	5	16.65	13	11.72	21	62.53	13
紫光国微	21.14	15	6.15	33	20.43	4	14.59	7	62.30	14
开滦股份	14.46	27	20.29	3	13.36	24	13.36	10	61.47	15
新奥股份	22.88	11	13.81	17	9.51	35	15.23	6	61.43	16
惠达卫浴	21.45	12	13.43	18	18.19	10	8.23	30	61.30	17
博深工具	14.95	25	4.78	39	15.31	18	25.47	1	60.50	18
凌云股份	17.90	20	17.01	9	11.45	31	13.22	13	59.57	19
老白干酒	21.24	14	17.78	7	11.84	28	8.46	29	59.32	20
长城汽车	19.61	17	15.45	13	14.76	20	8.20	31	58.01	21
金牛化工	12.21	32	17.09	8	18.66	9	7.08	33	55.03	22
龙星化工	15.44	24	13.91	16	11.29	32	13.34	11	53.98	23
东旭光电	16.44	22	7.87	31	11.81	29	16.77	5	52.89	24
乐凯胶片	10.93	33	13.08	20	15.05	19	11.37	22	50.42	25
河钢股份	13.16	30	16.59	11	8.12	39	12.05	19	49.92	26
晨光生物	14.66	26	13.13	19	8.89	37	12.53	15	49.21	27
科林电气	19.57	18	7.90	30	10.45	33	9.43	25	47.34	28
新兴铸管	13.80	28	13.93	15	12.28	26	6.98	35	46.99	29
华讯方舟	19.00	19	6.18	32	9.58	34	12.15	17	46.91	30

续表

证券简称	盈利能力		资产质量		债务风险		经营增长		综合业绩	
	得分	排名	得分	排名	得分	排名	得分	排名	得分	排名
中国动力	12.48	31	10.54	27	13.62	23	9.14	27	45.78	31
常山北明	13.63	29	10.41	28	12.24	27	7.30	32	43.58	32
冀凯股份	0.00	38	5.52	34	25.17	2	12.57	14	43.25	33
冀东装备	8.00	34	10.88	25	7.99	40	11.22	24	38.08	34
保变电气	16.72	21	5.13	37	6.80	42	8.71	28	37.37	35
冀东水泥	7.13	35	15.02	14	7.69	41	6.98	34	36.83	36
通合科技	6.62	36	5.08	38	16.71	12	6.38	37	34.79	37
华斯股份	0.00	39	5.16	36	15.67	15	6.00	38	26.83	38
天业通联	0.00	40	0.00	42	19.18	8	6.52	36	25.71	39
华北制药	3.91	37	11.25	24	8.33	38	0.00	41	23.49	40
巨力索具	0.00	41	4.48	40	12.99	25	4.07	39	21.53	41
汇金股份	0.00	42	3.92	41	9.15	36	0.00	42	13.07	42

　　表4-20显示了2017年河北省制造业各细分行业上市公司分项得分情况。综合业绩排名第一的橡胶和塑料制品业，其债务风险、盈利能力、资产质量得分排名分别为第1、第2、第4，其经营增长要差一些，得分排名第8位；综合业绩排名第2的化学原料及化学制品制造业，其盈利能力及债务风险排名均为第4名，其经营增长与资产质量得分分别排名第5和第7；综合业绩排名第3的仪器仪表制造业，其盈利能力、债务风险得分分别排第1、第2位，其经营增长、资产质量得分分别排名第6、第15位。从综合业绩与其他分项业绩之间的关系看，尽管各细分行业上市公司在不同分项业绩上的表现有差异，但综合业绩水平高的公司其盈利能力一般较高（见表4-20：综合业绩排名前5位的细分行业其盈利能力得分排名均在前5位）。综合业绩排名最后3位的细分行业是金属制品业、专用设备制造业、皮革毛皮羽毛及其制品和制鞋业，这3个行业的盈利能力得分也分别为第18位、第19位、第20位，盈利得分较低。综合业绩排名最末位的皮革毛皮羽毛及其制品和制鞋业，其盈利能力、资产质量、债务风险、经营增长得分排名分别为第20位、第18位、第5位、第18位，各方面业绩状况都比较差。

表 4 – 20　2017 年河北省制造业细分行业上市公司分项业绩状况

单位：分

制造业细分行业	盈利能力		资产质量		债务风险		经营增长		综合业绩	
	得分	排名	得分	排名	得分	排名	得分	排名	得分	排名
橡胶和塑料制品业	26.73	2	16.65	4	22.33	1	12.09	8	77.79	1
化学原料及化学制品制造业	22.81	4	15.95	7	16.32	4	13.14	5	68.22	2
仪器仪表制造业	28.26	1	7.59	15	17.74	2	12.65	6	66.24	3
黑色金属矿采选业	20.08	5	12.21	11	14.08	8	18.21	2	64.58	4
酒饮料和精制茶制造业	26.39	3	18.02	3	14.03	9	4.23	20	62.68	5
有色金属冶炼及压延加工	15.63	9	18.54	2	16.65	3	11.72	10	62.53	6
石油加工炼焦及核燃料加工业	14.46	12	20.29	1	13.36	13	13.36	4	61.47	7
通用设备制造业	14.95	10	4.78	20	15.31	7	25.47	1	60.50	8
汽车制造业	18.75	7	16.23	6	13.10	14	10.71	11	58.79	9
计算机通信和其他电子设备制造业	18.86	6	6.73	16	13.94	10	14.50	3	54.03	10
医药制造业	17.90	8	13.16	9	13.43	12	8.60	13	53.09	11
黑色金属冶炼及压延加工	13.16	16	16.59	5	8.12	20	12.05	9	49.92	12
农副食品加工业	14.66	11	13.13	10	8.89	19	12.53	7	49.21	13
非金属矿物制品业	14.29	14	14.23	8	12.94	15	7.61	15	49.06	14
铁路船舶航空航天和其他运输设备制造业	12.48	17	10.54	12	13.62	11	9.14	12	45.78	15
纺织业	13.63	15	10.41	13	12.24	17	7.30	17	43.58	16
电气机械及器材制造业	14.30	13	6.03	17	11.32	18	8.17	14	39.83	17
金属制品业	6.90	18	9.20	14	12.63	16	5.52	19	34.26	18
专用设备制造业	2.00	19	5.08	19	15.37	6	7.58	16	30.03	19
皮革毛皮羽毛及其制品和制鞋业	0.00	20	5.16	18	15.67	5	6.00	18	26.83	20

（2）批发和零售业

2017 年河北省共两家批发和零售业上市公司，且均为民营企业。这两家公司的分项业绩与综合业绩基本一致，见表 4 – 21、图 4 – 18。综合业绩得分排名第 1 的恒信东方，其盈利能力、债务风险、经营增长得分均为第 1

位，资产质量得分排名第 2，各分项表现都很好；综合业绩得分排名第 2 的庞大集团，其盈利能力、债务风险、经营增长得分均排名第 2，资产质量排名第 1；2017 年河北省批发和零售业上市公司综合业绩平均分为 45.34 分，综合业绩水平分别为中等、较差等级，整体行业业绩水平较低。这一点从图 4 - 18 也可以看出：4 个分项业绩中，除经营增长之外，其余 3 项分项业绩得分，批发和零售行业公司的平均水平均低于河北省上市公司平均水平。

表 4 - 21　2017 年河北省批发和零售业上市公司各项业绩状况

单位：分

证券简称	盈利能力		资产质量		债务风险		经营增长		综合业绩	
	得分	排名	得分	排名	得分	排名	得分	排名	得分	排名
恒信东方	18.37	1	5.41	2	16.17	1	18.48	1	58.43	1
庞大集团	4.06	2	13.82	1	7.36	2	7.01	2	32.26	2

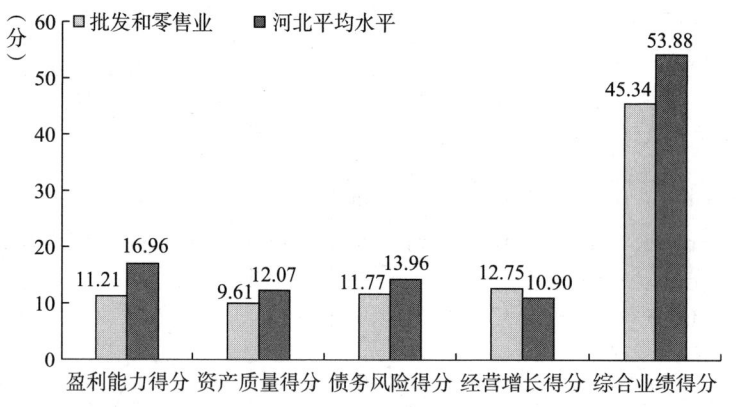

图 4 - 18　2017 年批发零售业上市公司各项业绩与全省情况对比

（3）房地产业

2017 年，河北省共两家房地产业上市公司：荣盛发展和华夏幸福，均为民营企业。这两家上市公司的整体业绩均为"中等"，见表 4 - 22 和图 4 - 19。荣盛发展在盈利能力、资产质量、债务风险和经营增长方面均居于河北 2 家该行业上市公司的第 1 名。图 4 - 19 可以看出房地产业上市公司的行业业绩优势：其盈利能力、经营增长、综合业绩得分均高于河北上市公司平均水平，但在资产质量、债务风险得分上略低于河北平均水平，说明河北省房地产业上市公司应关注自身的资产质量以及债务风险问题。

表 4 - 22 2017 年河北省房地产业上市公司各项业绩状况

单位：分

证券简称	盈利能力		资产质量		债务风险		经营增长		综合业绩	
	得分	排名	得分	排名	得分	排名	得分	排名	得分	排名
荣盛发展	25.71	1	11.80	1	10.70	1	13.79	1	62.00	1
华夏幸福	26.75	2	5.49	2	8.79	2	13.53	2	54.56	2

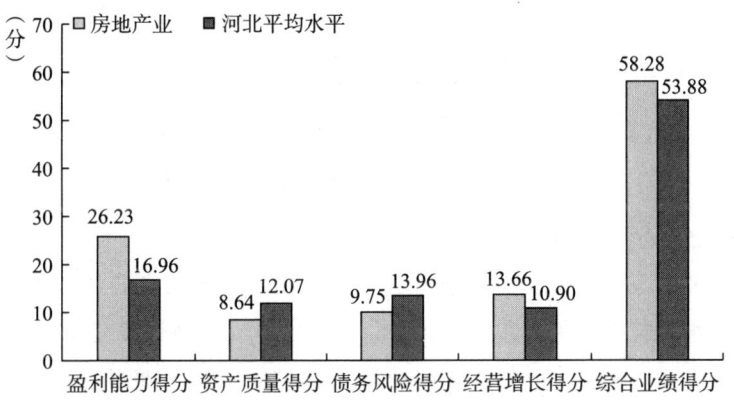

图 4 - 19 2017 年房地产业上市公司各项业绩与全省情况对比

（4）电力、热力、燃气及水生产和供应业

2017 年，河北省共两家电力、热力、燃气及水生产和供应业上市公司：建投能源和东方能源，均为国有企业。由表 4 - 23 和图 4 - 20 可见，这两家上市公司在各分项业绩指标方面互有所长，差距不大。其中东方能源资产质量、债务风险、经营增长得分高，导致其综合业绩水平得分高，建投能源的盈利能力相对更好，但综合业绩得分排名第 2。相对于河北省上市公司平均水平，除资产质量外，该行业的其他各分项业绩及综合业绩均表现较差，尤其是盈利能力得分与河北上市公司平均水平差距较大。

表 4 - 23 2017 年河北省电力、热力、燃气及水生产和供应业上市公司各项业绩状况

单位：分

证券简称	盈利能力		资产质量		债务风险		经营增长		综合业绩	
	得分	排名	得分	排名	得分	排名	得分	排名	得分	排名
东方能源	7.06	2	13.82	1	10.85	1	8.98	1	40.70	1
建投能源	7.96	1	12.68	2	10.07	2	6.76	2	37.46	2

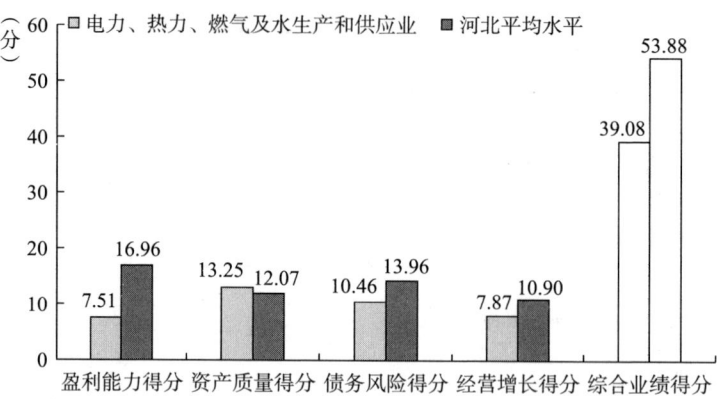

图 4 - 20　2017 年电力、热力、燃气及水生产和供应业上市
公司各项业绩与全省情况对比

（5）交通运输、仓储和邮政业

2017 年，河北省共两家交通运输、仓储和邮政业上市公司：唐山港和秦港股份，均为国有企业，其中秦港股份于 2017 年在上海证券交易所主板上市。这两家上市公司的整体业绩均为"中等"，见表 4 - 24 和图 4 - 21。其中唐山港盈利能力、债务风险、经营增长得分较高，导致其综合业绩水平得分较高。秦港股份的资产质量相对较好，综合业绩得分排名第 2。相对于河北省上市公司平均水平，河北交通运输、仓储和邮政业上市公司在整体综合业绩水平、盈利能力及资产质量方面均较为领先，债务风险基本持平，但经营增长速度较慢。

表 4 - 24　2017 年河北交通运输、仓储和邮政业上市公司各项业绩状况

单位：分

证券简称	盈利能力		资产质量		债务风险		经营增长		综合业绩	
	得分	排名	得分	排名	得分	排名	得分	排名	得分	排名
唐山港	22.79	1	14.70	2	15.67	1	13.55	1	66.71	1
秦港股份	20.48	2	18.88	1	11.97	2	4.60	2	55.92	2

（6）其他行业

河北省其他行业的四家公司各分项业绩状况见表 4 - 25。福成股份、冀中能源、茂业通信和 ST 坊展的综合业绩总名次在河北省全部上市公司中排名分别为第 8 位、第 24 位、第 27 位、第 28 位，这 4 家上市公司业绩表现均处于中等水平。其中福成股份除经营增长速度较为落后外，其他三项分类

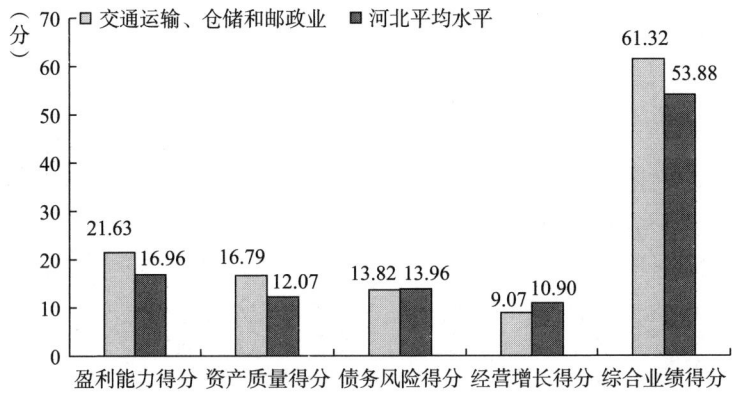

图 4 - 21　2017 年交通运输、仓储和邮政业上市公司各项业绩与全省情况对比

业绩表现均优于其余三家公司。冀中能源、茂业通信、ST 坊展的综合业绩水平差距不大，整体业绩表现一般。其中，ST 坊展与冀中能源在经营增长得分上分列第 6 名和第 11 名，但其余各项得分较低，导致其综合业绩得分较低。

表 4 - 25　2017 年河北省其他行业上市公司各项业绩状况

单位：分

证券简称	盈利能力		资产质量		债务风险		经营增长		综合业绩	
	得分	总排名	得分	总排名	得分	总排名	得分	总排名	得分	总排名
福成股份	24.79	11	17.75	9	18.09	11.00	7.68	40	68.31	8
冀中能源	18.54	26	12.65	27	13.06	29.00	14.30	11	58.55	24
茂业通信	19.59	23	11.91	32	15.73	17.00	10.52	31	57.74	27
ST 坊展	18.03	28	12.33	30	9.53	44.00	17.56	6	57.45	28

图 4 - 22 至图 4 - 25 则分别显示了其他行业的这 4 家上市公司各分项业绩与河北省平均水平的比较情况。这 4 家上市公司的综合业绩得分及盈利能力得分均高于河北省平均水平。4 类行业中综合业绩最好的农林牧渔业在资产质量、债务风险上均优于河北平均水平，但在经营增长方面低于河北平均水平。其余 3 家上市公司综合业绩得分相差较小，但优势各有不同；其中采矿业及综合类行业这 2 家公司除了在债务风险得分方面低于河北平均水平，在其他 3 项业绩得分及综合业绩方面，均高于河北省上市公司平均水平；信息传输、软件和信息技术服务业在经营增长及资产质量得分上低于河北平均水平，在其他方面则高于河北平均水平。

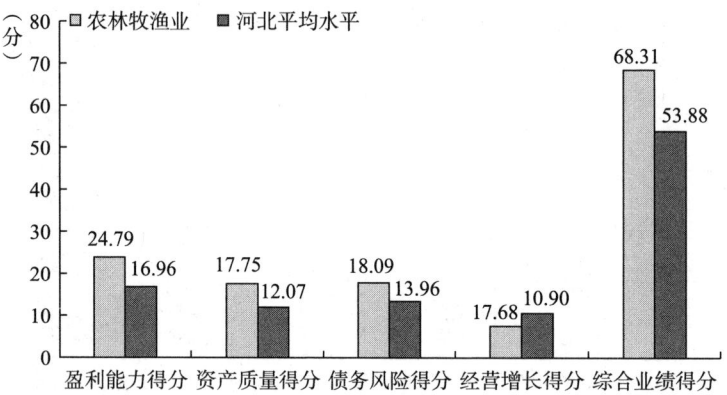

图 4 - 22　2017 年农林牧渔业上市公司各项业绩与全省情况对比

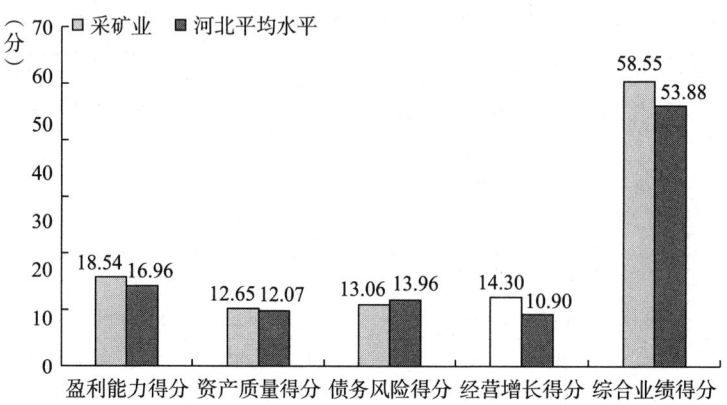

图 4 - 23　2017 年采矿业业上市公司各项业绩与全省情况对比

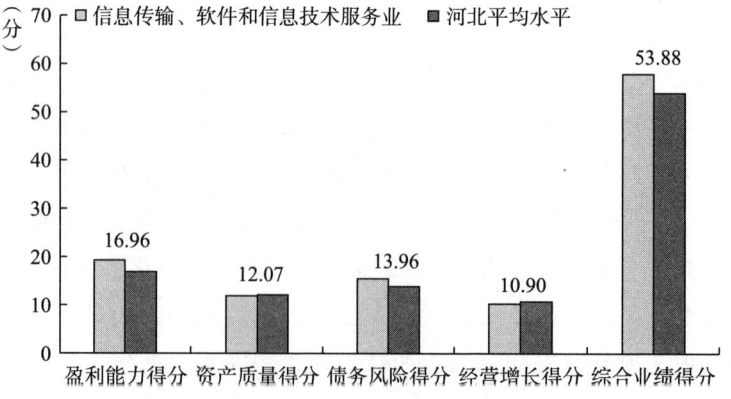

图 4 - 24　2017 年信息传输、软件和信息技术服务业上市公司
各项业绩与全省情况对比

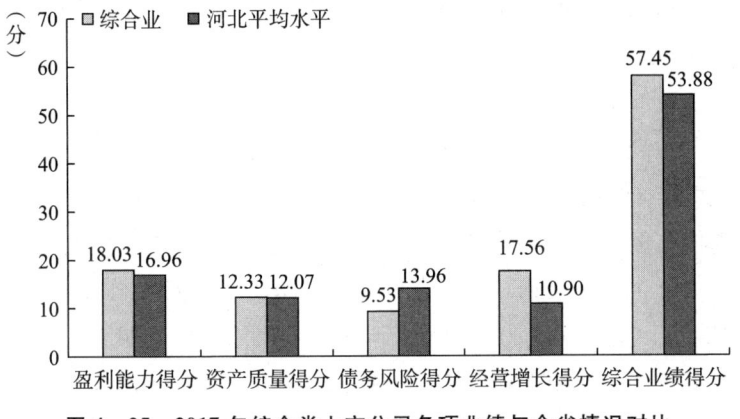

图 4 – 25　2017 年综合类上市公司各项业绩与全省情况对比

三　分析总结

本报告采取财务指标分析、综合及分项业绩计分方法对河北省上市公司业绩状况进行了分析。

从主要财务指标看，在近 5 年盈利指标方面，全国 A 股上市公司净资产收益率比较平稳，河北上市公司发生了较大变动，尤其在 2013～2014 年。全国 A 股与河北省上市公司总资产报酬率，近 5 年均呈先升后降趋势。2017 年，河北盈利指标高于全国 A 股水平；资产质量指标方面，河北省上市公司总资产周转率与全国 A 股上市公司近 5 年均呈先降后升趋势。其中河北上市公司总资产周转水平低于全国 A 股平均水平，但差别不大。应收账款周转率情况从近 5 年来看，河北省应收账款周转率总体上低于全国 A 股公司水平，并且在 2017 年两者差距较大，主要原因在于全国 A 股市场极高值的存在，去掉两个极值后，河北应收账款周转率反而高于全国 A 股市场平均水平。已获利息倍数方面，河北上市公司与全国 A 股公司近 5 年来均呈现较为波动的变化趋势，2013～2016 年，两者上下交替，2017 年河北上市公司已获利息倍数为 0.16 倍，显著低于全国 A 股水平的 45.09 倍，说明河北利息保障程度较差。经营增长指标方面，河北省上市公司的销售（营业）增长率与全国 A 股存在差异，2016 年低于全国 A 股上市公司水平，2017 年则高于全国 A 股水平。资本保值增值率方面，河北省上市公司 2013

年资本保值增值率稍高于全国 A 股水平，2016 年显著高于全国 A 股上市公司水平，2017 年差距缩小。

从综合业绩上看，河北省上市公司 2017 年业绩表现总体居于中等水平，但业绩水平达到优秀类别的上市公司数量比较少。54 家 A 股非金融上市公司中：1 家公司业绩水平优秀，6 家公司业绩水平良好，11 家公司业绩水平较差，整体业绩得分平均水平达到中等；分板块看，创业板得分最高，主板次之，中小企业板最低。在河北省上市公司所涉及的 9 个行业中，农林牧渔业排名第 1，电力、热力、燃气及水生产和供应业排名最后，制造业上市公司排名第 7 位。在制造业的 20 个细分行业中，橡胶和塑料制品业的排名第 1 位，皮革毛皮羽毛及其制品和制鞋业排名最末位，制造业细分行业业绩得分最高与最低之间相差 2.90 倍左右。

针对构成综合业绩的盈利水平、资产质量、债务风险、经营增长分项业绩看：河北省上市公司 4 方面分项业绩均表现较好的公司较少，基本上公司都存在某一两个方面短板；4 个分项业绩中，盈利能力是综合业绩最有力的支撑，盈利能力好的上市公司基本上其综合业绩水平较高；各个板块情况为：创业板公司盈利水平最高，债务风险、经营增长及资产质量居中，综合业绩得分最高；中小板的盈利水平最低、资产质量最差，但债务风险最低、经营增长最快，综合业绩得分最低；主板的盈利水平、综合业绩均处于中间水平，经营增长最慢、债务风险最高，但其资产质量表现最好。

从行业情况的分项业绩看，房地产业上市公司的行业盈利能力得分排名第 1，经营增长排名第 3，但其债务风险及资产质量得分分别排名第 8 位和第 9 位，说明房地产行业上市公司在 2017 年实现了较高的利润水平以及较快的经营增长，但该行业上市公司债务风险较高，尤其是资产质量问题突出。农林牧渔业上市公司的资产质量、债务风险得分均排名第 1，行业盈利能力排名第 2，经营增长得分排名第 9，说明该行业上市公司的资产质量较好，债务风险较低，盈利状况相对不错，经营增长则需要关注。交通运输、仓储和邮政业上市公司的行业资产质量得分排名第 2，盈利能力排名第 3，其债务风险得分排名第 4，经营增长得分排名第 7，说明该行业上市公司的资产质量及盈利水平较高，存在一定的债务风险，经营增长状况较差。信息传输、软件和信息技术服务业的债务风险排名第 2 位，盈利能力得分排名第 4 位，经营增长得分排名第 6 位，资产质量排名第 7 位，说明该行业上市公司的债务风险小，盈利能力和盈利水平尚可，但其资产质量较低，同时经营增长水平较差。采矿业在 2017 年只有冀中能源一家上市公司，其行业盈利能力得分及债务风险排名均为第 5，资产质量得分排名第 4，经营增长得分排名第 2 位。表明采矿业上市公司 2017 年经营增长状况较好，但其存在盈利能力较差、资产管理水平较弱、债务风险较高的相应问题。综合类行业上市公司的行业资产质量、盈利能力得分分别排名第 5 和第 6，债务风险得分排名末位，经营增长得分排名却在首位。该行业 2017 年只有 ST 坊展一家上市公司，经营增长虽然很快，但其盈利能力弱、资产质量差，尤其是债务风险问题突出。制造业上市公司的行业债务风险排名第 3，经营增长排名第 5，资产质量排名第 6，盈利能力排名第 7，除债务风险得分相对较高外，其余各分项得分相对均衡，也说明了制造业上市公司的各方面业绩状况不理想的现状，这也与河北省上市公司中制造业数量最高有关。批发和零售业上市公司的行业盈利能力得分排名及资产质量排名均为第 8，债务风险得分排名第 6，经营增长得分排名第 4。说明该行业上市公司的经营增长水平尚可，但其资产管理水平低，且债务风险较高，盈利能力较差。电力、热力、燃气及水的生产和供应业上市公司的资产质量得分排名第 3，但其债务风险得分、经营增长得分、盈利能力得分分别为第 7 名、第 8 名和第 9 名，说明该行业除资产质量相对较好外，债务风险较高、经营增长缓慢、盈利能力较差。

分报告五
河北省上市公司社会责任发展报告

　　社会责任是当今社会企业发展中不可忽视的重要问题。为了提高企业经营管理水平和风险防范能力，促进企业可持续发展，维护社会主义市场经济秩序和社会公众利益，财政部于2008年会同证监会、审计署、银监会、保监会五部委联合制定了《企业内部控制基本规范》，并进一步在2010年制定了《企业内部控制应用指引》，在《企业内部控制应用指引第4号——社会责任》中，首次将社会责任作为企业内部控制建设的重要组成部分进行了规范。履行社会责任已经成为影响企业生存和可持续发展的重要影响因素，是新时代中国特色社会主义建设对企业的战略要求。

　　本报告以《企业内部控制应用指引第4号——社会责任》为基本依据，参考已有相关研究，构建了包含三个层级40个三级指标的企业社会责任评价指标体系。在此基础上，本报告计算了河北省各上市公司的社会责任得分，对各公司的社会责任情况进行了综合评价，并分板块、分行业、分地区进行了具体分析。

一　河北省上市公司社会责任履行情况总体分析

　　本报告构建了包含三个层级40个三级指标的企业社会责任评价指标体系，进一步采用专家打分法确定了第一层级指标权重，并在借鉴以往研究成果的基础上，采用等权重方法确定第二层级指标和第三层级指标在整个指标体系中的权重，最后采用评分法确定各指标的具体数值。在此基础上，利用河北省上市公司的数据资料，我们对每家公司2013~2017年的各层次指标分别进行了评分，并按照相应的权重进行了汇总和评价。本部分先对指标体系的构成进行阐述，然后对全样本评价结果进行总体分析。

（一）河北省上市公司社会责任评价指标体系

指标设置的具体情况和各指标所占权重以及评分标准的确定见表5-1。

表5-1　河北省上市公司社会责任评价指标体系

一级指标	二级指标	三级指标	占上级对应指标权重	评分标准
管理层面（30%）	社会责任组织情况（1/2）	1. 官网是否设社会责任专栏	(1/3)	是为100分，否为0分
		2. 是否有社会责任组织体系	(1/3)	是为100分，否为0分
		3. 是否有明确的社会责任规划	(1/3)	是为100分，否为0分
	社会责任信息披露（1/2）	4. 是否定期披露社会责任报告	(1/3)	是为100分，否为0分
		5. 社会责任报告是否经中介机构鉴证	(1/3)	是为100分，否为0分
		6. 社会责任披露内容的完整性	(1/3)	无任何披露0分；单独披露社会责任报告得100分；未单独披露社会责任报告，但在年报中披露社会责任内容的，按披露内容丰富程度，不满1页得0分，满1页得20分，满2页得40分，满3页得60分，满4页及以上得80分
业务层面（70%）	安全生产责任（1/7）	7. 是否建立安全生产管理制度	(1/4)	是得100分，否得0分
		8. 是否设立安全管理部门	(1/4)	是得100分，否得0分
		9. 是否进行安全生产投入	(1/4)	是得100分，否得0分
		10. 是否发生生产安全事故，是否妥善处理安全事故	(1/4)	未发生事故得100分，发生事故并妥善处理得50分，发生事故未妥善处理得0分
	产品质量和消费者责任（1/7）	11. 是否有产品质量控制和检验制度	(1/6)	是得100分，否得0分
		12. 是否获得产品质量认证证书	(1/6)	每一个认证证书得25分，最高100分
		13. 是否获得产品质量荣誉证书	(1/6)	每一个荣誉证书得25分，最高100分

一级指标	二级指标	三级指标	占上级对应指标权重	评分标准
业务层面（70%）	产品质量和消费者责任（1/7）	14. 是否有客户关系管理制度	（1/6）	是得100分，否得0分
		15. 是否有售后服务体系	（1/6）	是得100分，否得0分
		16. 售后是否发现存在严重质量缺陷、隐患的产品；如发生，是否妥善处理	（1/6）	未发生得100分，发生并妥善处理得50分，发生未妥善处理造成社会危害得0分
	环保与资源节约责任（1/7）	17. 是否建立环境保护和资源节约制度	（1/6）	是得100分，否得0分
		18. 是否有环境认证相关证书	（1/6）	有1个相关证书得25分，最高得100分
		19. 是否进行节能环保方面的投资	（1/6）	是得100分，否得0分
		20. 是否取得环保有关的荣誉	（1/6）	每1项得25分，最高100分
		21. 是否进行环保技术研发与应用	（1/6）	是得100分，否得0分
		22. 是否有年度节能减排目标并完成	（1/6）	无目标0分，有节能减排目标得50分，进行节能减排得50分，有目标且完成得100分
	促进就业与员工责任（1/7）	23. 是否与员工签订劳动合同	（1/6）	是为100分，否为0分
		24. 是否为员工办理社会保险	（1/6）	是为100分，否为0分
		25. 是否建立职工代表大会与工会组织	（1/6）	两者都建立为100分，建一个50分，两者均否为0分
		26. 是否建立职业健康安全管理体系	（1/6）	是为100分，否为0分
		27. 是否有员工成长培训激励制度	（1/6）	是为100分，否为0分
		28. 女性高级管理人员比例	（1/6）	无女性高管得分0分，女性高管比例在10%以内得20分，20%以内者40分，30%以内者60分，40%以内者80分，超过40%者100分

续表

一级指标	二级指标	三级指标	占上级对应指标权重	评分标准
业务层面（70%）	公益慈善责任（1/7）	29. 是否关心公益事业进行公益慈善捐赠	(1/3)	是为100分，否为0分
		30. 是否组织公益主题活动	(1/3)	是为100分，否为0分
		31. 是否参与公益主题活动	(1/3)	是为100分，否为0分
	中小投资者权益维护责任（1/7）	32. 为股东创造的投资回报	(1/6)	加权平均净资产收益率指标低于0（含0）者得0分，在5%以内者得20分，在10%以内者得40分，在15%以内者得60分，在20%以内者得80分，超过20%者得100分
		33. 当年是否进行红利分配	(1/6)	是为100分，否为0分
		34. 是否建立了公开可查的投资者关系管理制度	(1/6)	是为100分，否为0分
		35. 是否及时披露年度财务报告	(1/6)	4月30日（不含30日）之后的为0分，其他为100分
		36. 会计师事务所审计意见	(1/6)	意见为否定的0分，无法表示意见的10分，带强调事项的保留意见为30分，保留意见50分，带强调事项的无保留意见80分，标准无保留意见100分
		37. 是否发布更正公告或补充公告	(1/6)	是为0分，否为100分
	其他社会责任（1/7）	38. 是否有违约违法违规	(1/3)	否为100分，是为0分
		39. 受处罚类型	(1/3)	"市场禁入"和"取消营业许可"为0分；"罚款、没收非法所得"为25分；"警告、批评、谴责、其他为50分，无处罚为100分"
		40. 其他负面信息	(1/3)	有得0分，无负面信息得100分

注：1. 括号内数字是以百分数或分数表示的本指标对于上一层级指标的权重值。2. 本报告所使用的上市公司数据资料，除中小股东权益维护责任和其他社会责任两个指标的相关数据主要来自国泰安数据库外，其他指标的相关数据主要来自企业官网、企业社会责任报告、企业年报等公开资料，大部分数据为手工方式收集。

（二）河北省上市公司社会责任总体评价

下面将从社会责任综合评分情况、每年综合评价前 10 名情况等两个方面对河北省上市公司 2013～2017 年的社会责任履行情况进行总体评价。

1. 河北省上市公司社会责任综合评价

为了直观地反映近 5 年来河北省上市公司社会责任综合水平的变化趋势，本报告将其反映在图 5－1 中。

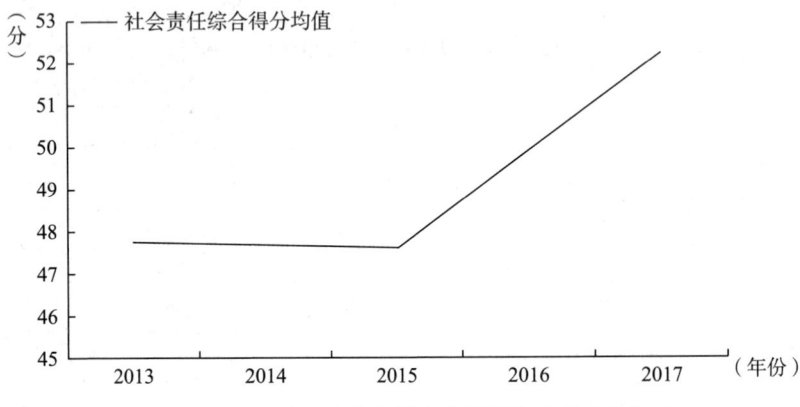

图 5－1　河北省上市公司社会责任履行水平变化趋势

由图 5－1 可见，2013～2015 年，河北上市公司社会责任综合得分数据波动不大，为 47～48 分，属于平稳状态，2016 年开始，数据急剧上升，2017 年，数据进一步上升，说明从 2016 年开始，河北省上市公司社会责任水平显著提高。具体原因我们将在下面的分析中进行说明。

表 5－2 则具体列示了 2013～2017 年河北省上市公司社会责任数据的描述性统计结果及相关数据的变化趋势。

表 5－2　2013～2017 年河北省上市公司社会责任综合评价

单位：分，家

年份	最大值	最小值	中位数	平均值	标准差	公司数量
2013	83.25	18.00	45.17	47.71	16.57	47
2014	82.83	23.17	43.50	47.63	15.33	49
2015	82.33	22.00	44.08	47.58	15.01	52
2016	84.42	26.33	48.25	49.87	15.96	50

年份	最大值	最小值	中位数	平均值	标准差	公司数量
2017	85.58	25.17	50.29	52.15	15.99	54

从表5-2所示的得分结果来看，从2013年起，河北省上市公司社会责任综合得分整体呈上升趋势，各年均值从2013年的47.71分上升到2017年的52.15分，5年上升幅度为9.31%；环比增长速度在2016年出现了显著变化，2013~2015年的平均分环比变化不大，在47分上下波动，最高47.71分，最低47.58分，2016年急剧上升到49.87分，上升幅度达4.81%，2017年环比上升幅度为4.57%，较2016年环比增长速度略有下降。

五年中，河北省上市公司社会责任综合得分最大值从2013年的83.25分提高到2017年的85.58分，提高幅度为2.80%；最小值在前四年总体呈上升趋势，其中在2016年亦有较大幅度提升，环比提高幅度为19.68%。这一方面是由于大部分样本公司社会责任意识的提高，另一方面也是很重要的一方面，是由于在2015年对公司社会责任水平的评价中，得分最低的公司金谷源（000408）在2016年进行资产重组，注册地变更为青海省（该公司进一步在2017年更名为藏格控股），不再属于河北省的上市公司，因而我们将其从研究样本中剔除，这也导致总体的社会责任平均水平得以提高。2017年最小值较2016年下降了1.16分，环比下降幅度为4.41%，主要是由于ST坊展2017年业务层面表现有所下降。同时，各年上市公司社会责任综合得分中位数呈现与均值变化基本相同的趋势。各年的标准差在15.01~16.57分，说明不同公司履行社会责任的水平差异较大，样本公司社会责任得分的分布相对分散。

总体上来讲，以上数据的变化趋势表明，河北省上市公司社会责任意识在近三年普遍提高，对履行社会责任越来越重视，实际履行社会责任的水平不断提升，而且提升速度显著。

2. 各年度社会责任综合评价前10名情况

我们对河北省上市公司社会责任综合评价的最终得分从高到低进行排列，得到了各年度排名前10位的企业，具体列示于表5-3中。

表 5 – 3 各年度河北省上市公司社会责任综合评价排名前 10 位企业

单位：分

得分 排名	2013 年		2014 年		2015 年		2016 年		2017 年	
	证券 简称	得分	证券 简称	得分	证券 简称	得分	证券 简称	得分	证券 简称	得分
1	冀中能源	82.83	冀中能源	82.83	冀中能源	82.33	荣盛发展	84.42	荣盛发展	85.58
2	冀东水泥	81.92	冀东水泥	78.17	新兴铸管	80.58	冀中能源	81.50	冀中能源	84.67
3	三友化工	79.08	新兴铸管	77.00	河钢股份	77.42	新兴铸管	80.58	三友化工	79.50
4	荣盛发展	77.33	唐山港	76.83	东旭光电	75.92	东旭光电	80.50	东旭光电	76.33
5	新兴铸管	74.92	三友化工	76.08	新奥股份	69.50	冀东水泥	78.50	新兴铸管	75.92
6	河北钢铁	69.58	河北钢铁	72.50	冀东水泥	67.83	河钢股份	77.90	河钢股份	75.75
7	唐山港	69.33	长城汽车	68.08	三友化工	66.03	三友化工	69.25	中国动力	75.25
8	长城汽车	68.08	保变电气	66.50	开滦股份	65.50	建投能源	68.00	冀东水泥	73.50
9	保变电气	66.50	开滦股份	63.17	建投能源	65.25	开滦股份	67.58	秦港股份	73.00
10	开滦股份	61.50	恒天天鹅	61.50	唐山港	64.50	唐山港	65.33	华夏幸福	72.33

注：河北钢铁 2015 年更名为河钢股份；恒天天鹅 2015 年更名为华讯方舟。

由表 5 – 3 可见，2013 年的最高分和最低分分别为 82.83 分和 61.50 分；到 2017 年最高分和最低分分别提升为 85.58 分和 72.33 分，提高幅度分别为 3.32% 和 17.61%。

2013 ~ 2017 年排名前 10 的公司较为稳定，年度间变化不大，5 年中共涉及 18 家企业，其中 5 家（冀中能源、冀东水泥、新兴铸管、三友化工、河北钢铁）连续 5 年均在前 10 之列；2 家公司（开滦股份、唐山港）有 4 年在列并于 2017 年被其他公司赶超，从而退出；2 家公司（东旭光电、荣盛发展）有 3 年在列，3 家公司（建投能源、长城汽车、保变电气）有 2 年在列，长城汽车、保变电气在 2014 年后退出前 10。冀中能源在 2013 ~ 2015 年一直位列第 1，荣盛发展则于 2016 年、2017 年连续两年保持第 1。恒天天鹅仅在 2014 年进入前 10，新奥股份也是仅有 2015 年进入前 10，2016 年即退出了。

值得注意的是，2017 年有 3 家以前年度未能进入前 10 的公司成功闯入前 10 名，它们分别是中国动力、华夏幸福、秦港股份。尤其秦港股份是 2017 年 8 月刚刚上市的，在上市第一年就因为社会责任表现良好而名列前 10。当然，这也有可能是企业为了达到上市要求，树立良好的企业形象，首次发行股票获取成功而有意为之。但是，不管初衷是什么，我们关注的是结果，客观的结果就是秦港股份的社会责任表现很好。

二 河北省上市公司社会责任水平分层级统计分析

本报告涉及三个层级指标的具体评分。下面将分别对三个层级指标得分进行具体分析。

（一）第一层级指标统计分析

社会责任评价的第一层级指标有两个，分别是管理层面和业务层面。

1. 管理层面社会责任指标分析

表5-4列示了河北省上市公司管理层面社会责任评分的基本情况。

表5-4 河北省上市公司管理层面社会责任评价

单位：分，个

年份	最大值	最小值	中位数	平均值	标准差	样本数
2013	66.67	0	16.67	20.92	22.08	47
2014	66.67	0	16.67	20.41	20.36	49
2015	83.33	0	16.67	20.52	25.89	52
2016	83.33	0	16.67	24.56	28.20	50
2017	100.00	0	20.00	29.07	30.11	54

由表5-4可以看出，2013~2017年，河北省上市公司管理层面指标平均值尽管在这5年间增长幅度很大，达到了38.96%，但是总体得分非常低，平均值仅在20.41~29.07分，最大值为100.00分，最小值为0分，而且数据资料显示，相当一部分样本公司该项指标每年的得分均为零。2016年该指标得分为零的有21家公司，占公司总数的42.00%，2017年情况有所好转，该指标得分为零的公司为15家，减少了6家，占公司总数的27.78%。这些数据说明，总体来说，河北省上市公司对自身社会责任活动的宣传意识比较淡薄，并且这些公司没有在社会责任制度建设和信息披露方面做出任何努力，社会责任表现较差的公司关于社会责任的网站建设、组织规划、信息披露等制度建设显著缺乏，亟待改进。

不过可喜的是，2017 年有两家公司管理层面得分为 100.00 分，这是首次出现满分为 100 分的公司，说明这两家公司社会责任意识较强，社会责任制度较完善，相关信息披露较全面。同时，中位数和平均数也大幅度提高，与 2016 年相比，分别提高了 16.65% 和 18.36%，尤其是中位数，在前四年一直处于 16.67 分的水平，2017 年一下提高到了 20 分。但是，不容忽视的是，管理层面社会责任得分的标准差也在逐年扩大，从 2014 年的最低值20.41 分提高到 2017 年的 30.11 分，说明不同公司间此项指标的得分差距明显拉大，分化明显。

2. 业务层面社会责任指标分析

表 5-5 列示了河北省上市公司业务层面社会责任评分的基本情况。

表 5-5　河北省上市公司业务层面社会责任评价

单位：分，个

年份	最大值	最小值	中位数	平均值	标准差	样本数
2013	89.76	25.71	56.90	57.40	15.84	47
2014	89.76	33.10	53.33	59.30	14.99	49
2015	82.62	31.43	57.26	59.18	12.11	52
2016	84.88	37.62	59.17	60.72	12.25	50
2017	86.55	34.29	63.51	62.05	12.58	54

分析表 5-5 可见，业务层面指标的得分均值在 57.40 ~ 62.05 分，虽然仅在及格线上下波动，却已显著高于管理层面的得分，这说明样本公司在具体业务执行方面对社会责任的履行有一定的关注度，也进行了具体实施，但是疏于宣传，在制度建设和相关信息披露方面做得十分不够。业务层面指标得分平均值 5 年间从 57.40 分提高到 62.05 分，增幅 8.10%，而管理层面的增长幅度达到了前述的 38.96%，管理层面得分增幅约为业务层面增幅的 4.81 倍，说明公司社会责任意识提高速度较快，但实际业务中对社会责任的践行则远远低于其意识的提升。

管理层面和业务层面两个第一层级指标的变化趋势大致相同，其均值逐年递增，但增长幅度的变化趋势略有不同。两者的变化情况如图 5-2 所示。管理层面得分在不同年份间的波动较大，尤其 2017 年，较 2016 年提高4.51 分，幅度达 18.36%。而业务层面的得分波动相对较小，2013 ~ 2017

年呈缓慢上升趋势，最大波动幅度为 3.31%。尤其值得注意的是，2013 ~ 2017 年管理层面平均得分的标准差逐年提高，2017 年标准差为 30.11 分，说明河北省不同上市公司间管理层面的社会责任水平差距越来越大，而且有进一步拉大的趋势。而业务层面得分的标准差整体呈下降趋势，2016 年业务层面的标准差略有回升，为 12.48 分。河北省上市公司业务层面标准差显著低于管理层面，说明河北上市公司间业务层面的社会责任水平差距在持续缩小。

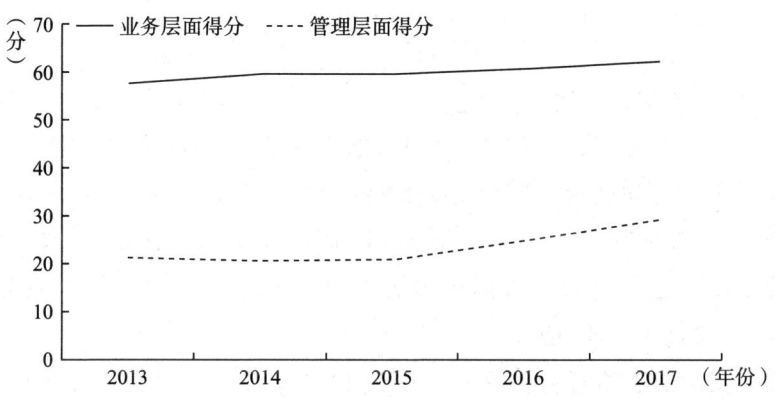

图 5 - 2　河北省上市公司社会责任评价第一层级指标得分均值分布

（二）第二层级和第三层级指标统计分析

管理层面指标体系由社会责任组织情况和社会责任报告两个二级指标，官网社会责任专栏、社会责任报告等 6 个三级指标组成，而业务层面指标体系由安全生产责任、产品质量和消费者责任、环保与资源节约责任等 7 个二级指标，安全生产制度建设、安全生产管理部分、安全生产投入等 34 个三级指标组成。

1. 管理层面二级指标和主要三级指标分析

一级指标管理层面指标下有社会责任组织情况和社会责任报告两个二级指标，每个二级指标下有 3 个三级指标，共 6 个三级指标。为提高分析的客观性，本报告选择了管理层面指标体系中在赋值方面不存在任何主观因素的 3 个三级指标进行具体分析，这三个指标分别是官网社会责任专栏、发布社会责任报告和社会责任报告鉴证，结果如表 5 - 6 所示。

表5-6　河北省上市公司社会责任管理层面主要指标评价

单位：家，%

年份	官网社会责任专栏		发布社会责任报告		社会责任报告鉴证		样本数
	数量	占比	数量	占比	数量	占比	
2013	9.00	19.15	10.00	21.28	0.00	0	47
2014	9.00	18.37	9.00	18.37	0.00	0	49
2015	17.00	32.69	10.00	19.23	0.00	0	52
2016	20.00	40.00	12.00	24.00	0.00	0	50
2017	24.00	44.44	15.00	27.78	2.00	3.70	54

由表5-6可知，截至2017年末，河北省共有24家上市公司在其官网设立了社会责任专栏，占上市公司总数的44.44%。具体来看，官网社会责任专栏设置的公司数量自2015年开始持续增加。2013年和2014年为9～10家，2015年增加为17家，2017年已经增加到24家，这是非常可喜的变化，占当年河北省上市公司总数的比例从2013年的19.15%上升到2017年的44.44%，提高了1.32倍。

除了官网社会责任专栏用于披露公司日常社会责任活动及相关信息外，发布社会责任报告是企业对外披露社会责任履行情况的又一方式，而且社会责任报告是一种随同公司年报一起发布，更具有正式意义的社会责任信息披露方式。2017年共有15家河北省上市公司发布社会责任报告，占河北省上市公司总数的27.78%。其中，秦港股份、中国动力和老白干酒三家公司为2017年首次发布社会责任报告，尤其秦港股份是在2017年8月刚刚上市的公司，也就是说，该公司在上市当年（2017年）年报披露期间即披露了社会责任报告。

截至2017年末，在公司官网设置社会责任专栏和披露社会责任报告的河北省上市公司基本情况如表5-7所示。其中，前10家既在公司官网设置社会责任专栏，又同时按年度披露了社会责任报告，这些公司对社会责任工作的重视程度非常高。其他公司则是或者仅在官网设置了社会责任专栏，但未发布社会责任报告；或是仅在年报披露期间发布了社会责任报告，而未在其官网上设专栏披露社会责任信息。

尽管发布社会责任报告的公司总量较低，不容乐观，但是发布社会责任报告的数量和占比在近两年都逐年提高的趋势还是可喜的，2016年比

2015 年增加了 2 家，提高了 4.47 个百分点，而 2017 年比 2016 年又增加了 3 家，占比上升了 3.78 个百分点。值得关注的是，5 年中累计发布的社会责任报告总额达到 79 份，前四年没有任何一家公司的任何一份社会责任报告接受了第三方鉴证，在 2017 年终于有两家公司社会责任报告接受了第三方鉴证，分别是冀中能源和华夏幸福，说明上市公司对社会责任报告的重视程度正不断提高，可以说，2017 年河北上市公司社会责任信息披露水平有了质的飞跃。

表 5 - 7　2017 年设置社会责任专栏和披露社会责任报告的河北省上市公司

序号	官网社会责任专栏		发布社会责任报告	
	证券代码	证券简称	证券代码	证券简称
1	000937.SZ	冀中能源	000937.SZ	冀中能源
2	600340.SH	华夏幸福	600340.SH	华夏幸福
3	002146.SZ	荣盛发展	002146.SZ	荣盛发展
4	600409.SH	三友化工	600409.SH	三友化工
5	000709.SZ	河钢股份	000709.SZ	河钢股份
6	000401.SZ	冀东水泥	000401.SZ	冀东水泥
7	000413.SZ	东旭光电	000413.SZ	东旭光电
8	600997.SH	开滦股份	600997.SH	开滦股份
9	600482.SH	中国动力	600482.SH	中国动力
10	600550.SH	保变电气	600550.SH	保变电气
11	600230.SH	沧州大化	000778.SZ	新兴铸管
12	300137.SZ	先河环保	601326.SH	秦港股份
13	603385.SH	惠达卫浴	601000.SH	唐山港
14	000600.SZ	建投能源	601633.SH	长城汽车
15	300138.SZ	晨光生物	600559.SH	老白干酒
16	600480.SH	凌云股份		
17	600803.SH	新奥股份		
18	300428.SZ	四通新材		
19	600812.SH	华北制药		
20	603050.SH	科林电气		

续表

序号	官网社会责任专栏		发布社会责任报告	
	证券代码	证券简称	证券代码	证券简称
21	002459. SZ	天业通联		
22	002494. SZ	华斯股份		
23	000958. SZ	东方能源		
24	002282. SZ	博深工具		

2013 年全国共有 673 家 A 股上市公司披露了社会责任报告，占全部 A 股上市公司的 26.79%，其中有 40 家公司对其社会责任报告进行了鉴证，占披露报告公司总数的 5.94%[①]。而当年河北省仅有 10 家，占比 21.28% 的公司发布了社会责任报告，低于全国平均水平 5.51 个百分点，并且报告的第三方鉴证数量为 0。这些数据显示 2013 年河北省的上市公司社会责任信息披露水平远不及全国平均水平。

随着河北省企业社会责任意识的逐步提升，这一局面在 2017 年得到了扭转。截至 2018 年 11 月 21 日，全部 A 股上市公司（3512 家）共有 840 家发布社会责任报告（其中海澜之家、神马股份、海大集团等 15 家公司是在年报披露期结束之后披露的），占比 23.92%。而河北省同期这两个数据分别为 15 家和 27.78%，已经超过了全国平均水平。而且河北省上市公司社会责任报告的披露时间都在年报披露期间。

下面我们再将河北省上市公司的社会责任信息披露数据与发达地区的上海市做一对比。2016 年 12 月，《上海上市公司企业社会责任蓝皮书（2016）》发布，该研究结果显示，截至 2016 年 4 月 30 日，在上海注册的上市公司中，超三成发布了社会责任报告[②]，而该指标同期在河北省仅为 19.23%，说明河北省上市公司在社会责任报告的编制和披露方面还有很大差距，相差 15.47 个百分点。到 2017 年，这一差距已经缩小到了 4.26 个百分点。具体体现为：截至 2018 年 11 月 21 日，共有 91 家上海市 A 股上市公司披露了 2017 年社会责任报告（其中有中远海能、上海医药等三家公司是

---

① 李灵琛：《我国上市公司自愿鉴证社会责任报告的影响因素研究》，硕士学位论文，河北经贸大学，2015，第 18~19 页。

② 钟宏武等：《上海上市公司社会责任研究报告（2016）》，经济管理出版社，2016。

分别在年报披露期结束以后的 5 月、6 月、7 月披露的），占同期上海市 A 股上市公司总量（284 家）的 32.04%①，而河北省的相应指标为 27.78%，且如前述，均在年报披露期内披露。这些足以说明，河北省上市公司的社会责任信息披露工作与发达地区的差距在缩小，河北省上市公司该项工作已经取得了明显进步。

具体来讲，河北上市公司中社会责任信息披露做得最好的是华夏幸福，该公司管理层面各项指标得分均为满分。公司设置了社会责任专栏，对公司日常的社会责任活动进行及时系统的报道，公司有专门的社会责任组织和具体的社会责任规划，发布了长达 50 页的 2017 年社会责任报告。报告指出，华夏幸福首次创新性提出"产业新城助力幸福生活"的社会责任理念，形成了以"诚意正心"为幸福 DNA 核心的责任模型。报告中描绘了公司扶贫工作，以业务为牵引，助力产业新城建设中的社会责任工作，与利益相关方共创和谐、为可持续发展积蓄力量等方面的社会责任工作。报告图文并茂，文字生动，数据翔实，生动形象地展示了公司社会责任情况。最后，公司聘请"中国企业社会责任报告评级专家委员会"对其社会责任报告进行了评级，该委员会评级小组的评级结论为：《华夏幸福基业股份有限公司 2017 社会责任报告》为四星半级，是一份领先的社会责任报告。华夏幸福的社会责任工作为房地产企业，为河北上市公司的社会责任制度建设和信息披露树立了榜样。

2. 业务层面二级指标和主要三级指标分析

业务层面指标下有安全生产责任、产品质量和消费者责任等 7 个二级指标，有安全生产管理制度等 34 个三级指标。本报告对业务层面指标体系中 7 个二级指标进行具体分析，结果如表 5 - 8 所示。图 5 - 3 直观地比较了 2013 ~ 2017 年业务层面 7 个二级指标的变化情况。

表 5 - 8 河北省上市公司社会责任评价业务层面二级指标均值评价

单位：分

序号	指标名称	2013 年	2014 年	2015 年	2016 年	2017 年	五年均值
1	安全生产责任	51.06	49.48	55.29	62.50	65.28	56.72

① 上海市 A 股上市公司相关数据来自万德数据库。

续表

序号	指标名称	2013 年	2014 年	2015 年	2016 年	2017 年	五年均值
2	产品质量和消费者责任	53.10	55.44	54.89	50.08	51.62	53.03
3	环保与资源节约责任	34.22	34.10	31.28	31.83	44.06	35.10
4	促进就业与员工责任	63.40	65.65	66.28	66.20	74.48	67.20
5	公益慈善责任	35.46	36.12	37.82	48.67	46.91	41.00
6	中小投资者权益维护责任	88.79	87.76	80.26	81.77	80.37	83.79
7	其他社会责任	88.30	87.59	88.46	84.00	71.60	83.99

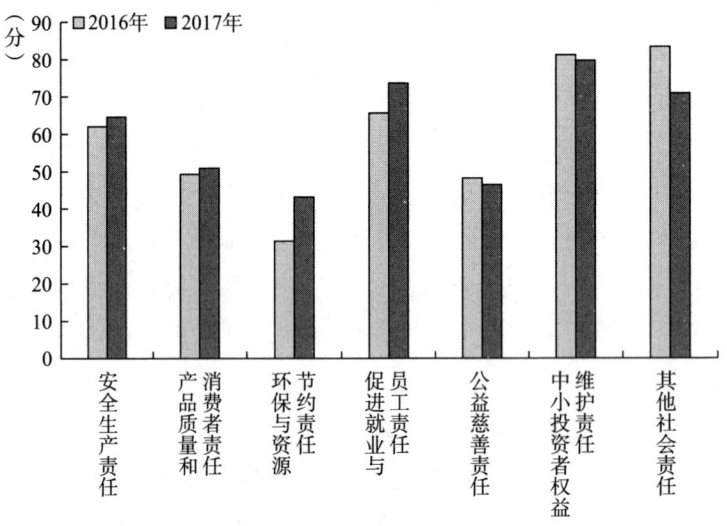

图 5 - 3　2016 年与 2017 年业务层面二级指标比较

由表 5 - 8 和图 5 - 3 可见，业务层面各二级指标的逐年变化趋势并不相同。有些指标在 5 年中表现出明显的上升趋势，有些则是明显的下降趋势，还有些体现为小幅波动。

业务层面 7 个二级指标中，指标 1 （安全生产责任）和指标 4 （促进就业与员工责任）总体保持上升趋势，且 2017 年较 2016 年均有较大幅度提高。其中安全生产责任的 2017 年数据较 2016 年增长了 4.45 个百分点，说明河北省上市公司越来越重视安全生产，这是一个非常好的趋势。2016 年的 50 家样本公司中，有 29 家有明确的安全生产制度，19 家设立了专门的安全管理部门，27 家进行了安全生产方面的投资，占比分别为 58%、38%、54%。2017 年三个指标的数据分别为 34 家、24 家、29 家，占比分别为 62.96%、44.44% 和 53.7%，总体保持了上升态势。

指标 4 促进就业与员工责任更是在 2017 年增长了 12.51 个百分点。2017 年 54 家河北省上市公司都与员工签订了劳动合同，为员工办理了社会保险，大部分建立了职工代表大会和工会组织。并且其中有 26 家公司建立了职业健康安全管理体系，占比 48.15%；37 家公司有员工成长激励制度，占比 68.52%，女性高管平均达到 20% 以上，这些充分说明河北省上市公司员工人性化管理意识越来越强，努力解决社会就业问题并保障员工合法权益，这为他们树立了良好的企业形象。

指标 2（产品质量责任）2017 年有小幅度回升，相比 2016 年提升了 3.08 个百分点，但其五年中波动幅度较小，表明河北省上市公司在产品质量责任方面不断努力，但是成效并不显著，需要进一步提升。

7 个二级指标中，得分最低的两个指标是指标 3（环保与资源节约责任指标）和指标 5（公益慈善责任指标），其均值分别为 35.10 分和 41 分，说明企业对这两个方面的社会责任是最不重视的，最不愿意在这个两方面采取具体行动，进行实际投入，这也是企业在日后的社会责任建设中亟须加强的两个方面。虽然两个指标都属于得分较低的，但是其变化趋势并不相同。

指标 3 环保与资源节约责任的情况，2015 年以来逐年提高，同时 2017 年至 2016 年提高幅度较大，从 31.83 分一跃提升为 44.06 分。2016 年，有 23 家公司有明确的环境保护和资源节约制度，24 家公司进行了节能环保方面的投资，每家公司平均有 0.36 个环境认证相关证书；2017 年这三个数据分别提升为 26 家、37 家和 0.57 个。环保与资源节约责任得分低与河北省上市公司较多钢铁、水泥、制药等污染型企业有关，但是在国家环保制度进一步严格和监管进一步加强的背景下，河北省上市公司的环保与资源节约责任履行情况有了明显改善。

不同于环保与资源节约责任的变动趋势，指标 5 公益慈善责任得分体现为在各年度间波动明显，在 2016 年比 2015 年大幅提升的基础上，2017 年比 2016 年又有了明显下降，下降幅度为 3.61 个百分点。具体体现为 2016 年 50 家样本公司中有 35 家有公益捐赠支出，占比 70%，捐赠总额为 54438975.66 元，捐赠最多的企业是东旭光电，捐赠额为 17312267.78 元；

2017 年 54 家样本公司中仅有 32 家进行了公益捐赠，占比降低到 59.26%，对外捐赠总额达 18899.32 万元，最高的是冀中能源，捐赠总额达 11526.62 万元，占河北省上市公司 2017 年捐赠总额的 60.99%。虽然捐赠总额有了绝对提升，但是参与捐赠企业的数量却下降了 10.74 个百分点。同时组织公益主题活动和参与公益主题活动的公司数量分别从 2016 年的 19 家和 23 家下降为 2017 年的 18 家和 21 家，这些数据充分说明的河北上市公司对公益慈善事业重视度不足。

指标 7（其他社会责任）和指标 6（中小投资者权益维护责任）一直是得分居前的指标。这说明这两个方面的社会责任一直是上市公司最为重视的，各家公司都在努力加大对中小投资者的投入，约束自身行为，降低违法违规的概率，以获取更好的资本市场形象，从而提升企业市场价值，这与市场的基本情况吻合。

三 河北省上市公司社会责任水平分行业统计分析

下面对河北省上市公司社会责任履行情况进行分行业的统计分析。按照证监会行业分类，河北上市公司共涉及 27 个行业（涉及行业的具体情况见附表），行业分布较广。其中 2017 年有 14 个行业包含两家及两家以上数量的公司，另有 13 个行业每个行业在河北省样本中仅有一家企业，鉴于一家企业的数据无法代表行业数据，所以本报告中将这 13 家企业涉及的 13 个行业统一归为其他类行业。

（一）各行业分层面统计分析

各行业 2017 年的一级指标和综合评价结果（各指标取均值）见表 5 - 9。行业间社会责任综合得分均值分布见图 5 - 4 所示。

表 5 - 9　河北省上市公司 2017 年社会责任分行业评价

单位：分

序号	行业	管理层面得分	业务层面得分	社会责任综合得分
1	房地产业	91.67	73.51	78.96

续表

序号	行业	管理层面得分	业务层面得分	社会责任综合得分
2	水上运输业	66.67	72.98	71.08
3	金属制品业	43.33	75.24	65.67
4	非金属矿物制品业	46.67	71.01	63.71
5	计算机通信和其他电子设备制造业	36.67	66.43	57.5
6	汽车制造业	45	62.56	57.29
7	电气机械和器材制造业	27.78	62.3	51.94
8	医药制造业	22.22	61.98	50.06
9	酒饮料和精制茶制造业	16.67	63.51	49.46
10	电力热力生产和供应业	31.67	56.31	48.92
11	化学原料和化学制品制造业	16.67	62.2	48.54
12	仪器仪表制造业	8.33	55.83	41.58
13	专用设备制造业	8.67	50.71	38.1
14	零售业	0	49.64	34.75
15	其他行业	—	—	—

由表 5 - 9 和图 5 - 4 可知，2017 年河北省企业社会责任履行情况最好的是房地产业（涉及两家公司：荣盛发展、华夏幸福），综合评价平均得分为 78.96 分；其次分别为水上运输业（涉及两家公司：唐山港、秦港股份）、金属制品业（涉及两家公司：新兴铸管、巨力索具），平均得分分别为 71.08 分和 65.67 分。综合得分最低的行业为零售业（恒信东方、庞大集团），得分为 34.75 分，仅为最高分房地产业得分的 44.01%。

具体来看，房地产业在管理层面为最高得分，为 91.67 分；管理层面表现最差的行业为零售业，得分为零分，这表明河北省这些行业的公司在社会责任制度建设方面存在较大的缺陷。业务层面最高得分为金属制品业，75.24 分；表现最差的行业也是零售业，得分为 49.64 分，仅为该层面的最高得分的 65.98%。可见，零售业的社会责任在管理层面、业务层面和综合得分方面均是最差的，亟须提高。

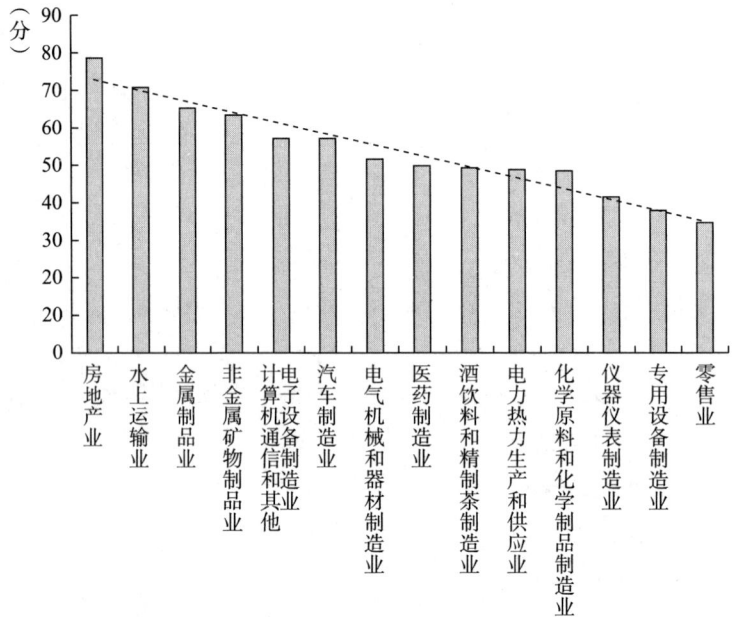

图 5 – 4　2017 年各行业社会责任综合评价得分分布

（二）各行业分年度统计分析

为了解各行业社会责任水平的年度差异和变化趋势，本报告对各行业进行了分年度统计分析。各行业分年度综合评价统计分析结果见表 5 – 10。

表 5 – 10　河北省上市公司社会责任分行业评价

单位：分

序号	行业	2013 年	2014 年	2015 年	2016 年	2017 年	5 年均值
1	房地产业	62.58	51.13	48.04	68.38	78.96	61.82
2	水上运输业	69.33	76.83	64.5	65.33	71.08	69.41
3	金属制品业	65.69	69.03	68.25	69.5	68.17	68.13
4	非金属矿物制品业	81.92	78.17	67.83	78.5	63.71	74.03
5	计算机通信和其他电子设备制造业	39.17	42	55.67	60.73	57.5	51.01
6	汽车制造业	59.25	60.09	48.08	56.42	57.29	56.23

续表

序号	行业	2013 年	2014 年	2015 年	2016 年	2017 年	五年均值
7	电气机械和器材制造业	52.42	57.43	45.58	47	51.94	50.87
8	医药制造业	38.28	38.45	46.42	48.47	50.06	44.34
9	酒饮料和精制茶制造业	39.42	40.34	35.63	41.13	49.46	41.2
10	电力热力生产和供应业	42.17	40.92	51.29	53.83	48.92	47.43
11	化学原料和化学制品制造业	44.57	46.98	47.88	47.78	48.54	47.15
12	仪器仪表制造业	37.33	37.33	39.67	37.83	41.58	38.75
13	专用设备制造业	34.58	38.03	36.25	36.03	38.1	36.6
14	零售业	35.39	36.22	33.75	30.83	34.75	34.19
15	其他行业	—	—	—	—	—	—

根据表 5-10，从行业发展趋势角度来看，2013~2017 年绝大部分行业的社会责任履行情况均保持向上提升的态势。2013~2016 年，金属制品业的社会责任水平 5 年中一直处于前列，但其增长率并不显著。2017 年，房地产业（两家公司：荣盛发展和华夏幸福）超越金属制品业，成为社会责任表现最好的公司，5 年增长为 26.17%。从 5 年平均值来看，社会责任成绩最好的行业是非金属矿物制品业，该行业 2017 年有两家公司，分别是冀东水泥和惠达卫浴。因为惠达卫浴 2017 年 4 月才上市，所以该行业前 4 年只有一家企业，被归并到其他行业中，2017 年才被单独列示出来。因而其 2013~2016 年的数据只显示的是冀东水泥一家公司的情况，不具有行业代表性。5 年均值处于第 2 位的水上运输业是相同的情况，2017 年有两家公司，唐山港和秦港股份，而秦港股份也是 2017 年刚刚上市的，因而其前 4 年的数据仅是唐山港一家公司的数据，也不具有行业代表性。处于第 3 位的金属制品业是 2016 年得分最高的行业，2017 年被房地产行业赶超了。这里最主要的原因是房地产业管理层面的社会责任得分由 2016 年的 66.66 分直线提高到 2017 年的 91.67 分，这直接导致房地产业综合得分的大幅提高，而金属制品业得分在 2017 年不仅没有提高，反而降低了 1.23 分，虽然降幅非常低，但是与提升迅猛的房地产业相比，已经落后了 10.79 分。

5年中增长幅度最大的是计算机通信和其他电子设备制造业，从2013年的39.17分提高到2017年的51.5分，增长幅度达到了46.8个百分点。增幅第2的是医药制造业，从2013年的38.28分提高到2017年的50.06分，增长幅度为30.77%。这两个行业的社会责任综合得分虽然在2017年依然不高，但是其快速增长的态势却是非常值得肯定和鼓励的。

不可忽视的是，在多数行业稳步向前的趋势中，也出现了社会责任水平负增长的企业。负增长的行业主要是汽车制造业（凌云股份、长城汽车），行业得分分别减少了1.96分，降低幅度分别为3.31%。另外，零售业和金属制品业2017年也出现了负增长。

四 河北省上市公司社会责任水平分板块统计分析

上市公司在不同的证券交易所、在不同的市场板块进行交易，会受到不同社会责任履行制度和披露规则的约束，因而其交易市场不同，社会责任履行水平也可能会有所不同。

（一）各板块分层面统计分析

各板块2017年的各层面得分和综合评价结果（各指标取均值）见表5-11和图5-5所示。

表5-11 河北省上市公司2017年社会责任分板块评价

单位：家，分

序号	行业	上市公司家数	管理层面得分	业务层面得分	社会责任综合得分
1	沪市主板	21	36.98	61.30	54.00
2	深市主板	13	40.00	66.04	58.23
3	中小板	10	21.00	63.94	51.06
4	创业板	10	6.33	56.52	41.47
5	各板块均值	—	26.08	61.95	51.19

由表5-11和图5-5可见，截至2017年12月31日，河北上市公司54家中有34家（62.96%）公司是在主板上市的。主板上市公司的社会责任表现好于中小板和创业板，而中小板又好于创业板。其中，在管理层面得

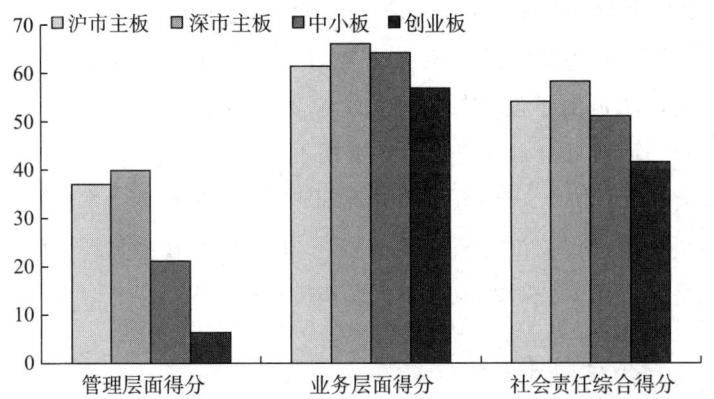

图 5 - 5　河北省上市公司 2017 年各层面社会责任均值分板块统计

分部分，创业板明显低于其他板块，其平均得分仅为 6.33 分，河北省的创业板上市公司仅有 3 家在官网建立了社会责任专栏，没有一家发布社会责任报告，这充分显示了创业板公司对社会责任的关注意识亟待提高。中小板上市公司的社会责任得分虽优于创业板，却也严重低于主板公司。中小板公司中，仅有 4 家在官网建立了社会责任专栏，1 家公司发布了社会责任报告。

对于主板上市公司来讲，深市主板的各方面平均得分均高于沪市主板，深市社会责任综合得分 58.23 分，比沪市的 54.00 分高出 7.83%，说明深市的上市公司在社会责任意识方面要明显强于沪市的上市公司。具体来看，管理层面，深市主板得分高于沪市主板 3.02 分，高出了 8.17%；业务层面两者的分值差也达到了 4.74 分，幅度达到了 7.73%。对比 2016 年的报告不难发现，深市主板的上市公司在社会责任方面较 2016 年有所下降（从 59.21 分到 58.23 分），而沪市上市公司的社会责任在本已落后的前提下，2017 年的增速达到了 11.82%（从 2016 年的 48.29 分提高到 54.00 分），但是总体上 2017 年深市主板上市公司社会责任综合得分还是要明显高于沪市。

以上比较结果显示，创业板公司和中小板公司在管理层面与主板上市公司有较大差距，而业务层面差距相对较小。中小板公司 2017 年业务层面得分 63.94 分，较 2016 年的 64 分，有微弱下降，但较 2015 年已有明显改善。创业板公司的业务层面得分在 2017 年有较小的增幅，从 2016 年的

54.29 分增长为 56.52 分。中小板公司和创业板公司若要进一步提高社会责任水平，需要更多地从管理层面做出努力。创业板属于社会责任表现最差的板块，这可能是由于创业板公司多为新兴产业，正处于成长期，更关注公司的经营，而对社会责任建设工作重视不足。

主板公司虽然在综合得分与管理层面以及业务层面上均高于创业板公司和中小板公司，但沪市主板公司需要付出更多努力才能赶上深市主板公司，这也是决定一个公司社会责任意识和行动的根基。

（二）各板块分年度统计分析

表 5 – 12 和图 5 – 6 列示了不同板块上市公司各年度社会责任水平的基本情况。

表 5 – 12　河北省上市公司各年度社会责任分板块均值评价

单位：家，%

序号	板块	2017年底公司数量	2013年	2014年	2015年	2016年	2017年	5年均值	5年增长率
1	沪市主板	21	49.58	49.68	47.11	48.29	54.00	49.73	8.91
2	深市主板	13	48.82	50.34	55.08	59.21	58.23	54.34	19.27
3	中小板	10	46.22	46.25	46.01	50.30	51.06	47.97	10.47
4	创业板	10	36.00	37.45	39.51	40.00	41.47	38.89	15.19

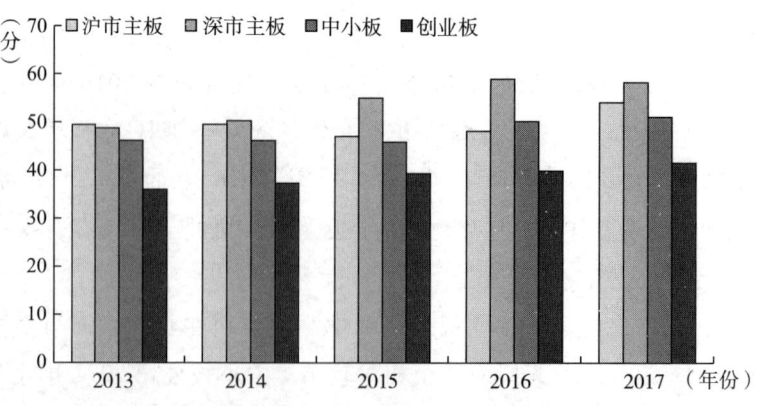

图 5 – 6　河北省不同板块上市公司各年度社会责任均值统计

由表 5-12 和图 5-6 可见，在沪市上市的有 21 家，共涉及 13 个行业，在深市主板上市交易的河北省公司共有 13 家，涉及 10 个行业；在深市中小板上市的共有 10 家，涉及 9 个行业；在深市创业板上市的共有 10 家，涉及 8 个行业。可见，河北省上市公司在不同板块间的行业分布非常分散。总体上看，各个板块的企业社会责任表现情况大致为上升的态势。企业社会责任履行情况表现最好的板块是深市主板公司，5年平均得分为 54.34 分，其次是沪市主板，平均得分为 49.73 分，稍低于深市主板；深市主板公司的 2017 年得分为 58.23 分，超过了沪市主板的 54.00 分。创业板公司在各年度的社会责任都是几个不同板块中最低的。

从增长速度来看，5 年中进步最大的板块为深市板块，五年涨幅达到19.27%，是各板块的领跑者。值得注意的是，虽然深市主板自 2014 年以来成为公司社会责任表现最好的板块，但是其 2017 年的表现与 2016 年相比，却出现了微弱下降，下降了 0.98 分，1.66 个百分点。增长率居于第二的是创业板，涨幅达到 15.19%，中小板板紧随其后，增长率为 10.47%；沪市主板公司的增长率最低，为 8.91%。

五 河北省上市公司社会责任水平分区域统计分析

截至 2017 年 12 月 31 日，河北省共有上市公司 54 家，这 54 家遍布在河北省各个城市，但是更为集中在石家庄、唐山和保定三座城市。上市公司数量最多的是省会石家庄，共有上市公司 16 家，比 2016 年增加了科林电气一家上市公司，占到河北省上市公司总量的 29.63%。唐山在上市公司数量方面排名河北省第二，2017 年一共是 10 家上市公司，比2016 年增加了两家上市公司，分别是三孚股份和惠达卫浴。2016 年排第二的保定今年上市公司数量维持不变，依旧是 9 家公司。上市公司数量最少的依然是衡水、张家口和承德，各仅有 1 家公司上市。不同地市上市公司社会责任履行水平也有很大差异。表 5-13 和图 5-7 列示了河北省上市公司的地市分布和各地市上市公司社会责任履行的综合情况。

表 5 - 13 河北省上市公司社会责任分区域评价

单位：家，分，%

序号	所处地市	2017年上市公司数量	2013年	2014年	2015年	2016年	2017年	5年均值	5年增长率
1	邢台	2	63	66.33	69.21	70.21	67.67	67.28	7.41
2	邯郸	2	46.03	46.50	51.00	66.54	63.17	54.65	37.24
3	唐山	10	57.43	55.38	51.17	51.64	52.16	53.56	-9.18
4	保定	9	52.47	53.41	49.07	52.27	55.25	52.49	5.30
5	石家庄	16	42.41	43.71	49.65	49.85	49.33	46.99	16.32
6	廊坊	4	47.81	42.92	39.35	47.44	53.44	46.19	11.78
7	秦皇岛	3	42.17	41.75	41.75	38.00	54.67	43.67	29.64
8	张家口	1	46.17	42.00	43.58	38.17	39.92	41.97	-13.54
9	承德	1	36.58	39.92	39.92	48.33	42.92	41.53	17.33
10	沧州	5	42.25	43.23	36.47	40.53	44.98	41.49	6.46
11	衡水	1	35.67	33.67	31.33	33.92	56	38.12	56.99

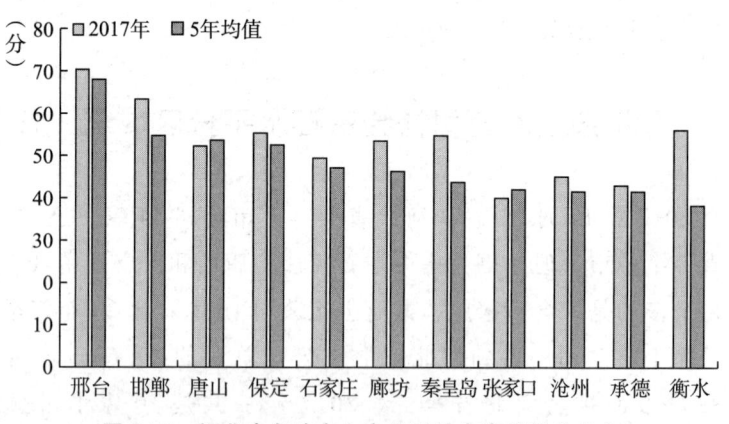

图 5 - 7 河北省各地市上市公司社会责任得分分布

由表 5 - 13 可见，河北省各地市社会责任评价得分最高的依旧是邢台，其年均分值为 67.28 分，2017 年获得最高得分 67.67 分；邢台、唐山、保定三个城市前三年来一直稳居河北省前三名，近两年邯郸社会责任履行平均得分赶超唐山与保定，获得 54.65 分，居河北省第 2。得分处于后 3 名的地区主要有承德、沧州、衡水，其 5 年平均得分分别为 41.53 分、41.49分、38.12 分。2017 年获评分最低的城市是张家口，为 39.92 分，由数据统计可发现，张家口的社会责任评分近几年来一直较低，近两年有所上升。

从整体上看，地区社会责任履行情况呈逐年好转的趋势，绝大部分地区社会责任履行情况均得到改善，其中 2017 年发展最快的地区为衡水，该地区在 2013 年的评分为 35.67 分，2017 年的评分达 56 分，增长率为56.99%。上升最慢的是张家口，出现负增长情况，5 年增长率为 −13.54%。其次是唐山地区，5 年增长率为 −9.18%。

为了做更进一步的分析，我们在对河北省各地市上市公司社会责任综合评价的基础上，在表 5 − 14 中列示了 2017 年各地市上市公司社会责任分层面的得分情况。

表 5 − 14　河北省上市公司社会责任各地市分层面均值评价

单位：家，分

序号	所处地市	上市公司家数	管理层面得分	业务层面得分	社会责任综合得分
1	邢台	2	56.67	72.39	67.67
2	邯郸	2	50.00	72.38	65.67
3	衡水	1	33.33	65.71	56.00
4	保定	9	34.81	64.01	55.25
5	秦皇岛	3	34.44	63.33	54.67
6	廊坊	4	46.67	56.34	53.44
7	唐山	10	31.67	60.94	52.16
8	石家庄	16	22.29	60.92	49.33
9	沧州	5	8.67	60.55	44.98
10	承德	1	0.00	61.31	42.92
11	张家口	1	3.33	55.60	39.92

由表 5 − 14 可见，2017 年，邢台市上市公司的社会责任在全省表现最好，得分最高，其次是邯郸的上市公司。这主要得益于两市上市公司管理层面的得分较高，邢台市的冀中能源在 2017 年发布了社会责任报告，并对其进行了鉴证，遗憾的是，这家公司没有在官网设置社会责任专栏，以及时发布社会责任信息。邯郸市的两家公司则均在官网设置了社会责任专栏，并有一家公司发布了社会责任报告。

石家庄、唐山、保定是河北上市公司较为集中的三个城市，但是这三个城市虽然上市公司数量多，社会责任表现却还有很多问题，尤其是这三地公司的管理层面社会责任履行不佳。石家庄的6家上市公司中，有9家设置了社会责任专栏，但是仅有2家发布了社会责任报告，导致其管理层面得分仅为22.29分。唐山的10家公司中，有4家设置了社会责任专栏，4家发布了社会责任报告，遗憾的是，有4家公司管理层面为0分，说明公司未在相应领域做出努力。

六 河北上市公司社会责任水平分股权性质分析

下面对河北省上市公司社会责任履行情况进行分股权性质的统计分析。

（1）分层面统计分析

以股权性质为标准，本报告将河北上市公司分为国有公司和民营公司两大类。两类公司2017年社会责任各层面得分和综合评价结果（各指标取均值）见表5-15和图5-8所示。

表5-15 河北省上市公司社会责任各板块分层面均值评价

单位：家，分

序号	股权性质	上市公司家数	管理层面得分	业务层面得分	社会责任综合得分
1	国有	23	38.41	62.47	55.25
2	民营	31	22.15	61.73	49.86
3	均值	—	30.28	62.1	52.56

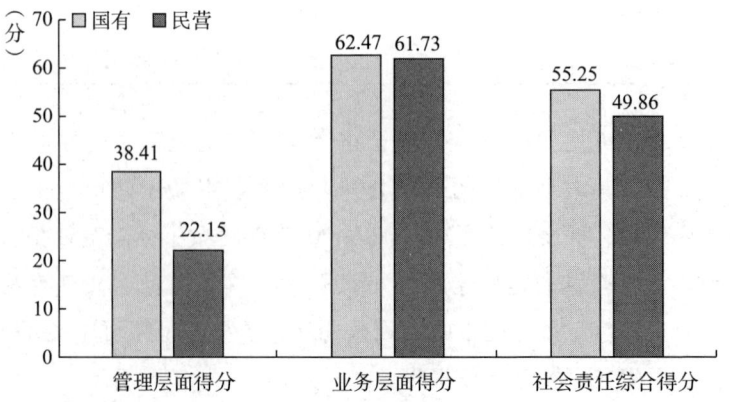

图5-8 河北省上市公司各板块社会责任均值分层面统计

由表 5 - 15 和图 5 - 8 可以看出，2017 年国有企业和民营企业在管理层面上的得分有很大的差距，前者得分为 38.41 分，后者得分则为 22.15 分，相差 16.26 分，说明国有企业整体责任意识要显著高于民营企业；而两者在业务层面，虽然国有企业略高于民营企业，但得分相差无几，总体来讲社会责任综合得分还是国有企业略胜一筹。

比较结果显示，国有企业和民营企业在管理层面上有较大差距，而业务层面差距较小，但正是因为民营企业管理层面得分较低，拉低了民营企业社会责任的综合得分。这说明，与国有企业相比，民营企业更注重经营，而忽略社会责任，国有企业的社会责任意识显著高于民营企业。因此，民营企业若要进一步提高社会责任水平，需要进一步加强管理层面社会责任建设的意识。

（2）各板块分年度统计分析

表 5 - 16 和图 5 - 9 列示了不同板块河北上市公司各年度社会责任水平的基本情况。

表 5 - 16　河北省上市公司各板块社会责任分年度均值评价

单位：家，分，%

序号	股权性质	2017 年底公司数量	2013年	2014年	2015年	2016年	2017年	5 年均值	5 年增长率
1	国有	23	51.99	53.06	50.93	51.62	55.25	52.57	6.27
2	民营	31	44.26	43.92	45.13	48.5	49.86	46.33	12.65
3	均值	—	48.13	48.49	48.03	50.06	52.56	49.45	9.20

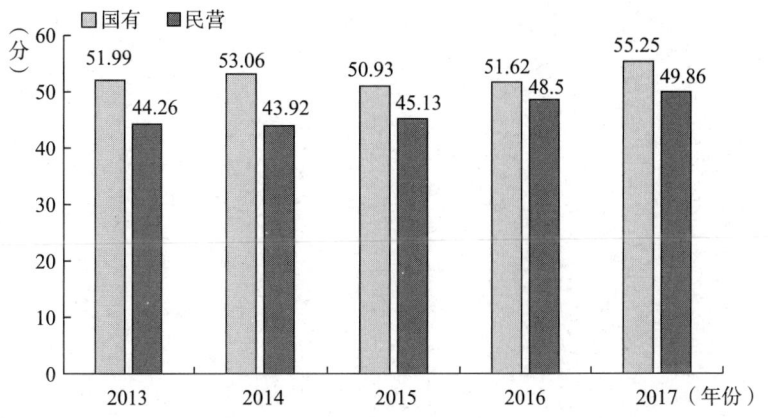

图 5 - 9　河北省上市公司各年度社会责任均值分板块统计

由表 5 - 16 和图 5 - 9 不难看出，国有企业的社会责任评分一直处于平稳发展状态，民营企业的社会责任评分一直处于上升趋势，国有企业 5 年的均值为 52.57 分，高于民营企业 5 年的均值 46.33 分，但民营企业的评分增长速度高于国有企业的评分增长速度，前者为 12.65%，后者为 6.27%，相差 6.38 个百分点。说明民营企业近几年的社会责任意识确实在不断加强。

七　小结

我们对河北省上市公司 2013～2017 年五年的社会责任水平进行了综合评价。评价结果显示，河北省上市公司社会责任水平逐年提升，近两年提升幅度明显加大。总体来看，管理层面的社会责任水平低于业务层面的社会责任水平。管理层面，企业对在本公司官网设置社会责任专栏和定期披露社会责任报告等基本制度建设重视不够，大部分公司没有这些基本制度。业务层面指标中，中小投资者保护和遵守法规方面的责任履行很好，但是环保责任和公益捐赠等社会责任的履行明显偏低；行业方面，水上运输业和房地产业的社会责任履行最好，零售业的责任履行最差；板块方面，主板公司的社会责任优于中小板和创业板，深市主板的社会责任优于沪市主板；地域方面，邢台、邯郸的公司社会责任履行较好，衡水地区公司的社会责任水平较低。各地应充分重视社会责任建设的紧迫性和重要性，努力提升企业社会责任水平。

附 录

附表 1 2017 年末河北省上市公司基本情况

上市公司累计数	证券代码	证券名称	上市时间	所属板块	所属行业（大类）	退市时间	备注
1	600803	新奥股份（河北威远；威远生化）	1994 - 01 - 03	沪市 A 股	制造业	—	1999 年 3 月更名为"威远生化"；2015 年 1 月更名为"新奥股份"
2	600812	华北制药	1994 - 01 - 14	沪市 A 股	制造业	—	
3	600892	石劝业	1996 - 03 - 15	沪市 A 股		—	于 2010 年 6 月 30 日变更注册地为广东深圳
3	000600	建投能源（国际大厦）	1996 - 06 - 06	深市 A 股	电力、热力、燃气及水生产和供应业	—	2004 年 6 月更名为"建投能源"
4	000401	冀东水泥	1996 - 06 - 14		制造业	—	
5	600722	金牛化工（沧州化工；＊ST 金化）	1996 - 06 - 26	沪市 A 股	制造业	—	2008 年更名为"金牛化工"；2015 年被实施退市风险警示（＊ST 金化）；2016 年 2 月撤销退市风险警示，股票简称变更为"金牛化工"
	000408	金谷源	1996 - 06 - 28	深市 A 股		—	于 2016 年 8 月 29 日变更注册地为青海格尔木
	600716	耀华玻璃	1996 - 07 - 02	沪市 A 股		—	于 2010 年 1 月 26 日变更注册地为江苏南京
6	000413	东旭光电（宝石 A）	1996 - 09 - 25	深市 A 股	制造业	—	2014 年 1 月更名为"东旭光电"

续表

上市公司累计数	证券代码	证券名称	上市时间	所属板块	所属行业（大类）	退市时间	备注
7	200413	东旭B（宝石B）		深市B股	制造业	—	2014年1月更名为"东旭B"
	000687	华讯方舟（保定天鹅；恒天天鹅）	1997－02－21	深市A股	制造业	—	2013年4月更名为"恒天天鹅"；2015年10月更名为"华讯方舟"
8	000709	河钢股份（唐钢股份；河北钢铁）	1997－04－16	深市A股	制造业	—	2010年1月更名为"河北钢铁"；2016年1月更名为"河钢股份"
9	000778	新兴铸管	1997－06－06	深市A股	制造业	—	
10	000783	石炼化	1997－07－31	深市A股	制造业	—	2007年12月27日变更注册地为湖北武汉
	000848	承德露露	1997－11－13	深市A股	制造业	—	
11	000889	茂业通信（华联商城；渤海物流；茂业物流）	1997－12－18	深市A股	批发和零售业	—	2002年8月更名为"渤海物流"；2013年7月更名为"茂业物流"；2015年10月更名为"茂业通信"
12	600135	乐凯胶片	1998－01－22	沪市A股	制造业	—	
—	600001	邯郸钢铁	1998－01－22	沪市A股	制造业	2009－12－29	2009年12月因合并退市
13	000856	冀东装备（*ST冀装；唐山陶瓷；冀东装备）	1998－08－13	深市A股	制造业	—	2011年7月更名为"冀东装备"；2016年4月被实施退市风险警示，更名为"*ST冀装"；2017年4月撤消退市风险警示，更名为"冀东装备"
14	600155	宝硕股份	1998－09－18	沪市A股	制造业	—	
15	000923	河北宣工	1999－07－14	深市A股	制造业	—	
16	000937	冀中能源（金牛能源）	1999－09－09	深市A股	采矿业	—	2010年1月变更为"冀中能源"

续表

上市公司累计数	证券代码	证券名称	上市时间	所属板块	所属行业（大类）	退市时间	备注
17	600149	ST坊展（廊坊发展；邢台轧辊；华夏建通；ST建通）	1999-10-14	沪市A股	综合类	—	2003年12月更名为"华夏建通";2012年3月更名为"廊坊发展";2017年4月实施退市风险警示,更名为"ST坊展"
18	000958	东方能源（东方热电）	1999-12-23	深市A股	电力、热力、燃气及水生产和供应业	—	2014年10月更名为"东方能源"
19	600230	沧州大化（*ST沧大；沧州大化股份）	2000-04-06	沪市A股	制造业	—	2016年3月被实施退市风险警示，更名为"*ST沧大";2017年3月撤销退市风险警示，更名为"沧州大化"
20	000158	常山北明（常山股份）	2000-07-24	深市A股	制造业	—	2017年10月更名为"常山北明"
21	200160	东沣B（南江B；帝贤B；大路股份）	2000-09-29	深市B股	房地产业	—	2009年11月更名为"大路股份";2012年9月更名为"南江B";2017年5月更名为"东沣B"
22	600550	保变电气（天威保变；*ST天威）	2001-02-28	沪市A股	制造业	—	2014年3月被实施退市风险警示（*ST天威）;2015年3月撤销退市风险警示，股票简称变更为"保变电气"
—	600553	大行水泥	2002-08-22	沪市A股	制造业	2011-02-18	因被北京金隅股份首次公开发行A股暨换股吸收合并而退市
—	600357	承德钒钛	2002-09-06	沪市A股	制造业	2009-12-29	2009年12月因合并退市
23	600559	老白干酒（裕丰股份）	2002-10-29	沪市A股	制造业	—	2007年10月更名为"老白干酒"
24	600409	三友化工	2003-06-18	沪市A股	制造业	—	—
25	600480	凌云股份	2003-08-15	沪市A股	制造业	—	—

续表

上市公司累计数	证券代码	证券名称	上市时间	所属板块	所属行业（大类）	退市时间	备注
26	600340	华夏幸福	2003－12－30	沪市A股	房地产业	—	
27	600997	开滦股份	2004－06－02	沪市A股	制造业	—	
28	600965	福成股份（福成五丰）	2004－07－13	沪市A股	农林牧渔业	—	2016年4月更名为"福成股份"
29	600482	中国动力（风帆股份）	2004－07－14	沪市A股	制造业	—	2016年6月更名为"中国动力"
30	002049	紫光国芯（晶源电子；同方国芯）	2005－06－06	中小企业版	制造业	—	2012年7月更名为"同方国芯"；2016年6月更名为紫光国芯
31	002108	沧州明珠	2007－01－24	中小企业版	制造业	—	
32	002146	荣盛发展	2007－08－08	中小企业版	房地产业	—	
33	002282	博深工具	2009－08－21	中小企业版	制造业	—	
34	002342	巨力索具	2010－01－26	中小企业版	制造业	—	
35	300081	恒信东方（恒信移动）	2010－05－20	创业板	批发和零售业	—	2017年6月更名为"恒信东方"
36	601000	唐山港	2010－07－05	沪市A股	交通运输、仓储和邮政业	—	
37	002442	龙星化工	2010－07－06	中小企业版	制造业	—	
38	002459	天业通联（*ST天业）	2010－08－10	中小企业版	制造业	—	2014年3月17日起被实行"退市风险警示"（"*ST天业"）；2015年4月撤销退市风险警示，股票简称变更为"天业通联"

续表

上市公司累计数	证券代码	证券名称	上市时间	所属板块	所属行业（大类）	退市时间	备注
39	300107	建新股份	2010－08－20	创业板	制造业	—	
40	002494	华斯股份	2010－11－02	中小企业版	制造业	—	
41	300138	晨光生物	2010－11－05	创业板	制造业	—	
42	300137	先河环保	2010－11－05	创业板	制造业	—	
43	601258	庞大集团	2011－04－28	沪市 A 股	批发和零售业	—	
44	002603	以岭药业	2011－07－28	中小企业版	制造业	—	
45	300255	常山药业	2011－08－19	创业板	制造业	—	
46	601633	长城汽车	2011－09－28	沪市 A 股	制造业	—	2003 年 12 月发行 H 股并在香港联合交易所上市
47	002691	冀凯股份（石中装备）	2012－07－31	中小企业版	制造业	—	2015 年 7 月更名为"冀凯股份"
48	300368	汇金股份	2014－01－23	创业板	制造业	—	
49	300371	汇中股份	2014－01－23	创业板	制造业	—	
50	300428	四通新材	2015－03－19	创业板	制造业	—	
51	300446	乐凯新材	2015－04－23	创业板	制造业	—	
52	300491	通合科技	2015－12－31	创业板	制造业	—	
53	603385	惠达卫浴	2017－4－5	沪市 A 股	制造业	—	
54	603050	科林电气	2017－4－14	沪市 A 股	制造业	—	
55	603938	三孚股份	2017－6－28	沪市 A 股	制造业	—	

续表

上市公司累计数	证券代码	证券名称	上市时间	所属板块	所属行业（大类）	退市时间	备注
56	601326	秦港股份	2017-8-16	沪市A股	制造业	—	

* 注:1. 证券名称为2017年12月31日的名称,括号中为最初上市时的名称和后续变更的名称。2. 本表统计截至2017年12月31日。

附表 2　河北省在境外上市公司一览

序号	股票代码	公司名称	上市时间	上市地点	所属行业	注册地	上市时总部所在地
1	01093	石药集团有限公司	1994-06-21	香港交易所	制药	香港	石家庄
2	02688	新奥能源控股有限公司	2002-06-03	香港交易所	燃气公用事业	开曼群岛（英属）	廊坊
3	02333	长城汽车股份有限公司	2003-12-15	香港交易所	汽车制造商	河北保定	保定
4	00581	中国东方集团控股有限公司	2004-03-02	香港交易所	钢铁	百慕大	唐山
5	02877	中国神威药业集团有限公司	2004-12-02	香港交易所	制药	开曼群岛（英属）	石家庄
6	02038	富智康集团有限公司	2005-02-03	香港交易所	电子制造服务	开曼群岛（英属）	廊坊
7	03899	中集安瑞科控股有限公司	2006-07-20	香港交易所	工业机械	开曼群岛（英属）	石家庄
8	02118	天山发展（控股）有限公司	2010-07-15	香港交易所	房地产开发	开曼群岛（英属）	石家庄
9	00956	新天绿色能源股份有限公司	2010-10-13	香港交易所	石油与天然气的储存和运输	河北石家庄	石家庄
10	01231	新矿资源有限公司	2011-07-04	香港交易所	钢铁	开曼群岛（英属）	邢台
11	03777	中国光纤网络系统集团有限公司	2011-07-14	香港交易所	通信设备	开曼群岛（英属）	石家庄
12	08090	中国融保金融集团有限公司	2012-01-06	港交所	特殊金融服务	开曼群岛（英属）	张家口

续表

序号	股票代码	公司名称	上市时间	上市地点	所属行业	注册地	上市时总部所在地
13	01281	隆基泰和智慧能源股份有限公司	2012－01－12	香港交易所	房地产开发	开曼群岛（英属）	保定
14	01370	奥威控股股份有限公司	2013－11－28	香港交易所	钢铁	开曼群岛（英属）	保定
15	03369	秦皇岛港股份有限公司	2013－12－12	香港交易所	海港与服务	河北秦皇岛	秦皇岛
16	08099	中国优材（控股）有限公司	2014－01－06	香港交易所	林业产品	开曼群岛（英属）	邯郸
17	06168	中国优通控股有限公司	2014－08－01	香港交易所	建筑与工程	开曼群岛（英属）	石家庄
18	08067	东方大学城控股（香港）有限公司	2015－01－16	香港交易所	房地产经营	香港	廊坊
19	01301	德基科技控股股份有限公司	2015－05－27	香港交易所	建筑机械与重型卡车	曼群岛（英属）	廊坊]
20	01596	河北翼辰实业集团股份有限公司	2016－12－21	香港交易所	工业机械	河北石家庄	石家庄
21	01702	东光化工有限公司	2017－7－11	香港交易所	化肥与农用药剂	开曼群岛（英属）	沧州
22	08199	中国万桐园（控股）有限公司	2017－9－27	香港交易所	特殊消费者服务	开曼群岛	廊坊
23	01727	河北建设集团股份有限公司	2017－12－15	香港交易所	建筑与工程	河北保定	保定
24	JASO	晶澳太阳能有限公司	2007－02－07	纳斯达克证券交易市场	太阳能电池	开曼群岛（英属）	邢台
25	YGE	英利绿色能源控股有限公司	2007－06－08	纽约证券交易所	其他太阳能设备	开曼群岛（英属）	保定
26	ONP	河北省东方造纸有限公司	2009－12－17	美国证券交易所	造纸及纸制品	河北保定	保定
27	AXN	河北奥星集团药业有限公司	2010－04－14	美国证券交易所	制药	美国佛罗里达州	石家庄

续表

序号	股票代码	公司名称	上市时间	上市地点	所属行业	注册地	上市时总部所在地
28	E94	立中车轮集团有限公司	2005 – 10 – 19	新加坡证券交易所	汽车零部件与设备	新加坡	保定

＊注：石药集团有限公司、中国东方集团控股有限公司和隆基泰和智慧能源控股有限公司目前公司总部已不在河北省。

图书在版编目（CIP）数据

河北上市公司财务发展报告. 2018 / 徐一民等著
. -- 北京：社会科学文献出版社，2019.4
　ISBN 978 - 7 - 5201 - 4586 - 2

　Ⅰ.①河…　Ⅱ.①徐…　Ⅲ.①上市公司 - 财务管理 -
研究报告 - 河北 - 2018　Ⅳ. ①F279.246

　中国版本图书馆 CIP 数据核字（2019）第 054865 号

河北上市公司财务发展报告（2018）

著　　者／徐一民　郑秀杰 等

出 版 人／谢寿光
责任编辑／韩莹莹
文稿编辑／张萌萌

出　　版／社会科学文献出版社·人文分社（010）59367215
　　　　　地址：北京市北三环中路甲 29 号院华龙大厦　邮编：100029
　　　　　网址：www. ssap. com. cn
发　　行／市场营销中心（010）59367081　59367083
印　　装／三河市龙林印务有限公司

规　　格／开 本：787mm × 1092mm　1/16
　　　　　印 张：22.5　字 数：365 千字
版　　次／2019 年 4 月第 1 版　2019 年 4 月第 1 次印刷
书　　号／ISBN 978 - 7 - 5201 - 4586 - 2
定　　价／128.00 元